개정판

국어 교육을 위한

국어 문법론

개정판

국어 교육을 위한

국어 문법론

이 관 규

역락

　　우리말에는 우리의 혼이 들어가 있다. 우리말을 교육한다는 것은 바로 우리의 혼을 불어 넣는 거나 마찬가지다. 우리말 교육, 즉 국어 교육의 가치는 바로 거기에 있다. 국어 교육에서도 문법 교육은 우리말에 대해서 학습자들에게 교육하는 것으로, 이를 통해서 학습자는 우리말의 특성을 이해하고, 우리말에 대해서 자부심을 갖고, 나의 '나' 된 소이를 깨달을 수도 있다.

　　우리말의 단어와 문장은 우리 국어 생활의 기초를 이룬다. 올바른 단어를 언제 사용하고, 문장 속에서 어떻게 사용해야 하는지를 아는 지식은 곧 이 책에서 염두에 두고 있는 내용이다. 바른 국어 생활에 기초적으로 전제되어야 하는 것이 바로 단어와 문장에 대한 올바른 이해이다.

　　'국어 교육을 위한 국어 문법론'이라는 제목을 갖는 이 책은 바른 국어 생활이라는 목표를 달성하고자 하는 의도로 저술되었다. 바른 국어 생활의 기저에 바른 단어, 바른 문장에 대한 이해가 있어야 한다는 것이다. 특히 학교 문법에서 단어와 문장을 어떻게 바라보고 있는지를 살피면서, 그 특징과 문제점을 지적하고 서술하였다. 때로는 필자 나름대로의 해결 방안까지 모색해 보고자 했다. 이 책에서 제시된 각종 예문은 사전 속에 들어있는 죽은 말이 아니라, 학교 문법 교과서에서 살아있는 것들이다. 이는 곧 살아있는 바른 국어 생활을 지향하고자 하는 의도가 들어있다는 것이다.

　　국어 교육의 목표를 단순히 말 잘하고, 잘 듣고, 잘 읽고, 잘 쓰는 데만 두지 않고, 그 말 속에 내재된 우리말 사랑 의식을 깨어나게 하는 데도 두고자 한다. 문법이나 문학 영역에서 우리말에 대한 이해를 깊게 하고, 더불어 우리말을 통한 사고의 감동적 표현을 하게 할 수도 있다는 것이다. 이는 누구나 그렇게 생각하리라 본다. 차이가 있다면 어느 쪽에 눈길을 더 두느냐 하는 차이일 뿐이다.

단어와 문장에 대해서 국어 교육적 차원에서 논리적 및 실용적으로 제시하고자 한 이 책은 국어 교육에 관심 있는 모든 분들에게 유용하리라 확신한다. 현직 국어 교사든, 예비 국어 교사든, 지금 국어를 공부하고 있는 사람들이든, 나아가 국어에 관심 있는 누구에게든지 이 책은 도움을 줄 것이다.

이 책은 단순히 몇 년 걸려서 나온 게 아니다. 필자가 대학에서 문법에 대해서 공부를 하고, 또 현장 국어 교사로서 국어를 가르치면서 느끼면서, 더불어 대학에서 17년 동안 강의를 하면서 얻은 '노하우'가 이 책에 스며들어 있다고 해도 과언이 아니다. 그 과정 과정에서 함께 했던 모든 분들께 깊은 감사를 드린다. 이 책이 세상에 빛을 보는 데 직접적인 도움을 준 아산사회복지재단에 고마운 마음을 전한다.

2004. 12.
와우산 기슭의 연구실에서
이관규 적음

『국어 교육을 위한 국어 문법론』이 나온 지 벌써 11년이 됐다. 그동안 국어교육학의 일부로서 문법 교육학에 많은 변화가 있었다. 목표-내용-방법-평가 등 문법 교육학의 제 분야에서의 발전 상황은 그야말로 상전벽해다. 특히 2007, 2011, 2015 국어과 교육과정이 연이어 새로 발표되고 이에 맞추어서 문법 교과서가 그것도 검인정 교과서로 등장하였다. '독서와 문법'이라는 통합 교과서, 또한 '언어와 매체'라는 통합 교과서로 여러 출판사에서 여러 권의 교과서를 내면서 문법 교육의 연구와 실제에서 다양성이 나타나고 있다.

최근 들어 문법 수업에서 탐구 학습에 대한 기대가 커지고 학습자 중심의 교수 학습 상황을 지향하면서, 문법 내용에 대해서 하나의 정답만을 고수하는 경향이 서서히 무너지고 있다. 그 나름대로의 논리와 타당성이 있다 하면 언어 현상에 대한 여러 의견의 가능성을 인정하고 있다. 그렇지만 여전히 학교 문법의 가치는 그대로 인정된다. 즉 일정한 기준점부터 시작하여 다양한 생각을 모색해 볼 수 있기 때문이다. 예컨대 서술격 조사 '이다'에 대해서 왜 이렇다고 할까 하는 이해부터 시작하여 다른 기준으로 볼 때 용언이라고 볼 수는 없을까 등 다양한 생각을 하게 허용하는 것이다. 결국 문법 교육에서 추구하는 문법적 사고력 신장을 지향하는 것이다.

이 개정판에서는 최근에 주목되는 '인용 표현' 항목을 따로 장으로 마련하였다. 특히 기존의 '고'와 '라고'와 같은 소위 부사격 조사라고 하는 것을 뛰어 넘어서, '다는'과 '라는'과 같은 관형사형 어미 혹은 관형격 조사를 집중 조명해 보았다. 문법 모형에서 최근 문법 교육에 많은 영향을 끼치고 있는 인지 문법에 대해서도 살펴보았다. 개별 교육용 문법 내용에 대해서 이전보다 밀도 있게 천착하고자 노력하였다.

본래 이 책은 그 초판이 2005년에 아산재단 연구총서(175)로 나왔었다. 이번에 그 내용을 더욱 깊이 하고 더 넓게 하여 개정판으로 나오게 되었다. 기꺼이 개정판을 맡아 준 역락 출판사에 고마운 마음을 전한다.

2016. 2.
안암동 연구실에서
이관규 적음

● 차례

제1부

국어 교육과 문법

제1장 국어 교육과 문법

국어 교육 분야를 듣기, 말하기, 읽기, 쓰기, 문법, 문학으로 나누곤 한다. 앞의 넷은 도구적 성격이 짙은 것으로 국어 기능 분야라고 묶기도 한다. 그래서 국어 교육 분야를 셋으로, 곧 기능, 문법, 문학으로 나누기도 한다. 이 장에서는 문법 영역이 전체 국어 교육에서 차지하는 위상은 얼마나 되며, 전체 국어 교육을 위한 문법 영역의 역할은 무엇인지 알아보기로 한다. 먼저 '문법'이라는 용어가 가지고 있는 개념을 살펴보고, 국어 교육에서 문법 영역이 차지하고 있는 위상을 알아본다. 더불어 '국어 교육을 위한 국어 문법론'에서 다루어야 할 내용이 어떤 것인지 알아보도록 한다.

1.1. 국어 교육과 문법·문법론

1.1.1. 국어 교육과 문법

언어 교육이 언어 능력을 신장시키는 것을 목표로 하는 것처럼, 국어 교육은 국어 능력을 신장시키는 것을 목표로 한다. 국어 능력이란 과연 무엇인가? 국어 능력은 국어를 알고 사용하는 능력을 뜻한다. 국어를 안다는 것은 국어에 대하여 안다는 것이다. 국어를 사용한다는 것은 국어 지식을 바탕으로 말하고 듣고 읽고 쓰는 걸 한다는 것이다. 이런 능력은 흔히 국어 기능 능력이라고 부르며, 간단히 기능 능력이라고도 한다. 또한 국어를 예술적으로 사용하는 문학 능력도 국어를 사용하는 능력의 하나라고 할 수 있다.

결국 국어 교육의 목표는 문법 능력, 기능 능력, 문학 능력을 신장하는 것이라 할 수 있다. 문법 능력은 국어를 아는 능력이며, 기능 능력과 문학 능력은 국어를 사용하는 능력에 해당한다. 요컨대 국어 교육의 목표는 국어를 알고 사용하는 능력을 신장하는 것이라고 할 수 있다.[1]

문법 영역은 국어 교육의 한 분야로서 전체 국어 교육에 이바지해야 한다. 사실 문법, 기능, 문학 각 영역은 서로 이질적인 것이라기보다는 상호 보완적인 것이라 할 수 있다. 각 영역의 목표인 문법 능력, 기능 능력, 문학 능력 신장도 상호보완적임은 물론이다. 주어와 서술어는 호응이 되어야 한다는 지식이 말하고 들을 때 도움을 줄 수 있을 것이며, 마찬가지로 책을 읽고 글을 쓸 때도 유익할 것이다. 또한 예술적인 성격이 강한 문학 영역에서도 주술 관계의 문장을 잘 사용함으로써, 또 거기에다가 심미적인 문학적 어휘를 사용함으로써 문학 능력 신장에 이바지할 수 있을 것이다. 이처럼 국어 교육의 큰 세 영역인 문법, 기능, 문학 분야는 상호보완적이라 할 것이다.

---

[1] 언어 학습이란 과연 무엇인가 하고 말할 때, 흔히 언어를 학습하고(learning of language), 언어에 대해서 학습하고(learning about language), 언어를 통하여 학습한다고(learning through language) 말한다. 이들 가운데 문법 영역은 흔히 언어에 대하여 학습하는 영역이라고 말하곤 한다. 이는 문법 영역에서 언어 지식을 학습한다는 것을 뜻한다.

1.1.2. 문법과 문법론

문법은 여러 가지 의미로 사용된다. 문장을 구성하는 법칙이라는 의미로 사용되는 것이 보통이지만, 문장의 법칙을 논하는 분야는 문장론이라 하여 따로 구분하곤 한다. 문장론은 흔히 통사론, 통어론, 구문론이라고 부르기도 한다(1ㄱ). 두 번째로, 문법을 언어가 갖고 있는 법칙을 뜻하는 광의의 의미로 사용하기도 한다. 이때의 문법론은 음운론, 단어론, 문장론, 의미론, 담화론을 모두 포함하게 된다. 이때의 국어 문법론은 국어학과 동일한 의미로 사용된다(1ㄷ). 세 번째로, 문법 교육이라는 차원에서 문법을 '언어를 운용하는 데 필요한 여러 가지 원리'라는 넓은 의미로 사용하기도 한다. 이때는 음운, 단어, 문장, 의미, 담화(혹은 이야기) 같은 전통적인 국어학 내용들뿐이 아니라 한글 맞춤법 등 어문 규정 내용까지도 모두 포함한다. 그 속에서 운용하는 원리를 바로 문법으로 보는 것이다(1ㄹ).[2]

    (1) 문법론의 범위
       ㄱ. 문장론
       ㄴ. 단어론, 문장론
       ㄷ. 음운론, 단어론, 문장론, 의미론, 담화론
       ㄹ. 음운론, 단어론, 문장론, 의미론, 담화론 ; 어문 규정

마지막으로, 문법의 범위를 단어와 문장을 구성하는 원리라는 의미로 사용하는 경우도 있다. 문장론만을 뜻하는 협의의 의미와 국어학을 뜻하는 광의의 의미 중간으로 문법론이라는 용어가 쓰인다는 것이다. 일단은 '문법'이 문장을 구성하는 법칙을 뜻한다는 전제 하에, 문법론이 문장의 법칙을 연구하는 학문이라는 전제 하에, 문장을 구성하는 요소로 단어를

---

2) 제6차, 제7차 교육 과정에 따른 『고등학교 문법』교과서에서는 가장 넓은 의미로, 즉 (1ㄹ) 차원에서 '문법'이라는 용어를 사용하고 있다. 이관규(2012)의 『학교 문법론』에서도 이런 내용들을 모두 포함하고 있다.

설정하고 이 단어들을 연구하는 분야까지 문법론의 범위를 넓힌 것이다. 형태소와 단어를 연구 대상으로 하는 단어론과 문장을 연구 대상으로 하는 문장론을 아울러서 문법론이라고 하는 것이다(1ㄴ). 본 저서에서는 단어와 문장에 대하여 논하는 학문이라는 차원에서 '문법론'이라는 용어를 사용한다. '국어 문법론'이라 하면 이런 중간적 의미로 용어를 사용하는 게 일반적이다.3)

언어는 인간의 사고를 표현하는 수단이며, 구체적으로는 문장을 통해서 완전한 생각이 나타난다. 문장을 연구하고, 문장을 이루는 단어를 연구하는 학문 분야는 언어학, 국어학에서 가장 핵심이 된다. 앞에서도 제시한 바, 언어학, 국어학 분야를 음운론, 단어론, 문장론, 의미론, 담화론 이렇게 다섯 가지로 나눈다고 할 때, 단어론과 문장론을 아우른 '문법론'은 매우 중요한 위상을 갖고 있다.4)

1.2. 국어 교육에서 문법 영역의 위상과 내용

1.2.1. 문법 영역의 위상

앞에서 국어 교육의 하위 분야를 문법 영역, 기능 영역, 문학 영역으로 나눌 수 있다고 하였는데, 그렇다고 해서 문법 영역이 국어 교육 전체에

---

3) '국어 문법론'이라는 명칭으로 나온 저서들은 대부분 단어론(형태론)과 문장론 내용을 함께 다루고 있다. 남기심·고영근(1993)의 『표준 국어문법론』, 왕문용·민현식(1993)의 『국어 문법론의 이해』, 이익섭·채완(1999)의 『국어 문법론 강의』, 이주행(2000)의 『한국어 문법의 이해』, 최재희(2004)의 『한국어 문법론』, 고영근·구본관(2008)의 『우리말 문법론』 등이 그렇다.

4) 이관규(2012)의 『학교 문법론』(3판)에서는 이들 다섯 분야 명칭을 음운론, 단어론, 문장론, 의미론, 담화론으로 부르고 있다. 이는 국어 이론보다는 국어 교육을 보다 중시한 태도를 반영한다. 이 책에서도 이를 따르도록 한다.

서 3분의 1 위상을 차지하고 있다는 것은 아니다. 국어 교육 하위 분야의 영역에 대한 논의는 국가 차원의 국어과 교육 과정을 통해서 확인할 수 있다.

(2) 교육 과정에 나타난 국어 교육의 하위 분야5)

교육 과정	4차 (1981)	5차 (1987)	6차 (1992)	7차 (1997)	8차 (2007)	9차 (2011)	10차 (2015)
내 용	표현· 이해	말하기	말하기	듣기	듣기	듣기· 말하기	듣기· 말하기
		듣기	듣기	말하기	말하기		
		읽기	읽기	읽기	읽기	읽기	읽기
		쓰기	쓰기	쓰기	쓰기	쓰기	쓰기
	언어	언어	언어	국어지식	문법	문법	문법
	문학	문학	문학	문학	문학	문학	문학

(2)에서 볼 수 있는 것처럼 4차 교육 과정 시기 때는 국어 교육 분야가 표현·이해, 언어, 문학으로 삼등분되어 있었다. 이때는 국어 과목에 관한 한, 학문 중심주의 사조 하에서 지식을 매우 중시하는 교육 정책이 펼쳐졌기 때문에, 다른 영역에 비해서 상대적으로 지식적인 성격을 많이 갖고 있는 문법 분야가 강조되었다. 그러다가 경험 중심주의 사조가 대세를 이루었던 5차와 6차 교육 과정 시기에는 문법 영역이 표면적으로 볼 때 6분의 1 위상을 차지하게 되었다. 언어(문법) 영역은 말하기, 듣기, 읽기, 쓰기, 문학과 같은 응용 영역의 기초적 지식으로 낮은 위상을 차지하고 있었다.

7차 교육 과정 시기에 와서도 크게 변화된 것은 없다. 단지 '언어'라는 영역 명칭이 '국어지식'으로 바뀌었는데, 이는 지시 영역으로서 문법의 위

5) 교육 과정이 고시된 것은 4차가 1981년, 5차가 1987년(초등학교, 중학교), 1988년(고등학교), 6차가 1992년, 7차가 1997년이며, 각각이 시행된 것은 각 고시 연도 2~5년 후이다. (2)에 제시된 연도는 국어과 교육 과정이 나온 해이다. 한편 7차에서는 내용 순서가 '듣기'부터 시작하여 5차, 6차와 차이를 보인다.

상을 재확인하면서, 국어학 내용뿐만이 아니라 실용적인 맞춤법 등 사용 분야도 여기서 다룰 수 있음을 피력하여, 그 위상을 5차, 6차 때보다 공고히 하려는 의도에서 나온 것이다(김광해 1997 참조). 다시 말하면 다른 영역에서 다룰 수 없는 어문 규정 내용이나, '국어'를 접하면서 얻어지는 언어 의식적 가치관적 태도 영역의 내용을 염두에 둔 용어가 바로 '국어지식'이라는 것이다. 문법 영역의 위상이 외형적으로는 6분의 1밖에 안 돼 보이지만, 실질적으로는 매우 중요한 것으로 인식되고 있었다고 할 수 있다.

2007년에 공포된 8차 교육 과정 시기에는 '문법'이 영역 명칭으로 사용되기 시작했다. 이는 문법 능력이 국어 능력 신장에서 반드시 필요한 것이라는 인식 하에 분명한 정체성을 드러내고자 하는 의도에서 나온 것이다. 실제로 뒤에서 보겠지만 8차 교육과정 시기에 나온 교과서는 물론이고 국가시험에서 문법 영역의 비중이 매우 강화되었다. 특히 2011년에 나온 9차 교육 과정에서는 듣기와 말하기 영역이 통합되어 '듣기·말하기' 하나로 나왔는데, 이는 결국 국어과의 영역을 '듣기·말하기', '읽기, 쓰기, 문법, 문학'의 다섯 개로 나누게 된다. 이러한 영역 구분은 2015년에 나온 10차 국어과 교육 과정에서도 마찬가지다.

> (3) 제9차 국어과 교육 과정 과목의 이수 단위
>   ㄱ. 공통 교육 과정(초등, 중 : 각 8단위) : 국어
>   ㄴ. 선택 교육 과정(고등 : 각 6단위) : 국어1, 국어2, 독서와 문법, 화
>   법과 작문, 문학, 고전
> (3) 제10차 국어과 교육 과정 과목의 이수 단위
>   ㄱ. 국민 공통 과정(초등, 중 : 각 8단위) : 국어
>   ㄴ. 선택 과정(고등 : 각 5단위) : 국어1, 국어2, 화법과 작문, 언어와
>   매체, 독서, 문학, 고전 읽기, 실용 국어, 심화 국어

문법 영역의 위상은 교육 과정에 나타난 국어과 과목들의 이수 단위를

통해서도 확인할 수 있다. (2)에서 보인 국어 교육의 하위 분야 명칭을 갖고 각 분야의 가중치를 논하는 것보다는 (3)에서와 같이 국어과에 속한 과목들의 이수 단위를 갖고 각 분야의 위상을 살피는 것이 더 신빙성이 있다. 초등학교와 중학교 때는 공통 과목으로 '국어'를 한 학기에 한 과목씩 의무적으로 이수하고, 고등학교 때는 선택 과목으로 여섯 과목 가운데 최소 세 과목을 선택하게 되어 있다. 그러나 고등학교 때 대학수학능력시험의 중요 과목인 '국어1, 2'를 학생들이 대부분 학습하지 않을 수 없다. 또 몇 과목을 선택한다고 하더라도 대개 '국어1, 국어2, 독서와 문법, 문학'을 거의 모든 고등학교에서는 이수하고 있는 실정이다.

국어과 각 분야의 위상은 선택 과목들인 '국어1, 국어2, 독서와 문법, 화법과 작문, 문학, 고전' 과목의 이수 단위를 통해서 확인할 수 있다. 이것들은 각각 5단위로 이루어져 있다. '국어1'과 '국어2'가 모든 영역의 내용을 담고 있다는 것을 고려해 보고, 또한 '독서'와 '고전'이 결국 넓게 보아 독서 영역에 포함된다고 본다면, 수치상의 문법 영역의 배당은 그리 크지는 않다고 볼 수 있다. 그러나 2016학년도 대수능 45문항 가운데 문법 문항이 5개 나오고 있어서 문법 과목은 학교에서 거의 필수적으로 교수 학습되고 있는 실정이다.

1.2.2. 문법 영역의 내용

문법 영역에서는 어떤 내용을 다루는지 구체적으로 살펴보고자 한다. 교육 과정의 변천에 따라서 문법 과목에서 다룬 내용도 많은 변화가 있었다. 여기서는 문법 교과서가 하나로 나온 4차 국어과 교육 과정 시기부터 10차 교육 과정 시기까지의 교육용 문법 내용을 간략히 살피기로 한다.

(4) 문법 교과서의 대단원 내용 변화

ㄱ. 국정 문법 교과서

		4차(1985)	5차(1991)	6차(1996)	7차(2002)
대단원 목차		총설	총설	언어와 국어	언어와 국어
		말소리	말소리	말소리	말소리
		단어	단어	단어	단어
		문장	문장	문장	어휘
			의미	의미	문장
				이야기	의미
				바른 국어 생활	이야기
				표준어와 맞춤법	국어의 규범
부록		정서법	옛말의 문법	1. 옛말의 문법 2. 우리말의 변천	1. 국어의 옛 모습 2. 국어의 변화

ㄴ. 검정 '독서와 문법' 교과서

		8차(2012) '독서와 문법 Ⅰ, Ⅱ'	9차(2014) '독서와 문법'	10차(2018) '언어와 매체'
대단원 목차	Ⅰ	언어와 독서	언어와 독서	
		독서의 본질	우리말의 구조	
		독서의 원리	독서와 생활	
		국어와 앎	우리말과 독서	
		국어와 삶		
		대중문화와 매체언어		
대단원 목차	Ⅱ	한글과 국어생활		
		국어와 규범		
		국어의 변천		
		독서의 실제1		
		독서의 실제2		
		세계화 시대의 한국어		

(4)에서 보다시피 4차와 5차 교육 과정 시기의 문법 교과서에는 온전히 국어학 내용만이 들어가 있었다. 그나마 의미론 내용이 들어간 것은 1991

년 5차 시기에서였다. 그러다가 1996년 이후의 6차, 7차 교육 과정 시기에 화용론 내용과, 한글 맞춤법 및 표준어 규정과 같은 어문 규정 내용이 들어가게 되었다. 국정 교과서 초기에는 전통적인 지식 중심의 문법 내용들이 문법 교과서의 대부분을 차지하였으나, 1990년대 중반 이후 최근으로 오면서 실용적인 문법 내용들이 교수 학습되고 있는 것을 볼 수 있다.[6]

제6차, 제7차 문법 교과서에도 기존의 국어학 지식 내용들이 들어 있는 것은 물론이다. 국어 교육의 영역들 가운데 문법 영역은 흔히 지식 영역이라고 한다. 이는 음운, 단어, 문장, 의미, 이야기[7] 등 내용 체계 이론이 있고, 국어에 대한 내용이 있기 때문이다. (4)에서 보는 것처럼 제7차 문법 교과서(2002)에서도 이런 지식 내용은 많은 비중을 차지하고 있다. 이뿐만 아니라, 제6차 문법 교과서(1996)에서부터는 실용적인 맞춤법 및 표준어 규정 등의 사용 영역 내용들도 일정한 위상을 차지하고 있다. 그러니까, 국어 교육 차원의 문법 내용으로 지식 내용과 사용 내용이 갖춰져 있다고 할 수 있다.

그러나 이것이 교육용 문법 교과서 내용의 다는 아니다. 제7차 문법 교과서를 세부적으로 보면 매 대단원마다 '가꾸기'라 하여 잘못된 우리말을 가꾸는 내용들을 넣고 있다((6) 참조).

---

6) 문법 교과서의 내용 체계와 국어과 교육 과정의 성격 및 내용이 동일하지는 않다. 국어과 교육 과정에서는 제5차 과정 시기부터 실용적인 말하기, 듣기, 읽기, 쓰기 영역에 대한 중요도가 높아졌으나, 문법 교과서에서는 제6차 과정에 와서야 비로소 실용적인 국어 생활에 이바지하는 문법 교육이 강조되기 시작했던 것이다.

7) '이야기'라고 하는 단위 용어는 1985년 최초 국정 문법 교과서에서부터 2002년 마지막 국정 문법 교과서에서 사용되었다. 2012, 2014년 검정 문법 교과서에서부터는 '담화'라는 용어가 '이야기'를 대신하여 사용되고 있다. 즉 언어 단위 용어로 '음운 - 단어 - 문장 - 담화'가 순차적으로 사용되고 있다.

(5) 제7차 문법 교육 과정의 내용 체계

영 역	내 용
(1) 언어와 국어	(가) 언어의 본질 (나) 언어와 인간 (다) 국어와 국어 문화
(2) 국어 알기	(가) 음운의 체계와 변동 (나) 단어의 갈래와 형성 (다) 국어의 어휘 (라) 문장의 구성 요소와 짜임새 (마) 단어의 의미 (바) 문장과 담화
(3) 국어 가꾸기	(가) 국어 사용의 규범 (나) 정확한 국어 생활 (다) 국어 사랑의 태도

(6) 제7차 국정 문법 교과서(2002)의 대단원 구성 체계
단원의 학습 목표 - 단원의 길잡이 - 단원을 배우기 전에 - 소단원
(1) - 가꾸기 - 소단원(2) - 가꾸기 - 단원의 마무리

'가꾸기'는 어떻게 보면 사용 영역과 관련 있는 것이라고 할 수도 있다. 물론 잘못된 우리말을 가꾸면서 우리말에 대한 의식을 고양할 수 있기 때문에, 가치관 내지 태도 교육에 이바지하는 것이라고 해석할 수도 있다. 실제로 (5)에 제시된 제7차 문법 교육 과정의 내용 체계를 보면 '국어 사랑의 태도'라 하여 태도 교육의 필요성을 역설하고 있음을 알 수 있다. 단지 문법 교과서에 이런 내용이 들어가지 못한 것은 태도 교육을 구체화하기 어렵기 때문으로 보인다. 요컨대, 국어 교육의 하위 분야로서의 문법 영역, 즉 국어 지식 영역 속에는 지식, 사용, 태도 내용이 들어간다고 할 수 있다(이관규 2002ㄱ 참조).

(7) 제8차 문법 관련 교육과정의 내용 체계

ㄱ. 2007년 '문법'의 내용 체계

국어와 앎
• 언어의 본질 • 국어의 구조
국어와 삶
• 국어와 규범 • 국어와 생활
국어와 얼
• 국어의 변천 • 국어의 미래

ㄴ. 8차(2009년) '독서와 문법 Ⅰ, Ⅱ'의 문법 내용 체계

독서와 문법 Ⅰ의 '문법'	독서와 문법 Ⅱ의 '문법'
국어와 앎 • 언어의 본질 • 국어의 구조	**국어와 규범** • 정확한 발음 • 올바른 단어 사용 • 정확한 문장 표현 • 효과적인 담화 구성
국어와 삶 • 일상 언어 • 매체 언어 • 사회 언어 • 학술 언어	**국어와 얼** • 국어의 변천 • 국어의 미래

1997년에 7차 국어과 교육과정이 나온 이후 10년이 지나고 난 2007년 에 8차 국어과 교육과정이 나왔다. 그때에 고등학교 국어과 선택 과목으로 '화법, 독서, 작문, 문법, 문학, 매체 언어' 여섯 개가 설정되었고, '문법' 과목의 내용 체계가 (7ㄱ)처럼 제시되었다. '국어와 앎, 국어와 삶, 국어와 얼' 각각은 결국 '지식, 사용, 태도'를 의미한다고 볼 수 있다.

그런데 2009년에 국가 정책 변화에 따라 이 선택 과목들이 '화법과 작문 Ⅰ,Ⅱ', '독서와 문법 Ⅰ,Ⅱ', '문학 Ⅰ,Ⅱ'로 변경되었다. (7ㄴ)에 제시된 것은 '독서와 문법 Ⅰ,Ⅱ'에서 '문법' 영역에 해당하는 교육 과정 내용이다. 이것은 결국 (7ㄱ) 내용과 다른 것이 아니며 단지 (7ㄱ)의 '국어의 삶' 부분을 (7ㄴ)에서 '국어와 삶, 국어와 규범'으로 쪼개 놓은 것에 불과하다. 결국 8차 교육과정 시기에도 문법 영역의 하위 분야는 크게 지식, 사용, 태도라고 말할 수 있다.8)

(8) 제9차와 10차 문법 관련 교육 과정의 내용 체계(1)
　ㄱ. 9차(2011년) '독서와 문법'의 내용 체계

독서와 언어의 본질	• 독서의 본질 • 언어의 본질
국어 구조의 이해	• 음운 • 단어 • 문장 • 담화
글의 구조와 독서의 방법	• 글의 구성 원리 • 독서의 방법
독서의 실제와 국어 자료의 탐구	• 독서와 국어 생활 • 국어 자료의 탐구 • 독서의 가치와 성찰

---

8) 2009년에 나온 고등학교 선택 과목 '독서와 문법 Ⅰ,Ⅱ'는 본래 통합 과목으로 나왔다. 그런데 갑작스런 정책 변화에 따른 교육과정이었기 때문에 무늬만 통합이며 사실상으로는 각각 독립적인 내용 체계를 지니고 있다. 교육 과정에서도 '독서' 항목과 '문법' 항목이 따로 구분되어 있었다.

ㄴ. 10차(2015년) '언어와 매체'의 내용 체계

영역	핵심 개념
언어와 매체의 본질	• 언어와 인간 • 매체와 소통
국어의 탐구와 활용	• 음운 · 단어 · 문장 · 담화 • 국어 자료의 다양성
매체 언어의 탐구와 활용	• 개인 매체 • 대중 매체 • 디지털 매체 • 복합 양식
언어와 매체에 관한 태도	• 국어생활 • 매체 문화

또 2년 뒤에 나온 2011년 국어과 교육 과정(9차)에서는 고등학교 선택과 목으로 '국어1, 국어2, 화법과 작문, 독서와 문법, 문학, 고전' 여섯 개가 설정되었다. '독서와 문법'은 하나의 과목으로 (8ㄱ) 내용 체계를 지니게 되었다. 이 가운데 '언어의 본질, 국어 구조의 이해, 국어 자료의 탐구' 내용이 문법 영역에 해당한다. 한편 4년 뒤인 2015년에 또 다시 교육 과정 (10차)이 개정되었다. 이때는 고등학교 공통과목으로 '국어'와 선택과목으로 '화법과 작문, 독서, 언어와 매체, 문학, 고전 읽기, 실용 국어, 심화 국어' 일곱 개가 설정되었다. 결국 문법 과목에 해당하는 것은 '언어와 매체' 과목인 셈이다. 사실 '매체'는 국어과의 모든 과목에 해당하기 때문에 이렇게 따로 '언어와 매체' 과목을 만드는 것이 논란이 될 만한 소지가 많이 있다.

(8ㄱ, ㄴ)의 내용 체계는 문법 과목 고유의 것이 아니라 통합 과목의 것이다. 문법 과목만의 내용이라 하면 '언어, 음운-단어-문장-담화, 국어 자료, 국어생활' 등이 해당한다고 하겠다. 이러한 것들은 추상적인 내용이며 구체적인 문법 내용 체계는 공통 과목인 '국어'의 하위 영역으로서의 문

법 내용 체계를 통해서 자세히 살펴볼 수 있다.

(9) 제9차와 10차 문법 관련 교육과정의 내용 체계(2)

ㄱ. 9차(2011년) '국어'의 문법 내용 체계9)

실제
• 국어 문화와 자료
－구어 자료, 문어 자료
• 다양한 매체와 국어 자료

지식	탐구와 적용	태도
• 언어의 특성	• 국어의 분석과 탐구	• 국어의 가치와 중요성
• 국어의 구조	• 국어 지식의 적용	• 국어 탐구에 대한 흥미
• 국어의 규범	• 국어 생활의 점검과 문제 해결	• 국어 의식과 국어 사랑

ㄴ. 10차(2015년) '국어'의 문법 내용 체계10)

▶국어의 본질 　－사고·의사소통·문화 　－의미·형식 　－보편성과 고유성 ▶국어의 변화	▶국어 규범과 국어생활 　－발음·표기 　－어휘 사용 　－문장·담화의 사용
▶국어 구조의 탐구와 활용 　－음운 　－단어 　－문장 　－담화	▶국어에 대한 태도 　－국어 사랑 　－국어 의식

---

9) 2011년 교육 과정(9차)에서는 공통과목 '국어'의 영역을 듣기·말하기, 읽기, 쓰기, 문법, 문학으로 나누고 있다. 이 가운데 앞의 세 가지 영역의 내용 체계는 모두 '실제'를 기본으로 하면서 '지식, 기능, 태도'로 하고 있으며, '문학' 영역의 내용 체계도 '실제'를 기본으로 하면서 '지식, 수용과 생산, 태도'로 구분하고 있다.

10) 2015년 국어과 교육 과정(10차)에서는 공통과목인 '국어'의 여섯 영역을 다음과 같이 종래와는 다른 방식으로 내용 체계를 제시하고 있다. 아래 표는 문법 영역의 내용 체계를 제시한 것인데, 결국 '지식, 사용' 부분을 강조하고 있으며 '태도' 내용은 일부 제시하고 있다.

(9)는 국어과 교육 과정에서 공통과목인 '국어'에 나타난 '문법' 영역의 내용 체계이다. (9ㄱ)에서는 '실제'를 기본으로 하면서 '지식, 탐구와 적용, 태도' 영역으로 구분하였으며, (9ㄴ)에서는 '국어의 본질, 구조, 규범, 태도'를 내용으로 설정하고 있다. 결국 지식, 사용, 태도 영역 내용들을 담고 있다고 할 수 있다.

핵심 내용	일반화된 지식	학년(군)별 내용 요소					기능
		1~2학년군	3~4학년군	5~6학년군	7~9학년군	10학년	
▶ 국어의 본질 －사고·의사소통·문화 －의미·형식 －보편성과 고유성 ▶ 국어의 변화	국어는 사고와 의사소통의 수단이 되는 기호 체계로서 언어의 보편성을 바탕으로 고유한 국어 문화를 형성한다.			－사고 및 인간관계와 언어	－언어의 본질	－국어의 변화	－문제 발견하기 －자료 수집하기 －비교·분석하기 －분류·범주화하기 －종합·설명하기 －적용·검증하기 －언어생활 성찰하기
▶ 국어 구조의 탐구와 활용 －음운 －단어 －문장 －담화	국어는 음운, 단어, 문장, 담화의 구성되며 이들에 대한 탐구를 통해 국어 지식을 얻고 이를 언어생활에 활용할 수 있다.		－낱말의 의미 관계 －문장의 기본 구조	－낱말 확장 방법 －문장 성분과 호응	－음운의 체계와 특성 －품사의 종류와 특성 －문장의 짜임 －담화의 종류와 특성	－음운의 변동과 발음·표기 －문법 요소의 특성과 사용	
▶ 국어 규범과 국어생활 －발음·표기 －어휘 사용 －문장·담화의 사용	발음·표기, 어휘, 문장·담화 등 국어 규범에 대한 이해를 통해 국어 능력을 기르고 바른 국어생활을 할 수 있다.	－한글 자모 이름과 소릿값 －문장과 문장 부호 －낱말의 소리와 표기	－낱말 분류와 국어사전 활용 －높임법과 언어 예절	－상황에 따른 낱말의 이해 －관용 표현	－어휘의 체계와 양상의 활용 －단어의 정확한 발음과 표기 －한글의 창제 원리	－한글 맞춤법의 원리와 내용	
▶ 국어에 대한 태도 －국어 사랑 －국어 의식	국어의 가치를 인식하고 국어를 바르게 사용하는 태도가 필요하다.	－글자, 낱말, 문장에 대한 흥미	－한글의 소중함	－바람직한 언어 표현	－통일 시대 국어에 대한 관심	－국어 사랑과 국어 발전	

1.2.3. 문법론의 위상

(1)에서 보듯이 '문법'을 연구하는 문법론은 여러 가지 의미로 사용되고 있다. 그렇다면 단어와 문장을 다루는 (1ㄴ) 차원의 '문법론'은 그 위상이 얼마나 될까? 실제 국어 교육 분야에서 국어 문법론의 위상을 파악하기 위해서는 세부 영역에 부여된 수업 시수가 얼마나 되는지를 파악하는 것이 중요하다. (10)은 제7차 문법 교과서의 대단원에 배당된 수업 시수이다.11)

> (10) 제7차 문법 교과서의 대단원별 시수
> ㄱ. <68시수>
>   언어와 국어(8), 말소리(10, 14.7%), 단어(11, 16.2%), 어휘(7), 문장
>   (14, 20.6%), 의미(5, 7.4%), 이야기(7, 10.3%), 국어의 규범(6)
> ㄴ. <47시수>
>   말소리(10, 21.3%), 단어(11, 23.4%), 문장(14, 29.8%), 의미(5,
>   10.6%), 이야기(7, 14.9%)

(10ㄱ)은 전체 8개 대단원 각각에 배당된 수업 시수인데, 단어와 문장을 다루는 협의의 문법론에 해당하는 부분은 전체 68시수 중 25시수를 차지하고 있어, 36.8%의 비중을 보이고 있다. 한편 8개 대단원 중 '언어와 국어, 어휘, 국어의 규범' 부분을 제외한 5개 대단원, 즉 음운론, 단어론, 문장론, 의미론, 담화론에 해당하는 대단원들을 통해서 단어론과 문장론, 즉 본서의 문법론 위상을 확인할 수 있다(10ㄴ). 이는 (1ㄷ) 차원에서 살핀 것이다. 이 5개 대단원에는 총 47시수가 배당되어 있는데, 이 가운데 단어론

---

11) 2002년에 나온 7차 문법 교과서가 마지막 국정 문법 교과서이다. 이후 2012년 8차, 2014년 9차 문법 교과서는 '독서와 문법'으로 통합 교과서로 되어 있고 더구나 검정 교과서로 나왔다. 따라서 7차 문법 교과서를 통해서 학교 문법의 대단원 영역의 중요도를 파악하는 것이 타당할 것이다.

과 문장론에는 25시수가 배당되어 있어, 53.2%의 중요도를 보이고 있다.

요컨대, 학교 문법 교과서에 단어론과 문장론을 합한 문법론의 위상이 대단원 차원에서는 36.8%, 순수 국어학 차원에서는 53.2%를 차지하고 있는데, 이는 이 분야가 학교 문법 전체에서 매우 중요하다는 것을 보여 준다 하겠다.12)

1.3. 국어 교육을 위한 국어 문법론의 내용 체계

1.3.1. 문법 교과서의 내용 체계

여기서는 본서에서 다루는 단어론과 문장론에 해당하는 국어 문법론의 내용 체계를 검토하기로 한다. 특히 '국어 교육을 위한 국어 문법론'이라는 본서의 명칭에 걸맞게 문법 교과서에 제시되어 있던 단어와 문장 부분의 내용 체계를 간단히 살피고, 다음으로 국어 교육을 위한 국어 문법론의 내용 체계를 제시해 보고자 한다.

광의의 학교 문법 역사를 문법 교과서 사용 양상 중심으로 살필 때, 국가 기관에서 검인정한 교과서와 개인 학자의 문법서를 함께 사용하던 혼성 단계(1895~1949)를 지나, 국가 기관에서 검인정한 문법 교과서를 사용한 검인정 단계(1949~1985)를 거쳐, 드디어 1985년 이후로는 국가 차원에서 한 권의 국정 문법 교과서를 직접 펴내고 학교에서 교수 학습해 온 국정 단계(1985~2011)에 이르렀고, 2016년 지금은 다시 검인정 단계(2012~현

---

12) 여기 제시된 통계 수치는 '어휘' 부분에 대해서는 언급하지 않은 것이다. 어휘 부분은 넓은 의미로 보면 의미론 영역에 넣을 수 있는 점이 있다. 즉 어휘 의미론 차원에서 접근이 가능하다는 말이다. 문법 교과서에서 '어휘' 부분은 7차 교과서에서 처음으로 등장한 것인데, 굳이 의미론과 구분한 이유는 '어휘'가 전체 국어과 영역과 관련되었다고 보는 입장을 반영한 것이라 하겠다.

재)라 할 수 있다.[13] 국정 문법 교과서(7차)는 고등학교 국어과 심화 선택 과목의 교과서로 오랫동안 사용되어 왔으며, 2012년 3월부터는 검정 교과 서가 사용되고 있다. 중학교나 초등학교의 문법 교과서는 따로 제작은 되 지 않고 고등학교 문법 교과서 내용이 적절히 응용 및 사용되고 있는 실 정이다.

(11) 문법 교과서에 제시된 단어와 문장 영역의 내용 체계[14]

교육 과정	대단원	소단원
제4차	단어	1. 문장과 단어 2. 품사 3. 단어의 형성
(1985)	문장	1. 문장의 성분 2. 문법 요소의 기능과 의미 3. 문장의 짜임새
제5차	단어	1. 문장과 단어 2. 품사 3. 단어의 형성
(1991)	문장	1. 문장의 성분 2. 문법 요소의 기능과 의미 3. 문장의 짜임새
제6차	단어	1. 단어의 갈래 2. 단어의 짜임새
(1996)	문장	1. 문장의 짜임새 2. 문법 기능
제7차	단어	1. 단어의 형성 2. 품사
(2002)	문장	1. 문장의 성분 2. 문장의 짜임 3. 문법 요소

국정 문법 교과서의 내용 체계는 그 동안 교육 과정의 변천에 따라서 네 차례에 걸쳐 약간의 변화가 있었다((4) 참조). 단어와 문장 대단원의 내 용 체계는 (11)에서 보다시피 큰 변화를 보이지 않고 있다. 단어 대단원에 서는 크게 두 가지, 즉 품사와 단어 형성으로 나뉘었으며, 문장 대단원에

---

13) 이들 각 시기에 나온 문법 교과서는 이관규(2004ㄷ)에 자세히 제시 및 설명되어 있다.
14) (11)은 국정 문법 교과서에서 제시된 것들이다. 이러한 내용 항목들은 이후의 8차, 9차 검정 교과서에서도 크게 바뀌지는 않았다. 한 예로 2012년에 나온 검정 교과서(비상교 육 출판사)를 보면 단어 단원의 경우 '품사의 분류, 단어의 형성'으로, 문장 단원의 경우 '문장의 성분, 문장의 종류, 문법 요소'로 하위 분류가 되어 있다. 또한 2014년 검정 교 과서(비상교육 출판사)의 경우에서도 단어 단원은 '단어의 분류, 단어의 형성, 단어의 의 미, 단어의 표기'로, 문장 단원은 '문장의 성분, 문장의 짜임, 문장의 표현'으로 나뉘어 있다. 여기서 '단어의 의미'는 의미론 내용이고 '단어의 표기'는 로마자와 외래어 표기 와 관련된 내용이다. 따라서 결국 (11)의 국정 문법 교과서들과 이후의 검정 교과서들은 단어와 문장 단원의 내용 체계가 큰 변화가 없다고 볼 수 있다.

서는 크게 세 가지, 즉 문장 성분, 문장 짜임, 문법 요소로 나뉘었다. 국어 문법론을 다루는 데 있어서, 상위 수준에서는 두 가지로 나누고, 이를 다시 둘, 셋으로 하위 분류하고 있다. 단어가 뭔지 알아야 하고 그 단어들이 어떻게 만들어졌는지 알아야 한다. 또 문장의 성분을 알아야 하고, 이 성분들이 어떻게 엮어져서 문장이 이루어지는지 알아야 하고, 마지막으로 개별 문법 요소들이 문장에서 어떤 역할을 하는지 알아야 한다는 것이다.

(12) 제7차 문법 교과서에 제시된 단어와 문장 영역의 세부 내용 체계

대단원	소단원	내용
단어	단어의 형성	1. 형태소
		2. 단어의 형성
	품사	1. 체언
		2. 관계언
		3. 용언
		4. 수식언
		5. 독립언
문장	문장의 성분	1. 문장과 문법 단위
		2. 문장 성분의 종류
	문장의 짜임	1. 문장의 짜임새
		2. 안은 문장과 안긴 문장
		3. 이어진 문장
	문법 요소	1. 문장의 종결 표현
		2. 높임 표현
		3. 시간 표현
		4. 피동 표현
		5. 사동 표현
		6. 부정 표현

(12)는 7차 국정 문법 교과서의 단어와 문장 대단원의 세부적인 차례를 제시한 것이다. (11)과 관련해서도 언급했지만 단어란 무엇인가라는 차원

에서 '품사' 소단원이 설정되었고, 품사와 동일한 대상인 단어가 어떻게 형성되는지를 교수 학습한다는 차원에서 '단어의 형성' 소단원이 설정되었다. 그 순서가 '단어의 형성' 소단원이 '품사' 소단원에 앞서 제시되고 있는데, 이 순서는 바뀌는 게 좋다고 본다. 왜냐하면 단어와 동일한 대상인 품사가 무엇인지, 그리고 그 종류로 어떤 것이 있는지 교수 학습한 다음에, 이 단어들의 형성 방법을 교수 학습하는 게 효율적이라고 보기 때문이다.15) 단어 형성법을 논하려면 메타 언어로서의 품사 명칭을 사용해야 하기 때문이다.

문장 관련 단원은 문장 성분, 문장 짜임, 문법 요소 순서로 되어 있는데, 이 순서는 매우 효율적이라 판단된다. 기본적으로 문장을 구성하는 문장 성분에 대하여 알고, 이 문장 성분들로 이루어지는 문장의 짜임 및 문장의 종류를 아는 것이 순서라는 것이다. 물론 구체적인 문법 요소를 통한 각종 문장 표현을 교수 학습하는 것이 그 다음으로 필요할 것이다. (12)에서는 문법 요소로 종결 표현, 높임 표현, 시간 표현, 피동 표현, 사동 표현, 부정 표현이 제시되어 있는데, 이것들 이외에도 지시 표현이나 인용 표현 등 국어 생활에 밀접한 관련성이 있는 것들도 제시될 수 있을 것이다.16)

단어 관련 단원에서도 그렇지만 문장 관련 단원에서도 각각 앞부분에 문법 단위에 대한 설명을 할 필요가 있다. 즉 형태소와 단어 및 품사의 개

---

15) 흔히 단어와 품사를 동일한 대상에 대한 다른 용어라고 인식들 하지만, 엄밀히 말하면 둘은 큰 차이가 있다. 품사는 'parts of speech'를 번역한 용어로, 발화를 일정한 기준에 따라서 분류한 것이다. 흔히 형태 변화 여부에 따라 변화어와 불변어, 기능에 따라 체언, 용언, 수식언, 관계언, 독립언, 의미에 따라 명사, 대명사, 수사, 동사, 형용사, 관형사, 부사, 조사, 감탄사 등으로 나누곤 하는데, 이 모든 것이 각기 다른 기준에 따른 품사 명칭이라고 할 수 있는 것이다.

16) 2015년 9월에 발표된 10차 국어과 교육 과정에서는 특별히 인용 표현을 언급하고 있다. 본래 인용 표현은 문장의 짜임 가운데서 다루어졌는데, 그 특이성으로 인해서 별도로 다루어질 필요가 있게 되었다고 사려한다. 개정판에서는 인용 표현을 단독 장으로 자세히 다루도록 한다.

넘이며, 또 어절, 구, 절, 문장 등 문법 단위에 대한 설명 말이다. (12)에서 이런 모습이 보인다. 한편, 이와 관련하여 문법 용어의 일관성이 필요하다. 절(節)이 설정되어 있는데, 절과 동일한 것에 대하여 '안긴 문장'이라는 용어가 제시되어 있어서 상호 불일치를 보인다. '안긴 문장'은 '안긴 절'로 수정될 필요가 있다. 그리고 '이어진 문장'의 종류로 '대등하게 이어진 문장'과 '종속적으로 이어진 문장'이 제시되어 있는데, 통일성이 있어야 할 것이다. 전자를 '대등적으로 이어진 문장'으로 고치면 될 것이다. 후자를 '???종속하게 이어진 문장'으로 고치면 무척 어색해 보이기 때문이다.17)

1.3.2. 국어 문법론의 내용 체계

앞에서는 문법 교과서에 나타난 단어와 문장 관련 단원에 제시된 내용 체계를 검토하여 보았다. 그렇다면 단어와 문장 내용에 대하여 이론적 및 실용적으로 다룬 국어 문법론에는 어떤 내용이 어떤 체계로 제시되는 게 바람직할까? 즉 국어 교육을 위한 국어 문법론에는 어떤 내용이 어떤 내용 체계로 제시되는 게 좋을까?

일반적으로 학교 문법에서 중요하게 다루는 문법 단위는 음운, 음절, 형태소, 단어, 어절, 구, 절, 문장, 담화(이야기) 등이다. 이 가운데 문법론 차원의 문법 단위는 형태소, 단어, 어절, 구, 절, 문장이다. 결국 국어 문법론에 들어갈 내용은 기본적으로 단어와 문장에 관한 것들이어야 할 것이다.

단어를 다루는 학문 분야는 단어론(형태론)이라고 한다. 단어론은 최소 의미 단위인 형태소를 기본 단위로 하고 있으며, 이 형태소들이 다양한

---

17) 본서에서 사용하는 위첨자들에 대한 뜻은 다음과 같다. *는 완전 불가능한 것, '는 조금 어색한 것, "는 많이 어색한 것, '''는 거의 불가능한 것, '''*는 불가능한데 특수 문맥에서는 가능한 것을 뜻한다.

모습으로 엮어져서 단어로 존재하게 된다. 결국 단어 관련 내용으로 크게 세 가지가 선정될 수 있을 것이다. 형태소와 단어의 기본적인 특성이 각각 밝혀져야 할 것이고, 특히 단어가 어떻게 형성되는지가 밝혀져야 할 것이다.

단어들이 모여서 문장이 만들어진다. 학교 문법에서는 조사도 하나의 단어로 인정하고 있기 때문에, 단어가 곧 문장의 성분이라고 말하진 않는다. 그리하여 어절이라는 문법 단위가 나타난 것이다. 곧 문장을 다루는 부분에서는 어절, 구, 절, 문장을 다루게 된다.

문장을 다루는 학문 분야가 바로 문장론이다. 문장의 기본 개념부터 시작하여 문장의 성분, 문장의 유형 및 특성이 밝혀져야 한다. 문장 성분은 문장에서 일정한 역할을 하는 중요한 것이다. 또한 문장은 화자의 생각을 표현하는 최소 단위로서 그 종류가 매우 다양하다. 즉 문장의 짜임이 어떠한가가 중요하다는 것이다. 화자의 생각을 표현하는 문장의 구체적인 방법으로 문법 요소들의 역할이 매우 중요하고 다양하다. 조사, 어미, 접사와 같은 문법 요소들 가운데, 특히 서술어에서 나타나는 어미는 문장 차원의 연구에서 깊이 살필 필요가 있다.

결국 국어 문법론에서는 다음 (13)과 같은 내용들이 다루어져야 할 것이다. 제1부에서는 국어 교육과 문법의 관련성을 살피면서, 또한 언어 연구 및 문법 연구의 흐름을 살피고, 국어가 갖고 있는 문법 특징을 알아본다. 제2부~제5부가 국어 문법론 내용의 핵심이 될 것이다. 제6부에서는 바람직한 국어 교육을 위한 국어 문법론의 과제를 제시해 본다.

  (13) 국어 교육을 위한 국어 문법론의 내용 체계
    제1부 국어 교육과 문법
      : 국어 교육과 문법 / 국어 연구와 문법 특징
    제2부 형태소와 품사
      : 형태소와 단어 / 체언 / 관계언 / 용언 / 수식언·독립언

제3부 단어 형성
: 파생어 형성 / 합성어 형성
제4부 문장 성분과 짜임
: 문장의 성분 / 문장의 짜임
제5부 문법 요소
: 종결과 높임 표현 / 시간 표현 / 피동과 사동 표현 / 부정과 지
시 표현 / 인용 표현
제6부 국어 교육을 위한 국어 문법론의 과제

(13)에서는 단순히 문법론에서 다룰 내용만 제시한 것이 아니다. 곧 그 내용들을 어떻게 배열할 것인지도 보여 준다. 제1부는 서론 성격을 띠고 있으며, 제2~5부는 본론이다. 제2부, 제3부는 단어를 다루는 단어론(형태론) 내용이며, 제4부, 제5부는 문장을 다룬 문장론(통사론) 내용이다. 전체적으로는 내용 배열 순서가 형태소, 단어, 단어 형성, 문장 성분, 문장 짜임, 문법 요소로 이루어져 있다. 제5부 같은 경우는 사건이나 상태를 정확하게 나타내는 문법 요소로 전통적으로 많이 다루고 있는 내용이다. 이들 가운데 높임 표현과 지시 표현 같은 것은 화자, 청자, 장면 등이 모두 고려되어야 하기 때문에 담화(이야기) 차원의 논의거리라고도 볼 수 있다. 그렇지만 기본적으로 문장 안에서 고려될 필요가 있다는 점에서 문법론 안에서 다룰 수 있을 것이다. 제6부는 결론 부분이면서 앞으로 국어 교육을 위한 국어 문법론에서 어떤 내용들을 어떻게 다루어야 할지 과제를 제시하는 부분이다.

본서에서는 (13)의 내용 체계를 기본 골격으로 해서 국어 교육을 위해서 어떤 문법론 내용을 어떻게 다루어야 하는지 살피고, 또한 '왜'라는 차원에서 문법 내용에 대한 원인론적 이유를 살피고자 한다. 가능하다면 대안 제시까지 해 보고자 한다. 이전 문법 교과서에 비해서 제7차 국정 문법 교과서는 단어론과 문장론 부분에 질적으로 내용이 많은 변화를

보였다. 이에 본서에서는 문법 교과서에 따른 문법 내용을 기초로 하여, 문법 현상에 대한 다양한 견해들을 살펴 그 내용을 보충 및 심화하고자 한다.

⊖ 탐구하기

⊖ 더 살펴보기

김광해(1997), 김대행(1995), 김봉순(2002), 남기심·고영근(1993), 노명완(1988),
민현식(2002), 박덕유(2002), 박영목 외(2003), 박영순(1998), 왕문용·민현식(1993),
이관규(2002ㄱ, 2004ㄴ, 2004ㄷ, 2013), 이대규(1995), 이성영(1995), 이은희(2000),
이주행(2000), 이춘근(2002), 최현섭 외(1996), 최재희(2004, 홍종선 외(2015)

➡ 제2장 국어 연구와 문법 특징

국어는 언어다. 언어에 대한 연구는 국어 연구에 도움을 준다. 언어에 대한 연구는 대개 전통 문법, 구조 문법, 변형 문법, 인지 문법이라는 문법 모형을 거쳐 왔다. 국어 연구에서도 이런 흐름의 영향을 직·간접적으로 받아왔다. 이런 문법 모형들은 이론적인 측면에서는 물론이고 실용적인 학교 문법 차원에서도 살필 필요가 있다. 또한 특수 언어로서 국어는 나름대로 특징을 많이 갖고 있다. 단어와 문장 차원에서 국어의 특징을 대표적인 것 몇 가지 보도록 한다.

2.1. 언어 연구와 국어 연구의 흐름

2.1.1. 언어 연구의 흐름

언어학은 본래 철학의 일부로 인식되어 있다. 즉 언어 연구는 철학을 그 바탕으로 하고 있다. 현대적 의미의 언어 연구 흐름은 대개 서양 중심으로 살펴볼 수 있는데, 크게 전통 문법, 구조 문법, 변형 문법, 인지 문법으로 나누어 볼 수 있다. 각각의 특성을 살펴보면서, 국어 연구 및 문법 교육에 영향을 끼친 것이 무엇인지 알아보도록 한다.

첫째, 전통 문법은 고대 희랍·라틴 문법에서부터 시작한다. 서기전 5
세기에 이미 플라톤(Plato)은 단어와 사물과의 필연적인 관계를 중시하였
고, 단어를 명사(onoma)와 동사(rhema) 두 가지로 구분하였다. 서기전 4세기
에 아리스토텔레스(Aristotle)는 명사와 동사에다가 접속사(syndesmosis)를 하나
더 설정하였다. 한편 프로타고라스(Protagoras)는 서기전 5세기에 문장 유형
을 진술, 기원, 의문, 명령 네 가지로 구분하고 있다. 트락스(Thrax)는 서기
전 2세기에 서양 최초의 문법서라는 『문법의 기술』이라는 책에서 문법을
'운문과 산문을 쓰는 데 있어서의 실질적인 지식'이라고 말하면서, 실용적
이고 규범적인 전통 문법의 틀을 완성했다. 트락스가 문법 단위를 문장과
단어로 크게 나눈 것이나, 특히 명사, 동사, 접속사, 분사, 관사, 대명사,
전치사, 부사의 여덟 개 품사를 설정한 것은 주목할 만하다.

로마의 라틴 문법은 BC 1세기에 나온 바로(Varro)의 25권짜리 『라틴어학』
에서 완성된다. 라틴 문법은 삼학(三學), 즉 문법, 논리학, 웅변술의 하나로
학교 교육에서 필수적으로 부과되었다. 문법에서 다룬 내용은 정서법, 어
원론, 통사론, 운율론, 구두법 다섯으로 나뉘는데, 현대의 학교 문법 내용
들과 큰 차이가 없다.

    (1) 전통 문법의 특징
       ㄱ. 서기전 5세기 이후, 고대 희랍 및 라틴 문법의 이성주의, 합리주
          의를 배경으로 한다.
       ㄴ. 직관적이고 추상적인 진술을 한다.
       ㄷ. 언어 보편적이고 규범적인 성격을 띤다.
       ㄹ. 언어는 변화할 수 없다고 보며, 언어의 변화는 곧 타락이라고 본다.
       ㅁ. 문법은 말과 글을 올바르게 사용하도록 하는 규칙이라고 본다.

전통 문법의 특징을 요약해 보면 (1)과 같다. 문법 교육이라는 점에서
보면, 전통 문법에서 다룬 문법이 바로 교육용 문법 성격이었음을 알 수
있다. 그리스·로마 시대에 학교 교육을 받을 수 있는 사람이 귀족이나

승려로 한정되었고, 또한 그들이 배우는 문법이 자기들이 실제 생활 속에서 사용하는 언어의 문법이 아니라 특권층에서만 특수한 목적으로 사용하는 죽은 라틴어 문법이었음을 생각해 보면, (1ㄹ,ㅁ)의 성격을 이해할 수 있다. 곧 언어가 타락하는 걸 막기 위한 수단이 문법이었다고까지 하니, 저간의 사정을 이해할 수 있다.

다른 차원의 말이긴 하나 (1ㄱ~ㄷ)에서처럼 인간 언어의 보편성을 추구한다는 전통 문법의 성격은 이후의 변형 문법과 상통하는 바가 있다. 학교 문법의 성격으로 통일성 내지 규범성을 들곤 하는데, 이런 성격도 전통 문법과 맥이 닿는 점이라 할 수 있다. 전통 문법에서 품사 설정을 중요시한 것이나 문장 종류를 설정하고 있는 것도, 단어와 문장을 중시하는 것도 학교 문법과 맥이 닿는다.

둘째, 구조 문법은 20세기 초반에 등장한다. 언어학사 차원에서 볼 때 구조 문법은 세 갈래가 있었다. 스위스의 소쉬르, 동구 유럽의 트루베츠코이, 미국의 블룸필드의 문법이다. 트루베츠코이는 음운론 차원에서 언어 연구를 했으므로 여기선 생략을 하고, 소쉬르와 블룸필드의 언어 연구를 살펴보자. 소쉬르는 현대 언어학의 창시자라고 알려져 있다. 그는 언어(language)를 개념(signifie)과 음성 기호(significant)로 이루어진 하나의 체계로 보았다. 개별 사람들이 실현하는 언어 형태를 파롤(parole)이라고 했고, 이를 통해서 집단 전체의 추상적, 일반적 언어 형태라고 하는 랑그(langue)를 찾아내야 한다고 했다. 그는 통시적 연구와 구분하여 공시적 언어 연구의 필요성을 역설하였는데, 이는 구체적인 현실 언어에 대한 연구의 활성화에 기여했다. 그의 이러한 주장은 사후(死後)에 나온 『일반언어학 강의』(1915)를 통해서 잘 알 수 있다.

구조 문법은 미국으로 건너가 사피어와 블룸필드를 통해 그 본 모습을 드러낸다. 블룸필드는 1933년에 나온 방대한 저서 『언어』를 통하여 구조 문법 차원의 언어 연구 입장을 구체적으로 보이게 된다. 언어 체계에 대한 기술은 공시적 상태의 기술이어야 한다는 것이나, 언어 체계의 기술은 개별 언어에 따라 해야 한다는 것이나, 직접 관찰이 가능한 사항을 중시한다는 것이나, 부분과 전체의 유기적 관계를 인정해야 한다는 것이나, 언어 기술의 단계를 작은 것에서 큰 것으로 해야 한다는 것 등을 들 수 있다. 전체적으로 구조 문법의 특징을 (2)와 같이 정리해 볼 수 있다.

(2) 구조 문법의 특징
ㄱ. 20세기 초, 경험주의, 행동주의에 바탕을 두고 있다.
ㄴ. 객관적이고 기계적이며 언어 자료에 의해 직접 관찰과 증명이 가능한 것을 기술한다.
ㄷ. 언어의 계층 구별을 명확히 하고 작은 단위부터 큰 단위로 올라가며 기술한다.
ㄹ. 부분과 전체의 관계를 유기적으로 보고, 개별 항목의 상호 관계 및 위계 관계를 중시한다.
ㅁ. 개별 언어의 특수성을 인정하고 독자적인 체계에 따라 기술한다.

구조 문법은 언어학이 자연과학적 성격을 띠고 있음을 보여준 문법 모형이라 할 수 있다. 구조 문법의 구체적인 언어 분석 방식은 전체를 부분으로 단계적으로 쪼개는 직접구성요소 분석(直素分析, IC 분석 ; Immediate Constituent Analysis)이라 할 수 있다. 하나의 구성체를 직접구성요소로 분석해 나가는 방식은 구체성을 특징으로 하는 자연과학적 성격을 잘 드러낸다고 하겠다. 구조 문법은 눈에 보이고 귀에 들리는 구체적인 언어만을 대상으로 한다는 점에서 실제적이라는 장점이 있으나, 생략이 되어 있거나 여러 의미로 해석되는 언어 표현을 설명하기 어렵다는 단점도 갖고 있다.

문법 교육이라는 점에서 보면, 구체성과 실제성이 있다는 점에서 언어 생활에 실용적으로 적용될 수 있다는 장점이 있다. 직소(IC) 분석 방법은 지금도 학교 문법 교육에서 유용하게 사용되고 있다. 그러나 들은 것, 본 것만 기술한다는 근본 원칙은 사고하는 인간의 언어 생활, 듣지도 못하고 보지도 못한 언어를 만들어 내는 창조적 언어 능력을 기술하는 데는 한계가 있다.

셋째, 변형 문법은 20세기 중반 미국의 언어학자 촘스키가 주창했다고 해도 과언이 아니다. 촘스키는 언어학을 철학과 연결시키면서 합리적 사고의 방법으로 언어를 바라보았다. 1965년에 소위 표준 문법이라 하여 변형 문법이 완성된 모습으로 정립되었으며, 문장의 의미 해석을 어느 단계에서 하느냐에 따라서 여러 차례 견해의 변화가 있었다.[1] 이것은 인간이 사고를 어디서 하는 것이냐 하는 근본적인 이성주의, 합리주의 사조를 반영한 것이라 하겠다. (3)은 변형 문법의 특징을 개략적으로 요약한 것이다.

> (3) 변형 문법의 특징
> ㄱ. 20세기 중·후반, 이성주의, 합리주의 철학 사조를 배경으로 한다.
> ㄴ. 심층 구조와 표면 구조를 인정하고, 변형 규칙을 설정한다.
> ㄷ. 언어 보편적인 성격 규명을 목표로 한다.
> ㄹ. 선천적 언어 능력을 중시하며, 언어의 창조성을 명시적으로 설명한다.
> ㅁ. 한정된 규칙으로 무한한 문장을 생성한다고 본다.

변형 문법은 생성 문법이라고도 하고 변형 생성 문법이라고도 한다. 변형 문법은 심층 구조를 표면 구조로 변하게 하는 변형 규칙을 주목한 용어이며, 생성 문법은 다른 문법 모형과 달리 심층 구조를 설정하여 거기서 의미가 결정된다는 데에 주목한 용어이다. 그리고 변형 생성 문법은 이 둘을 모두 주목한 용어라 할 수 있다. 흔히 변형 문법이라고 하는 것은

---

[1] 변형 문법은 1965년 『통사 이론의 제양상』이라는 저서로 대표되는 소위 표준 이론(ST) 이후로, 1970년대 중반 의미 해석을 심층 구조와 표면 구조, 그리고 변형 과정에서 모두 할 수 있다는 소위 확대 표준 이론(해석론, EST), 1980년대 초반 변형 규칙을 극소화하고 8개 원리로 언어 현상을 설명하고자 한 소위 수정 확대 표준 이론(GB), 1990년대 중반 이후 문법적 용어를 사용한 설명을 극소화하여 언어 현상을 설명하고자 한 최소주의 (Minimalist)에 이르기까지 여러 차례 변화를 겪게 된다.

변형(Transformation)을 주목한 것이다.

변형 문법에서 인간은 선천적으로 언어를 습득할 수 있는 장치(LAD, Language Acquisition Device)를 갖고 있다고 보았다. 즉 언어의 창조성을 강조한 것이다. 이는 합리적으로 사고하는 인간의 존엄성을 주목한 것이다. 본래 인간은 문법적인 문장만을 생성해 내는 존재인데, 소음이나 부주의 등 여러 가지 장애로 비문법적인 문장을 생성해 내는 거라고 보고 있다. 변형 문법에서는 눈에 보이지 않는 생략된 언어 표현을 설명하기도 하고, 중의적으로 해석되는 문장이나, 반대로 다른 표현이지만 같은 의미로 해석되는 문장에 대해서도 설명을 한다.

학교 문법 차원에서 보면, 다분히 추상적인 모든 언어에 보편적인 특징을 발견하는 것이 목표라는 변형 문법은 실용적이라고 하기가 어렵다. 그러나 '왜'(why)에 대한 설명을 추구하는 변형 문법은 학습자의 사고력 향상에 기여할 수 있다는 점에서 주목할 만하다. 실제로 현행 학교 문법에서는 변형 문법을 일부 받아들이고 있는 실정이다. 예컨대, '예쁜 꽃이 피었다.'를 '꽃이 예쁘다.'와 '꽃이 피었다.'의 두 개 홑문장으로 구성된 겹문장으로 보는 것이 그런 예이다. 눈에는 보이지 않지만, 심층 구조에서 주어 '꽃이'가 있다고 보는 것이다.

넷째, 인지 문법은 1980년대 중반 이후 랭가커(1987, 1990)를 기점으로 하여 등장하게 된다. 구조 문법이나 변형 문법이 형태론이나 통사론과 같은 소위 객관주의적 언어관 입장을 띰에 비해서 인지 문법은 언어를 마음의 반영이라고 보면서 인간의 인지에 주목하는 문법 모형이다. 인지 문법은 흔히 인지언어학(혹은 인지과학)이라는 명칭으로 많이 알려져 있는데 언어, 마음, 사회문화적인 경험 간의 관계를 탐구하는 데 관심을 갖고 있다. 몇 가지 특징을 들어보면 다음과 같다.[2]

(4) 인지 문법의 특징(이관규 외 옮김 2015 : 336-373 참조)

ㄱ. 1980년대에 등장하였으며, 형식주의가 아닌 인지주의를 기본 이
   론으로 한다.

ㄴ. 인간의 마음을 중시하는 인간 중심의 언어학을 지향한다.

ㄷ. 언어 표현을 둘러싼 화자, 청자, 맥락의 가치를 중시한다.

ㄹ. 경험에 바탕을 둔 언어, 사회적 행위로서의 언어를 중시한다.

ㅁ. 은유와 상징 등을 주목하며, 근본적으로 의미와 의미론에 초점을
   둔다.

촘스키가 이성주의를 기반으로 하여 문법과 인지의 연관 가능성을 열
어놓기는 하였으나, 마음이 언어에 무엇을 알려줄 수 있는지에 대해서 주
목하지 못했다. 이에 비해 인지 문법에서는 인간의 마음을 중시하면서 그
러한 마음이 언어에 반영되어 있는지에 주목하였다. 그리하여 화자와 청
자의 마음이 어떠한 맥락에서 언어 표현이 나오게 된 건지를 파악하는 데
주목하였다. 언어 형식보다는 그 속에 들어있는 의미를 먼저 보고자 한
것이다. 일정한 언어 형식이 있다고 하면 왜 그런 표현이 나왔는지 원형
적 의미에서 시작하여 주변적 의미를 맥락 차원에서 파악하고자 하였다.
결국 사람들이 의사소통할 때 유의미한 맥락 안에서 언어를 사용한다는
것에 주목한 것이다. 경험에 바탕을 둔 언어, 사회적 행위로서의 언어를
중시한다는 것은 바로 이를 반영한 것이다.

그러다 보니 인지 문법은 의미론적 접근이 아니냐는 한계점을 보이고
있기는 하다. 그러나 본질적으로 언어는 사고를 담은 그릇이기 때문에 단

---

2) 임지룡(2012 : 377)에서는 인지 문법의 특성을 다음과 같이 제시하고 있다.

   ㄱ. 언어의 원리, 현상, 지식은 세상사의 원리, 현상, 지식과 상통한다.

   ㄴ. 범주 구성원(즉 원형과 주변 요소)은 비대칭적이다.

   ㄴ. 사고 및 인지는 구체적(또는 신체적)인 데서 추상적(또는 심리적)으로 확장된다.

   ㄹ. 형식(또는 형식·구조)과 내용(또는 기능·의미)은 자의적인 것만이 아니라 도상적,
      동기화되어 있다.

   ㅁ. 의미는 해석이다.

어든 문장이든 결국 담화 속에서 그 가치를 드러낸다. 말하는 사람과 듣는 사람이 제대로 언어를 표현하고 정확하게 이해하기 위해서는 일정한 맥락 속에서 서로의 마음을 파악하고 표현하는 것이 중요하다. 비록 언어 표현이 불완전한 경우가 있을지라도 의사소통이 중요하며, 이를 중요시하는 것이 인지 문법의 근본 철학이다.

2.1.2. 국어 연구의 흐름

서양 중심의 언어 연구 흐름은 문법 모형 중심으로 살펴볼 수 있으나, 동양, 특히 우리나라에서의 우리말에 대한 연구 흐름은 그리 보기 어려운 점이 있다. 갑오경장이라는 근대화의 분수령을 기준으로 하여 그 전의 전통적인 동양적 연구 흐름과 그 후의 서양적 연구 흐름으로 나눌 수가 있다. 과거의 향언(鄕言), 방언(方言)이나 고대부족 국가의 언어도 국어 연구의 대상이 되며, 고려, 조선 시대의 언어도 모두 국어 연구의 대상이 된다. 15세기 훈민정음 창제의 모습을 통해서 국어(문자 포함) 연구가 얼마나 왕성했었는지 알 수가 있다.[3]

현대적 의미에서 국어 연구의 흐름을 살피는 시점은 갑오경장 이후이다.[4] 개화기의 대표적인 문법가로는 주시경을 비롯하여 유길준(1906), 김규식(1908), 김희상(1909)을 들 수 있다. 특히 주시경은 그의 역저인 『국어문법』(1910)을 통해서 당시의 국어 연구 수준을 잘 보여 주고 있다. 고유어를 이용한 6품사를 설정하였는데, 즉 임[名詞], 엇[形容詞], 움[動詞], 겻[語助

---

3) 김민수(1983)에서는 국어학사의 시대 구분을 전통국어학, 근대국어학, 현대국어학 시기로 나누고 있다. 갑오경장, 조국광복을 분수령으로 하여 구분하고 있는데, 특히 전통국어학 시기를 삼국시대부터 갑오경장 때까지로 잡고 있다.

4) 1895년 학부(당시 교육부)에서 학부령으로 소학교교칙대강(小學校則大綱)을 발표하였는데, 거기에 국어와 문법 교육의 필요성에 대하여 제시되어 있다. 1895년 5월에 개교한 한성사범학교에서 교육되기 시작하였다. 국내인에 의한 개화기의 국문 연구가 학교 교육에서 시작된 것은 특기할 만하다.

詞], 잇[接續詞], 긋[終止詞]을 두었다. 앞의 3개는 몸씨, 뒤의 3개는 토씨라 하여 구분하기도 했는데, 특히 허사에 해당하는 토씨를 품사로 인정한 것은 주목할 만하다.5) 또한 문장론에 대한 관심을 보였는데, 문장 성분으로 임이듬[主語], 남이듬[說明語], 씀이듬[客語], 금이듬[修飾語]을 설정하였다. 구문도해 방식으로 문장의 속뜻을 그려낸 것은 변형 문법에서의 심층 구조 설정과 비견되는 탁견이다.

조사나 어미와 같은 허사를 품사로 인정한 시기를 지나 1930년대에 조사만 품사로 인정하는 연구가 최현배(1930), 박상준(1932) 등에서 나온다. 최현배는 기념비적 저서인 『우리말본』(1937)에서 우리말의 전체적 조감을 체계적으로 하고 있다. 주시경과 마찬가지로 고유어 명칭의 품사를 10개 설정하였는데, 이름씨, 대이름씨, 셈씨, 움직씨, 그림씨, 잡음씨, 어떤씨, 어찌씨, 느낌씨, 토씨가 그것이다. 여기서 '토씨'는 조사를 뜻하고, '잡음씨'는 소위 지정사 '이다'를 의미한다. 문장 성분으로는 임자말(주어), 풀이말(서술어), 부림말(목적어), 기움말(보어), 어떤말(관형어), 어찌말(부사어), 홀로말(독립어)의 7개를 설정했는데, 이것은 현행 학교 문법 체계와 정확히 일치한다. 토씨, 즉 조사를 품사로 인정하고 어미는 인정하지 않는 입장도 현행 학교 문법에서와 같다. 물론 잡음씨는 학교 문법에서 따로 품사 명칭으로 인정하지는 않고 있으나 서술격 조사라 하여 품사로 넣고 있는 건 분명하다.

조사와 어미를 품사로 인정하지 않는 견해가 정렬모의 『신편고등국어 문법』(1946)에서 처음 보인다. 허사를 실사와 동일한 품사로 인정할 수 없다는 견해로, 이숭녕(1949)에서도 이 견해를 받아들이고 있다. 정렬모는 품사를 명사, 동사, 부사, 관형사, 감동사 5개로 설정하고 있다. 문장론 차원

---

5) 주시경의 6품사는 1913년에 다시 낸 『조선어문법』에서 9품사 체계로 바뀐다. 임, 엇, 움, 겻, 잇, 언, 억, 놀, 끗 등이 바로 그것이다. '언'은 관형사, '억'은 부사, '놀'은 감탄사에 대체로 대응한다. 6품사의 '긋'은 9품사에서는 '끗'으로 된다.

에서 성분과 성분의 관계를 종속과 통솔의 관계로 보면서, 주체관계, 객체관계, 실질관계, 딸림관계, 얹침관계를 설정하고 있다. 그리하여 '주어와 서술말, 객어와 귀착말, 보어(보탤말)와 형식말, 딸림말과 딸림받을말, 얹침말과 얹침받을말'을 제시하고 있는데, 각각 앞의 것은 종속어, 뒤의 것은 통솔어라고 부르고 있다.

흔히들 국어 문법론의 역사를 언급할 때, 조사와 어미를 품사로 보는 것은 분석식 체계라 하며, 조사만 품사로 보는 것은 절충식 체계라 하며, 마지막 둘 다 품사로 인정하지 않는 것은 종합식 체계라 한다. 현행 학교 문법에서 절충식 체계를 따르고 있다. 분석식과 종합식 견해는 조사와 어미라는 허사를 동일하게 보고 있다는 점에서 서로 통한다고 할 수 있다(김민수 1954 참조).

국어 문법 연구 흐름을 품사 설정을 기준으로 하여 살핀 이런 입장은 다분히 문법 교육 차원을 염두에 둔 것이라 할 수 있다. 우리나라 문법 연구가 국어 교육이라는 차원에서 이루어져 왔다고 볼 수 있기 때문이다. 이론적인 면에서 보면, 이 세 가지 문법론의 흐름 특징이 모두 서양의 전통 문법 입장이라고 해도 과언이 아니다. 서양에서도 전통 문법은 교육용 문법 성격을 다분히 띠고 있음은 앞에서 살핀 바 있다.

우리나라에서는 1960년대 후반에 변형 문법이 밀물처럼 들어와 국어 연구가 이에 좌지우지된 감이 없지 않다. 현재는 변형 문법은 물론이고 인지 문법 등 다양한 문법 모형이 국어 연구에 응용되고 있거나, 국어 특징에 맞는 주체적인 문법 연구가 이루어지고 있기도 하다. 특히 교육용 학교 문법의 필요성에 대한 인식이 확산되어 가면서 학교 문법에 대한 연구가 힘을 모으고 있다.[6]

---

6) 2004년 3월에 한국문법교육학회가 창립되었고, 2017년 현재 학술지 '문법 교육'이 30호가 발간된 상태이다. 실용적 차원뿐만이 아니라 이론적인 차원에서도 학교 문법에 대한 연구가 활성화되고 있는 것이다.

2.2. 국어 문법의 특징

국어의 문법 특징은 다른 언어들과 대조해 봄으로써 파악될 수 있다. 첫째, 흔히 언어 계통상 국어가 알타이어족에 속한다고 한다. 이는 교착성을 띤다거나, 기원적으로 볼 때 문장이 명사문이라거나, 관계 대명사가 없다거나 하는 등등 특징에 근거한다.7) 그러나 국어가 알타이어족에 속한다는 저간의 믿음이 이제는 하나의 가설로만 존재할 뿐이다. 순수 알타이어족에 속하는 몽골어나 만주어나 튀르크 어에 비하여 국어는 차이가 많이 나기 때문이다. 즉 국어는 독자적인 어족을 형성하고 있다는 견해가 제기되고 있기도 하다.

둘째, 언어를 교착어, 굴절어, 고립어, 포합어로 나눌 때, 국어는 교착어 (또는 첨가어)에 속한다.8) 이는 국어가 교착어적인 성질을 상대적으로 많이 갖고 있다는 것을 뜻한다. 조사, 어미와 같은 허사가 체언이나 용언 어간 뒤에 붙는다는 것이다. 접두사나 접미사가 어근 앞뒤에 붙는 것도 역시 교착어적 성질을 보이는 것이다. 일정한 형태는 일정한 형태소로서 기능을 한다거나 형태소가 묶여서 하나의 단어를 이루는 것도 국어의 교착어

---

7) 이외에도 국어가 알타이어족에 속한다는 것은 중세 국어 때 모음 조화 현상이 잘 지켜졌다거나 현대 국어에서 어두에 자음군이 오지 않는다는 것 등을 근거로 제시하는 게 일반적이다. 이기문(1972) 참조.

8) 교착어, 굴절어, 고립어, 포합어는 언어를 형태론적 유형으로 나눈 것이다. 각각의 성격과 관련 언어를 제시하면 다음과 같다.
- 교착어(膠着語, agglutinating language)는 실질적인 의미를 가진 단어 또는 어간에 문법적인 기능을 가진 요소가 차례로 결합함으로써 문장 속에서의 문법적인 역할이나 관계의 차이를 나타내는 언어로, 한국어·터키어·일본어·핀란드어 따위가 여기에 속한다.
- 굴절어(屈折語, inflectional language)는 어형과 어미의 변화로써 단어가 문장 속에서 가지는 여러 가지 관계를 나타내는 언어를 이른다. 인도·유럽 어족에 속한 대부분의 언어가 이에 속한다.
- 고립어(孤立語, isolating language)는 어형 변화나 접사 따위가 없고, 그 실현 위치에 의하여 단어가 문장 속에서 가지는 여러 가지 관계가 결정되는 언어. 중국어, 타이어, 베트남어 따위가 있다.
- 포합어(抱合語, incorporating language)는 동사를 중심으로 하여 그 앞뒤에 인칭 접사나 목적을 나타내는 허사를 결합 또는 삽입하여 한 단어로서 한 문장과 같은 형태를 가지는 언어인데, 에스키모어·아이누어 따위가 있다.

적인 성격을 보이는 것이다.

인구어인 영어는 굴절어에 속한다고 한다. 'go-went-gone, eat-ate-eaten'
처럼 단어에 형태소가 융합되어 있어서 형태소 분석을 쉽게 할 수 없기
때문이다.[9] 베트남어나 중국어를 가리켜 고립어라고 하는데, 이것들은 단
어 위치에 따라 그 단어가 다른 문법적 구실을 하는 언어들이다. 단어가
대개 한 형태소로 이루어지곤 한다. 그렇다고 중국어의 모든 단어가 그렇
다는 건 아니다. 베트남어가 중국어보다 고립어적 성질을 더 많이 갖고
있는데, 이는 베트남어가 단어 수에 대한 형태소 수의 비율이 1.00에 더
가깝다는 걸 뜻한다. 포합어는 에스키모어처럼 하나의 문장 전체를 한 번
에 포합해서 표현하는 경우, 이런 언어를 가리킨다.[10] 전세계 언어는 교
착어(또는 첨가어)와 굴절어가 많고, 고립어와 포합어는 상대적으로 적다.

셋째, 국어는 원칙적으로 '주어-목적어-서술어'(SOV) 순서를 보이는 언
어에 속한다. 국어는 흔히 서술어 중심 언어라고도 하는데, 이는 문장의
뜻이 맨 뒤에 나오는 서술어에 좌우되는 경우가 많다는 걸 뜻한다. 국어
가 SOV 언어에 속한다고는 하지만, 원칙적으로 그렇다는 것이지 실제 쓰
임에서는 어순이 비교적 자유롭다. 첨가적 성격의 조사가 붙어서 서술어
이외의 문장 성분은 자리 옮김이 상대적으로 자유롭기 때문이다. 한편, 국
어와 같은 SOV 언어에는 일본어, 몽골어, 터키어, 미얀마어, 힌디어, 케추
아어 등이 속하는데, 세계에서 가장 많은 숫자를 차지한다. 그 다음으로
많은 언어가 SVO 순서를 보이는 언어인데, 영어, 중국어, 핀란드어, 이탈
리아어, 노르웨이어, 타이어, 스와힐리어, 마야어 등이 속한다. 상대적으로
많진 않지만 VSO 언어도 있는데, 히브리어, 마오리어, 마사이어, 웨일스

---

9) 라틴어도 굴절어에 속한다. amor (love), ama (I love), ams (you love), amat (he love)에서 보
   듯이 어형과 어미의 변화로 각각의 의미가 달라진다.
10) 포합어의 대표 언어로 아아누어를 들곤 한다. 하나의 단어로 문장 의미를 나타내곤 한
   다. 몇 가지 예를 들면 다음과 같다. akare (나는 죽다), alkore(나는 너에게 죽다), aenukar
   (우리는 너희들을 보다), echinukar (너희들을 우리는 보다)

어, 자포텍어 등이다.

넷째, 국어에서는 언제나 수식어가 피수식어 앞에 온다. 이는 국어에서 중심이 되는 말을 뒤에 놓는 경향이 있다는 걸 뜻하며, 서술어가 문장 맨 뒤에 오는 것과 일맥상통한다고 하겠다. 물론 영어에서도 'beautiful flower'에서처럼 수식어가 피수식어 앞에 오는 경우가 있지만, 관계 대명사를 사용하는 표현에서는 수식어가 반드시 뒤에 온다(예 : the fact that Jane is pretty). 이에 비해 국어는 '아름다운 꽃'에서뿐이 아니라, '순희가 예쁘다는 사실'에서 보는 것처럼 영어의 관계 대명사 구문과 같은 표현에서도 수식어가 피수식어 앞에 오는 것을 볼 수 있다.

다섯째, 국어에는 다른 언어에서 발견하기 어려운 이중 주어와 이중 목적어 표현이 많이 나타난다. '코끼리가 코가 길다. 토끼가 앞발이 짧다.' 같은 문장들을 보면 주어가 각각 두 개씩 나타난다. '대한민국은 서울이 인구가 제일 많다.' 같은 경우에는 세 개 주어가 나타나기도 한다. '그는 책을 두 권을 달라고 하였다.'에서는 목적어가 두 개 나타나기도 한다. 여기서의 '이중'이 꼭 둘을 뜻하는 게 아니며, '다중(多重)'의 의미로 사용되는 건 물론이다. 이것들이 모두 진정한 주어이고 목적어인지는 더 논의를 해 보아야겠으나, 외적인 표현상 주어, 목적어 중출 현상은 국어의 특징이라고 할 수 있다.

여섯째, 국어에 높임 표현이 발달되어 있다는 것도 중요한 특징이다. 상대방을 높이는 상대 높임, 문장의 주체를 높이는 주체 높임, 문장의 객체를 높이는 객체 높임 등 국어에는 다양한 높임 표현 방법이 존재한다. 종결 표현은 물론이고, '-으시-'와 같은 선어말 어미, 또 '모시다, 드리다'나 '진지, 치아'와 같은 높임 어휘 표현도 있다. 세계 언어 가운데 국어가 높임 표현이 가장 많이 발달한 언어라는 말이 있을 정도이다.

일곱째, 다른 언어에서도 그렇지만 국어의 단어에는 여러 개의 형태소가 결합되어 이루어지는 경우가 많다. 특이하게 국어의 단어 형성법 가운데는 정상적인 어순 결합 방식과 다른, 즉 비통사적 합성법이 발달되어 있는 것도 특징이라 할 수 있다. '오르내리다, 검푸르다'처럼 두 용언을 합하여 새로운 용언을 만들 때, 연결 어미(예 : -고)를 빠트리는 경우도 있고, 또 '접칼, 덮밥'처럼 용언의 어간과 명사를 합하여 새로운 명사를 만들 때, 관형사형 어미(예 : -는, -을)를 생략하는 경우도 있다. 이런 합성법을 비통사적 합성법이라 하는데, 중세 국어에서는 물론이고 현대 국어에서도 많이 발견되는 특징적인 현상이다.[11]

　지금까지 살펴본 일곱 가지 국어의 특징은 언어 전체적 특징이라기보다는 단어와 문장 차원에서의 것이라 할 수 있다. 알타이어족설을 제시한 것은 계통론 차원이긴 하지만, 문법적인 특징 차원에서 국어의 위치를 보여 주기 위한 것이었다. 둘째와 일곱째는 단어 차원의 국어 특징을 보인 것이며, 셋째부터 여섯째까지는 문장 차원의 국어 특징을 보인 것이다.[12]

---

11) 15세기에는 지금보다 비통사적 합성어가 많이 존재하였다. 지금도 사용되는 '듣보다, 빌먹다, 그치누르다'를 쉽게 들 수 있고, 지금은 안 쓰이지만 '됴쿶다'(좋고궂다), '횩뎍다'(작다, 자잘하다의 옛말), '감푸르르다'(검푸르다) 같은 예들도 많이 사용되었다.

12) 문법적 차원의 특징은 아니지만, 단어를 기본 재료로 하고 있는 어휘론 차원에서 국어의 특징을 살펴볼 수도 있다. 첫째, 국어에 한자어가 58%도 더 된다는 것이 매우 큰 특징이라고 할 수 있다. 『표준국어대사전』(1999)의 단어(표제어 및 부표제어) 508,771개 가운데 한자어가 58.5%나 된다고 한다. 기원전 3세기 무렵에 한자가 한반도로 들어와서 삼국시대를 거쳐 통일 신라, 고려, 조선 시대를 거치는 동안 한자어는 세력을 넓혀 갔다. 순수 고유어는 25.9%밖에 되지 않는다. 나머지 15.1%는 외래어거나 혼합어이다(정호성 2000 참조). 외래어에는 중국어, 몽골어, 여진어, 만주어, 일본어, 서양의 여러 언어에서 온 것들이 있다. 둘째, 고유어에 감각어와 상징어가 크게 발달되어 있는 것도 국어의 특징이다. 붉은색을 나타내는 표현으로, '발갛다, 벌겋다, 빨갛다, 뻘겋다, 새빨갛다, 시뻘겋다, 붉다, 불긋불긋하다' 등 다채로운 고유어로 미묘한 어감 차이를 드러낼 수 있다. 더불어 국어에 의성어나 의태어가 발달되어 있는 것도 특징으로 들 수 있다. '퐁당, 풍덩' 등의 의성어나 '알록달록, 얼룩덜룩' 등의 의태어들은 모음 조화가 철저히 지켜진 것들이며, '빙빙, 뻥뻥, 펑펑' 같은 경우는 자음의 차이에 따라서 의태어들의 어감이 다르게 느껴지는 것들이다. 셋째, 역시 어휘적인 특징으로 국어에 친족 어휘가 발달되어 있는 것을 들 수 있다. 영어에서 'aunt'로 표현하는 대상을 우리말에서는 여러 가지로 다양하게 표현할 수 있는데, 곧 '큰어머니, 작은어머니, 이모, 고모' 등 여러 표현 방법이 있다. 또 영어에서 'sister' 한 단어로 표현하는 걸 국어에서는 '언니, 여동생'으로 표현할 수 있는 등 다양하다.

➔ 탐구하기

1. 전통 문법, 구조 문법, 변형 문법, 인지 문법의 성격
2. 이론 문법에 나타난 학교 문법의 성격
3. 품사 체계 변화에 따른 국어 연구의 흐름
4. 문장 성분 체계 변화에 따른 국어 문법의 흐름
5. 국어 문법의 형태론적 특징
6. 국어 문법의 문장론적 특징

➔ 더 살펴보기

고영근(1989), 구본관(2003ㄴ), 김광해 외(1999), 김민수(1971, 1983), 김영욱(2003), 김진우(1985), 남기심(2001), 남기심·고영근(1993), 남기심·이정민·이홍배(1980), 박영순(1993), 송원용(2003), 시정곤(2003), 왕무용·미혁식(1993), 이관규(2002ㄱ), 이관규 외 옮김(2015), 이광정(1987, 2003), 이익섭(2000), 이익섭·채완(1999), 이주행(2000), 임홍빈(1985), 임환재 역(1984), 정호성(2000), 주시경(1910), 최재희(2004), 허웅(1983), 홍종선(2003), 홍종선 외(2015)

제2부

형태소와 품사

⊙→ 제3장 형태소와 단어

단어를 다루는 단어론에서는 형태소와 단어를 기본적인 문법 단위로 설정한다. 형태소는 최소의 의미 단위이고, 단어는 최소의 자립 단위로, 단어론 논의의 기본 단위가 된다. 여기서는 이들에 대해서 개념과 종류를 그 특성과 함께 살피고자 한다.

3.1. 형태소와 이형태

3.1.1. 형태소의 개념과 종류

사람들은 문장을 통해서 자기의 생각을 온전하게 표현한다. 하나의 건축물이 수많은 재료로 이루어지듯이, 문장도 어절이나 단어 같은 성분들을 통해서 완성된다. 단어는 또 그 아래 요소, 즉 형태소들이 모여서 이루어진다. 문장·어절·단어·형태소는 모두 일정한 의미를 가진 문법 단위이다. 이 가운데 형태소는 가장 작은 의미 단위이다. 형태소는 일정한 뜻을 가진 가장 작은 말의 단위인 것이다. 이런 의미에서 형태소는 단어와 문장을 다루는 문법론에서 기본적으로 중요한 문법 단위라고 할 수 있다.

최소 의미 단위인 형태소(形態素, morpheme)가 갖고 있는 의미는 크게 두 가지로 나누어진다. 어휘적 의미와 문법적 의미가 그것이다. 어휘적 의미는 실사가 갖고 있는 의미로 실질적 의미라고 할 수 있고, 문법적 의미는 조사나 어미와 같은 허사가 갖고 있는 의미로 형식적 의미라고 할 수 있다.

  (1) ㄱ. 하늘이 맑다.
    ㄴ. 하늘 + 이 + 맑 + 다
    ㄷ. 하늘, 맑-
    ㄹ. 이, -다

(1ㄱ)은 (1ㄴ)처럼 형태소 분석이 된다. (1ㄷ)의 '하늘'과 같은 명사나 '맑-'과 같은 용언의 어간(엄밀히는 '어근')이 갖고 있는 의미가 바로 어휘적 의미이다. (1ㄹ)의 '이'와 같은 조사나 '-다'와 같은 어미가 갖는 의미는 문법적 의미가 된다. 대개 어휘적 의미는 명사, 대명사, 수사, 용언(동사·형용사)의 어간, 관형사, 부사, 감탄사가 지니고 있는 실질적 의미를 가리킨다. 문법적 의미는 조사, 어미가 갖고 있는 형식적 의미를 가리킨다.[1]

다음 (2)에서 어휘적 의미를 가진 형태소와 문법적 의미를 가진 형태소 예를 좀 더 들어 보자. (2)에 제시된 것 가운데, 어휘적 의미를 가진 형태소는 (2ㄱ)의 '하-, 수, 없-, 그, 집', (2ㄴ)의 '반짝, 글썽, 으르렁, 집, 곳', (2ㄷ)의 '웬, 떡', (2ㄹ)의 '말, 일, 지게'가 해당한다. 그리고 문법적 의미를 가진 형태소는 (2ㄱ)의 '-ㄹ, -지, 이', (2ㄴ)의 '마다, 에', (2ㄷ)의 '이, -냐', (2

---

[1] 일반적으로 의존 형태소에는 줄표(-)를 붙여서 홀로 설 수 없음을 나타낸다. 어간 '맑-'과 어미 '-다'에서와 같다. 그러나 학교 문법에서는 조사에는 줄표(-)를 하지 않고 그냥 '이'라고 쓴다. 이는 조사를 품사로 인정한 연유이다. 그렇지만 엄밀히 말해서 둘 다 의존 형태소이기 때문에 줄표(-)를 해 주는 것이 더욱 타당하다는 생각이 든다.

ㄹ)의 '군-, 헛-, -꾼'이 해당한다.

    (2) ㄱ. 할 수 없지 ; 그 집이
       ㄴ. 반짝반짝, 글썽글썽, 으르렁으르렁 ; 집집마다, 곳곳에
       ㄷ. 웬 떡이냐
       ㄹ. 군말, 헛일 ; 지게꾼

    (2ㄱ)은 '하+ㄹ+수+없+지, 그+집+이'로 형태소 분석이 될 수 있는데, '하-'는 동사 어간, '-ㄹ'은 관형사형 어미, '수'는 의존 명사, '없-'은 형용사 어간, '-지'는 평서형 종결 어미이며, 또한 '그'는 관형사, '집'은 명사, '이'는 조사이다. (2ㄴ)에 나타난 의성어·의태어 같은 첩어는 '반짝+반짝', '글썽+글썽', '으르렁+으르렁'처럼 각각 형태소로 분석된다. 이들은 어근 두 개가 이어진 합성어로 처리된다. 한편, '집집마다'는 '집+집+마다'로 형태소 분석되는데, 즉 '집+집'에 조사 '마다'가 붙은 것이며, '곳곳에' 역시 '곳+곳+에'로 형태소 분석이 된다.

    (2ㄷ)은 '웬+떡+이+냐'로 형태소 분석되는데, '웬'은 관형사, '떡'은 명사, '이'는 서술격 조사, '-냐'는 의문형 종결 어미이다. 대개 학교 문법에서 서술격 조사 '이다'는 활용을 하는 특수한 조사라고 말하고 있는데, 그럴 경우 (2ㄷ)의 '이냐' 자체가 서술격 조사가 된다. 이때 '이'와 '-냐'를 따로 형태소로 나눌 것인지, 아니면 '이냐' 전체를 하나의 형태소로 볼 것인지가 문제로 남는다. 분명한 것은 '이다'의 '이'는 선행 체언으로 하여금 서술어의 역할을 하게 하는 문법적 의미를 갖고 있다는 것이며, '-냐' 두 의문으로 문장을 마무리는 문법적 의미를 갖고 있다는 것인데, 결국 '이'와 '-냐'는 각각 형태소로 인정되어야 할 것이다. (2ㄹ)은 '군+말, 헛+일, 지게+꾼'으로 형태소 분석이 된다. '군-, 헛-'은 접두사이고, '-꾼'은 접미사이다. 물론 '말, 일, 지게'는 모두 명사로서 각 단어의 어근이 된다.

최소 의미 단위인 형태소는 기준에 따라 몇 가지 유형으로 나뉜다. 혼자 쓰일 수 있느냐 없느냐 하는 자립성 여부에 따라 자립 형태소와 의존 형태소로 나눌 수 있는데, (1)에서 명사 '하늘'은 자립 형태소이며, 조사 '이', 어간 '맑-' 어미 '-다'는 의존 형태소이다.

일반적으로 자립 형태소에는 명사, 대명사, 수사, 관형사, 부사, 감탄사가 속하며, 의존 형태소에는 동사와 형용사의 어간, 조사, 어미, 접사가 속한다. 물론 이것들이 모두 개별적인 형태소로 이루어져 있다는 것을 전제로 한다. 그런데 자립 형태소인지 의존 형태소인지 판단하기 어려운 경우가 있다. 의존 명사와 관형사가 바로 그것이다. (2ㄱ)에 제시된 '할 수 없지'에서 '수'는 혼자 쓰일 수 없고 반드시 관형사와 함께 나타나기 때문에 의존 명사로 불린다. 또한 관형사는 문장에서 홀로 쓰이는 경우가 없다. (2ㄱ)에 제시된 '그 집이'에서 관형사 '그'는 결코 홀로 사용되는 법이 없다. 반드시 뒤에 체언(명사 · 대명사 · 수사)이 와야 한다. 그러나 학교 문법에서는 의존 명사 '수'나 관형사 '그' 같은 것을 자립 형태소로 보지, 의존 형태소로 다루지 않는다. 자립 형태소다 의존 형태소다 하는 것은 단어(또는 형태론) 차원의 말이지 '관형사+(의존) 명사'와 같이 단어를 벗어난 구차원의 말은 아니라는 것을 뜻한다.

또한 형태소는 실질적 의미를 가지고 있느냐, 형식적 의미를 가지고 있느냐 하는 실질 의미 유무에 따라 실질 형태소와 형식 형태소로 나누기도 한다. 실질 형태소는 어휘적 의미를 가지고 있다 하고, 형식 형태소는 문법적 의미를 가지고 있다 해도 상관없다. (1)에서 '하늘'이나 '맑-' 같은 것이 실질 형태소에 해당하며, 조사 '이'나 어미 '-다' 같은 것은 형식 형태소에 해당한다.

실질 형태소와 형식 형태소로 나누기 어려운 경우가 있다. 접사가 바로 그것인데, (2ㄹ)에 제시된 '군말, 헛일 ; 지게꾼' 같은 파생어에 쓰인 접사 '군-, 헛-, -꾼'은 모두 일정한 의미를 가지고 있다. '군말'에서 '군-'은

'쓸데없는', '헛일'에서 '헛-'은 '보람 없는', '지게꾼'에서 '-꾼'은 '어떤 일을 전문적으로 하는 사람'이라는 의미를 지니고 있다. 이렇게 볼 때, 접사가 갖는 의미는 다른 형식 형태소인 조사나 어미가 갖고 있는 문법적 의미와는 차이가 있다는 것을 알 수 있다. 그렇다고 해서 접사의 의미가 일반 실질 형태소 의미라고 말하기도 쉽지 않아 보인다. 이런 점에서 접사가 갖고 있는 의미를 따로 의미 자질이라고 말하기도 한다. 결국 접사가 갖는 이런 의미 특성 때문에, 접사를 어휘 문법 형태소라고 하는 경우도 있다. 학교 문법에서는 접사가 어근에 붙어 파생어를 만드는 역할을 하는 점에 주목하여 접사를 형식 형태소로 처리하고 있다. 이는, 교착어로서 국어가 갖는 유형론적 특성을 주목한 것이다.

3.1.2. 형태소 분석의 문제점

최소 의미 단위로서 형태소는 단어의 성격 파악에 있어서 중요한 가치를 가진다. 형태소를 분석함으로써 단어의 성격을 정확히 파악할 수 있으며, 피동, 사동 접미사 같은 경우는 문장의 성격까지도 결정할 수 있게 한다. 특히 의미론적 차원에서는 형태소 분석이 기초적인 작업에 속한다. 형태소 분석에서 논란이 있는 것은 크게 한자어 분석에 대한 것, 어원적 형태소 분석에 대한 것, 그리고 형태소의 '형태'에 대한 것이다.

첫째, 한자어를 어떻게 처리할 것인지를 살펴보자. 최소 의미 단위라는 형태소 정의에 충실하게 하면, 다음 (3ㄱ)에 제시된 '동화(童話), 학교(學校), 낙엽(落葉), 비인간(非人間)'은 각각 '동+화, 학+교, 낙+엽, 비+인+간'처럼 형태소 분석이 되어야 할 것이다. 그러나 (3ㄴ)의 '이태리, 보살' 같은 말은 한자를 단순히 음차(音借)한 것이기 때문에 '이태리, 보살' 전체가 하나의 어휘적 의미를 갖고 있어, 각 한자가 형태소로 분석되지 않는다. '이태리, 보살' 전체가 하나의 형태소라는 것이다. 한편, (3ㄷ)의 사람을 지칭하는 표현은 성과 이름은 일단 형태소 분석될 것이겠지만, 이름, 즉 '철수, 영희' 같은 경우는 형태소 분석이 매우 난감하다. 이름을 지은 부모는 '철'과 '수', '영'과 '희'가 각각 유의미한 한자를 지닌 것이라 보겠지만, 그 의미가 객관성을 확보하기 쉽지 않다는 것이다. 일단, 특별한 언급이 없는 경우 이름을 나누기란 어렵지 않나 한다.2)

    (3) ㄱ. 동화(童話), 학교(學校), 낙엽(落葉), 비인간(非人間)
       ㄴ. 이태리(伊太利), 보살(菩薩)
       ㄷ. 이철수, 박영희
       ㄹ. 파랑 ; 사람, 아름-
       ㅁ. 아이고, 아무리

    둘째, 형태소 분석에서 어원적으로 더 분석될 수 있는 가능성이 있는 것을 어떻게 할 것인지도 논란거리다. (3ㄹ,ㅁ)에 있는 예들은 학교 문법에서 대개 하나의 형태소로 처리되고 있는 것들이다. 그런데 (3ㄹ)에 제시된 것 중 '파랑'은 '프르+엉>퍼렁>파랑'이라는 역사적 변천을 거친 것이기 때문에, 어원적으로 형태소 분석이 가능하다고 볼 수도 있다. 또한 '사람, 아름'('아름답다'의 '아름')은 각각 '살+암>사람, 안+음>아름'으로 논리적으로 분석할 수도 있는 것들이다. 그런데 이렇게까지 미시적으로 형태소 분석을 해야 할 것인지는 의문이 든다. 일반적으로 형태소 분석을 하는 근거는 다른 것으로의 대치가 가능하냐는 것이다. '사람, 아름' 같은 형태소는 이 점에서 분석의 타당성이 떨어진다. 또한 '파랑'은 '노랑, 빨강' 등 다른 용례가 있기는 하지만, 어원적 사실을 공시적인 분석에서 받

---

2) '김이슬' 같은 고유어 이름 '이슬'은 '이슬' 자체가 하나의 형태소가 될 것이다. 그러나 '이빛나' 같은 이름은 분명히 '빛나'가 '빛', '나'로 유의미한 뜻을 갖고 있다. 학교 문법 차원에서는 일단 이름은 분석하지 않는다는 단서가 반드시 있어야 할 것 같다. 만약 주관적이든 객관적이든 의미 파악이 되는 것을 무조건 나눌 경우에도 바로 그런 분석 조건이 붙는 게 타당할 것이다.

아들일 수 있는지는 여전히 문제가 된다.

한편, (3ㅁ)의 '아이고, 아무리' 같은 경우도 '아이+고, 아무+리'로 형태소 분석될 가능성이 있긴 하다. '아이, 아무'는 독립적으로 쓰일 수 있으나, 후행하는 '고, 리'가 다른 데서 사용되는 용례가 없어, 결국 '아이고, 아무리'는 하나의 형태소로 설정될 수밖에 없다. 요컨대, 현행 학교 문법에서는 공시적 형태소 분석에 통시적 방법을 적용하지는 않고 있으며, 또한 대치 가능성이 없는 경우에는 형태소 분석을 하지 않고 있다.3)

> (4) ㄱ. 올벼, 오조
> ㄴ. 곱다, 고운 ; 그립다, 그리워 ; 아름답다, 아름다워 ; 걱정스럽지, 걱정스러워
> ㄷ. 곳곳이 ; 다달이, 나날이
> ㄹ. 보였습니다.(보+이+었+습니다 / 보+이+었+습+니+다)

셋째, 형태소의 형태에 대한 것으로, 형태소 분석 시, '형태'(morph)를 어떻게 제시할 것인지도 문제이다. (4ㄱ)은 접사가 붙은 파생어들인데, 접두사가 붙은 '올벼, 오조'는 '올+벼, 오+조'로 형태소 분석이 된다. '올/오'는 '열매가 보통 것보다 일찍 익은' 의미를 갖고 있다. '올'과 '오'는 사실 같은 의미를 가진 접두사이다. 완성형인 '올'을 기본형으로 본다면 '올>오'로 'ㄹ' 탈락을 한 것으로 볼 수도 있다. 이때 '오조'를 '올+조'와 '오+조' 둘 중 어떤 식으로 형태소 분석을 하는 것이 낫겠는가? 이론적으로는 두 가지 방식 모두 가능하다. 즉, '올+조'도 되고, '오+조'도 된다는 것이다. 뒤에서 언급되겠지만, 완성형을 기본형으로 할 경우엔 '올+조'로 분석하는 방식을 택하면 될 것이다.

3) 물론 학문적 차원에서는 '살+암, 프르+엉, 안+음' 등 분석이 모두 가능하다. 서태룡 (1988 : 103)에서는 재분석 방법을 적용하여, 어미 '-으려고'에 대하여 '동명사어미 {-을} + 형식명사 {이-} + 계사 {이-} + 어말어미 {-어} + 어말어미 {-고}'로 재분석될 가능성이 있다고까지 말한다.

(4ㄴ)은 각각 '곱+다, 고우+ㄴ ; 그립+다, 그리우+어 ; 아름+답+다, 아름+다우+어 ; 걱정+스럽+지, 걱정+스러우+어'로 형태소 분석될 수 있다. 어간인 '곱, 고우', '그립, 그리우'는 각각 동일한 형태소이고, 접사 인 '답, 다우', '스럽, 스러우'도 각각 동일한 형태소들이다. 이때 'ㅂ'이 들어간 형태는 문제가 없으나, '우' 형으로 변한 것은 어떻게 처리할 것인 지가 문제가 된다. '곱+은, 그립+어, 아름+답+어, 걱정+스럽+어'로 형 태소 분석하여도 큰 문제가 발생하는 것은 아니라는 말이다. (4ㄱ)과 같은 접사에서는 둘 다 인정하여도 문제가 없지만, 용언에서의 두 가지 형태 인정은 조금 문제가 있을 수 있다. 즉 '그리워, 아름다워, 걱정스러워' 같 은 경우를 '그리우+어, 아름+다우+어, 걱정+스러우+어' 식으로 분석하 였을 때 본래 반모음으로 사용된 'w(우/오)'를 하나의 음운처럼 분석한다 는 것이 타당한지는, 다른 차원이기는 하지만 논란의 여지를 남겨 두고 있다.

(4ㄷ)에서도 보면 '곳+곳+이'로 형태의 변화 없이 분석될 수 있는가 하면, '다달이, 나날이'는 형태소의 형태 변화를 보이고 있다. 이것들을 '달+달+이, 날+날+이'로 분석해야 할지, 아니면 표면에 나타나는 형태 그대로 '다+달+이, 나+날+이'로 분석해야 할지 쉽지 않은 문제가 있다. 명사의 경우, 독립적으로 분석된 '다, 나'가 과연 '달, 날' 의미를 간직하 고 있다고 할 수 있는가? 학교 문법에서도 이것은 인정하지 않고, '달+달 +이, 날+날+이' 방식으로만 형태소 분석을 하고 있다. 가능하다면 분석 된 형태소는 완성형을 제시하는 게 전체적으로 일관성 있는 설명을 할 수 있을 것이다.

'올, 오'는 어떤 식으로 해도 큰 무리가 없지만, '고마워, 아름다워, 나 날이, 다달이' 같은 경우에는 완성형(또는 본래형)을 제시하는 게 설명적 타 당성이 더 있다는 것이다. 결국 일관성 차원에서 생략형보다는 완성형이 형태소의 기본형으로 낫다고 할 수 있다. 완성형 형태를 밝혀 주는 것을 원칙이라 한 것은, 형태소가 최소 의미 단위라는 정의에 충실하게 본래 형태를 보여 주어 그 의미를 정확히 보여 줄 수 있을 것으로 기대하기 때문이다.

넷째, 형태소 분석에 있어서 어려운 것 중 하나로, 종결 표현을 거시적으로 분석해야 할지 아니면 미시적으로 해야 할지 하는 문제가 있다. (4ㄹ)의 '보였습니다'를 '보+이+었+습니다'로 보는 것이 거시적인 분석 방식이고, '보+이+었+습+니+다'로 하는 것이 미시적인 분석 방식이다. '습니다'뿐만이 아니고, '갑니다, 가십시오' 등에서도 '가+ㅂ니다, 가+시+ㅂ시오'로 거시적 형태소 분석을 해야 할지, '가+ㅂ+니+다, 가+시+ㅂ시+오'로 미시적 형태소 분석을 해야 할지 난점이 있다. 이 개별 선어말 어미들은 모두 최소의 의미를 갖고 있는 형태소들이다. 따라서 논리적으로 볼 때 하나하나 미시적으로 형태소 분석을 해야 하는 것이 맞다.

'-습-/-ㅂ-'은 상대 높임, '-니-'는 직설법, '-ㅂ시-'는 상대 높임, '-다'는 평서형 종결 어미이다. 이것들은 '갑니다, 갑니까, 가십시오' 등 분포가 제한되어 있다든가, '-ㅂ시-'의 '-시-'의 성격이 불투명하다든가의 문제가 남아 있긴 하다. 그러나 교착적 선어말 어미를 인정하는 입장에서 볼 때, 이런 점은 극복될 수 있다고 본다. 교착적 선어말 어미는 분포가 자유롭지 않을뿐더러, '-ㅂ시-'는 함께 묶어서 상대 높임 선어말 어미의 한 종류로 파악할 수 있기 때문이다. 만약 '보+이+었+습니다'식으로 분석하여 '습니다'를 단순히 평서형 종결 어미로 파악하게 되면, '보였다'와 구분이 안 된다. 또한, '가시지요' 같은 경우도 '가+시지요'처럼 분석하게 되면 '가지요, 가지'와 변별도 되지 않게 된다. 따라서 '-시-'는 높임 선어말 어미, '-지'는 종결 어미, '요'는 보조사로 미시적 분석을 하는 것이 나을 것이다.[4]

---

[4] 그런데 현행 학교 문법에서는 '갑니다'를 '가+ㅂ니다'로 형태소 분석하고 있는 실정이다. 교육의 수월성이라는 점에서 지나치게 난해한 설명은 피하고자 하는 의도가 들어가 있다.

3.1.3. 이형태

(4ㄱ)의 '올–'과 '오–'는 형태는 다르지만 동일한 의미를 가진 형태소라고 할 수 있다. 앞에서 완성형인 '올–'을 사용하는 것이 원칙이고, '오–'를 사용하는 것은 허용이라고 말한 바 있다. 이처럼 하나의 형태소이지만 다른 형태를 가진 형태소들을 이형태(異形態, allomorph)라고 한다. 이형태는 달리 이형태소(異形態素), 또는 변이 형태(變異形態)라고도 한다. 이형태는 크게 음운론적 이형태와 형태론적 이형태의 두 가지 유형으로 나누는 것이 일반적이다.5)

음운론적 이형태(phonological allomorph)는 하나의 형태소가 다른 음운 환경에서 다른 형태(form)를 갖고 있는 이형태를 말한다. 주격 조사 '이/가'는 대표적인 음운론적 이형태이다. 이 둘은 동일한 문법적 의미를 갖고 있으면서, 서로 다른 음운 환경에서 출현한다. (5ㄱ)에서 보듯이 '하늘이'의 '이'는 선행 음운이 자음일 때 나타나고, '영수가'의 '가'는 선행 음운이 모음일 때 나타난다. '이/가'는 함께 나타나지 못하고 서로 다른 환경에서만 나타나서 서로 상보적 분포(相補的 分布, complementary distribution)를 보인다고 말한다. '영철이가 잠을 자고 있어.'라는 문장에서는 '이/가'가 함께 나타나는 것처럼 보이지만, 이때 '이'와 '가'는 서로 다른 것이다. 선행 '이'는 사람을 나타내는 접미사일 뿐이고 '가'만이 주격 조사로 인정된다. 또

그러나 'ㅂ'이 공손, 'ㄴ'가 직설 의미를 간직하고 있는 이상 각각 분석해 주어야 하는 것이 맞다고 본다.
5) 이익섭·채완(1999 : 54)에서는 음운론적 이형태와 형태론적 이형태로 실현되는 것을 각각 '음운적 조건에 의한 교체', '형태적 조건에 의한 교체'라고 표현하고 있다. 더불어 거기서는 '문법적 조건에 의한 교체'를 더 제시하고 있는데, "국어의 처격조사 '에/에게'는 '아이에게 물을 주어라'와 '화초에 물을 주어라'처럼 선행명사가 有情名詞인가 無情名詞인가에 따라 결정되는데 有情性(animacy)도 문법범주이므로 역시 이 교체도 문법적 조건에 의한 예일 것이다."라고 말하고 있다. 결국 문법론적 이형태를 새로 제시하고 있는 셈인데, 그런 경우의 수가 많지도 않을뿐더러 넓게 보면 선행하는 체언의 특성에 따른 형태 변화이기 때문에 형태론적 이형태 속에 넣을 수 있다고 본다.

다른 대표적인 음운론적 이형태로 목적격 조사 '을/를'을 들곤 한다. (5ㄴ) '아버지는 밥을, 어머니는 국수를 드신다.'라는 문장을 통해서 알 수 있듯이, '을'은 자음 뒤에서, '를'은 모음 뒤에서 나타난다.6) 음운론적 이형태로는 보조사 '은/는'도 들 수 있는데, 역시 (5ㄷ)에서 보듯이 각각 자음 뒤, 모음 뒤에서 상보적으로 나타난다.

> (5) ㄱ. 하늘이 푸르다. / 영수가 공부해.
>   cf. 영철이가 잠을 자고 있어.
>   ㄴ. 아버지는 밥을, 어머니는 국수를 드신다.
>   ㄷ. 하늘은 푸르고 공기는 맑다.
>   ㄹ. 신부는 신랑을 보고 있었고 신랑은 신부를 안았고, 하객들은 모
>   두 갔다.
>   cf. 공부를 하였다.
>   ㅁ. 영희는 음악을 들으며 춤을 추며 여러 생각을 했다.

(5ㄹ)에서 볼 수 있는 과거 시제 선어말 어미 '-었-/-았-'도 음운론적 이형태라고 할 수 있다. '있었고'에서는 선행 음절의 모음이 음성 모음 'ㅣ'이기 때문에 '-었-'이 왔고, '안았고'에서는 선행 음절 모음이 양성 모음 'ㅏ'이기 때문에 '-았-'이 왔다.7) '갔다'에서도 '-았-'이 사용된 것이라 할 수 있는데, 즉 '가+았+다'로 형태소 분석이 되며, '가-'의 'ㅏ'가 탈락한 형태로 파악된다. 이처럼 '-었-/-았-'은 상호 음운론적 이형태가 된다. 그런데 '하였다'에서는 선행 모음이 양성 모음 'ㅏ'인데도 불구하고 '-았-'이 아닌 '-였-'이 왔다. 이것은 뒤에 언급되겠지만 '하다'라는 특수

---

6) 혹시 '국술 드신다'라는 표현이 용인 가능하다고 받아들여질 수도 있다. 모음 뒤에서는 '를'이 오는데, 'ㄹ'이 왔기 때문에 문제가 된다는 것이다. 그러나 이때의 'ㄹ'은 구어체에서 득별한 의미를 가지고 있는 표현일 뿐이다. 즉 보조사로 볼 수도 있다는 말이다.

7) 15세기 단모음 체계는 중성 모음 'ㅣ', 양성 모음 'ㆍ, ㅏ, ㅗ', 음성 모음 'ㅡ, ㅓ, ㅜ' 일곱 개이었다. 이후 'ㆍ'가 사라지고 현대 국어에 와서는 'ㅣ'마저 음성 모음으로 바뀌고 말았다. 이는 곧 모음 조화 현상이 급속하게 파괴되는 결과를 초래하였다.

용언에서만 나타나는 형태론적 이형태에 해당한다. 또한 연결 어미 '-며
/-으며'도 음운론적 이형태로 볼 수 있는데, (5ㅁ)에서 보듯이 선행 음운
이 자음이면 '-으며'가 오고, 모음이면 '-며'가 온다. 이것들 역시 음운론
적 이형태에 해당한다고 할 수 있다.

> (6) ㄱ. 이리 오너라. / 어서 가거라.
>   ㄴ. 차 세 대 / 담요 석 장 / 쌀 서 말

이에 비해 형태론적 이형태(morphological allomorph)는 음운론적으로 설명
할 수 없는 이형태를 뜻한다. (5ㄹ)에서 과거 시제 선어말 어미 '-였-'은,
음운론적 설명이 가능한 이형태 '-었-/-았-'과 달리 일정한 설명력을 부
여할 수 없는 이형태이다. (6ㄱ)에서 사용된 '-너라' 같은 경우는 대표적
인 형태론적 이형태라고 할 수 있다. 일반적으로 어른들이 사용하는 명령
형 어미로는 '-거라'가 쓰이고 있으나, 동사 '오다'만은 성인 방언 명령형
어미로 '-너라'가 쓰인다. 즉 '-너라'는 '오다'라고 하는 특수한 단어가
갖는 형태론적 이형태가 되는 것이다. (6ㄴ)에 쓰인 관형사 '세/석/서'도
각각 '대, 장, 말'이라는 특수한 단어에서만 사용되는 형태론적 이형태들
이다. 이처럼 형태론적 이형태는 단어의 특성에 따라 특수한 형태로 나타
나는 것이라 할 수 있다.[8]

---

8) 이형태가 교체되는 현상을 주목하여 자동적 교체와 비자동적 교체로 나누는 경우도 있다.
   자동적 교체는, 만일 그러한 교체가 일어나지 않는다면 그 언어의 음운 양상이 깨어지는
   결과가 초래되는 교체를 말한다. 예컨대 '값'을 기본형으로 볼 때, '값도'에서는 'ㅅ'이 탈
   락되어야만 하며 '값만'에서는 '갑'(←값)이 '감'으로 소리 나야만 하는 것도 모두 자동적
   교체에 속한다. 국어에서 자음이 연속으로 세 개 올 수 없다거나 무성음이 비음 앞에서
   반드시 비음으로 소리 나야 하기 때문이다. 결국 /값~갑~감/의 교체는 모두 자동적 교
   체가 된다. 이에 비해 비자동적 교체는 반드시 그렇게 발음되어야만 하는 필연성을 갖지
   않은 것을 말한다. 예컨대, '눈이 크다'와 '코가 크다'에서 '이'와 '가'는 '눈가, 코이'와
   같은 결합이 불가능하여 일어나는 것은 아니다. 따라서 이 교체는 비자동적 교체이다.
   '듣더라'와 '들어라'의 /듣~들/의 교체도 '들어라'가 불가능하여 일어나는 교체가 아니므
   로 역시 비자동적 교체이다. 결국 형태론적 이형태에서의 교체는 모두 비자동적 교체라

(7) ㄱ. 값이 [값] / 값, 값도 [갑] / 값만 [감]

　　ㄴ. 었, 았 ; 였

　　ㄷ. 학생이 / 철수가

　　ㄷ. 차 세 대 / 담요 석 장 / 쌀 서 말

이형태(異形態) 논의에서 중요한 것은 여러 이형태들 가운데 어떤 것을 기본형으로 정할 것인가 하는 문제이다. 형태론적 이형태 같은 경우야 보편적으로 쓰이는 것이 아니기 때문에 기본형이 될 수 없을 것이다. 예컨대, '-었-/-았-'과 같은 음운론적 이형태 가운데 하나가 기본형이 되지 '-였-' 같은 특수 변이 형태, 즉 형태론적 이형태가 기본형이 될 수는 없다는 것이다. 그렇다면 음운론적 이형태들 가운데 어떤 것을 기본형으로 잡아야 할 것인가?

첫째, 설명적 타당성이 더 많은 것을 기본형으로 잡아야 한다. (7ㄱ)에 제시된 '값, 갑, 감'은 서로 다른 음운 환경에 나타나는 음운론적 이형태들이다. '값'은 후행 요소로 모음으로 시작하는 형식 형태소가 올 경우 발음되며, '갑'은 어말에서나 후행 요소로 비음 이외의 자음이 올 때 발음되며, '감'은 후행 요소로 비음(鼻音, nasal)이 올 때 발음된다. 이들 가운데 완성형인 '값'을 기본형으로 잡는 게 설명적 타당성이 보다 많다고 할 수 있다. '값'을 기본형으로 잡아야만 일정한 음운 환경에서 '갑, 감'으로 바뀌어 나타난다고 설명할 수 있다. 만약, '갑'을 기본형으로 잡는다면, '감'에 대해서는 설명력을 가질 수 있겠지만 '값'에 대해서는 도저히 음운론적으로 설명할 수가 없다. '감'을 기본형으로 잡는다면, '갑'이든 '값'이든 모두 설명할 수가 없다. 일반적으로 축소형보다는 완성형의 이형태가 기본형으로서의 설명적 타당성을 더 많이 갖고 있다.

고 할 수 있으나, 음운론적 이형태에서의 교체 중에는 자동적 교체인 것도 있고(/값~갑~감/), 비자동적 교체인 것도 있는 셈이다(/이~가/, /든~들/). 이익섭·채완(1999 : 54~55) 참조.

둘째, 분포량이 더 많은 것을 기본형으로 잡아야 한다. (7ㄴ)의 과거 시제 선어말 어미 가운데, 일단 특수형인 '-였-'보다는 일반형인 '-었-/-았-' 가운데 하나가 기본형으로 되어야 한다. '-었-/-았-' 가운데서도 '-었-' 이 '-았-'보다 설명적 타당성을 더 많이 갖고 있다고 할 수 있다. 현대 국어에서 음성 모음이 양성 모음보다 많기 때문이다. 10개의 단모음 가운데 'ㅏ, ㅗ, ㅐ, ㅚ' 네 개가 양성 모음이고, 나머지 여섯 개, 즉 'ㅓ, ㅜ, ㅡ, ㅣ, ㅔ, ㅟ'는 음성 모음이다. 즉 음성 모음이 양성 모음보다 일반형이라고 말할 수 있다는 것이다.9)

셋째, 통시적 변천 과정을 고려하여 앞선 시대의 형태를 기본형으로 잡는다. (7ㄷ)에 제시된 주격 조사 '이/가' 중에서 중세 국어에 존재했고 지금도 사용되고 있는 '이'를 기본형으로 잡는다는 것이다. '가'는 16세기 중반부터 사용되고 있어서 시기적으로 '이'가 앞선다. 사실 '이'와 '가'는 현대 국어에서 분포량에 있어서 우열을 가리기 어렵고 어느 하나를 기본형으로 택한다 하여도 다른 하나에 대해서 설명적 타당성을 부여하기가 불가능한 것이 사실이다.

한편, (7ㄹ)에 제시된 수 관형사 '세, 석, 서'는 어느 것으로 기본형을 잡아야 할지 난감한 점이 없지 않다. 이럴 경우 어느 것을 선택해도 큰 문제는 없겠지만, 그래도 나름대로의 기준을 생각해 볼 수 있다. 즉 넷째 기준으로 형태상 대표형으로 삼을 수 있는 것을 기본형으로 잡자는 것이다. 본래 삼(三)을 뜻하는 고유어 수사는 '셋'이다. 이 '셋'과 형태상 가장 유사한 것을 기본형으로 선택하는 방법을 마련하자는 것이다. 이럴 경우 '세, 석, 서' 가운데 '세'를 기본형으로 잡을 수 있을 것이다.10)

---

9) 단모음 열 개 가운데 'ㅏ, ㅗ, ㅐ, ㅚ'가 양성 모음이고 나머지는 음성 모음이라는 것은 표준국어대사전의 뜻풀이에 따른 것이다.

10) 학교 문법에서는 '열 명'에서처럼 수를 나타내는 단어가 명사 앞에 오게 되면 그것을 관형사(수 관형사)로 보고, '사람 열이'에서처럼 뒤에 조사가 오면 수사로 보고 있다. 이에 비해 이익섭·채완(1999) 같은 경우에는 두 경우 모두 수사로 보고 있어 차이를 보인다.

3.2. 단어의 개념과 종류

3.2.1. 단어의 개념과 종류

최소 의미 단위인 형태소는 그 자체로 단어가 되거나 단어의 구성 요소가 된다. 형태소 하나가 단어 하나로 될 경우, 그것은 단일어가 되며, 두 개 이상의 형태소가 모여서 하나의 단어가 될 경우, 그것은 복합어가 된다. 복합어는 파생어와 합성어로 나뉘는데, 파생어는 어근에 접사가 붙은 것이고 합성어는 어근 두 개 이상으로 이루어진 것이다. 어근 두 개 이상과 접사가 함께 나타난 복합어는 개별 형태소의 결합 방법에 따라 파생어 또는 합성어 성격이 결정된다. 즉 단어 형성 과정에서 최종 결합 형태소가 접사이면 그 단어는 파생어가 되고, 그렇지 않으면, 즉 최종 결합 형태소가 어근(또는 어근+접사)이면 합성어가 된다.

이처럼 단어는 단일어와 복합어로 나뉘고, 복합어는 다시 파생어와 합성어로 나뉜다. (2)에 제시된 단어를 예로 들어보면, '집'은 어근 하나로 이루어진 단일어, '헛일, 지게꾼'은 접사가 붙은 파생어, '으르렁으르렁, 곳곳'은 어근 두 개로 이루어진 합성어에 해당한다.[11]

```
(8) 단어 ┬ 단일어
         └ 복합어 ┬ 파생어
                  └ 합성어
```

본서에서는 학교 문법의 입장을 고수하기로 한다. 만약 후자의 견해, 즉 수 관형사를 인 정하시 않고 '세, 석, 서'를 수사로 보는 견해를 따른다면 '세, 석, 서'는 기본형 '셋'의 이형태로 처리되어야 할 것이며, '셋'이 기본형으로 설정되어야 할 것이다.

11) 단일어는 simple word, 복합어는 compound word, 파생어는 derivative word, 합성어는 complex word를 번역한 용어이다. 그런데, compound word를 합성어로, complex word를 복합어로 번역하여 사용하는 논저도 있다(왕문용·민현식 1993, 이익섭·채완 1999). 본서에서는 허웅(1983)과 현행 학교 문법을 따라서 (8)처럼 복합어 속에 파생어와 합성어가 있는 것으로 보고자 한다.

단어는 그 정의가 다양하다. 가장 일반적인 정의는 최소 자립 단위로 단어를 보는 것이다. 사실 앞에서 예로 든 '집, 헛일, 지게꾼, 으르렁으르렁, 곳곳' 같은 단어들은 이 정의에 그대로 적용이 된다. 그러나 국어와 같은 교착어(또는 첨가어)에 있어서는 단어의 정의가 다양할 수밖에 없다. 조사, 어미와 같은 허사들에 대한 처리를 어떻게 해야 하느냐가 논의의 핵심이다. 학교 문법(7차)에서처럼 조사만 단어로 인정하고 어미는 단어에서 제외하는 견해(절충식 체계)가 있는가 하면, 둘 다를 단어로 인정하는 견해(분석식 체계)도 있으며, 또한 둘 다 단어로 인정하지 않는 견해(종합식 체계)도 있다.

> (9) ㄱ. 아침에 바람이 불었다.
> ㄴ. 아침, 에, 바람, 이, 불, 었다
> ㄷ. 아침, 에, 바람, 이, 불었다
> ㄹ. 아침에, 바람이, 불었다

첫째, 조사와 어미를 모두 단어로 인정하는 소위 분석식 체계는 국어의 특성을 가장 잘 반영하는 것으로 보이기는 한다. (9ㄱ) 문장이 몇 개의 단어로 이루어져 있느냐를 파악할 때 (9ㄴ)처럼 다른 것은 물론이고 조사와 어미까지 모두 단어로 인정하는 것이다. '-었다' 같이 어미가 이어진 것은 한 단어로 파악을 한다.

본래 조사와 어미는 그것이 붙는 성분으로 하여금 일정한 기능을 하게 한다. 예컨대 (10ㄱ~ㄱ")에서 보듯이 주격 조사 '이/가'가 붙으면 문장 맨 앞에 오든, 중간에 오든, 심지어는 문장 맨 끝에 오더라도 주어로서의 역할을 한다. 또한 (10ㄴ~ㄴ")에서 볼 수 있는 것처럼, 관형사형 어미 '-는'이 붙으면 해당 성분이 관형어가 되며, 부사형 어미 '-게'가 붙으면 부사어가 되고, 종결 어미 '-네'가 붙으면 앞에 오는 것들을 서술하는 서술어가 된다. 이처럼 국어에서 조사와 어미는 기능이라는 차원에서 매우 중요한 역할을 하고 있다. 이런 중요한 역할을 하는 조사와 어미를 단어로 처리하는 것은 나름대로 의미가 있다.

    (10) ㄱ. 철수가 이야기책을 읽었어.
        ㄱ'. 이야기책을 철수가 읽었어.
        ㄱ". 이야기책을 읽었어, 철수가.
        ㄴ. 맛있는 밥을 먹었어.
        ㄴ'. 밥을 맛있게 먹었어.
        ㄴ". 밥이 맛있네.

   그런데 문제는 이 조사와 어미가 다른 단어들, 예컨대 명사, 대명사, 수사, 관형사, 부사, 감탄사와 너무 다른 특성을 가진다는 것이다. 기본적으로 최소 자립 단위라는 일반적인 단어의 정의에 배치된다. 즉 조사와 어미가 갖는 문법적 의미와 다른 단어들(품사들)이 갖는 어휘적 의미는 차원이 다르다는 것이다. 만약, 조사와 어미를 단어로 인정하게 된다면, 단어의 정의는 달라져야 할 것이다. 단어는 홀로 자립할 수 있거나 다른 말에 의존하는 말이라고 해야 할 것이다.

   둘째, 절충식 체계는 조사만 단어로 인정하고 어미는 단어로 인정하지 않는 견해인데, 이 견해를 학교 문법에서 받아들이고 있다. (9ㄷ)에서 조사 '에, 이'는 단어이지만, 어미 '-었다'는 단어가 아니라는 입장이다. (10ㄱ)에서도 조사 '가, 을'은 단어이지만, 어미 '-었어'는 단어가 아니라는 것이다.

   절충식 체계를 받아들이는 견해에서는, 단어에 대해 '자립할 수 있는 말이거나, 자립할 수 있는 형태소에 붙어서 쉽게 분리할 수 있는 말들'이라고 정의 내리고 있다. (9ㄱ)의 '아침에, 바람이', (10ㄱ)의 '철수가, 이야기책을'에서 조사 '에, 이/가, 을'은 선행 체언과 쉽게 분리가 되지만, (9ㄱ)의 '불었다', (10ㄱ)의 '읽었어'의 어미 '-었-, -다, -어'는 분리가 쉽지 않다는 것이다. 결국, 단어를 정하는 기준으로 자립성과 분리성을 들고 있는 셈이다. 그러나 문제는 과연 국어를 사용하는 모국어 화자가 조사는 쉽게 분리하고, 어미는 쉽게 분리하지 못한다고 단언할 수 있느냐는 것이다. 사실, 조사 가운데도 '집에서부터는' 같은 경우는 조사 하나하나를 분리하기가 쉽지 않고, 어미 가운데서도 '읽다' 같은 경우는 쉽게 '-다'라는 종결 어미를 분석해 낼 수 있다. 분리성 기준은 객관화하기 어려운 기준임을 알 수 있다.

이런 난점에도 불구하고 조사만 단어로 인정하는 이유는 무엇일까? 그것은 아마 하나의 문장에서 성분의 역할을 논할 때 주어, 목적어 등 주요 성분들을 떠올리기 때문이 아닌가 한다. 어미는 용언 끄트머리에 붙기 때문에 문장 성분 논의에서는 간과되곤 했다는 것이다. 물론 조사(특히 격조사)는 체언 뒤에 붙어서 그 성분으로 하여금 일정한 역할을 하도록 하는 게 기본적인 특성이라고 말할 수 있다. 그러나 보조사 같은 것은 체언 이외에 대부분의 성분 뒤에 붙으며 문장 성분 역할과도 전혀 관계없다. 또한 어미라도 관형사형 어미 같은 것은 용언 어간에 붙어 후행하는 체언을 수식하는 관형어 역할을 하게 한다. 결국 조사와 어미는 어느 하나만 단어로 보는 게 설명적 타당성에 있어서 문제가 있음을 알 수 있다.12)

셋째, 조사와 어미를 모두 단어로 인정하지 않는 종합식 체계는 실사인 다른 단어들에 비해서 허사인 조사와 어미가 갖고 있는 성격을 반영한 견해라고 할 수 있다. (9ㄹ)에서처럼 조사와 어미가 붙은 '아침에, 바람이, 불었다'가 전체적으로 단어이지, '에, 이, -었다' 같은 허사는 독립적으로

---

12) 북한의 학교 문법에서는 조사나 어미를 따로 단어로 인정하지 않고 모두 '토'라고 명명하고 있다. 즉 둘의 허사로서의 공통 특성을 받아들이고 있다. 북한 학교 문법의 실상에 대해서는 이관규(1999ㄴ)을 참조할 수 있다. 사실 남한의 학교 문법에서 조사만 단어로 보는 견해는 최현배(1937) 입장을 그대로 받아들이는 것이다. 남북한 통일 학교 문법을 지향한다는 차원에서 보면 조사와 어미를 모두 단어에서 제외하는 방안이 좋을지도 모른다.

단어가 되지 못한다는 것이다. (10ㄱ)의 '철수가, 이야기책을, 읽었어'도 전체적으로 단어이지, 조사와 어미 각각은 역시 독립적으로 단어가 아니라는 것이다.

현대 서구 문법 이론을 받아들이는 과정에서 문장 전체에 있어서 조사나 어미에 대한 고려보다는 주어나 목적어와 같은 전체 체계 차원의 논의가 중점적으로 이루어진 경향이 있다. 물론 조사와 어미가 갖는 특성에 주목하기는 하지만 명사, 관형사 같은 실사 차원과는 본질적으로 다른 접근이었던 것이다. 구체적으로 변형 문법에서 심층 구조에서 표면 구조로 변형되는 과정에서도 조사나 어미는 별로 논의되지 않았다.

허사인 조사와 어미를 모두 단어로 보지 않는 이 종합식 체계는 사실 둘 다 단어로 보는 분석식 체계와 상통하는 점이 없지 않다. 조사와 어미를 단어에서 제외하게 되면, 단어는 명실공히 '최소 자립 단위'로서의 특성을 가지게 된다. 물론 의존 명사나 의존 용언 같은 것이 있긴 하지만 그것은 문장 구성 차원의 문제이지 개별 단어, 즉 품사 차원의 문제는 아닌 것이다.[13)]

3.2.2. 단어 개념 정립의 문제점

조사와 어미에 대한 단어 인정 여부가 많은 논란이 있음에도 불구하고 일단 본서에서는 현행 학교 문법에 따라서 조사만 단어로 보는 절충식 체계 입장을 취하고자 한다. 다음 예문을 통해서 단어를 분석해 내 보도록 하자.

---

13) 분석식 체계는 주시경(1910), 절충식 체계는 최현배(1937), 종합식 체계는 정렬모(1946)을 대표로 한다. 조사와 어미를 단어로 인정할지에 대한 전반적인 논의는 서정수(1989)를 참조해 볼 수 있는데, 거기서는 분석식 체계를 국어 특징을 잘 설명할 수 있는 방법으로 주장하고 있다.

(11) ㄱ. 철수가 이야기책을 읽었어.

ㄴ. 철수 이야기책 읽었어.

ㄷ. 내가 사는 곳에는 눈이 많이 쌓이면 짐승들이 먹이를 찾아서 내려온다.

ㄹ. 부산에서부터 서울까지만.

(11ㄱ)은 '철수, 가, 이야기책, 을, 읽었어'와 같이 다섯 개의 단어로 이루어져 있다. '이야기책'은 형태소는 두 개이지만 단어로는 합성어 한 개며, '읽었어'도 형태소는 세 개이지만 단어는 한 개다. (11ㄷ)은 '내, 가, 사는, 곳, 에는, 눈, 이, 많이, 쌓이면, 짐승들, 이, 먹이, 를, 찾아서, 내려온다'의 열다섯 개 단어로 구성되어 있다. '에는' 같은 경우는 엄밀하게 말하면 '에'라는 처소 부사격 조사와 '는'이라는 보조사로 나누어지지만, 편의상 한 개로 처리한 것이다. 물론 형태소로는 두 개로 분리가 된다. (11ㄹ)에서도 '에서부터', '까지만'을 각각 하나의 단어로 본다. 만약 분리를 한다면 '까지'와 '만'을 각각 보조사로, '에서'와 '부터'는 각각 부사격 조사와 보조사로 처리해야 할 텐데, 이럴 경우, 교육용 학교 문법 차원에서 어려운 점이 생긴다. 더 깊이 들어가면, '에서'와 '부터'도 각각 '에'와 '서', '붙-'과 '-어'로 분석될 수도 있기 때문이다.

또, (11ㄴ)에서처럼 주격 조사와 목적격 조사가 있는 것 같은데 실현되지 않은 조사의 경우를 어떻게 처리해야 하는지 어려움이 있다. 일단 (11ㄴ)은 '철수, 이야기책, 읽었어'로 단어 분석이 된다고 본다. 분명 주격 조사 '가'와 목적격 조사 '을'이 있는 자리이지만 보이지 않는, 즉 실현되어 있지 않은 것은 단어로 인정하지 않는다는 입장이다. 만약 눈에 보이지 않는 것을 인정하게 되면, 특히 교육용 학교 문법 차원에서는 교수·학습에 어려움이 있게 될 것이다.

3.3. 품사의 분류와 특성

3.3.1. 품사의 분류

국어에서 단어의 수는 『표준국어대사전』(1999)에 따르면 50만 개가 넘는다.[14] 개방 집합으로서 단어는 무수히 팽창될 수 있는 가능성이 있기 때문에 단어의 숫자를 고정적으로 정해 놓기는 쉽지 않을 것이다. 그렇지만 이렇게 많은 단어라 할지라도 일정한 기준에 따라서 묶음으로 분류를 할 수가 있다. 단어들을 성질이 공통된 것끼리 모아 놓은 갈래를 품사(品詞, parts of speech)라고 한다.

사실 품사라고 하는 말은 용어 자체에서도 알 수 있듯이 분류 기준이 무엇이냐에 따라 여러 가지로 유형화할 수 있다. 흔히 학교 문법에서 나누는 명사・대명사・수사・조사・동사・형용사・관형사・부사・감탄사 등 9개 품사 명칭은 단어가 갖고 있는 의미에 따라서 설정된 것일 뿐이다. 이것들을 체언・관계언・용언・수식언・독립언으로 나눈 것도 어떻게 보면 각각 품사라고 말할 수 있다. 이렇게 다섯 가지 갈래를 지은 것은 단어들이 문장에서 하는 역할이 무엇이냐 하는, 즉 기능을 분류 기준으로 한 것일 뿐이다.

의미와 기능 이외에 형태를 기준으로 하여 단어를 갈래 짓는 방법도 있다. 단어의 형태가 변하느냐 변하지 않느냐에 따라서 나누는 방법이다. 이 기준에 따르면, 단어는 불변어와 변화어로 나뉜다. 용언은 본래 어간과 어미로 이루어졌기 때문에 변화어에 속한다고 할 수 있다. 어미가 변화무쌍

---

14) 구체적으로 말하면 이들 중 주표제어는 440,262개이고 부표제어는 68,509개이나. 불을 합한 것이 결국 국어의 단어 수일 테니까, 총 508,771개 단어가 국어 단어로 존재한다고 말할 수 있다. 국립국어연구원에서 나온 『표준국어대사전』에는 남한뿐만이 아니라 북한이나 연변에서 사용되는 단어들도 모두 수록했다고 한나. 그러나 정말 국어의 단어 숫자가 이것뿐이냐 하는 데는 문제 제기를 할 수 있다. 왜냐 하면 사전에 수록된 단어란 본질적으로 모든 살아있는 말을 담을 수 없기 때문이다. 실제로 방언이나 개인어(idiolect) 등 무수한 말이 빠져 있다.

한 활용 양상을 보이고 있기 때문이다. 학교 문법에서는 서술격 조사 '이
다'를 설정하고 있는데, 이것도 '이'를 제외한 후행 요소가 '이다, 이니,
이면…' 등에서 보듯이 용언 어미와 똑같은 활용 양상을 보이기 때문에
변화어라고 말할 수 있다. 이상의 개략적인 언급을 바탕으로 하여 단어의
갈래를 보이는 품사 분류표를 미리 제시하면 다음 표와 같다.

(12) 품사 분류표

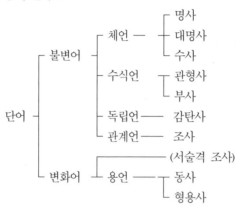

(12)에서 제시된 것은 단어를 일정한 기준에 따라 분류한 것이다. 흔히
품사다 하면 '사(詞)' 자 들어간 명사·대명사·수사 등 아홉 개를 떠올리
지만, 엄밀히 말하면 '언(言)' 자 들어간 체언·관계언·용언·수식언·독
립언 등 다섯 개도 각각 품사가 될 수 있다. 또 불변어·변화어 두 개도
각각 품사가 될 수 있다. 품사라는 말은 매우 포괄적인 표현이다. 조금 확
대해서 보면 문장을 주어부·서술부로 나눌 때 이것들도 각각 품사로 볼
수도 있는 것이다.

여하튼 학교 문법에서는 개별 품사를 개별 단어와 동일한 것으로 보고
있다. 즉, 한 대상을 단어로도 보고 품사로도 본다는 말이다. 이것은 보는
기준이 다르다는 것을 뜻한다. 본래 단어는 문장 내 자립 여부에 따른 동

적인 용어임에 비해서 품사는 이 단어를 독립적으로 바라본 정적인 용어이다. (12)에서 맨 왼쪽에 품사가 아닌 '단어'라고 제시한 것은 그 지칭 대상이 동일하기 때문이다.15) (12)는 '단어는 형태에 따라 불변어와 변화어로 나뉘며, 다시 불변어는 체언·수식언·독립언·관계언으로 나뉘고 변화어는 서술격 조사와 용언으로 나뉜다. 또한 체언은 명사·대명사·수사, 수식언은 관형사·부사, 용언은 동사·형용사로 나뉘며, 독립언은 감탄사, 관계언은 조사가 해당한다.'라는 뜻을 담고 있다.

첫째, 불변어·변화어라는 형태 변화 여부를 기준으로 한 품사 분류는 앞에서도 언급했듯이 고정 형태를 취했느냐 여부로 나눈 것이다. 용언 어간에 붙는 어미가 변화한다는 것은 용언을 '어간+어미'로 보는 입장을 반영한 것이며, 서술격 조사가 변화어에 속한다는 것은 '이다'를 기본형으로 잡고 '이다, 이니, 이면…' 등으로 형태가 바뀐다는 입장을 반영한 것이다.

둘째, 체언·수식언·독립언·관계언·용언으로 나눈 것은 기능이라는 기준에 따른 분류이다. 체언은 문장에서 주어 역할을 할 수 있다는 특성을 갖고 있다. 용언은 서술어의 역할을 할 수 있다는 특성을 갖고 있는데, 단 서술격 조사 '이다'가 붙은 말은 전체가 서술어 역할을 할 수 있다는 독특한 성격이 있다. 수식언은 뒤에 오는 성분을 수식한다는 공통 특성이 있다. 관계언은 체언 뒤에 붙어서 해당 체언으로 하여금 일정한 문장 성분 역할을 하게 만든다는 특성이 있다. 그러나 사실 이런 특성을 갖고 있는 관계언, 즉 조사는 격조사나 접속 조사의 특성에 해당할 뿐이지, 보조사는 그런 역할을 하고 있지 못하다. '만, 도' 같은 보조사는 특정한 의미

---

15) 만약 맨 앞 '단어' 대신 '품사'라고 쓴다면 그 해석은 이상하게 되고 만다. 즉 '품사는 형태에 따라 불변어와 변화어로 나뉜다'식으로 해석될 텐데, 그리 되면 불변어·변화어 자체가 품사 명칭이라는 본래의 설명과 어긋나게 된다. 체언·수식언·독립언·관계언·용언이라는 자체의 품사 명칭이나 명사·대명사·수사·관형사·부사·감탄사·조사·동사·형용사라는 품사 명칭과도 설명이 어긋나게 된다. 따라서 (12)에서 맨 앞에 '단어'라는 용어를 제시한 것은 타당하다고 할 수 있다.

만을 덧붙이는 역할을 하고 있을 뿐이다. 그러나 보조사의 '만, 도' 같은 것은 그것이 붙은 해당 요소와 어떤 다른 것과의 관계를 나타낸다는 점에서 보면 광의의 관계언이라고 할 수 있을 것이다. 한편 독립언은 감탄사가 해당하는데, 서술어를 중심으로 하는 주어나 목적어 등 다른 성분들과는 독립적으로 존재하고 있다.

셋째, 의미에 따른 품사 분류는 명사·대명사·수사·조사·동사·형용사·관형사·부사·감탄사 등 아홉 개이다. 명사는 구체적·추상적인 것이나 일이 갖는 이름을 나타내고, 대명사는 명사를 대신 나타내는 것이고, 수사는 수량이나 차례를 나타내는 용어이다. 동사는 사물의 움직임이나 사건의 과정을, 형용사는 성질이나 상태를 나타내는 말이다. 감탄사는 화자의 부름, 대답, 느낌 등을 나타내는 용어이다. 이것들은 모두 의미에 따른 품사 명칭이다. 그런데 관형사·부사·조사는 어떻게 보면 기능을 나타내는 용어라고 할 수도 있다. 그렇지만 의미 기준 차원에서 보면 관형사는 후행하는 체언에 일정한 의미를 덧붙이는 말이고 부사는 역시 후행하는 용언 등에 역시 일정한 의미를 덧붙여 주는 말이라고 볼 수도 있다. 조사 역시 도와주는 말이라고 볼 수도 있는 것이다. 따라서 관형사·부사·조사는 명사 등 여섯 개의 다른 품사와는 의미상 기준이 조금 다르긴 하지만, 넓게 보면 의미를 기준으로 분류한 것이라고 말할 수 있을 것이다.

3.3.2. 품사의 특성

학교 문법의 9품사는 몇 가지 특성을 갖고 있다. 첫째, 의미를 기준으로 한 9품사는 자립성에 있어서 차이를 보이고 있다. 감탄사가 가장 자립성이 클 것이고, 관계언인 조사가 자립성이 가장 작을 것이다. 관형사는 체언 앞에 오고, 부사는 용언·관형사·부사 앞에 온다. 따라서 부사나 관형사가 모두 피수식어 앞에 오기 때문에 자립성이 그리 높지는 않으나,

상대적으로 부사가 관형사보다 자립성이 크다고 할 수 있다. 왜냐하면 관형사는 항상 체언 앞에 와야 하지만, 부사는 분포 양상도 다양하고 이동이 어느 정도는 가능하기 때문이다. 체언은 주어·목적어·보어 역할을 할 수 있고 때로는 조사의 도움을 얻어 부사어 내지 관형어 역할을 할 수도 있어 자립성이 높다고 할 수 있다.

이상 논의한 것을 정리해 보면 아홉 개 품사의 자립성 정도는 다음 (13)과 같이 순서대로 배열할 수 있을 것이다. 단, 명사·대명사·수사 간에, 또 동사·형용사 간에 자립성 순서를 논하기는 쉽지 않다. 동사·형용사는 자립성 순서에 대한 논의가 불가능할 테고, 체언 같은 경우는 굳이 한다면 '명사 > 대명사 > 수사' 순서로 해야 할 것이다. 대명사는 바로 옆에 와야 하는 것은 아니지만 명사를 대신 표현하는 품사라고 보는 게 일반적이며, 수사는 '학생 열이 걸어가네.'에서처럼 보듯이 바로 옆에 명사가 와야 하기 때문이다.

(13) 품사의 자립성 정도 순서
　　ㄱ. 감탄사 > 체언 > 용언 > 부사 > 관형사 > 조사
　　ㄴ. 감탄사 > 체언(명사>대명사>수사) > 용언(동사=형용사) > 부사
　　　 > 관형사 > 조사

둘째, 학교 문법에서 설정된 9개 품사는 기준에 따라서 5개 품사만 설정할 수도 있다. 주어의 역할을 하는 체언을 모두 묶어 '명사'로 하고, 서술어의 역할을 하는 용언을 묶어 '동사'로 하는 것이다. 조사는 앞에서도 언급한 것처럼 단어의 특징을 완벽하게 보이지 못하기 때문에 품사에서 제외하고, 나머지 관형사·부사·감탄사를 설정하는 것이다. 결국 '명사, 동사, 관형사, 부사, 감탄사'로 5개 품사를 설정하는 것이다. 하긴 관형사·부사를 '수식사'라는 명칭으로 단일화할 수도 있을 터이고, 감탄사마저 순수한 의미에서의 문장 차원의 용어가 아니라는 이유로 품사에서 제

외시킬 수도 있을 것이다. 이리 되면 결국 '명사·동사·수식사'라는 3개
의 품사만 남을 수도 있을 것이다.

셋째, 조사 가운데서도 소위 서술격 조사 '이다'는 특이한 성격을 갖고
있다. 동사 어간과 형용사 어간에 어미가 다양한 형태로 붙는 것은 용언
의 특성으로 쉽게 이해할 수 있겠으나, 소위 서술격 조사 '이다'가 다양한
형태를 가진다고 하는 것은 논란의 여지가 있다. 만약에 조사를 품사에서
제외시킬 경우에는 다양한 조사의 양상이 인정되어, 조사의 변화, 곧 소위
곡용(曲用)이라고 하는 현상을 설정할 수 있게 된다. 문제는 조사를 품사의
하나로 인정함으로 해서 원천적으로 곡용(曲用) 현상을 설정하지 않게 된
마당에, '이다'를 서술격 조사로 설정하여 문제가 제기되는 것이다.

만약 '이다'를 지정사설에 입각하여 형용사로 설정하게 되면 많은 문제
가 해결된다. 즉, 형용사 '이다'가 '예쁘다, 아름답다'처럼 자연스럽게 활용
한다고 설명하면 되는 것이다. 물론 이럴 경우엔, '학생이다'가 아니라 '학
생 이다'처럼 띄어쓰기를 해야 할 것이다. '학생 아니다'의 반의 표현으로
'학생 이다'를 설정한다는 것이다. '이다'를 접사로 보는 입장을 견지할 경
우엔, '학생이다'로 붙여 쓰는 관습이 인정되며 체언을 서술어로 바꾸어 주
는 접사라는 설명은 가능하겠지만, '출발은 부산에서부터이다' 같은 경우엔
체언을 서술어로 바꾸는 경우가 아닐뿐더러, 역시 접사 '-이-' 뒤에 '-다'가
다양한 모습으로 바뀐다는 사실에 대한 설명을 할 수가 없다. '이'를 소리
를 고르는 소위 매개 모음(또는 조음소)으로 보는 견해 또한 기본적인 문제가
있다. 즉, 자음과 자음 사이에서 '으'가 들어간다는 소위 매개 모음설은 '학
교다, 학교이다'가 모두 가능하기 때문에 설명적 타당성을 얻기 어렵다. 요
컨대 '이다'를 형용사로 보는 입장이 이론적 타당성이 가장 크다고 할 수
있는데, 단지 '이다'를 띄어 쓴다는 어문 규정이 필요할 뿐이다.

넷째, (12)의 9품사 말고 접속사를 더 설정할 수도 있다. 현행 학교 문
법에서 접속 부사로 설정되고 있는 '그리고, 그러나, 또, 혹은…' 등에 대

해서 앞 성분과 뒤 성분을 접속시켜 주는 접속사로 하나의 품사를 더 설정하는 것이다. 이것들이 과연 뒤의 성분을 수식하는 것이냐 하는 데는 많은 의문이 제기된다. 후술하겠지만, 문장 성분으로도 이것들이 부사어에 속한다고 하는데, 이것 역시 '그리고, 혹' 류가 뒤 성분이나 문장을 수식하는 기능을 하는가 하는 데는 동의하기 어려운 점이 있다. 품사로서 접속사, 문장 성분으로 접속어를 설정하게 되면 그 이질성이 잘 설명될 수 있다고 보는 것이다.

다섯째, 역시 후술하겠지만, '있다, 없다'는 동사 성격과 형용사 성격을 모두 공유하고 있는데, 이를 중요시하여 따로 존재사를 설정하는 경우가 있다. 예컨대, 동사에는 관형사형 어미 '-는'이 붙을 수 있고, 형용사에는 '-는'이 붙지 못하는 특성이 있는데, '있다, 없다'는 '있는, 없는'에서 보는 것처럼 둘 다 가능하다는 것이다. 그렇다고 이 둘이 의미상으로 동작의 움직임이나 과정을 나타내는 동사인가 하면, 그렇지도 않으니, 동사·형용사 품사 배정에 어려움이 있다는 것이다. 따라서 동사·형용사 두 가지 특성을 보이는 새로운 품사로 존재사라는 것을 설정하는 것이다. 그러나 이 두 단어 때문에 새로운 품사를 설정하는 것은 바람직하지 않다고 본다. 예컨대, '있다'는 '있는다, 있어라'라는 표현이 가능한 점이 있으나 '없다'는 *없는다, *없어라'가 불가능하니, 각각 동사와 형용사로 인정하는게 나으리라 판단된다. 학교 문법에서는 의미상의 분류를 그 기준으로 하고 있어 '있다, 없다' 둘 다 형용사로 나누고 있는 실정이다. 하긴, '있다'를 자세히 보면 동사로서의 '있다'와 형용사로서의 '있다'로 나뉜다고도 할 수 있을 것이다.[16)]

16) 최현배(1937)에서는 존재사로 '있다, 없다, 계시다'를 설정하고 있다. 그러나 '계시다'는 어미 활용에서 항상 동사 성격을 띠고 있기 때문에, 동사와 형용사 성격을 모두 띠고 있는 '있다, 없다'만 주로 논의되곤 한다. 최근에는 '있다'에 대하여 동사로서의 '있다'(有)와 형용사로서의 '있다'(在)로 구분하곤 한다.

⊖ 탐구하기

⊖ 더 살펴보기

고영근(1989, 1995), 고영근·구본관(2008), 김창섭(1996), 남기심·고영근(1993), 민현식(2000), 서정수(1989) 성광수(2001), 시정곤(1994), 왕문용·민현식(1993), 이관규(2002ㄱ, 2012), 이광정(1987, 2004), 이익섭·채완(1999), 정렬모(1946), 주시경(1910), 채현식(2001), 최형용(2001), 최현배(1937), 허웅(1983)

➔ 제4장 체언

품사는 문법적 성격이 동일한 것들을 묶어 놓은 것이다. 학교 문법에서 설정하고 있는 아홉 개 품사는 단어를 정적인 차원에서 바라보고 나눈 것이다. 품사 가운데 문장에서 주어가 될 수 있는 것은 명사·대명사·수사 세 가지뿐이다. 문장에서 중요한 몸 역할을 한다 하여 이들을 체언(體言)이라고 한다. 물론 체언은 후행하는 조사의 성격에 따라 그 합해진 것이 목적어·보어·서술어·관형어·부사어·독립어가 되기도 한다. 체언은 형태 변화가 없는 불변어이며, 관형어가 앞에 와서 수식을 하기도 한다.

4.1. 명사

체언 가운데 명사는 명사·대명사·수사를 한꺼번에 아우를 수 있을 정도로 크고 중요한 용어이다. 명사(名詞)는 말 그대로 이름을 나타내는 용어이다. 명사는 구체적이든 추상적이든 어떤 사물이나 상태 및 사건을 나타내는 이름이라는 점에서 대명사나 수사와 다르다. 대명사는 명사를 대신하는 용어이며, 수사는 숫자를 표현하는 용어이다. 명사는 많은 사물과 상태 및 사건을 나타내는 단위로, 대명사나 수사에 비하여 그 종류와 수가 많다.

4.1.1. 명사의 종류

명사는 기준에 따라 다양하게 분류될 수 있다. 명사는 사용 범위에 따라서 고유 명사와 보통 명사로 나뉘고, 또 자립 여부에 따라 자립 명사와 의존 명사로 나뉜다. 그뿐만 아니라 감정 표현을 할 수 있느냐 없느냐에 따라 유정 명사와 무정 명사로 나뉘고, 손으로 만질 수 있느냐 없느냐에 따라 구체 명사와 추상 명사로 나뉘기도 한다.

> (1) ㄱ. 나는 "바둑아." 하고 우리 집 개를 불렀다.
> ㄴ. 선암사 뒷산에는 산수유가 피었다.
> ㄷ. 너는 본 대로 느낀 대로 말할 용기가 있느냐?
> ㄹ. 사람과 꽃은 모두 생물에 해당한다.
> ㅁ. 꿈은 이루어진다.
> ㅂ. 해와 달은 낮과 밤을 대표하는 상징물이다.

(1ㄱ,ㄴ)에서 '집, 개, 뒷산, 산수유'는 모두 보통 명사에 해당한다. 이것들은 각각 하나가 아니고 여러 개, 아니 아주 많이 존재할 수 있는 것들인데, 어떤 속성을 지닌 한 부류라는 점에서 보통 명사에 해당한다. 이에 비해서 '바둑이, 선암사'는 구체적인 하나의 개체만을 지칭한다는 점에서 고유 명사에 해당한다. 물론 '바둑이'가 '검은 무늬가 있는 동물'이라는 뜻으로 쓰일 때는 보통 명사가 된다.[1] (1ㄷ~ㅁ) 중에서 보통 명사에 해당하는 것은 '대로, 용기, 사람, 꽃, 생물, 꿈'이고 고유 명사는 없다. (1ㅂ)의 '해'와 '달'은 고유 명사인지 보통 명사인지 단언하기 쉽지 않다. 그 숫자

---

1) "바둑아"는 고유 명사 '바둑이'와 호격 조사 '아'가 결합한 표현이다. '바둑이'의 '이'가 생략된 표현이라고 해야 한다. 이때 '-이'는 동물을 나타내는 접미사로 볼 수 있다.

만을 생각해 보면 '해'와 '달'은 고유 명사라고 일견 생각할 수 있을지 모
르나, 해와 달은 더 있을 수도 있고, 번역을 할 경우 언어에 따라 다르게
표현된다는 점에서 보통 명사로 보는 게 일반적이다. 고유 명사는 외국어
로 번역해도 동일한데, 보통 명사는 해당 언어로 바뀌게 되기 때문이다.

(2) 고유 명사와 보통 명사의 구분 기준
　　ㄱ. 고유 명사에는 복수를 나타내는 표지를 붙일 수 없다.
　　　　예 : *영자들이 마구 몰려왔다.
　　ㄴ. 고유 명사는 '이, 모든, 새' 따위의 관형사와 결합할 수 없다.
　　　　예 : *이 영자가 저 영자를 때렸다.
　　ㄷ. 고유 명사는 수와 관련된 말과 결합하지 않는다.
　　　　예 : *두 백제가, *설악산마다
　　　　　cf. ?설악산마다 사람들이 붐볐다.
　　ㄹ. 고유 명사가 복수형을 취하면 보통 명사가 되기도 한다.
　　　　예 : 우리는 장래의 세종 대왕들을 기다린다.
　　　　　cf. ?장래의 세종 대왕을 기다린다.

(2)는 고유 명사가 가지는 특성을 제시한 것이다. 기본적으로 고유 명사
는 이 세상에 하나밖에 없기 때문에 복수 표현이 불가능하다. '이, 모든,
새'를 쓴다는 것은 그것이 하나가 아니라는 뜻이기 때문에, (2ㄴ) 문장이
성립될 수 없는 것이다. 이런 현상은 (2ㄷ)에서도 마찬가지이다. 그런데,
'?설악산마다 발을 들여놓을 수 없었어.'가 가능한 것으로 여겨지는 것은
'설악산'이라는 산 하나를 말하는 게 아니라 '설악산 구석구석'이라는 복
수의 지역을 뜻하고 있기 때문이다. 복수형을 취하게 된다면 그것은 '설
악산마다'에서처럼 약간 다른 뜻을 지니고 있거나 (2ㄹ)의 '세종 대왕들'
처럼 고유 명사가 보통 명사화하였다고 말해야 할 것이다. '세종 대왕들'
은 '세종 대왕'으로 '-들' 없이 써도 가능할 듯한데, 이는 우리말에서 복
수를 나타내는 '-들' 표지가 반드시 필요한 것은 아니기 때문으로 보인다.

예컨대, '여러 학생들이 온다.'와 '여러 학생이 온다.'에서 '-들'이 없다고
해서 뒤 문장의 '학생'이 단수로 파악되진 않는다.[2]

감정 표현 능력의 유무에 따라 명사를 유정 명사와 무정 명사로 나누기
도 한다. (1)에서 유정 명사는 '바둑이, 개, 사람'이 해당할 것이며, 무정
명사는 나머지 것들, 즉 '집, 선암사, 산수유, 대로, 용기, 꽃, 생물, 꿈'이
해당한다. '꽃' 같은 경우 과연 감정 표현 능력이 있느냐 없느냐는 참으로
판단하기 어렵다. 일반적으로 꽃은 햇빛이 비치는 방향으로 자라곤 한다.
이런 무의식적인 반응을 감정 표현 능력이라고까지는 하지 않기 때문에
'꽃'은 무정 명사로 본다. 또한 '생물' 같은 경우는 (1ㄹ)에도 나와 있지만
유정 명사 '사람'과 무정 명사 '꽃'을 모두 아우른 표현이기 때문에 과연
어느 쪽으로 분류해야 할지 어려움이 있다. 그러나 '생물'이라는 명사는
'사람'과 '꽃'의 특성을 포함하는 상위 용어이기 때문에, 즉 그런 걸 지칭
하기 때문에 무정 명사로 보는 게 온당하리라 본다.

다음으로 (1)에 제시된 명사들 가운데 다른 것은 모두 홀로 설 수 있는
자립 명사인데, (1ㄷ)에 쓰인 '대로'는 의존 명사에 해당한다. '본 대로 느
낀 대로'에서 앞의 '본, 느낀'이 없으면 '대로' 홀로는 사용될 수 없다는
것이다. 또한 (1)에서 구체 명사는 '바둑이, 집, 개, 선암사, 뒷산, 산수유,
사람, 꽃, 생물'이 해당하고, 추상 명사는 '용기, 꿈'이 해당한다. 앞의 것
들은 손으로 만질 수 있고 뒤의 것은 손으로 만질 수 없는 것들이다. 이분
법 논리 차원에서 볼 때, '대로'라고 하는 의존 명사는 어디에 소속시킬지
어려움이 있다. 아예 언급하지 않을 수도 있겠지만, 꼭 해야 한다면 분명

---

2) 한 번 고유 명사라고 해서 평생 그런 것은 아니다. '강태공, 양귀비, 안성마춤, 물레, 샌드
위치, 크리넥스' 같은 단어는 본래 고유 명사이었으나, 지금은 보통 명사로 사용된다. 이
처럼 고유 명사가 일정한 집단을 대표하는 뜻으로 사용되었다면 그것은 보통 명사라고
해야 한다. '물레'는 '문래(文來)'라는 사람이 그것을 만들었다 해서 나온 말이고, '크리넥
스'는 본래 특정 회사에서 만든 것이었으나 지금은 화장용 종이를 모두 지칭하는 용어가
되었다.

히 무정 명사·추상 명사라고 해야 할 것이다.

4.1.2. 의존 명사

명사 중에는 그 앞에 꾸며 주는 말, 즉 관형어가 있어야 하는 의존 명사가 있다. 의존 명사는 크게 형식성(形式性) 의존 명사와 단위성(單位性) 의존 명사로 나뉜다. 전자는 실질적 의미가 결여되어 있거나 희박한 것이고, 후자는 실질적 의미, 즉 수량 단위 의미를 가지고 있는 것이다. 의존 명사를 형식 명사라고 부르는 경우도 많은데, 그것은 바로 형식성 의존 명사를 지칭하는 것이라고 할 수 있다.[3]

> (3) 의존 명사 사용 예
> ㄱ. 아들은 어머니가 {오는, 온, 올, 왔던} 줄을 몰랐다.
> ㄴ. {오는, *온, *올, *왔던} 김에 빵 좀 사와라.
> 　　이왕 {*오는, 온, *올, *왔던} 김에 이것 좀 해라.
> ㄷ. 심 봉사는 더할 나위 없이 효성스러운 딸을 두었어.
> ㄹ. 심청이가 아버지 말을 거역할 리가 {없다. / 있나?}
> ㅁ. 심 봉사는 심청이가 팔려간 줄을 {알았다. / 몰랐다.}

형식성 의존 명사는 몇 가지 특성이 있다. 첫째, 형식성 의존 명사는 문장의 첫머리에 올 수 없다. 이는 사실 모든 의존 명사의 특성으로 관형어를 항상 앞세워야 하기 때문이다. 둘째, 앞에 오는 관형사형 어미도 제약이 있는 경우가 많다. (3ㄱ)의 '줄'은 '-는, -은, -을, -던' 등 어미가 오는 게 비교적 자유롭지만 (3ㄴ)의 '김'은 뒤에 어떤 말이 오느냐에 따라 '-는'이나 '-은'만 허용되는 제약이 있다. '지, 따름, 채, 체, 대로' 등 의존 명사도 각각 '-은, -을, -은, -은/-는, -은/-는' 등 제약이 있다. 셋째, 의존 명

---

3) 이에 비하여 단위성 의존 명사는 분류사라 하여 따로 구분하기도 한다.

사는 상위문(혹은 상위절)의 서술어에도 제약이 있는 경우가 대부분이다. 예 컨대, (3ㄷ)의 '나위'는 '없다', (3ㄹ)의 '리'는 '없다, 있다', (3ㅁ)의 '줄'은 '알다, 모르다' 따위 인식 동사만을 서술어로 취한다(이익섭·채완 1999 : 138~139 참조).

> (4) 형식성 의존 명사 사용 예
>   ㄱ. 사람을 기르는 것이 중요하다.
>   ㄴ. 산수유가 언제 지는 것인지는 눈치채기 어렵다.
>   ㄷ. 순희는 비싼 것만 좋아한다.
>   ㄹ. 떡은 '송기 개피떡'이라는 빨간 떡인데, 소나무의 속껍질 벗긴
>   것을 섞어 만든 것으로……
>   ㅁ. 그가 이곳에 온 지가 얼마나 됐습니까?
>   ㅂ. 어느새 해방이 된 지 오십 년이 넘었네.
>   ㅅ. 길을 못 찾을 따름이지.
>   ㅇ. 그는 어쩔 줄을 모르고 진땀을 흘리며 고개를 푹 숙였다.
>   cf. 그가 올 줄로 예상하지 못했어.
>   ㅈ. 낙지는 산 채 먹어야 맛있다.
>   ㅊ. 떡 본 {김에/*김} 고사 지낸다.
>   ㅋ. 별들의 영혼을 생각해 보면, 존재의 의미를 어렴풋이 알 듯도
>   하다.
>   ㅌ. 아버님이 그냥 모른 체 하신 것은 잘 하신 듯싶군요.
>   ㅍ. 너는 본 대로 느낀 대로 말할 용기가 있느냐?

 넷째, 의존 명사는 결합할 수 있는 격조사가 한정되어 있는 경우가 대 부분이다. 그리하여 보편성 의존 명사니 주어성·목적어성·부사어성· 서술어성이니 하여 구분하곤 한다. (4)에서 이러한 양상을 볼 수 있다. (4 ㄱ~ㄹ)에 쓰인 '것'은 주어·서술어·목적어·부사어 등 다양한 데서 사 용되기 때문에 보편성 의존 명사라고 부른다. (4ㄱ)에서는 주어로, (4ㄴ)에 서는 서술격 조사와 함께 서술어로, (4ㄷ)에서는 목적어로 사용된다. (4ㄹ)

에서는 '것'이 뒤에 오는 조사와 함께 각각 목적어·부사어로 사용되고
있다. '것이다, 것으로'처럼 서술어나 부사어로 사용될 때만 서술격 조사
'이다'나 부사격 조사 '으로'가 오고, 다른 경우, 즉 주어나 목적어로 기능
할 때는 주격 조사나 목적격 조사가 나타나지 않아도 상관없다. 한편, (4
ㄱ)에 쓰인 '것'은 앞의 관형사절 내용 전체를 가리키고, (4ㄴ~ㄹ)에 쓰인
'것'은 특정한 구체물을 가리킨다. (4ㄴ)의 '것'은 '열매', (4ㄷ)의 '것'은
'물건', (4ㄹ)의 '것'은 '소나무의 속껍질 벗긴 어떤 특정한 것'과 '떡'을
각각 가리킨다.

한편, (4ㅁ~ㅍ)에 쓰인 의존 명사는 특정한 문장 성분으로만 사용되는
것들이다. 사용 양상에 따라 주어성 의존 명사, 서술어성 의존 명사, 목적
어성 의존 명사, 부사어성 의존 명사로 나뉜다. (4ㅁ,ㅂ)에 쓰인 '지'는 주
격 조사가 있든 없든 주어성 의존 명사라고 할 수 있으며, (4ㅅ)의 '따름'
은 서술어성 의존 명사라고 할 수 있다. (4ㅇ)은 '줄'이 목적어성 의존 명
사로 사용된 예이다. (4ㅈ~ㅍ)에 쓰인 '채, 김, 듯, 체, 대로'는 모두 부사
어성 의존 명사이다. '채'는 뒤에 격조사 '로'가 와도 되고 안 와도 되고
하지만, '김'은 반드시 뒤에 '에'라는 격조사가 와야 한다. 이에 비해 '듯,
대로'는 부사격 조사가 후행할 수 없고 단지 '듯도, 대로만'에서 보듯이
뒤에 보조사가 오는 것만 허용된다. '체'도 부사격 조사가 후행할 수 없으
나 목적격 조사나 보조사 '는'은 올 수 있다.[4]

한편, 동일한 형태의 의존 명사라고 하더라도 쓰임에 따라서 의미가 다
른 것들도 있다. 예컨대, (4ㅇ)의 '줄'은 목적어성 의존 명사로 쓰인 것인
데, 이때는 '방법'의 의미를 지닌 것이다. 이는 '줄'이, '그가 옥 죽로 생각

---

[4] (4ㅁ)의 주어성 의존 명사는 다음 예에 쓰인 '지'와 헷갈리곤 한다. (4ㅁ)의 '지'는 띄어쓰
기를 하여 주어성 의존 명사로서의 지위를 가지나, 다음 예의 '지'는 그 자체가 하나의
형태소인 것이 아니라 '-ㄹ지' 전체가 하나의 형태소, 즉 연결 어미이다.
예 : 그가 오늘은 올지 안 올지 모르겠다.
　　 아버지를 만나면 울지 말아야 한다.

하지 못했어.'에서처럼 부사어성 의존 명사로 쓰인 경우처럼, '예상' 의미
를 지닌 것과 대비된다.

> (5) 단위성 의존 명사 사용 예
> ㄱ. 사과 두 개 / 구두 한 켤레 / 선생님 열 분 / 대포 다섯 문
> ㄴ. 쌀 네 되 / 서 말
>> cf. 되로 쌀을 되다. / 그날 따 낸 애벌레도 말로 되면 한 말 남짓
>> 될까 했다.
> ㄷ. 열 사람 / 파 한 뿌리 / 백 원 / 오 킬로그램
> ㄹ. 사람이 열이다. / 뿌리가 길다.
> ㅁ. 다섯 살 / 오 세 ; 다섯 명 / 다섯 분

(5)는 단위성 의존 명사가 쓰인 예이다. 단위성 의존 명사는 물건이나
어떤 대상의 수량을 나타내는 표현이다. (5ㄱ)에 나온 '개(個), 켤레, 분, 문
(門)'은 항상 단위성 의존 명사로 쓰이는 것들로 완전히 자립성이 없는 것
들이다. 이처럼 항상 단위성 의존 명사로 쓰이는 것에는 '자루, 명(名), 마
리, 채, 벌, 척(隻), 대(臺), 장(張) …' 등이 있다. (5ㄴ)의 '되, 말'은 용기(容器)
의 이름이 의존 명사로 쓰인 것으로, 때로는 자립 명사로 쓰이기도 한다.
(5ㄷ)의 '사람, 뿌리, 원, 킬로그램' 역시 의존 명사로 쓰이기도 하고, (5ㄹ)
에서처럼 자립 명사로 쓰이기도 한다. 이처럼 단위성 의존 명사로도 쓰이
고 일반 자립 명사로도 쓰이는 것에는 '병(甁), 그루, 사발, 짐, 상(床) …'
등이 있다.

사실 단위성 의존 명사는 여러 군데에서 보편적으로 사용되는 것이 있
는가 하면, 특수한 경우에만 사용되는 특수 단위성 의존 명사도 있다. 예
컨대, (5ㄱ)에서 나온 '개' 같은 의존 명사는 '연필 다섯 개, 집 다섯 개,
지우개 다섯 개, 바둑알 다섯 개' 등 여러 군데서 쓰인다. 그러나 (5ㄴ)의
'말' 같은 경우는 '서 말, 너 말'에서처럼 언제나 수 관형사 뒤에서만 나타

난다. 때로는 (5ㅁ)에서 보듯이 앞에 오는 고유어·한자어에 따라서 '살, 세'처럼 같은 의미이지만 다른 형태의 단위성 의존 명사가 오기도 하고, 앞에 오는 관형어가 동일한데도 대상에 대한 화자의 높임 의도에 따라 '명, 분'으로 구분되어 나타나기도 한다. 형식성 의존 명사가 형식적 의미를 가지고 있음에 비하여, 이런 단위성 의존 명사는 모두 실질적 수량 단위 의미를 가지고 있다는 데에 차이점이 있다.

4.2. 대명사

4.2.1. 인칭 대명사

어떤 대상이나 사건을 가리키는 표현 가운데 체언으로 나타낸 것을 대명사라고 한다. 대명사란 곧 명사를 대신하는 말이기 때문에, 이미 '지시' 의미를 포함하고 있다. 이는 크게 사람을 가리키는 인칭 대명사와 사람 이외의 것을 가리키는 비인칭 대명사로 나뉜다. 인칭 대명사(人稱代名詞)는 누구를 지시하느냐, 즉 화자, 청자, 제3자 등 지시 대상에 따라 1인칭, 2인칭, 3인칭 대명사로 나뉘는 게 일반적이다. 또한 특정 인물 지시 여부에 따라 미지칭과 부정칭 대명사로 나뉘기도 하고, 문장 내 명사(대개 주어)를 다시 지시하느냐에 따라 재귀 대명사(또는 재귀칭 대명사)가 설정되기도 한다. 비인칭 대명사(非人稱代名詞)는 다시 사물을 가리키는 사물 대명사, 공간을 가리키는 공간 대명사, 시간을 나타내는 시간 대명사로 나뉜다.

(6) 인칭 대명사의 사용 예
　ㄱ. 나는 과연 누구인가?
　　저₁는 아무 것도 아닙니다.
　　저희₁가 그 일을 하겠습니다.

ㄴ. 너는 어디서 왔니?

자네는 그래 무엇을 하려고 하는가?

당신$_1$이 뭔데 그래?

여러분 모두 조용히 하세요.

너희는 이리로 와.

ㄷ. 그는 과연 누구인가?

이분이 바로 우리 선생님이셔.

저이는 아무것도 모르면서.

저$_2$는 또 얼마나 잘 나서.

ㄹ. 누구 왔니? 그래, 누구니?

ㅁ. 돌아가신 아버님께서는 저 소나무를 당신$_2$이 직접 심으셨지.

ㅂ. 애들이 어려서 저희$_2$밖에 몰라요.

ㅅ. 경수는 아직 어린애라서 저$_2$(=자기)밖에 몰라요.

ㅇ. 아버지는 철수로 하여금 자기 일을 하도록 시켰다.

cf. 아버지는 [철수가 자기 일을 하도록] 시켰다.

(6)은 인칭 대명사의 사용 예로, (6ㄱ)은 말하는 화자 자신이 자기를 나타내는 1인칭 대명사가 쓰인 문장이다. '나'는 대표적인 1인칭 대명사이고, '저$_1$'는 '나'를 겸손하게 낮추어 표현한 것이며, '저희$_1$'는 화자를 포함한 1인칭을 복수로 나타낸 것이다. (6ㄴ)은 말을 듣는 청자를 지칭할 때 쓰는 2인칭 대명사가 사용된 문장이다. '너'는 대표적인 2인칭 대명사이고, '자네'는 상대방을 조금 높여 지칭한 것이며, 이에 비해 '당신$_1$'은 상대방을 낮추어 부르는 표현이다. '여러분'은 청자가 복수일 때 사용하는 대명사이다. '너희'도 마찬가지이다. (6ㄷ)은 화자도 청자도 아닌 제3자를 지칭하는 3인칭 대명사가 쓰인 용례를 보인 것이다. 대표적인 3인칭 대명사는 '그'이다. '이분'은 높임, '저이'는 존대칭 혹은 평칭 표현이다. '저$_2$'는 평대칭이라 할 수 있다. 복수 3인칭 대명사는 복수 접미사 '-들'을 붙여서 사용하곤 한다. '그들, 이분들, 저이들'이 그것들이다.

  (6ㄹ)에 사용된 두 개의 '누구'는 순서대로 각각 부정칭 대명사(不定稱代名詞), 미지칭 대명사(未知稱代名詞)이다. 부정칭은 특정 인물을 가리키지 않을 때 쓰이고, 미지칭은 대상의 이름이나 신분을 모를 때 사용하는 인칭 대명사로, 주로 의문문에 쓰인다. 사실 (6ㄹ)의 '누구 왔니?'는 문장의 억양에 따라서 '누구'가 부정칭이 되기도 하고 또는 미지칭이 되기도 하다. 문장 뒤를 높이면 부정칭 대명사가 되고, 낮추면 미지칭 대명사가 된다. 부정칭은 꼭 누구인지 알려고 하는 게 아닌 경우에 사용되는데, 특정한 사람을 지칭하는 게 아닌 것이고, 미지칭은 알지 못해서 누구인지 알고자 할 때 쓰는 대명사이다. '그래, 누구니?'에서는 '누구'가 미지칭 대명사로만 사용된다. 알고 싶어서 물어 보는 표현이라는 말이다. 두 경우 모두 '누구'는 3인칭 대명사에 속한다고 할 수 있다.

  (6ㅁ~ㅇ)에 사용된 '당신$_2$, 저희$_2$, 저$_2$, 자기'는 앞에 나온 주어 '아버님, 애들, 경수, 철수'를 다시 받은 재귀 대명사이다. 이때 사용된 '당신$_2$'는 아주 높임 표현이고, '저희$_2$, 저$_2$, 자기'는 평대칭 표현으로, 모두 다 3인칭 대명사에 속한다. 이처럼 재귀칭 표현은 하나의 문장 안에서 앞에 한 번 나온 명사를 다시 가리킬 때 쓰이는 인칭 대명사로, 대개 3인칭 주어로 쓰인 명사나 명사구를 가리킬 때 사용되는 게 일반적이다. 한편, (6ㅇ) 같은 경우는 '자기'가 지시하는 명사가 통사론적으로는 주어가 아닌 부사어로 되어 있다. 결국 3인칭 주어라는 말은 통사론적 주어가 아니라 의미론적 주어를 뜻한다고 말할 수 있다.

(7) 인칭 대명사 목록(이관규 2002ㄱ : 131 참조)

순서	인칭 대명사	높임 정도	용 례
ㄱ	1인칭 대명사	하대칭	저$_1$, 제$_1$, 소생(小生), 소인(小人), 소자(小子), 과인(寡人) ; 저희$_1$
		평대칭	나, 짐(朕), 본인(本人) ; 우리
ㄴ	2인칭 대명사	하대칭, 평대칭	너, 당신$_1$; 너희
		존대칭	그대, 댁(宅), 귀형(貴兄), 귀하(貴下), 노형(老兄), 선생, 자네 ; 여러분
		극존대칭	어른, 어르신, 선생님
ㄷ	3인칭 대명사	하대칭	이자, 그자, 저자, 애, 걔, 쟤, 이애, 그애, 저애
		평대칭	그, 저, 이들, 그들, 저들 ; 누구, 아무, 자기, 자신, 저$_2$, 제$_2$, 저희$_2$
		존대칭	이이, 그이, 저이
		극존대칭	이분, 그분, 저분, 당신$_2$
ㄹ	미지칭 대명사	평대칭	누구
ㅁ	부정칭 대명사	평대칭	누구, 아무
ㅂ	재귀 대명사	평대칭	자기, 자신, 저$_2$, 제, 저희$_2$
		극존대칭	당신$_2$

(7ㄱ)은 1인칭 대명사 목록인데, 존대칭이 없는 것이 특징이다. 이는 국어에서 화자가 스스로를 높이는 것이 예의에 맞지 않기 때문이다. 심지어 왕이 자신을 가리킬 때도 평대칭인 '짐'을 사용하고, 대개는 하대칭인 '과인'을 사용하곤 한다. 대통령이라 하더라도 기껏 '본인' 정도를 사용하지 자신을 높이지는 않는다. 대표형으로 '나'를 들고 있고, 이의 복수형으로 '우리'를 든다. '우리'는 두 가지 의미가 있는데, '야, 우리 모두 저리로 가보자.'의 경우에는 화자·화자와 함께 있는 사람·청자 모두를 가리키나, '싫어. 너는 빠져. 우리만 갈 거야.' 같은 표현에서는 화자·화자와 함께 있는 사람만 가리키지 청자는 배제를 한다. 일단, 1인칭인 화자를 포함한

다는 점에서 1인칭 복수 대명사가 된다.[5] 1인칭 하대칭(겸손 표현)의 대표적인 대명사는 '저'이고 간혹 '제1'가 쓰이기도 한다.[6] '소생, 소인, 소자' 같은 표현은 현대 국어에서 많이 사용되지 않는다. '소자'는 물론 아버지·어머니에 대해서 아들이 자신을 낮추어서 일컫는 말이다. 1인칭 하대칭 복수 대명사로는 '저희'가 있다. 물론 복수 표지 접미사 '-들'을 붙인 '저희들'도 사용된다. '저희'의 '-희'도 복수 접미사로 파악된다.

(7ㄴ)은 2인칭 대명사 목록인데, 존대칭과 극존대칭이 많은 게 특징이다. 대표형은 '너'라고 할 수 있는데, 역시 복수형으로 '너희'가 쓰인다. '당신'은 누가 누구에게 어떤 상황에서 사용하느냐에 따라 하대칭으로 쓰이기도 하고 평대칭으로 쓰이기도 한다. '당신이 뭔데 나한테 이래라 저래라 해.'의 경우는 하대칭, '이것은 당신 것, 이것은 내 것.' 경우에는 평대칭으로 사용된 것이다. 화·청자 및 상황을 고려한다면 '너, 너희'도 경우에 따라 하대칭과 평대칭 사용이 가능하기도 하다. 존대칭으로 쓰이는 2인칭 대명사는 매우 많다. '그대, 댁, 자네' 같은 표현은 약간 거리를 두면서 상대방을 대우하는 표현이며, '귀형, 귀하, 노형'은 약간 고전투의 표현으로 역시 상대방을 높이는 표현이라고 할 수 있다. '선생'은 이것들보다 조금 더 높은 표현이라 할 수 있다.[7] '여러분'은 여러 사람을 한꺼번에 가리키는 복수 표현으로, 말을 듣는 사람들이 복수일 때 화자가 사용하는 공식적 존대 표현이다. 2인칭 대명사로 쓰이는 '어른, 어르신, 선생님'은

---

5) 우리말에서는 영어처럼 '내 아버지, 내 집, 내 학교, 내 나라'로 하지 않고 복수형을 써서 '우리 아버지, 우리 집, 우리 학교, 우리 나라'로 표현하는 특징이 있다. '아버지, 집, 학교, 나라' 등이 모두 둘 이상의 사람에게 공⑪되는 것이 일반적이어서, 공농의 소유임을 나타내는 표현 방식의 일환으로 '우리'가 사용된다고 볼 수 있을 것이다. '우리'는 순수한 복수 의미보다는 '나'와 '너' 이외에 보이지 않는 관련자까지 은연 중에 곁들여 표현하는 특수한 복수 이미를 나타낸다고 할 수 있다.

6) 1인칭 하대칭 '제1'은 '제가 제 뺨을 친다.' 같은 예에서 볼 수 있다.

7) '선생'이라는 지칭 표현은 과거에 매우 존귀한 분을 지칭할 때 사용되곤 했다. 지금도 간혹 연세 드신 분들이 극존대 의미로 사용하는 경우가 있다.

극존대칭 표현이다. 이것들이 일반 보통 명사로 사용되는 경우도 있으나, 일단 2인칭 대명사로 사용될 때에는 상대방을 최고로 높이는 표현이라고 할 수 있다. '선생님'은 일반적인 극존대칭 표현이고, '어른, 어르신'은 좀 더 높이는 표현이라고 할 수 있는데, '어른'보다는 '어르신'이 더 높이는 표현이다.

(7ㄷ)은 3인칭 대명사 목록인데, 높임 정도가 다양하기도 하고, 특히 하대칭과 평대칭 표현이 세분화되어 있는 것이 특징이다. 3인칭 대명사의 대표형은 '그'라고 할 수 있다. '이, 그, 저'로 대표되는 국어의 지시 표현이 3인칭 대명사에서도 적극 사용된다. 그런데 '그, 저'는 3인칭 대명사로 사용되나 '이'는 사용되지 않는 게 특이하다. 여기에 복수 접미사 '-들'을 붙인 '그들, 저들, 이들'이 3인칭 대명사로 사용되는 것은 물론이다. 하대칭으로는 '이자, 그자, 저자, 얘, 걔, 쟤, 이애, 그애, 저애' 등이 있는데, 역시 '이, 그, 저'를 근간으로 하고 있다. 평대칭으로는 '그, 저, 이들, 그들, 저들' 이외에 '누구, 아무, 자기, 자신, 저, 제$_2$, 저희'도 사용된다. '누구든지 오세요. / 아무나 와도 좋아. / 자기도 못하면서 괜히 나만 갖고 그래. / 자신이나 잘 하라고 그래. / 저는 뭐 대수롭나? / 제 일이나 잘 할 것이지. / 저희만 이롭게 하고 나는 잉.' 등에서 각각의 용례를 볼 수 있다. 이들 중 '자기, 자신, 저, 제, 저희'는 하대칭은 아니지만 약간 비아냥거리는 표현임을 알 수 있다.[8] 한편, '이이, 그이, 저이'는 존대칭 대명사이고, '이분, 그분, 저분, 당신'은 극존대칭 대명사이다. 앞의 세 개는 크게 높이는 표현은 아니지만 평대칭은 결코 아니기 때문에 존대칭에 넣은 것이며, 뒤의 세 개는 본래 극존대 의미를 갖고 있는 '분' 때문에 극존대칭 3인칭 대명사가 된 것이다.[9]

---

[8] 3인칭 대명사의 평대칭 '제'는 '그 아이는 벽에 낙서한 사람이 제가 아니라고 주장했다.'에서 그 쓰임을 볼 수 있다. 또한 하대칭 표현으로 제시된 '쟤'는 '쟤가 누구더라?' 같은 예를 들어볼 수 있다.

(7ㄹ,ㅁ)에 제시된 미지칭과 부정칭은 헷갈리는 점이 있으나 특정 인물을 지시하느냐에 따라 나누어진다. (6ㄹ) '누구 왔니? 누구니?' 표현에서도 살펴본 바와 같이, 미지칭(未知稱)은 특정 인물을 알지 못해서 궁금해 할 때 쓰이고, 부정칭(不定稱)은 특정 인물을 지시할 필요가 없을 때 쓰인다. 앞에서도 언급한 바와 같이 '누구 왔니?'는 문장 끝의 억양이 올라가면 부정칭이고 내려가면 미지칭이다. 물론 '누구니?'에서의 '누구'는 미지칭 대명사이다. '아무'는 '아무도 없어.'라는 문장에서 알 수 있다시피 항상 부정칭으로만 사용된다.

(7ㅂ)은 재귀 대명사(再歸代名詞)들인데, 이미 (6ㅂ~ㅇ)에서 용례를 확인한 바 있다. 대개의 경우 (6ㅂ,ㅅ)에서처럼, 하나의 문장 안에서 앞에 나온 명사를 대신 받는 표현으로 대개 주어 명사를 재귀하는 게 일반적이긴 하지만, (6ㅇ)에서처럼 주어 아닌 명사를 재귀하는 경우도 있다. 그러나 이 경우도 의미론적으로는 재귀 받는 명사가 주어인 특성이 있다. 재귀 대명사는 (7ㄷ)에서 보다시피 3인칭에 한한다. 또한 그 선행사는 대개 사람을 비롯한 유정 명사(有情名詞)이어야 한다.[10]

---

9) (7ㄷ)에 제시되지는 않았지만, 3인칭 대명사로 또 설정할 수 있는 것으로 '그녀'가 있다. 영어의 she를 번역하는 과정에서 생겨난 용어이다. 남기심·고영근(1993 : 83)에서는 "크게 보급되어 있지 않다."는 이유로, 그리고 왕문용·민현식(1993 : 118)에서는 "구어체에서는 잘 쓰이지 않는다."는 이유와 국어가 "영어처럼 3인칭에 남성과 여성이 구별되어야 하는 필연성은 없기에 '그' 하나만으로도 충분하다."라고 하면서, '그녀'를 3인칭 대명사로 설정하지 않고 있다. 한편, 이익섭·채완(1999 : 152)에서는 "3인칭 여성을 가리키기 위한 '그녀'도 퍽 후세에 만들어져 쓰이기는 하나, 이 역시 글에서밖에 쓰이지 않는다."라고 말하고 있다. 그러나 거기서는 "'그, 이들, 그들, 저들'도 일반 대화에서 쓰이는 일은 거의 없고 주로 글이나 기도문 등에 쓰인다."라는 설명도 하고 있다. 결국 '그, 이들, 그들, 저들'이 '그녀'가 동일선상에서 나누어질 수 있는 가능성이 있다고 보는 것이다. 실제로 이미 젊은층을 중심으로 하여, 남자는 '그', 여자는 '그녀'가 많이 사용되고 있기 때문에, 필자는 '그녀'도 3인칭 대명사로 설정될 수 있다고 본다. 홍상희(2001)에서는 글말이라 하더라도 신문과 같이 객관적인 보도문에서는 '그녀' 사용에 제약이 있으며, 입말이라 하더라도 TV 뉴스 같은 경우에서는 '그녀'의 사용이 자유롭다고 보고하고 있다.

10) (7ㅂ)에서 설정된 재귀 대명사 이외에도 '자기 자신'도 재귀 대명사 용법으로 사용된다. "그 사람은 자기 자신이 그 일을 직접 할 수 있을 것으로 확신하고 있어."라는 문장에서

4.2.2. 비인칭 대명사

비인칭 대명사는 인칭 대명사에 비하여 그 수가 적다. 국어에 높임법이 발달되어 있어서 인칭 대명사가 많은 것이다. 비인칭 대명사는 크게 사물 대명사, 공간 대명사, 시간 대명사로 나눌 수 있다. 공간 대명사와 시간 대명사는 함께 처소 대명사라고 부르기도 하거니와, 중세 국어 시기 때에는 둘이 구분되지 않기도 했고, 지금도 때로는 '앞에서도 말한 바 있거니와' 같은 표현을 보면 장소를 나타내는 '앞'이 시간을 나타내는 경우도 있다.

> (8) 비인칭 대명사의 사용 예
> ㄱ. 이것으로 말씀드릴 것 같으면……
> ㄴ. 이는 우리 모두가 염두에 두어야 할 내용이다.
> ㄷ. 무엇이든지 우리는 할 수 있어.
> ㄹ. 어디든지 부르기만 하면 가겠다.
> ㅁ. 입때까지 뭐 했어? 저 사람은 접때보다 더 건강해지고 씩씩해진 것 같다.

(8ㄱ~ㄷ)에 쓰인 '이것, 이, 무엇'은 사물 대명사라고 할 수 있다. 특히, (8ㄴ)의 '이'는 어떤 특정한 명사를 대신 나타내는 게 아니라 앞에 나오는 어떤 사건이나 상태를 지시한다고 할 수 있다. 하긴 명사 자체가 특정한 하나의 어떤 것을 지칭할 수도 있지만, 어떤 사건이나 상태를 나타낼 수

분명히 그런 역할을 하고 있음을 볼 수 있다. 그러나 이것은 단어가 아닌 구(句)이기 때문에 (7ㅂ) 목록에는 들어가 있지 않다. 만약 '자기자신'을 하나의 단어로 인정한다면 충분히 재귀 대명사 목록에 들어갈 수 있으리라 생각한다.

한편, 구어체에서 흔히 사용하곤 하는 '자기야 이것 좀 먹어 봐.'라는 문장을 보면 '자기'가 재귀 대명사가 아닌 인칭 대명사로 사용되고 있음을 본다. 그러나 '자기'는 아직 표준어로 설정되고 있지 않기 때문에 (7) 목록에는 빠져 있다. 하긴 '지가 뭔데 그래. ; 야, 니가 해라.' 등에서처럼 구어체에서 흔히 사용되는 '지, 니' 같은 표현도 대명사의 기능을 한다. 그러나 표준어로 인정되고 있지 않기 때문에 (7) 목록에서 제외된 것이다.

있기 때문에, 대명사가 명사를 대신한다고 말해도 상관없다. 한편, (8ㄹ)의 '어디'는 공간 대명사로 쓰였으며, (8ㅁ)의 '입때, 접때'는 시간 대명사로 쓰였다. '입때, 접때'는 구어체에서만 사용되는 대명사로, 문어체에서는 '이때, 저때'로 쓰인다. '*급때'가 쓰이지 않는 것은 특이하다. 물론 '그때'가 구어체·문어체 모두 쓰인다.11)

  (9) 비인칭 대명사 목록
    ㄱ. 이, 그, 저 ; 이것, 그것, 저것 ; 무엇, 어느것 ; 아무것 ; 자체
    ㄴ. 여기, 거기, 저기 ; 이곳, 그곳, 저곳 ; 어디, 어느곳 ; 아무데, 아
       무곳
    ㄷ. 입때, 접때 ; 언제, 어느때 ; 아무때 ; 이때, 그때, 저때

  (9ㄱ)는 사물 대명사이다. 역시 '이, 그, 저'가 기본이 되어 있고, 여기에 사물을 지칭하는 '것'이 연결된 '이것, 그것, 저것'이 쓰인다.12) '무엇, 어느것'은 부정칭과 미지칭 둘 다에 쓰인다. '무엇이든지 해 봐. 저건 무얼 뜻하죠? ; 어느것이든지 가져오세요. 어느것을 원하세요?'에서 보듯이 둘은 부정칭과 미지칭에 쓰일 수 있다. 한편, '아무것'은 부정칭으로만 쓰이고, '자체'는 사물 재귀 대명사라고 할 수 있다. '한국어교육부에서는 자체에서 교사양성과정을 운영하고 있다.'라는 문장에서 '자체'가 사물 재귀 대명사로 쓰인 것을 볼 수 있다.
  (9ㄴ)은 공간 대명사이다.13) '여기, 거기, 저기'는 역사적으로 '이, 그,

---

11) '입때 안 왔어?', '접때 그 사람은 누구요?' 같은 문장에서 사용된 '입때', '접때'는 부사도 사용될 것이나.
12) '이, 그, 저'가 대명사로 쓰인 예는 '이대로, 그대로, 저대로' 같은 경우를 들 수 있다. 한편, '이 아름다운 곳에서, 그 멋진 사람이, 저 높은 곳을 향하여' 같은 경우에서는 '이, 그, 저'가 관형사로 쓰이고 있다.
13) 공간 대명사와 유사한 것으로 '이리, 그리, 저리'가 있다. 그러나 이들은, 예컨대 '*이리가, *저리를, *그리에'에서처럼 격조사가 붙지 못하기 때문에 대명사가 아닌 부사로 다루는 것이 일반적이다.

저'와 '어긔'가 통합되어 이루어진 것이며, '이곳, 그곳, 저곳'은 '이, 그, 저'와 '곳'이 합해진 것이다. '어긔'와 '곳'은 모두 공간을 뜻하는 말이다. '어디, 어느곳'은 부정칭과 미지칭에서 모두 쓰인다. '어디나 우리 집이야. 어느곳이든지 불러만 주면 간다.'에서는 '어디, 어느곳'이 부정칭으로 쓰였고, '어디로 갈까? 어느곳에 가서 쉴까?'에서는 미지칭으로 쓰였다. 즉 '어디, 어느곳'은 설명 의문문에서는 미지칭으로 쓰이고, 다른 곳에서는 부정칭으로 쓰인다. '아무데, 아무곳'은 부정칭으로만 쓰인다. 이는 '아무' 때문이다.

(9ㄷ)은 시간 대명사이다. '언제, 어느때'는 설명 의문문에서는 미지칭, 다른 경우에는 부정칭으로 쓰인다. '언제 우리집에 올 건데? 어느때 그 일을 하는 게 좋겠니? ; 언제든지 와도 돼. 어느때라도 나는 상관없어.'라는 문장을 보면 확인할 수 있다. '아무때'는 '아무때나 좋아.'라는 문장에서 보듯이 부정칭으로만 사용되는데, 역시 부정칭 '아무' 때문이다. 흔히 사용되는 '이때, 그때, 저때'는 미지칭과 부정칭으로 다 쓰인다. '이때나 그때나 저때나 아무때나 상관없어.' 같은 예에서 이것들은 부정칭으로 사용되고 있으며, '이때 누군가가 나타났다., 그때는 그렇게 해야겠지.'에서의 '이때, 그때'는 미지칭으로 사용된 것이다.[14] 한편, 시간 대명사로 '입때, 접때'가 구어체에서 "입때까지 뭐 했어?, 접때부터 그의 눈치가 이상한 게 뭔가 있는 것이 분명하다."에서처럼 사용된다.[15] '저때'는 문어체에만 쓰이는 차이가 있다.

---

14) 사실 몇 해 전만 하더라도 '이때, 그때, 저때'는 '이 때, 그 때, 저 때'로 띄어 써야 하는 두 개 단어이었다. 그런데 표준국어대사전에서 '이때, 그때, 저때'로 붙여 씀으로 해서 하나의 단어로 보게 된 것이다. 띄어쓰기는 정말 약속의 문제인 듯하다.

15) '입때, 접때'는 한글 맞춤법 제31항에 제시되어 있고, 『표준국어대사전』(1999)에도 용례가 제시되어 있다. 한편, '걔 입때 안 와?, 접때 나 방송에 나왔는데, 봤니?'에서 쓰인 '입때, 접때'는 부사이다.

(7)과 (9)에 제시된 대명사들은 단어 형성이라는 차원에서 볼 때 몇 가지 특성을 보인다.

첫째, 대명사는 형성 유형상 단일어·파생어·합성어 구성이 모두 존재한다. '이, 그, 저'로 대표되는 어근 하나로 된 단일어, '그대, 너희, 자네, 이들'처럼 어근에다가 접사가 붙은 파생어, '이이, 그자, 저분 ; 이것, 입때'처럼 어근 두 개로 이루어진 합성어가 그것들인데, 합성어가 가장 많다. 인칭 대명사에는 단일어·파생어·합성어 구성이 모두 있으나, 비인칭 대명사에는 파생어 구성이 없다.

둘째, 숫자에 있어서 인칭 대명사는 매우 많으나 비인칭 대명사는 별로 없다. 이는 국어가 높임법이 발달한 언어라는 사실을 반영한다.

셋째, 복수 접미사 '-들'이 붙은 것은 '이들, 그들, 저들'만 제시되어 있지만, 이외에도 '너희들, 여러분들, 이자들 ; 이것들, 저것들' 등 그 수가 매우 많다. '-들'이 비록 접사라고 하더라도 '-네, -희' 같은 한정적 접사와는 본질적으로 차이가 있는 것을 알 수 있다. 실제로 '-들'은 '꽃들, 사건들' 등 셀 수 있는 명사에는 모두 붙을 수 있기 때문에 진짜 접미사로 처리해야 하는지 의구심이 들 수밖에 없다. 더구나 '자, 어서들 오너라.' 같은 경우에까지 이르면 '들'은 접미사로서의 자격을 도저히 인정받기가 어렵다. 이런 의미에서 '들'은 접미사가 아닌 복수 의미를 띠는 보조사로 보는 게 타당하다는 생각이 든다. '빨리들 하자. 뭣들 해?'라는 문장에서 '들'은 분명히 보조사라고 해야 한다.

넷째, '이분, 그분, 저분, 이자, 그자, 저자 ; 이것, 그것, 저것, 이곳, 그곳, 저곳, 어느곳, 아무곳, 어느때, 아무때' 같은 대명사들을 과연 하나의 단어로 보아야 하는지, 아니면 띄어쓰기를 하여 두 개 단어, 즉 구(句)로 보아야 하는지 헷갈리는 경우가 많이 있다. 결론적으로 말해서 (7), (9)에 제시된 것은 사전에도 표제어로 올라 있는 단어이다. 뒤에서도 나오겠지만, 단어와 구를 구분하는 기준이 중간에 다른 말을 넣을 수 있느냐 없느냐인데, 이것들에서도 이 기준을 적용할 수 있다. '*이 좋은 분, ???*이 나쁜 자, *이 상쾌한 곳, ???*어느 다른 곳'처럼 중간에 다른 말을 넣으면 매우 어색하거나 온전히 말이 안 되는 것임을 알 수 있다.

4.3. 수사

4.3.1. 수사의 종류

사물의 수량이나 순서를 가리키는 단어를 수사라고 한다. 수량을 나타내는 수사를 양수사(量數詞)라 하고, 순서를 나타내는 수사를 서수사(序數詞)라고 한다. 수사도 명사와 대명사와 같이 문장의 주어 역할을 할 수 있으므로 체언에 속한다. 수를 나타낸다는 점에서는 수사가 의미 차원의 용어라고 할 수 있으나, 뒤에 주격 조사가 와서 주어 역할을 할 수 있다는 점에서 수사는 기능 차원에서도 이해할 수 있다.

> (10) 수사의 사용 예
> ㄱ. 둘에 셋을 더하면 다섯이다.
> ㄴ. 이(二)에 삼(三)을 더하면 오(五)이다.
> ㄷ. 우리의 이념은 첫째는 진리이고 둘째는 정의이다.
> ㄹ. 우리의 이념은 제일(第一)은 진리이고 제이(第二)는 정의이다.
> ㅁ. 학생 열이 걸어간다. 사람 넷이 서 있다.
> ㅂ. 학생 열 명이 걸어간다. 네 사람이 서 있다.

(10ㄱ~ㅁ)에 쓰인 '둘, 셋, 다섯, 이, 삼, 오, 열, 넷 ; 첫째, 둘째, 제일, 제이'는 모두 수사이다. 앞의 것들은 양수사이고, 뒤의 것들은 서수사이다. 뒤에 어떤 조사가 오느냐에 따라 수사는 부사어(둘에), 목적어(셋을), 서술어(다섯이다), 주어(첫째는, 열이) 등이 된다. 특히 수사가 (10ㅁ)에서처럼 주

어(열이, 넷이) 역할을 한다는 것은 이것이 체언에 속한다는 것을 뜻한다. 만약 (10ㅂ)에서처럼 동일한 '열'이지만 후행하는 의존 명사 '명'을 수식하는 위치에 있게 되면 수사라고 하지 않고 수 관형사라고 말한다. (10ㅁ)의 수사 '넷'이 (10ㅂ)에서 명사 앞에서 '네'로 나타나게 되어 결코 수사라고 할 수 없게 된다.

(11) 수사 목록

순서	종류	종류		용 례
ㄱ	양수사	고유어	단수	하나, 둘, 셋, 넷, 다섯, 여섯, 일곱, 여덟, 아홉, 열, 열하나, …, 스물, 서른, 마흔, 쉰, 예순, 일흔, 여든, 아흔, 아흔하나, …, 아흔아홉
ㄴ			복수	한둘, 두셋, 너덧, 댓, 대여섯, 예닐곱 ; 두서넛, 서너댓, 너더댓 ; 몇, 여럿, 여남은
ㄷ		한자어	단수	영(零), 일, 이, 삼, 사, 오, 육, 칠, 팔, 구, 십, 십일 … 이십, 삼십 … 구십구, 백(百), 백일 … 천(千), 만(萬), 억(億), 조(兆) …16)
ㄹ			복수	일이, 이삼, 삼사 …
ㅁ	서수사	고유어	단수	첫째, 둘째, 셋째, 넷째, 다섯째, 여섯째, 일곱째, 여덟째, 아홉째, 열째, 열한째 … 스무째, 서른째, 마흔째 … 아흔아홉째
ㅂ			복수	한두째, 두어째, 두세째, 두서너째, 서너째, 댓째, 대여섯째, 여남은째 ; 몇째, 여러째
ㅅ		한자어	단수	제일, 제이, 제삼 … 제백 … 제조 …
ㅇ			복수	제일이, 제이삼, 제삼사 …

(11)은 수사 목록을 양수사와 서수사로 나누고 또 고유어와 한자어로 나누어 나열해 본 것이다. 먼저 양수사를 보면, 고유어 양수사가 '하나'에

---

16) 조(兆) 이후 단위로 경(京, 10^{16}), 해(垓, 10^{20}), 극(極, 10^{48}), 아승기(阿僧祇, 10^{64}), 불가사의(不可思議, 10^{80}), 무량대수(無量大數, 10^{88}) 등이 더 있다.

서부터 '아흔아홉'까지만 존재하는 사실을 알 수 있다(11ㄱ). '백, 천'에 해당하는 고유어가 과거에 '온, 즈믄'으로 존재했었다고 하나, 현대 국어에서는 사라지고 말았다. '백' 이상은 '백하나, 백둘 … '식으로 한자어와 고유어의 결합형이 사용된다. 이에 비하여 한자어 양수사는 (11ㄷ)에서 보듯이 '영'부터 시작하여 무한정 존재한다. 복수를 나타내는 고유어도 (11ㄴ)의 '한둘, 두셋, 너덧' 등 제한된 수가 쓰이나, 한자어 양수사는 무한정으로 사용된다(11ㄹ).

(11ㅁ~ㅇ)에 쓰인 서수사에서도 고유어 사용은 매우 제약된다. 단수로 쓰이는 고유어는 (11ㅁ)의 '첫째, 둘째 … 아흔아홉째'에서 보듯이 제한적이며, 그 이후는 '백째, 백한째, 백둘째 … ' 등으로 한자어와 고유어의 결합형이 사용된다. 이에 비하여 한자어는 (11ㅅ)에서 보듯이 무한정 사용된다. 복수를 나타내는 수사에서도 마찬가지이다. 고유어는 제약되고, 한자어는 무한정으로 사용이 된다.

흔히 순서를 나타낼 때 '첫 번째, 두 번째, 세 번째' 등이 사용되는데, 이것들은 서수를 나타내는 표현이기는 하나 수사는 아니다. 즉, 수 관형사 '첫, 두, 세'에다가 의존 명사 '번(番)'이 오고 그 뒤에 접미사 '째'가 붙은 것이다. '두 번째, 세 번째'에서는 '둘, 셋'이 '두, 세'로 유사하게 변화된 형태 모습을 보이나, '첫 번째'에서는 '하나'와는 완전히 이질적인 '첫'으로 나오는데, 이는 보충법(補充法)으로 볼 수 있다. 한자어 서수사는 양수사 앞에 '제(第)'를 붙이면 된다. (11ㅅ, ㅇ) '제일, 제이 ; 제일이, 제이삼'에서 보는 것과 같다.17)

---

17) 보충법(補充法)은 어형의 규칙적 변화 틀에서 예외를 메우는 어휘적 수단을 뜻한다. '-시-'는 동사와 형용사에 규칙적으로 붙어 주체의 존대를 나타내지만, '자다'의 경우는 '자시다' 대신 '주무시다'라는 보충적 형태가 쓰이는 것 따위를 들 수 있다.

4.3.2. 수량사구

수사나 수 관형사가 셈의 대상이 되는 명사와 결합되는 구성을 흔히 수량사구(數量詞句)라고 한다. 수량사구의 유형은 단위성 의존 명사의 유무와 명사, 수사의 어순에 따라 네 가지로 나누어진다. 단위성 의존 명사는 흔히 '분류사(分類詞)'라고 불린다. 물론 품사로서의 용어는 아니고 편의상의 용어일 뿐이다.

> (12) 수량사구의 유형
> ㄱ. 명사 + 수사
>   학생 둘, 난쟁이 일곱
> ㄴ. 수 관형사 + 명사
>   두 학생, 일곱 난쟁이
> ㄷ. 명사 + 수 관형사 + 분류사
>   학생 두 명, 난쟁이 일곱 명
> ㄹ. [수 관형사 + 분류사]의 + 명사
>   두 명의 학생, 일곱 명의 난쟁이

(12) 수량사구 유형 가운데 기본형이라 할 수 있는 것은 (12ㄷ) 유형이다.[18] '학생 두 명' 같은 표현이 일반형으로 널리 사용된다. (12ㄹ) 유형은 주로 문어체에서 사용되는 경향이 있는데 제목과 같이 전체를 한 단위로 인식할 때 쓰이곤 한다. (12ㄱ,ㄴ)과 같이 분류사가 없는 유형은 있는 유형에 비하여 제약이 따른다. (12ㄱ) 같은 간략형은 주로 목록을 나열할 때 사용되곤 하며, (12ㄴ) 유형은 명사가 사람이면서 고유어 수사일 때 주로

---

18) (12ㄷ)을 기본형으로 보는 것은 이익섭(1973)이다. (12ㄹ)은 채완(1983), 김영희(1984)에서 기본형으로 보고 있다. 전자에서는 '책 백 권', 후자에서는 '백 권의 책'을 기본형으로 보고 있다. '두 명의 학생'과 같은 (12ㄹ)은 아무래도 of를 사용하는 영어 번역 형식으로 보인다. 따라서 필자는 '학생 두 명' 같은 (12ㄷ)이 단위성 의존 명사 사용의 기본형으로 설정하도록 한다.

사용된다(이익섭·채완 1999 : 142~144 참조).

> (13) ㄱ. 다섯 시 오십오 분 십이 초
> ㄴ. 하릅, 두습, 사릅, 나릅, 다습, 여습, 이릅, 여듭, 구릅, 열릅
> ㄷ. 하루, 이틀, 사흘, 나흘, 닷새, 엿새, 이레, 여드레, 아흐레, 열흘, 보름, 그믐
> ㄹ. 맹춘(孟春)<정월(正月)>, 중춘(仲春), 계춘(季春), 맹하(孟夏), 중하 (仲夏), 계하(季夏), 맹추(孟秋), 중추(仲秋), 계추(季秋), 맹동(孟冬), 중동(仲冬)<동짓달>, 계동(季冬)<섣달>

우리말에서 시간을 말할 때, (13ㄱ)에서 보는 바와 같이, 시(時)는 고유 어를 사용하고, 분(分)·초(秒)는 한자어를 관습적으로 쓴다. 이는 '시'가 오 래 전부터 쓰던 단위로 고유어와 어울릴 수 있었으나, '분, 초'는 근대 이 래 한자어를 쓰는 중국과 일본으로부터 시계 문화가 들어오면서 중국식, 일본식으로 쓰인 단위로, '일 분', '일 초' 등이 하나의 단위로 들어왔기 때문이다.

한편, 수와 관련된 단어는 국어의 특성, 특히 국어 문화를 잘 나타내 주 고 있다. 가축의 나이를 셀 때에는 (13ㄴ)에서처럼 '하릅, 두습, 사릅' 등 으로 표현하고, 날짜를 셀 때에는 (13ㄷ)처럼 '하루, 이틀, 사흘' 등으로 표현한다.[19] 이런 표현들은 우리 일상생활의 일부를 나타낸 것이라서 고 유어 표현이 쓰이는 것으로 이해된다. (13ㄹ)은 달 이름을 음력 1월부터 12월까지 부르는 명칭인데, 대개 한자어가 쓰이고 있음을 볼 수 있다. 이 는 한자 문화권의 영향이라 하겠고, '섣달'은 고유어인데 새해를 맞이하는 설과 관련된다는 점에서 '섣달'이라는 고유어가 사용되는 듯하다.

---

19) '하릅'은 나이가 한 살 된 소, 말, 개 따위를 이르는 말인데, 나이가 한 살 된 강아지를 뜻하는 '하릅강아지'에서 그 쓰임을 볼 수 있다.

⊖ 더 살펴보기

고영근·구본관(2008), 김광해(1990), 김광희(1997), 김미형(1995), 김영희(1984), 남기심·고영근(1993), 민현식(1998), 신지연(1998), 안주호(1997), 안효경(2001), 양명희(1998), 왕문용(1990), 왕문용·민현식(1993), 우형식(2001), 이관규(2002ㄱ), 이광정(1987), 이병모(2001), 이익섭·채완(1999), 임홍빈(1987), 정제한(1998), 정희정(2000), 채완(1983), 최경봉(1998)

➡ 제5장 관계언

조사는 주로 체언 뒤에 붙어서 다양한 문법적 관계를 나타내 주거나 의미를 덧붙이는 의존 형태소이다. 조사를 관계언이라고 하는 것은 조사가 문법적 관계를 나타내 주는 기능을 한다는 점을 염두에 둔 것이다. 조사는 문법적 관계를 나타내 주는 격조사와 접속 조사, 그리고 특별한 의미를 나타내는 보조사로 나누어진다. 격조사는 물론이고 접속 조사도 문장 성분의 관계를 나타내 준다. 이에 비해 보조사는 문장 성분들 간의 관계를 나타내진 않고 특별한 의미를 덧붙이는 기능을 하지만, 문장 밖 다른 성분과의 관계를 나타낸다고 보면, 넓은 의미에서 관계언(關係言)이라 부를 수 있다.

조사는 대개 체언 뒤에 붙지만, 때로는 동사, 형용사나 부사 뒤에 붙기도 하고 문장 뒤에 붙기도 한다. 학교 문법에서는 조사를 단어로 보고 있다. 비록 조사가 자립 형식이 아닌 의존 형식으로서 문장 속에서 독립된 성분이 되지 못하긴 하지만, 어미에 비해 선행 체언과 분리가 잘 되는 특성을 주목했기 때문이다.

5.1. 격조사

격조사(格助詞)는 앞에 오는 체언이 문장 안에서 일정한 자격을 가지도록 하는 조사를 말한다. 격(格)이라고 하는 용어는 문장 안에서의 자격(causus)을 뜻하며, 격조사는 그 자격을 나타내는 표지이다. 국어 문장에서 격은 크게 일곱 가지로 나뉘어 있는데, 주격, 서술격, 목적격, 보격, 관형격, 부사격, 호격이 그것이다. 격조사 역시 일곱 가지로 나뉘는데, 주격 조사, 서술격 조사, 목적격 조사, 보격 조사, 관형격 조사, 부사격 조사, 호격 조사가 그것이다.

> (1) ㄱ. 꽃이 예쁘게 피었구나.
> ㄴ. 철수야, 오늘이 바로 한글날이니?
> ㄷ. 이 옷을 한번 입어 보아라.
> ㄹ. 물이 얼음이 되었네.
> ㅁ. 동생이 방에서 언니의 책을 읽고 있다.

(1ㄱ)에 쓰인 '꽃이'의 '이'는 주격 조사, (1ㄴ) '한글날이니'의 '이니'는 서술격 조사, (1ㄷ) '옷을'의 '을'은 목적격 조사, (1ㄹ)의 '되었네' 앞에 쓰인 '얼음이'의 '이'는 보격 조사, (1ㅁ) '언니의 책'의 '의'는 관형격 조사, (1ㅁ) '방에서'의 '에서'는 부사격 조사, (1ㄴ) '철수야'의 '야'는 호격 조사이다. 이들은 선행 체언으로 하여금 각각 주어, 서술어, 목적어, 보어, 관형어, 부사어, 독립어의 역할을 하게 한다. 호격 조사 '아/야'가 붙은 것이 '호어'가 아닌 '독립어'라고 불리는 이유는 감탄사도 독립어 역할을 하는 것을 염두에 둔 까닭이다. 물론 (1)에 있는 조사들만 격조사로 인정되는 것은 아니다.

(2) 격조사 목록

순서	격조사	용례	문장 성분	비고
ㄱ	주격 조사	이/가, 께서, 에서, 서	주어	
ㄴ	서술격 조사	이다	서술어	
ㄷ	목적격 조사	을/를	목적어	타동사 앞
ㄹ	보격 조사	이/가	보어	되다, 아니다 앞
ㅁ	관형격 조사	의	관형어	
ㅂ	부사격 조사	에, 께, 에서, 에게, 으로, 와 …	부사어	
ㅅ	호격 조사	아/야, 여, 이여, 이시여	독립어	

(2)는 7개 격조사를 종류별로 제시한 것이다. (2ㄱ) 주격 조사는 음운론적 이형태인 '이/가'가 가장 대표적으로 사용된다. '께서'는 (3ㄱ)에서 보듯이 주어 명사가 높임 대상일 때 사용된다. 물론 화자의 높임 의도가 없을 경우는 그냥 '이/가'를 사용할 수도 있긴 하다. '에서'는 흔히 단체를 나타내는 주어 명사에 붙어 주격 조사로 기능한다고 알려져 있다. 그러나 (3ㄴ)에 나온 '정부에서 그 일을 발표했다.' 문장에서는 '대변인이' 정도가 생략되어 있다고도 할 수 있어 '에서'가 진정으로 주격 조사 기능을 한다고 말하기 쉽지 않다. 또한 '표준 문법에서는 분류사를 따로 설정하지 않고 있다.' 같은 문장에서는 생략된 주어를 찾기 어렵긴 하지만 굳이 설정한다면 '집필자들이' 정도를 제시할 수 있을 것이다. 이때 '표준 문법'이라는 표현이 과연 단체 명사(구)인지는 고민해 보아야 하겠지만, 추상적 차원에서라면 충분히 단체 명사라고 말할 수 있을 것이다.

 '서'는 (3ㄷ)에서 보다시피 특수하게 사람 수를 나타내는 표현에서 사용되는 주격 조사이다. '둘이서'에서 보듯이 '둘이'라는 인칭 명사에 '서'가 붙었다. '둘이'의 '이'는 인칭 접미사가 될 것이다. 결국 가장 기본적인 주격 조사는 '이/가'라고 할 수 있을 것이다.

(3) ㄱ. 할아버지께서 오신대.

　　ㄴ. 정부에서 그 일을 발표했다.

　　ㄷ. 학생 둘이서 걸어간다.

　　ㄹ. 지현이는 학생이다.

　　ㅁ. 여기가 바로 서울이야.

　　ㅂ. 그것은 사실이면서……

　　ㅅ. 서울은 {도시이다. / 도시다.}

　(2ㄴ)의 서술격 조사 '이다'는 매우 특이한 조사이다. 다른 조사들이 형태 변화가 없는 불변어인데, 이 서술격 조사만은 (3ㄹ~ㅂ)에서 보다시피 '이다, 이야, 이면서 ……' 등으로 형태 변화를 하는 변화어에 속한다. 용언인 동사·형용사에서 어미가 활용하는 것과 다를 바가 없다. '이다'가 체언 뒤에 붙어서 그 체언으로 하여금 서술어의 역할을 하게 하기 때문에 학교 문법에서의 명칭이 서술격 조사이다(이희승 1956, 김민수 1970). 그러나 최현배(1937, 1968), 허웅(1967)에서는 지정을 한다 해서 따로 품사 명칭을 붙여 '잡음씨'(지정사)라고 하기도 했는데, 이것은 넓게 보면 '이다'를 조사의 하나가 아니라 용언으로 보는 최근의 견해들과 같은 입장이다. 구체적으로 말하면, '이다'는 다른 게 아니라 형용사의 일종이라는 것이다. 실제로, '이다'는 동사 성격보다 형용사 성격을 많이 갖고 있다. 기본형에 '-는-'을 삽입하는 기준이나 명령형·청유형 어미를 붙이는 기준이나, 또 의미적으로도 동작·과정보다는 상태를 나타내는 것도 형용사 성격과 일치한다. 그리되면, '이다'가 자유롭게 변하는 것에 대해서 '-다'를 다른 용언과 마찬가지로 어미로 처리할 수 있을 것이다(남기심 1986, 이광정 1994, 양정석 2001ㄴ).

　그리고 '이다'의 '이'를 매개 모음으로 보는 견해도 있는데, 자음 뒤에서는 '이'가 나타나고, 모음 뒤에서는 '이'가 나타나지 않는다는 견해이다. 그러나 이 매개 모음설은 (3ㅅ)에 보듯이 '도시이다, 도시다'가 모두 가능하기 때문에 타당성을 얻기 어렵다. 또 '이'만을 접사로 보는 견해가 있는데, 이는 체언을 서술어로 만드는 소위 어간 형성 접미사로 보는 견해이다. '이'가 해당 체언만이 아니라 앞에 오는 모든 표현들에 영향을 끼치는 통사적 접사라는 견해이다(이남덕 1963, 고창수 1986, 시정곤 1992). 그러나 이 견해도 '도시다'에서처럼 '이'가 사라지는 경우도 있다는 점에서 다른 접사와는 차이가 있다. 용언설 입장에서 보면 이 문제가 설명하기 어려운 난점으로 남아 있다.

　　(4) ㄱ. 철수가 {영희를 / 영희} 좋아해.
　　　　ㄴ. 정현이가 {학교에 / 학교를 / 학교에를} 가.
　　　　ㄷ. 물이 얼음이 아니다.
　　　　ㄹ. 물이 {얼음이 / 얼음으로} 되었네.
　　　　ㅁ. 물이 {*얼음이 / 얼음으로} 변했다.

　(2ㄷ) 목적격 조사는 역시 음운론적 이형태로 '을/를'이 설정된다. 서술어가 '먹다, 읽다, 좋아하다' 같은 타동사일 때 '을/를'을 요구한다. 물론 (4ㄱ)에서 보듯이 '을/를'이 나타나지 않을 수도 있다. 그러나 '을/를'이 있음으로 해서 그 성분이 목적어임을 확실하게 보여 줄 수 있다. 그런데 문제는 '을/를'이 있다고 해서 그 성분이 항상 목적어인가 하는 것이다. 이는 '을/를'이 목적격 조사로 쓰이지 않는 경우도 있다는 뜻이다. 본래 목적어라는 것은 서술어의 성격에 따라서 결정될 사항이지 '을/를' 때문에 그렇다고 맹목적으로 볼 것은 아니다.
　(4ㄴ)에서 '학교에 가다'를 보면, 분명 '가다'라는 이동 동사는 '학교에'라는 일정한 장소 내지 지향점이 나타나는 것이 정상이다. 그래서 '을/를'보다는 '에'라는 부사격 조사가 오는 게 일반적이다. 그런데 '학교를 가다' 같은 경우에는 비록 '학교를'이라고는 되어 있으나 '가다'라는 이동 동사로 인해서 이것 역시 지향점 의미로 파악이 된다. 이럴 경우 '을/를'은 타동사

와 호응하는 목적격 조사라고 말하기는 어려워 보인다. '학교에를 가다' 같은 경우의 '을/를'은 더욱 그러하다.

학교 문법에서는 이러한 경우 목적격 조사의 보조사적 용법이라고 편의상 말하고 있으나, 과연 이런 처리 방식이 옳은지는 의문이 간다. '학교를, 학교에를'에서 사용된 '을/를'은 분명히 '학교, 학교에'를 강조하기 위해서 사용된 표현이기 때문이다. 그냥 '을/를'이 목적격 조사와 보조사 두 가지로 나뉜다고 하여, '학교를, 학교에를'의 '을/를'은 보조사로 보는 게 나으리라 판단한다. 다른 예이지만, '본래가 우리는 이리 멋져.'라는 문장에서 '가'는 결코 주격 조사일 수 없다. 이때 '가'는 역시 강조 의미를 갖는 보조사라고 보아야 할 것이다. 주격 조사의 보조사적 용법이라는 편의적 설명은 타당성이 부족하다는 것이다.

만약 목적격 조사의 보조사적 용법이라는 것을 인정하게 된다면, (2ㄹ), (4ㄷ,ㄹ) 보격 조사 '이/가'에 대해서도 이것을 따로 설정하지 않고 주격 조사의 보격 조사적 성격이라고 말할 수 있게 된다. 그러나 학교 문법에서는 보격 조사로 '이/가'를 따로 설정하고 있다. (4ㄷ,ㄹ)에서 보듯이 '되다, 아니다' 앞에 오는 '얼음이'는 보어로 설정되어 '이'는 보격 조사가 되고 있다. 그러나 똑같은 '되다'인데도 그 앞에 '얼음으로'가 오면 부사어가 되어 '으로'는 부사격 조사라고 한다. 또 (4ㅁ)의 '변하다' 앞에서는 부사격 조사가 쓰인 '얼음으로'는 가능하나, '얼음이'는 불가능하다. 학교 문법에서는 '되다', '변하다' 앞에 오는 '얼음으로'를 필수적 부사어라고 보면서 이때의 '으로'를 부사격 조사로 보고 있다. 그러나 후술하겠지만, 보어가 주어, 목적어 이외에 서술어가 요구하는 필수적인 성분이라는 점에서 보면, '얼음으로'는 보어로 볼 수 있을 것이고, 마찬가지로 '얼음으로'의 '으로'는 보격 조사로 처리해야 할 것이다. 여하튼 보격 조사를 '되다, 아니다' 앞에 오는 '이/가'로만 한정시킨 학교 문법은 문제점을 지니고 있다고 하겠다.

(5) ㄱ. {철수<u>의</u> 연필 / 철수 연필}이 생각나.

　　ㄴ. {누나<u>의</u> 편지 / 누나 편지}가 도착했어.

　　ㄷ. 저 사람은 {부자<u>의</u> 아들 / 부자 아들}<u>이</u>야.

　　ㄹ. {너<u>의</u> 꿈 / 네 꿈 / $^{???*}$너 꿈}은 뭐니?

　(2ㅁ), (5)에서 보듯이 관형격 조사는 '의' 하나가 설정된다. '의'는 대개 (5ㄱ)에서 '철수의 연필, 철수 연필'에서 보듯이 체언 사이에서 나타나지 않아도 의미상 큰 차이를 유발하지 않는 걸로 알려져 있다. (5ㄴ)의 '누나의 편지'는 누나가 받은 편지, 누나가 쓴 편지, 누나가 소장하고 있는 편지 등 여러 가지로 뚜렷이 구분되어 해석된다. '누나 편지'도 마찬가지로 여러 해석이 가능하다. 그러나 (5ㄷ)에서 보듯이 '부자의 아들, 부자 아들'에서는 차이가 확실하게 난다. '부자의 아들'은 아버지가 부자라는 뜻을 갖고 있고, '부자 아들'은 아들이 부자라는 뜻을 갖고 있다. 또한 (5ㄹ)에서 '너의 꿈, 네 꿈'은 가능하나 '$^{???*}$너 꿈'은 불가능하거나 매우 어색하다. 역시 '의'가 중요한 역할을 하고 있음을 알 수 있다.

(6) ㄱ. 그는 5시<u>에</u> 일어났다.

　　ㄴ. 선생님<u>께</u> 편지 드리려고.

　　ㄷ. 정현이<u>가</u> {학교<u>에</u> / *학교<u>에서</u> / 학교<u>로</u>} 간다.

　　ㄹ. 학교<u>에</u> 지름길<u>로</u> 간다.

　　ㅁ. 선생<u>으로</u> 그럴 수 있어?

　　ㅂ. 그 사람<u>만큼</u> 컸으면 좋을 텐데.

　　ㅅ. 동생<u>이</u> {학교<u>에</u> / *학교<u>에서</u> / *학교<u>로</u>} 있다.

　　ㅇ. 동생<u>이</u> {*학교<u>에</u> / 학교<u>에서</u> / *학교<u>로</u>} 논다.

　국어의 격조사 가운데 가장 수가 많고 다양한 것은 부사격 조사이다. 부사격 조사는 주로 체언 뒤에 붙어서 부사어를 형성한다. (6ㄱ,ㄷ)에서 보듯이 '에'라고 하는 부사격 조사는 '5시에'에서처럼 '시점'을 의미하기도 하고, '학교에'에서처럼 '장소, 지향점'을 뜻하기도 한다. '로'의 경우도 (6ㄷ)의 '학교로'에서는 '방향' 의미로 사용되나, (6ㄹ)의 '지름길로'에서는 '경로' 의미로 쓰이고, 또 (6ㅁ)의 '선생으로'에서는 '자격' 의미로 사용되어 차이가 있다. 이처럼 부사격 조사는 동일한 형태의 조사가 여러 의미로 사용되는 경우가 많다.

또한 여러 형태의 조사들이 동일한 의미를 갖고 있는 경우도 있다. (6ㅂ)의 '만큼, 처럼' 같은 경우는 둘 다 '비교', 그 중에서도 '동등 비교' 의미를 갖고 있다. '위치'를 나타내는 '에, 에서' 같은 경우도 마찬가지이다. 실제로 부사격 조사의 쓰임은 후행하는 서술어의 성격에 따라 달라지는 게 일반적이다. (6ㅅ,ㅇ,ㄷ)에도 나와 있듯이, '있다'라는 서술어 앞에는 '에'가 오고, '놀다' 앞에서는 '에서'가 오고, '가다' 앞에서는 '에, 로'가 온다. '로'는 의미 차이를 쉽게 낼 수 있으나, '에'와 '에서'는 의미 차이가 쉽게 인지되지 않는다. 단지 어원적으로 '서'가 갖고 있는 '존재'의 의미가 덧붙여진 '에서'가 보다 구체적인 처소 의미를 덧붙인다는 점에서 차이를 발견할 수 있다.[1]

결국 부사격 조사와 서술어는 밀접한 관련이 있음을 확인할 수 있다. 이는 학교 문법에서 형태 차이보다는 문장에서의 의미 차이를 더 높은 상위의 기준으로 잡고 있음을 보여 주는 것이다. 대표적인 몇몇 부사격 조사와 의미를 제시하면 (7)과 같다.

---

1) '서'는 중세 국어 때에 '이시다'(有)에서 온 것으로 알려져 있다. '이시+어 > 셔 > 서'로 변했다는 것이다. '서'가 들어간, '에서'에서 '존재' 의미가 느껴지는 것은 바로 이 때문이다. 안명철(1985), 서태길(1989) 참조

(7) 부사격 조사 사용 예

순서	의미	부사격 조사	용례
ㄱ	장소	에, 에서, 으로	새들이 나무 위에서 노래를 부른다.(동작 위치) 그는 침대에 누웠다.(동작 위치, 낙착점) 그는 집에 있다.(존재 위치) 이 책은 도서관에서 가져왔다.(장소 이동, 출발점) 해가 바다에 잠겼다.(귀착) 해가 바다에서 솟아올랐다.(분리) 영현이가 학교로 간다.(방향)
ㄴ	시간	에	다섯시에 만납시다.(시점) 민수가 처음에 해라.(시간대)
ㄷ	상대	에게, 에게서, 한테, 한테서	아기가 엄마에게 안겼다.(귀착) 아기가 엄마에게서 떨어졌다.(분리) 나는 영현이한테 선물을 주었다.(귀착) 나는 영현이한테서 선물을 받았다.(분리)
ㄹ	공동	와/과	민수는 영미와 결혼했다. 우리는 적군과 싸웠다.
ㅁ	자격	으로, 으로서	영미는 민수를 남편으로 맞았다. 그는 대통령으로서 책무를 다했다.
ㅂ	도구, 수단	으로, 으로써	민수는 톱으로 나무를 잘랐다.(도구) 나는 전철로 출근한다.(수단) 그가 장렬하게 죽음으로써 부하들은 살았다.(수단)
ㅅ	이유	으로	무슨 일로 오셨나요?
ㅇ	단위	에	이 사과는 다섯 개에 얼마죠?
ㅈ	변화	으로	얼음이 물로 변했다. 그는 죽은 것으로 알려졌다.
ㅊ	비교	보다, 만큼, 처럼, 와/과	정현이는 미숙이보다 키가 크다.(차등 비교) 이 시계는 저 시계만큼 멋지다.(동등 비교) 민수는 염수와 성격이 {달라/같아}(차등·동등 비교)
ㅋ	인용	고, 라고	밥을 먹자고 엄마가 말씀하셨어.(간접 인용) "너, 공부 열심히 해."라고 말씀하셨어.(직접 인용)

(8) ㄱ. {윤주야 / 영철아}, 시장에 좀 다녀와라.

　　ㄴ. {그대여 / ²선생님이여} 저를 한 번만 봐 주세요.

ㄷ. {주여 / 주님이시여}, 저들의 기도를 들어 주소서.

(2ㅅ), (8)의 호격 조사는 '아/야, 여, 이여, 이시여' 정도로 한정된다. '아'는 자음 뒤에서, '야'는 모음 뒤에서 나타난다. '여'는 선행 체언을 높여 부를 때 사용되는데, 역시 앞에 자음이 오면 '이여', 모음이 오면 '여'로 나와 구분이 된다. '이시여'는 주로 종교적인 높임 대상 뒤에서 나타난다. '이시여' 같은 경우는 본래 서술격 조사 '이'와 주체 높임의 '-으시-', 그리고 본래 호격의 '여'가 합성된 것이다. 그러나 종교적 높임 대상이나 극존대칭 대상에게 사용될 때는 한꺼번에 사용되기 때문에 호격 조사로 인정된다.

5.2. 접속 조사

접속 조사(接續助詞)는 두 단어, 특히 두 명사를 같은 자격으로 이어 주는 구실을 하는 조사이다. 접속 조사는 앞말에 어떤 의미를 더해 주는 일 없이, 두 명사를 단지 이어 주는 기능만을 한다. 접속 조사에는 '와/과, 하고, 이랑, 이며, 이든지, 에다(가)' 등이 있다.

(9) ㄱ. 나는 사과와 {배를/^{??}배와/[*]배와를} 좋아한다.
ㄴ. 우리는 연극하고 {[?]영화를/영화하고/^{???}영화하고를} 아주 좋아해.
ㄷ. 떡이랑 {[?]과일을/과일이랑/^{???}과일이랑을} 많이 먹었어.
ㄹ. 봄이 되면 개나리{와/랑/하고} 진달래가 가장 먼저 핀다.
ㅁ. 잔칫상에는 배며 대추며 사과며 수박이며 여러 가지 과일이 차려져 있었다.
ㅂ. 밥에다 떡에다 잔뜩 먹었어.
ㅅ. 시장에 가서 콩이든지 팥이든지 사 오렴. / 철호든지 영희든지

'와/과'는 접속 조사의 대표형이라 할 만하다. '와/과'는 (9ㄱ)에서 보다 시피 두 명사 사이에서, 엄밀히 말하면 선행 명사 바로 뒤에 오는 것이 정상이다. 간혹 후행 명사 뒤에 올 수도 있으나 자연스럽지 않으며, 그럴 경우 '*배와를'에서 보듯이 '을/를'이 오기는 어렵다.

이에 비해 '하고'는 구어체에서 최근 많이 쓰이는데, 앞이든 뒤든 비교적 자유롭게 사용된다. 차라리 (9ㄴ)에서 보듯이 후행 명사 뒤에 오는 것이 더 자연스럽다. 역시 후행 명사 뒤에 '하고'를 붙이고 거기에 다시 '을/를'을 붙이는 것은 매우 어색하다. 이외에도 '이랑, 이며, 에다(가)' 등이 후행 명사 뒤에도 붙는 것이 자연스럽다. 이는 이것들이 문어체보다는 구어체에 더 잘 사용되기 때문이다. 물론 후행 명사 뒤에 이것들이 붙고 또 '을/를'을 붙이게 되면 매우 어색하게 된다. '하고'도 마찬가지다.

한편, '이랑, 이며, 이든지'에서 '이'는 생략되어 '랑, 며, 든지'로 나타나기도 한다. (9ㄹ,ㅁ)에서 이를 볼 수 있는데, 즉 자음 뒤에서는 '이랑, 이며, 이든지'가 쓰이고, 모음 뒤에서는 '랑, 며, 든지'가 사용된다. 이때 '이'를 매개 모음으로 볼 수 있는 가능성이 있긴 하지만, '으로/로' 같은 경우에 나타나는 소위 매개 모음 '으'와의 헷갈림으로 인해 그렇게 단정짓기는 어려워 보인다. 분명한 것은 기원적으로는 '잔칫상에 있는 것은 배며 대추며 사과며 수박이며' 등에서처럼 서술격 조사의 '이'와 밀접한 관련이 있었을 것이라는 점이다. 즉, 과거에는 서술격 조사이었는데, 현대 국어에서는 접속 조사로 기능한다는 말이다. 일단, '이랑, 이며, 이든지'와 '랑, 며, 든지'를 각각 이형태로 처리할 수밖에 없을 듯하다. '이랑, 이며'는 나열(또는 순접) 접속 조사이고, '이든지'는 선택(또는 이접) 접속 조사라는 차이가 있다.

    (10) ㄱ. 나는 사과<u>와</u> 배를 좋아한다.

         ㄴ. 사과<u>와</u> 배는 다르다.

ㄷ. 배는 사과와 다르다.
ㄹ. 나는 영희를 철수와 좋아한다.
ㅁ. 나는 철수와 영희를 좋아한다.

한편, 접속 조사는 부사격 조사와 혼동되는 경우가 있다. (10ㄱ,ㄴ)의 경우 '와'는 분명히 사과와 배를 대등하게 이어 주는 접속 조사라고 할 수 있다. 이에 비해 (10ㄷ,ㄹ)의 '와'는 비교(또는 공동) 부사격 조사라고 일반적으로 말할 수 있을 것이다. 그러나 (10ㅁ) 같은 경우는 '와'가 철수와 영희를 대등하게 이어 주는 접속 조사인지, 아니면 '철수와'의 '와'가 비교 부사격 조사인지 단언하기가 어렵다. 이는 대개 문맥을 통해서 확인할 수 있을 것이며, 아니면 어디를 끊어 읽느냐는 휴지 차이, 또는 억양 차이로 그 성격을 알 수 있을 것이다. (10ㄱ,ㄴ)과 (10ㄷ,ㄹ)의 '와'를 동일하게 공동 부사격 조사로 처리하는 견해가 있기는 하지만, 그것보다는 이 둘의 문법 범주적 성격 차이를 두는 것이 타당하리라 본다. 물론 (10ㅁ) 같은 경우는 표면적으로는 '와'가 접속 조사로 파악되나, 문맥 등에 따라서는 부사격 조사로도 파악되는 중의적인 성격을 갖고 있다고 해야 할 것이다.

5.3. 보조사

조사 가운데 보조사는 격조사나 접속 조사와 다른 성격을 갖고 있다. 격조사와 접속 조사가 문법적 관계를 표시한다는 점에 비해서 보조사는 앞말에 특별한 뜻을 더하여 주기 때문이다.[2] 앞의 조사들이 주로 체언 뒤에 붙는 것이 일반적인 특성임에 비해서, 보조사는 체언 뒤에는 물론이고 동

---

[2] 화용론적 차원에서 볼 때 보조사도 일정한 대상과의 관계를 표시하는 문법 범주라고 말할 수 있다. 예컨대, "꽃이 색깔은 매우 곱다."라는 문장에서 '은' 보조사는 색깔 아닌 다른 면과의 관계를 나타낸다고 말할 수 있기 때문이다. 이관규(1999ㄷ) 참조.

사, 형용사, 부사나 심지어는 문장 뒤에도 붙는다는 분포적 특징이 있다.

(11) ㄱ. 소설만 읽지 말고 시도 읽어라.
　　　인생은 짧고, 예술은 길다.
　　ㄴ. 굉장히는 아니지만 그래도 오늘 잘 했다.
　　ㄷ. 영희가 예뻐서만은 아니고 성격도 좋기 때문이다.
　　ㄹ. 그가 갔네그려. 그가 갔다마는. 그가 갔구먼그래.
　　ㅁ. 오늘은요, 학교에서 재미있는 노래를 배웠어요.
　　ㅂ. *새요 옷이 멋져요.

(11ㄱ)에서 '만'은 앞말에 '한정'의 뜻을, '도'는 '역시'의 뜻을, '은'은 '대조'의 뜻을 더하여 준다. 그런데 보조사는 '소설, 인생' 같은 체언뿐이 아니라, '굉장히'와 같은 부사, '예뻐서' 같은 용언 뒤에도 나타난다. (11ㅂ)에서 보듯이 관형사 뒤에는 보조사가 나올 수 없다.

보조사는 분포 양상에 따라 구분할 수도 있다. (11ㄱ~ㄷ)에서처럼 한 성분에만 붙는 성분 보조사, (11ㄹ)의 '그려, 마는, 그래'처럼 문장의 끝에만 붙는 종결 보조사, (11ㅁ)의 '요'와 같이 어절 성분이나 문장의 끝에 결합하는 통용 보조사로 나눈다.

(12) ㄱ. 귤은 노랗다.
　　ㄴ. 귤은 까서 먹고 배는 깎아서 먹는다.
　　ㄷ. 아픈 그가 감은 깎아서 먹어야 하는데.
　　ㄹ. 귤이 노랗다.

보조사 논의에서 헷갈리는 것이 있다. (12ㄴ)의 '은/는'은 분명히 대조를 나타내는 보조사로 쉽게 파악되는데, (12ㄱ)의 '은'은 보조사인지 주격 조사인지 헷갈린다는 것이다. 사실 (12ㄱ)에서 '은'은 문장 맨 앞의 주어 자리에 쓰여 문장의 주제를 표시하고 있다. 즉, 이때의 '은'은 주어가 문장에서 설명 내지 언급되는 대상이 되는 부분, 곧 주제가 됨을 가리킨다. 주제가 된다는 것은 그것이 주제어 기능을 한다는 것을 뜻한다. 분명한 것은 이때의 '은'이 주격 조사는 아니라는 사실이다. 흔히들 (12ㄱ)의 '은'이 주제어 표지라고 하지만, 이것 역시 '은/는' 보조사가 지니는 대조 의미 범주를 벗어나는 것은 아니다.

'이/가'를 사용한 (12ㄹ)을 보면 이런 사실을 알 수 있다. (12ㄱ)에서는 '귤은'이 구정보(舊情報)를 뜻하고 있음에 비해서, (12ㄹ)의 '귤이'는 신정보(新情報)를 나타내고 있다.3) 이때 구정보 표시를 하는 '은'은 다른 것들과 차이 나는, 즉 대조되는 항목에 붙어 있음을 알 수 있다. (12ㄴ)처럼 '은/는'이 붙은 항목이 두 개 제시된 것은 아니지만 (12ㄷ)의 목적어로서의 '감은'은 역시 다른 것과 대조되고 있다는 뜻을 보이고 있다. 주제어를 흔히 문두에 위치한 성분이라고 말을 하지만, 위치 문제는 중요하지 않다는 것을 알 수 있다.

요컨대, '은/는'은 주어 위치든 목적어 위치든 모두 대조 의미를 갖고 있는 보조사임을 알 수 있다. 단, '은/는'과 '이/가'의 구정보 · 신정보 논의는 다른 정보를 염두에 두는 화용론적 차원의 것임이 분명하다.

(13) ㄱ. 브루터스 너마저!
    너마저 나를 떠나는구나.
    노인과 아이들마저 전쟁에 동원되고 있다.
  ㄴ. 브루터스 너조차!
    너조차 가지 않겠다는 것이냐?
    그렇게 공부만 하던 철수조차 시험에 떨어졌다.
  ㄷ. 브루터스 너까지!
    너까지 나를 못 믿겠니?
    이 작은 시골에서 장관까지 나오다니.

---

3) 이런 점에서 보면 '이/가'도 새로운 사실을 뜻하는 보조사라고 볼 수도 있다. '본래가 말이야' 같은 언어 표현에서 '가'는 주격 조사가 아니라 보조사로 사용된 것이 분명하다.

ㄹ. 브루터스 너도!

　　시간이 없어 세수도 못 하고 왔네.

　　나도 이제는 늙었나 보다.

(13)은 '역시'의 뜻을 갖고 있는 '마저, 조차, 까지, 도'가 보이는 미묘한 의미 차이를 드러내는 용례이다. 이것들은 사실 사전적 정의로 모두 '이미 어떤 것이 포함되고 그 위에 더함'이라는 기본적인 뜻을 가지고 있으나, 약간씩 의미 차이는 있다. 이들 네 가지 보조사는 서로 교체되어 쓰일 수 있지만, 어느 한 보조사만 사용될 수 있는 특정한 상황이 있을 수 있다. '마저'는 이미 어떤 것이 포함되고 그 위에 더함의 뜻을 나타내는 보조사로, 하나 남은 마지막임을 뜻한다. '조차'는 공통적인 의미 외에 일반적으로 예상하기 어려운 극단의 경우까지 양보하여 포함함을 나타낸다. '까지'는 공통적인 의미 외에, 그것이 극단적인 경우를 나타내는 보조사이고, '도'는 공통적인 의미 외에 극단적인 경우까지 양보하여, 다른 경우에는 더 말할 것도 없이 그러하다는 뜻을 나타낸다. 결국 이들이 갖는 '역시' 의미의 정도성은 '마저 > 조차 > 까지 > 도'로 순서대로 제시해 볼 수 있을 것이다.

따라서 (13)의 '브루터스 너{마저/조차/까지/도}!' 류에 있어서 가장 적절한 보조사가 어느 것인지는 대략 추정해 볼 수 있을 것이다. '다른 사람은 모두 나를 배신할 수 있어도, 브루터스만은 절대로 그럴 사람이 아니다.'라는 카사르의 믿음이 깨지는 상황이므로 가장 적절한 보조사 '마저'를 선택할 수 있는 것이다. 브루터스가 카사르를 배신한 사건이 여러 가지 가능한 상황 중 가장 극단적이라는 의미보다는, 배신할 수 있는 사람들 중 가장 최후의 사람마저 결국 배신했다는 의미가 더 크기 때문이다. 즉, '조차'나 '까지', '도' 등이 갖는 '극단성' 의미보다는 '마저'가 갖는 '마지막, 최종' 의미가 이 상황에서는 더 적절하다. 이처럼 보조사는 매우 미묘한 의미 차이를 나타내는 것이므로 신중히 사용할 필요가 있다.

⊖ 더 살펴보기

고영근·구본관(2008), 고창수(1986), 김귀화(1994), 김민수(1971), 김승곤(1992),
김진수(1987), 김진호(2000), 남기심(1993), 남길임(2001), 성광수(1979, 1999ㄱ),
시정곤(1992), 안명철(1985), 양정석(2001ㄴ), 유동석(1990), 이관규(1999ㄷ), 이광정(1994),
이광호(1988, 2001), 이남덕(1963), 이남순(1998ㄱ, ㄷ), 이선희(1999), 임동훈(2003),
채완(1990, 1998), 최현배(1937), 하길종(1997), 한국어학회(1999), 홍사만(2002),
홍윤표(1990), 황화상(2003)

➡ 제6장 용언

체언은 주어의 역할을 하며, 용언은 서술어의 역할을 한다. 물론 학교 문법 차원에서 볼 때, '동사, 형용사, X+이다'가 서술어 역할을 한다. 그런데 'X+이다' 구성에서 '이다'가 서술격 조사로 분류되기 때문에, 동사와 형용사가 문장의 주어를 서술하는 대표적인 것이 된다. 이런 의미에서 동사와 형용사를 용언(用言)이라고 한다. 제6장에서는 동사와 형용사를 집중적으로 살펴보도록 한다.

6.1. 동사의 종류와 특성

동사(動詞)는 주어의 어떤 움직임이나 작용을 나타내는 단어이다. 동사에는 '뛰다, 걷다, 가다, 놀다, 살다'처럼 움직임이 그 주어에만 관련되는 자동사가 있고, '잡다, 누르다, 건지다, 태우다'처럼 움직임이 다른 대상, 즉 목적어에까지 영향을 미치는 타동사가 있다.

    (1) ㄱ. 친구들과 개나리꽃이 <u>흐드러지게 핀</u> 교정에서 사진을 **찍었어.**
        ㄴ. 위 글에 <u>나오는</u> 용언을 모두 **찾아보자.**

ㄷ. 동사, 형용사를 **구별하는** 기준을 **조사하여** 위 용언들을 동사와
　　형용사로 **구별하여** <u>보자</u>.

ㄹ. 바람이 분다. / 철수가 피리를 분다.

ㅁ. 돌이 움직였다. / 철수가 돌을 움직였다.

ㅂ. 철수가 운동장에서 논다. / 철수가 윷을 논다.

ㅅ. 모자를 쓰다[관(冠)]. / 방명록에 이름을 쓰다[서(書)]. / 맛이 쓰다
　　[고(苦)].

　(1ㄱ,ㄴ)에서 밑줄 친 '흐드러지다, 피다, 나오다'는 모두 자동사이다.
이것들은 각각 '개나리꽃이 (핀 모습이) 흐드러지다 ; 개나리꽃이 피었다 ;
용언이 위 글에 나오다'라는 문장에서 사용되고 있어, 결국 필수 성분인
주어의 작용을 나타내고 있다. (1ㄱ~ㄷ)에서 진한 글씨로 된 '찍다, 찾아
보다, 구별하다, 조사하다'는 모두 움직임이 다른 대상, 즉 목적어에 영향
을 미치는 타동사들이다. 다시 말하면, 타동사와 자동사를 구분하는 기준
이 목적어 유무라는 것이다.

　한편, (1ㄷ) 맨 끝에 쓰인 보조 용언 '보다'는 앞의 '구별하다'가 동사이
어서 동사로 인정은 될 수 있으나, 그것이 과연 타동사라고 말할 수 있을
지는 단정 짓기 어렵다. 일반적으로 보조 용언은 서술어가 요구하는 다른
필수 성분과는 상관없다고 알려져 있기 때문이다. 즉 '보다'가 일반적으로
는 '책을 보다'에서 보듯이 목적어를 요구하는 타동사이긴 하지만, 보조
용언으로 쓰인 '보다'는 단지 '시도'라는 화자의 심리 상태를 나타내는 표
현이라는 점에서 보면 자동사·타동사 구분을 하기는 어렵다는 것이다.[1]

---

[1] 일반적으로 보조 용언은 문장의 논항 구조에는 영향을 끼치지 않는 것으로 알려져 있다.
단, '주다'와 '싶다'는 다음 예에서 보듯이 일정한 역할을 하는 예외성을 띠고 있다. (ㄱ)
에서는 보조 용언 '주다' 때문에 '영희에게'가 가능하고 (ㄴ)에서는 보조 용언 '싶다' 때
문에 '밥이'가 가능한 것이다. 이에 대한 구체적인 논의는 이관규(1998) 참조.
　ㄱ. 나는 영희에게 그 일을 해 주었다.
　ㄴ. 나는 밥이 먹고 싶다.

자동사·타동사 구분에서 어려운 문제는 자동사로도 쓰이고 타동사로도 쓰이는 동사가 있다는 점이다. (1ㄹ~ㅂ)에서 '불다, 움직이다, 놀다'는 자동사와 타동사 양쪽에 쓰이고 있다. 첫째, 이런 동사들을 동음 이의어로 처리하여 형태는 같지만 의미는 다르다고 하면서, 소위 품사의 통용 차원에서 접근해 보는 방법을 생각해 볼 수 있다. 그러나 그러기에는 자동사·타동사에 쓰인 '불다, 움직이다, 놀다'는 각각 의미의 관련성이 매우 높다. 둘째, 자동사 '불다, 움직이다, 놀다'가 기본형이고 여기에 타동사화 영형태 접미사가 붙는다고 주장할 수도 있다. 이론적인 차원에서 이는 설득력이 있다. 물론 타동사를 기본형으로 하고 자동사가 파생형이라고 말할 수도 있기는 하다. 셋째, 있는 사실 그대로 인정하여 '불다, 움직이다, 놀다'를 소위 중립 동사라는 특이한 동사류로 설정하는 방법이 있다. 이럴 경우, 동사를 자동사와 타동사 두 유형 외에 제3의 유형, 즉 중립 동사라는 것을 설정해야 하는 문제점이 있다.

국어 사전을 염두에 두고 보면, 자동사와 타동사 양쪽에 쓰이는 동사들에 대해서 하나의 표제어를 설정하는 입장과 서로 다른 표제어를 설정하는 입장으로 나누어 생각해 볼 수 있다. 먼저 전자의 경우를 생각해 보자. 이는 형태의 동일성과 의미의 관련성을 일단 인정하는 것이라 할 수 있다. 그러나 후자의 경우는 서로 형태는 같지만 성격이 다르다는 점을 보인 것이다. 즉 동음 이의어로 처리하는 방법이다. (1ㅅ)에서 사용된 '쓰다'와 같이 형태는 같지만 완전히 다른 의미를 갖고 있기 때문에, 동음 이의어 차원에서 '불다, 움직이다, 놀다'를 국어 사전에 각각 다른 표제어로 올린다는 것이다. 중립 동사로 처리하는 방법은 사실 자동사와 타동사로 쓰이는 동사들에 대한 파악으로 인식해야 할 것이다. 그러나 중립 동사를 자동사·타동사처럼 하나의 문법 범주를 나타내는 용어로 사용하기에는 어려움이 있다. 이왕 학교 문법에서 품사의 통용을 받아들이는 입장을 견지한다고 하면, '자·타동사의 통용'이라는 차원에서 이해를 해야 할 것이고, 이는 곧 동음 이의어 처리 방법이라고 할 수 있다.

동사를 분류할 때, 사람의 움직임이냐 자연의 움직임이냐 하여 동작 동사와 작용 동사로 나누는 방법도 있다. 동작 동사는 사람의 의지가 개입될 수 있는 동사이고, 작용 동사는 사람의 의지대로 할 수 없고 단지 자연의 섭리 차원에서만 움직임이 있는 동사를 지칭한다.

> (2) ㄱ. 빨리 달려라. / 이것 좀 먹어.
> ㄴ. *비야 좀 그쳐라. / 야, 너 울음 좀 그쳐라. / *야 좀 예뻐져라.
> ㄷ. ???해야 솟아라. <박두진 '해'>

(2ㄱ)에 쓰인 '달리다, 먹다'는 사람의 의지대로 움직일 수 있는 동작 동사이지만, (2ㄴ)에 쓰인 '그치다, 예뻐지다'는 사람이 하고 싶다고 할 수 있는 게 아니다. 물론 '야, 너 울음 좀 그만 그쳐라.'라는 문장에서는 '그치다'가 자연의 작용이 아닌 사람의 움직임을 나타낸 것이라 할 수 있다. '예뻐지다' 같은 경우는 언제나 사람의 의지가 개입할 수 없으나 '그치다' 같은 경우는 문장에서의 쓰임에 따라서 의지가 들어갈 수도 있다는 것이다. 한편, (2ㄷ)에 쓰인 '솟다' 같은 경우는 언제나 자연의 작용에만 사용되는 작용 동사이다. (2ㄷ)이 용납될 수 있는 듯이 보이기는 하나, 이는 문학 작품에서 사용되는 특이한 표현일 뿐이다. 즉 시적 허용이라는 수사적 표현이라는 것이다.

6.2. 형용사의 종류와 특성

형용사(形容詞)는 주어의 성질이나 상태를 나타내는 단어이다.

> (3) ㄱ. 향기로운 냄새가 코끝에 다가온다.

ㄴ. 밤바다가 아주 <u>고요하다</u>.

ㄷ. 이것은 <u>이러하고</u> 저것은 <u>저러하다</u>고 말하니……

형용사에는 '달다, 예쁘다, 향기롭다, 고요하다'처럼 성질이나 상태를 나타내는 성상 형용사, '이러하다, 그러하다, 저러하다'처럼 지시성을 나타내는 지시 형용사가 있다. (3ㄱ)의 '향기롭다'는 냄새의 성질을, (3ㄴ)의 '고요하다'는 밤바다의 상태를 나타내는 성상 형용사이다. (3ㄷ)의 '이러하다, 저러하다'는 지시 형용사이다.

(4) ㄱ. 신부가 참 <u>젊다</u>.

   cf. 그런데 신랑은 꽤 <u>늙었다</u>. / 스트레스를 받으면 빨리 <u>늙는다</u>.

ㄴ. 잘 봐. 뭐가 <u>있지</u>? 아무것도 <u>없어</u>.

ㄷ. 우리가 본 것은 실물이 <u>아니고</u> 환상이었다.

ㄹ. 대기 중에 <u>충만한</u> 봄내음, 친구들과의 악의 <u>없는</u> 농지거리, 벌들의 잉잉거림까지 현장에 <u>있는</u> 것과 다름없이 느끼게 해 준다.

ㅁ. 졸업식 때 찍은 사진에선 얼굴에 살짝 돋은 소름, <u>분주하게</u> 돌아다니느라 가빠진 숨결, 빨리 <u>맛있는</u> 거나 먹으러 가고 <u>싶은</u> 왕성한 식욕, 추위와 가족들의 만족감이 자아내는 <u>묘한</u> 축제의 분위기를 눈앞에 또렷이 보고 느낀다.

또한, (4ㄱ)의 '젊다'는 분명히 상태를 나타내는 성상 형용사이다. 그러나 '늙다'는 작용을 나타내는 동사이다. '스트레스를 받으면 빨리 늙는다.'가 가능한 이유가 그것이다. 사람은 태어나서 항상 늙어 가는 존재이기 때문이다. (4ㄴ)의 '있다, 없다'도 일단 있는 상태, 없는 상태를 나타낸다는 점에서 성상 형용사에 속한다고 할 수 있다. 또한 (4ㄷ)의 '아니다'는 상태를 나타내는 성상 형용사이다. (4ㄹ)의 '충만하다, 없다, 있다'나 (4ㅁ)의 '분주하다, 맛있다, 왕성하다, 묘하다' 등도 모두 상태를 나타내는 성상 형용사에 속한다. '싶다'는 보조 용언으로만 사용되는데, 항상 성상 형용사로 존재한다.

> (5) ㄱ. 나는 호랑이가 <u>두렵다.</u>
> ㄴ. 나는 영희가 <u>좋아.</u>
> ㄷ. 그는 배가 몹시 <u>고파</u> 손에 들고 있는 고구마를 깨물어 먹으면서
> 갔다.
> ㄹ. 바닥에 물이 <u>흥건하다.</u>
> ㅁ. 온 몸이 진땀으로 <u>축축했다.</u>

형용사는 주관성을 띠느냐 객관성을 띠느냐에 따라서 주관 형용사와 객관 형용사로 나뉘기도 한다. 주관 형용사는 주어의 개인적인 판단이나 심리 상태를 나타내는 것이며, 객관 형용사는 주체에 대한 객관적인 기술을 하는 것이다. 아래 (5ㄱ~ㄷ)의 '두렵다, 좋다, 고프다' 같은 형용사가 주관 형용사이며, (5ㄹ,ㅁ)의 '흥건하다, 축축하다' 같은 형용사가 객관 형용사이다.[2]

형용사 논의는 주로 형용사 구문과 관련하여 많이 된다. 이때 심리 형용사와 감각 형용사가 많이 언급되곤 하는데, (5ㄱ,ㄴ)의 '두렵다, 좋다'나 '싫다, 슬프다, 기쁘다' 등이 심리 상태를 나타내는 심리 형용사, (5ㄷ)의 '고프다'나 '간지럽다, 더부룩하다, 아프다, 어지럽다, 달다, 차다' 등 감각을 나타내는 형용사가 감각 형용사이다. 심리 형용사는 '두려워하다, 싫어하다, 좋아하다, 슬퍼하다, 기뻐하다'에서처럼 어간에 '-어하다'가 붙어 동

---

2) 유현경(1998 : 55)에서는 큰 제약 없이 사용되는 일반 형용사와 제약이 있는 제약 형용사로 나누고 있다. 일반 형용사는 주어의 의미역에 따라 크게 주관 형용사와 객관 형용사로 나누고 있는데, 전자는 주어 의미역이 경험주인 경우인 심리 형용사, 감각 형용사, 판단 형용사로 나누고, 후자는 주어 의미역이 대상/처소인 성상 형용사, 장소교차 형용사, 대칭 형용사, 기준 형용사, 소유 형용사, 소재 형용사, 가능 형용사, 대응 형용사, 태도 형용사로 나누고 있다. 제약 형용사는 자신의 논항 자리에 반드시 보문이 와야 하는 보문 형용사와 활용형에 제약을 갖는 불구 형용사로 나누고 있다. 전자는 통사적 제약, 후자는 형태적 제약을 보이고 있다고 할 만하다.

사로 변할 수 있음에 비해서, 감각 형용사는 '*고파하다, *???간지러워하다, *???더부룩해하다, *???아파하다, *???어지러워하다, *달아하다, *차하다'처럼 어간에 '-어하다'가 올 수 없는 차이가 있다(왕문용 · 민현식 1993 : 156 참조).

6.3. 동사와 형용사의 변별 기준

용언에 속하는 동사와 형용사는 그 명칭이 다른 것처럼 의미적 · 통사적 특성이 다르다. 용언은 아니지만 서술어를 이루는 소위 서술격 조사 '이다'는 대개 형용사와 동일한 특성을 보인다.

> (6) ㄱ. 그는 자리에서 일어난다.
> ㄴ. 피가 솟는다.
> ㄷ. 과일은 대부분 맛이 달다.
> ㄹ. 꽃이 매우 아름답다.
> ㅁ. 그는 학생이다.

첫째, 의미적으로 동사는 주어의 동작이나 작용을, 형용사는 성질이나 상태를 나타낸다. (6ㄱ) '일어나다'는 유정 명사인 '그'의 동작을, (6ㄴ) '솟다'는 무정 명사인 '피'의 작용(과정)을 나타내는 동사이다. (6ㄷ) '달다'는 '맛'의 성질을, (6ㄹ)의 '아름답다'는 '상태'를 나타낸다. 서술격 조사 '이다'는 선행하는 '학생'을 지정하는 상태를 나타낸다.

> (7) ㄱ. 그는 자리에서 일어난다.
> ㄴ. 꽃이 매우 {아름답다. / *아름답는다.}
> ㄷ. 그는 {학생이다. / *학생인다.}
> ㄹ. 순희는 집에 {없다. / *없는다.}
> ㅁ. 철수는 집에 {있다. / 있는다.}

둘째, 통사적으로 기본형에 현재 시제 선어말 어미 '-는-/-ㄴ-'을 넣을
수 있으면 동사, 넣을 수 없으면 형용사이다. 이것은 동사와 형용사를 나
누는 가장 구체적인 통사적 변별 기준이라고 할 수 있다. (7ㄱ) 동사 '일
어난다'는 가능하나, (7ㄴ,ㄹ) 형용사 '*아름답는다, *없는다'는 불가능하
다. (7ㄷ) 서술격 조사가 쓰인 '*학생인다'도 불가능하다. (7ㅁ)에서 '있다'
는 집에 있는 상태 의미와 집에 있는 과정이라는 의미가 상존하는 양상을
보인다. 전자일 경우는 '있다₁'로 형용사, 후자일 경우는 '있다₂'로 동사로
처리됨직하다.

> (8) ㄱ. 산을 {보는 / !본} 나 3)
> ㄴ. {솟는 / !솟은} 피
> ㄷ. 맛이 {*달는 / 단 / !달던} 과일
> ㄹ. 매우 {*아름답는 / 아름다운 / !아름답던} 꽃
> ㅁ. 바로 {*한글날이는 / 한글날인 / !한글날이던} 오늘
> ㅂ. 집에 {있는 / !있은} 철수 / 있는 사람이 더 해.
> ㅅ. 집에 {없는 / !없은} 철수 / 없는 사람이 얼마나 힘든데.

셋째, 용언 어간에 관형사형 어미 '-는'과 결합할 수 있으면 동사이고,
결합할 수 없으면 형용사이다. (8ㄱ)의 '보는'과 (8ㄴ)의 '솟는'은 현재를
나타내는 관형사형이고, '본'과 '솟은'은 과거를 나타내는 관형사형으로,
'보다, 솟다'는 동사이다. 이에 비해 (8ㄷ)의 '*달는', (8ㄹ)의 '*아름답는'은
성립이 되지 않고, 대신 '단', '아름다운'이 관형사형 어미 '-은'을 취하여
형용사로 판단된다. 과거를 나타내려면 '달던', '아름답던'처럼 '-은'이 아
닌 '-던'을 사용하게 된다. 서술격 조사 '이다'도 (8ㅁ)의 '*한글날이는'이
안 되고 '한글날인'이 성립되며, 과거를 나타내기 위해서 '한글날이던'에

---

3) 느낌표(!)는 잘못된 표현은 아니나, 문맥상 설명하고자 하는 표현이 아니라는 뜻이다. 이
   하 마찬가지. (8)에서는 본래 현재를 나타내는 관형사형 어미를 설명하고자 한 것인데,
   느낌표(!) 있는 것들은 과거를 나타내고 있어 차이를 보인다.

서처럼 '던'을 사용하는 것은 형용사와 마찬가지이다. 예외적으로, 형용사이면서도 '있다, 없다'는 현재 관형사형 어미 '-는'이 붙고, 과거 관형사형 어미 '-은'이 붙어 (8ㅂ,ㅅ)처럼 사용된다.4)

    (9) ㄱ. 철수는 영희를 <u>때리려</u> 한다.
        ㄴ. 김씨는 공책을 <u>사러</u> 나간다.
        ㄷ. *해가 <u>솟으려</u> 기를 쓴다.
        ㄹ. *해가 <u>나러</u> 한다.
        ㅁ. *영자는 <u>아름다우려</u> 화장을 한다.
        ㅂ. *영자는 <u>예쁘러</u> 화장을 한다.
        ㅅ. 철수가 {*<u>학생이려</u> / *<u>학생이러</u>} 한다.

넷째, 의도를 뜻하는 어미 '-려'나 목적을 뜻하는 어미 '-러'와 함께 쓰일 수 있으면 동사, 그렇지 못하면 형용사인 경우가 많다. '-려, -러'는 형용사에서 사용되지 못하는 것은 당연하고, 동사 가운데서 자연의 움직임을 나타내는 작용 동사에서도 사용되지 않는다. 즉 (9ㄱ,ㄴ)의 '때리다, 사다' 같이 의지적인 움직임을 나타낼 수 있는 동작 동사에서는 '-려, -러'가 사용 가능하지만, (9ㄷ,ㄹ)의 '솟다, 나다'와 같이 의지적으로 할 수 없는 자연의 움직임을 나타내는 작용 동사에서는 '-려, -러'가 사용되지 않는다. (9ㅁ,ㅂ)의 '아름답다, 예쁘다'에서처럼 성질이나 상태를 나타내는 형용사에서 '-려, -러'가 사용되지 못하는 것은 당연하다. (9ㅅ) '학생이

---

4) 표준국어대사전에 따르면 본래 '있다'는 동사와 형용사 두 가지 용법이 있다. 다음은 동사로서의 '있다'를 뜻풀이 한 것이다. 예컨대 '집에 있어. 집에 있게 해라.'에서 '있다'는 동사로 사용된 것이라는 말이다.
    [1] 【…에】
      「1」 사람이나 동물이 어느 곳에서 떠나거나 벗어나지 아니하고 머물다.
      「2」 사람이 어떤 직장에 계속 다니다.
      [2] 【-게】 (('-게' 대신에 '-이/히' 부사 따위나 다른 부사어가 쓰이기도 한다))
        사람이나 동물이 어떤 상태를 계속 유지하다.
      [3] 얼마의 시간이 경과하다.

다'와 같은 '이다' 형도 '-려, -러'가 사용될 수 없다. 자연의 움직임과 성질이나 상태를 나타내는 서술 표현에서는 의도나 목적을 담은 '-려, -러'가 사용되지 못한다는 것이다.

> (10) ㄱ. 철수야, 밥을 먹어라.
>
> ㄴ. 우리 심심한데 수수께끼 놀이나 하자.
>
> ㄷ. *!해야, 솟아라.
>
> ㄹ. *해야, 솟자.
>
> ㅁ. *영자야 오늘부터 착해라.
>
> ㅂ. *말자야, 우리 오늘부터 성실하자.
>
> ㅅ. 철수야, {*학생이어라. / *학생이자.}

다섯째, 동사는 명령형 어미 '-어라/-아라'와 청유형 어미 '-자'와 결합할 수 있는데 비해, 형용사는 이러한 어미와 결합할 수 없는 경우가 많다. 이 기준도 주체의 의지가 들어가야 하기 때문에 자연의 움직임을 나타내는 작용 동사에서는 사용될 수 없다. (10ㄱ,ㄴ)의 '먹어라, 하자'에서 보듯이 의지적으로 할 수 있는 동작 동사에서는 '-어라, -자'가 사용되고, (10ㄷ,ㄹ)의 *솟아라, *솟자'에서 보듯이 의지적으로 할 수 없는 작용 동사에서는 사용되지 않는다. 역시 의지적으로 할 수 없는 형용사에서는 (10ㅁ, ㅂ)에서 보듯이 '-어라, -자'가 사용될 수가 없다. (10ㅅ)에서 보듯이, 서술격 조사 '이다'가 붙은 표현에서도 명령형 어미 '-어라'와 청유형 어미 '-자'가 오지 못하는 것은 물론이다.[5]

---

5) '있다'와 '없다'는 현행 학교 문법에서 형용사로 분류되어 있다. 그런데, 이것들은 의문형에서는 '있느냐, 없느냐'가 가능하여 동사와 같은 활용 양상을 보이며, 감탄형에서는 '있구나, 없구나' 하여 형용사와 같은 활용 양상을 보인다. 평서형에서는 형용사와 특성이 같고(예 : 있는다, *없는다), 관형사형에서는 동사와 특성이 같다(예 : 있는, 없는). 최근 '있다'는 '있는다' 사용이 가능하기도 해 점점 동사적 특성이 부각되기도 하며, '없다'는 형용사적 특성이 그대로 강하게 나타난다. 이는 '있다'가 '있어라, 있자'에서 보듯이 명령형과 청유형이 가능하고, '없다'는 *없어라, *없자'가 불가능한 데서도 확인할 수 있다.

6.4. 보조 용언

용언 중에는 혼자서 쓰이지 못하고 반드시 다른 용언의 뒤에 붙어서 의미를 더하여 주는 것이 있다. 이를 보조 용언(補助用言)이라고 한다. 이는 홀로 쓰일 수 있는 본용언(本用言)과 대비된다.

> (11) ㄱ. 이 소리를 한번 들어 보아라.
> ㄴ. 나는 그를 기쁘게 해 주려고 어느 때보다도 열심히 공부했다.
> ㄷ. 오늘은 날씨가 {춥지 않다. / *춥지 않는다.}
> ㄹ. 나도 좋은 시를 많이 읽고 싶다.
> ㅁ. 다음 중 맞지 {않는 것은? / '않은 것은?}

보조 용언은 기본적으로는 본용언을 보조한다는 차원에서 사용된 용어이나, 실제로는 선행 어미와 함께 화자의 심리적 상태를 표현하는 것이 일반적이다. 화자의 심리적 상태를 표현한다는 것은 그 의미가 본동사로 쓰였을 때와는 차이가 있어 추상화된 의미 특성을 띤다는 것을 뜻한다. (11)에서는 보조 용언 '보다, 하다, 주다, 않다, 싶다'가 연결 어미 '-어/-아, -게, -지, -고'와 함께 나타난 양상을 보인 것인데, 각각 '시도, 사동, 봉사, 부정, 희망'이라는 의미를 띠고 있다.

> (12) ㄱ. 이 소리를 한번 들어 보아라.
> ㄴ. *이 소리를 한번 보아라.
> ㄷ. *이 소리를 들어서 보아라. / *소리를 들어 많이 보아라.
> ㄹ. *이 소리를 들어 그래라. / 이 소리를 그래 보아라.

'있다'와 '없다'의 이런 형태적 특성 때문에, 의미적인 차원에서 따로 '존재사'라 하여 품사를 설정하기도 했던 것이다(최현배 1937).

ㅁ. 물구멍을 하나만 만들면 그냥 얼어 버리기 때문에 숨구멍을 서
너 군데 만들어 놓으면 공기가 통해 잘 얼지 않는다.
cf. *얼어서 버리기 / 만들어서 놓으면

이처럼 의미적으로 보조 용언은 화자의 심리적 상태를 나타내는 표현
이라는 특성을 갖고 있으며, 통사적으로는 자립성이 없을 뿐만 아니라(12
ㄴ), 선행 어미의 뒤에서 '서'를 용납하지 않고, 본용언과의 사이에 다른
문장 성분을 용납하지도 않는다(12ㄷ). 또한 통사적으로 용언을 대신하는
대용언(代用言) 표현도 불가능하다. 이는 본용언이 대용언 표현으로 가능한
것과 대비된다(12ㄹ). (12ㅁ)에서도 보조 용언 '버리다' 앞에는 '서'나 다른
문장 성분이 올 수 없다. 이에 비해 본용언 '만들어'와 '놓다' 사이에는
'서'나 다른 문장 성분이 들어갈 수 있다(12ㅁ).6)

(13) ㄱ. 텔레비전을 보다 보니 어느 새 자정이 되었다.
ㄴ. 우선 얼굴부터 보고 보자.
ㄷ. 내가 그런 시시한 영화를 볼까 보냐?
ㄹ. 그 편지를 누가 볼까 봐 그러니?

(13)은 보조 용언 '보다'가 동일한 모습인 본용언 '보다' 뒤에서 나타난
양상을 보인 것이다. 특히 '-다, -ㄹ까'와 같은 종결 어미 뒤에서도 보조
용언이 나타날 수 있음을 보이고 있다. (13ㄱ,ㄴ)의 '보다'는 보조 동사로
쓰인 것인데, 구체적인 동작이 전제된 '시도(해보기), 시행'의 뜻을 지니고
있으며, 이와 함께 '동작의 결과에 대한 확인이나 지각, 경험의 뜻'도 담

---

6) '서'는 선행 연결 어미 '-어/-아, -고' 뒤에만 나타난다는 전제가 되어 있다. 왜냐하면 어
미 '-게, -지' 뒤에는 형태론적으로 나타나는 용례가 없기 때문이다. '서'의 문법 범주에
대해서는 많은 이론(異論)이 있을 수 있다. '-어서, -고서'라는 연결 어미의 일부로서의
'서'로 볼 것이냐, 아니면 보조사 '서'로 볼 것이냐 등 논란이 있을 수 있다. 필자는 일단
전자의 입장을 견지하도록 한다. 즉, '-어/-아'와 '-어서/-아서', 그리고 '-고'와 '-고서'
를 각각 이형태로 보겠다는 것이다.

고 있다. (13ㄷ,ㄹ)의 '보다'는 보조 형용사로 쓰인 것인데, 선행 동사의 동작이나 상태에 대하여 화자가 추정하는 뜻을 가지고 있다. 이처럼 이들도 다른 보조 용언과 같이 화자의 심리적 상태라는 추상적 의미를 띠고 있으며, 자립성이 없는 특징을 지니고 있다.7)

한편, 보조 용언도 본용언처럼 보조 동사와 보조 형용사로 나뉘는데, 일차적으로는 선행 본용언의 품사에 따라서 구분된다. (12ㅁ)에서 보조 용언 '않다'가 '않는다' 형태가 가능한 것은 이것이 보조 동사라는 것인데, 이는 본용언 '얼다'가 동사이기 때문이다. 이에 비하여 (11ㄷ)에서는 '*않는다'가 가능하지 않은데, 곧 본용언 '춥다'가 형용사이기 때문에 후행 '않다'도 보조 형용사가 된다. (11ㅁ)에서 '않는'이 가능한 것도 선행 '맞다'가 동사이기 때문이다. (11ㄴ)에서도 '하다'가 선행하는 형용사 '기쁘다' 때문에 보조 형용사로 되는 것이다. 예외적으로 '싶다'는 본용언이 무엇이든지 간에 보조 형용사 성격을 띤다. 물론 (13ㄷ,ㄹ)에서 의문형 종결어미가 앞에 오는 보조 용언들도 모두 보조 형용사로 처리된다.

---

7) 보조 용언의 종류에 대해서는 연구자들 간에 의견이 일치하지 않는다. 최현배(1937) 38개, 남기심·고영근(1985, 1993) 33개, 이관규(1986) 22개, 손세모돌(1993, 1996) 12개, 민현식(1991ㄴ) 58개 등 다양하다. 구체적으로, 남기심·고영근(1985)에서는 '(어/아) 가다, 오다, 내다, 버리다, 주다, 드리다, 보다, 두다, 놓다, 지다, 대다, 가지다, 보이다 ; 있다(형), 계시다(형) / (ㄱ) 있다, 계시다, 말다 ; 싶다(형) / (지) 아니하나(않나), 말다, 못하다 ; 아니하다(않다)(형), 못하다(형) / (게) 하다, 만들다, 되다 / (어야) 하다 / (기는) 하다 ; 하다(형) / (ㄴ가/는가/나) 하다(형) / (는가/나/(으)ㄹ까) 싶다(형) / (고야) 말다'를 설정하고 있다. 이관규(1986)에서는 '(어/아) 오다, 기다, 내다, 버리다, 주나, 느리다, 보다, 놓다, 두다, 대다, 먹다, 치우다, 제치다, 붙이다, 빠지다, 나가다, 바치다, 쌓다 ; (고) 싶다, 말다, 있다, 보다', 손세모돌(1993)에서는 '(어/아) 가다, 오다, 두다, 놓다, 버리다, 내다, 주다, 드리다, 대다, 보다, 지다 ; (고) 싶다' 등을 보조 용언으로 각각 설정하고 있다.

6.5. 용언의 활용

용언은 어간과 어미로 구분된다. 어간(語幹)은 용언이 문장에서 쓰일 때 고정된 부분을 가리키고, 그 뒤에 붙어서 변화하는 부분은 어미(語尾)라고 한다. 어미가 변화하는 현상을 활용(活用)이라고 하는데, '가다, 가고, 가면, 가니, 간'에서 보듯이, 변하지 않는 어간 '가-'와 변하는 어미 '-다, -고, -면, -니, -ㄴ'을 구분해 낼 수 있다. 여러 가지 활용형 중에서 어간에 어미 '-다'가 결합한 것을 기본형(基本形)이라 부르는데, 이 기본형은 모든 활용형을 대표하여 표제어로 사전에 오른다.

6.5.1. 어미

어미는 단어 끝에 오는 어말 어미와 그 앞에 오는 선어말 어미로 나뉜다. 어말 어미는 말은 어말(語末)이지만, 사실은 그 앞에 오는 모든 절 내용과 관련이 있다. '꽃이 예쁘다'라는 문장에서 어말 어미 '-다'는 '예쁘-'에만 붙는 게 아니라, '꽃이 예쁘-'라는 명제 전체와 관련된다는 것이다. 선어말 어미도 해당 어간에 붙는다고 하기보다 선행 명제 전체와 관련된다고 보는 게 맞다. 즉, '꽃이 예뻤다'에서 선어말 어미 '-었-'은 '예쁘-'라는 어간보다는 '꽃이 예쁘-' 전체에 붙는 것으로 보아야 한다는 것이다.

(14)는 1985년 국정 문법 교과서 이래로 지금까지 학교 문법의 어미 체계로 인정되어 오고 있는 것이다. 어말 어미(語末語尾)는 문장 맨 끝에 붙는 종결 어미, 대개 문장 중간에서 용언과 용언을 이어 주는 연결 어미, 용언으로 하여금 다른 품사 기능을 하게 하는 전성 어미로 나뉜다. 종결 어미는 평서형 어미(-다), 의문형 어미(-느냐/-냐), 명령형 어미(-어라), 청유형 어미(-자), 감탄형 어미(-구나)로 나뉘는데, 이에 따라 해당 문장은 평서문, 의문문, 명령문, 청유문, 감탄문이 된다.[8)]

(14) 어미의 체계

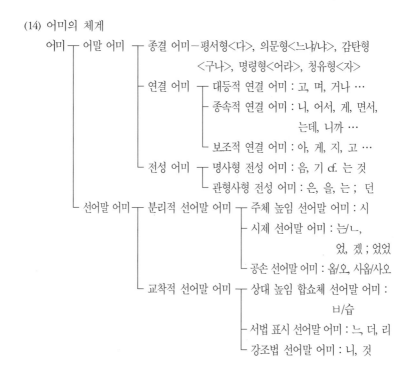

연결 어미는 두 문장이 대등하게 연결되게 하는 대등적 연결 어미(-고, -으며, -거나 …), 한 문장이 다른 문장에 종속적으로 연결되게 하는 종속적 연결 어미(-으니, -어서, -게, -면서, -는데, -으니까 …), 본용언과 보조 용언을 연결하는 보조적 연결 어미(-어, -게, -지, -고 …)로 나뉜다. 현행 학교 문법 에서 대등적 연결 어미와 종속적 연결 어미는 문장과 문장을 잇는 연결 어미로 보나, 보조적 연결 어미는 단어와 단어를 잇는 연결 어미로 보고 있다.9)

---

8) 홑화살괄호 속에 제시되어 있는 것은 다섯 가지 종결 어미의 기본형이다. 왜 이것들을 기 본형으로 삼는지에 대해서는 12.1.을 참조할 수 있다. 한편, 의문형 종결 어미의 기본형 은 '-느냐'와 '-냐' 두 가지로 제시되어 있는데, 동사에서는 '-느냐', 형용사에서는 '-냐' 로 나타나는 것이 원칙이다. 그런데 최근 들어 '-냐'가 동사에서도 사용되는 경향이 많다.
9) 대등적 연결 어미와 종속적 연결 어미로 이어지는 문장은 겹문장, 보조적 연결 어미로 이

전성 어미는 선행절로 하여금 명사 역할을 하게 하는 명사형 어미(-음, -기)와 관형사 역할을 하게 하는 관형사형 어미(-은, -는, -을 ; -던)로 나뉜다. 관형사형 어미 가운데 '-던'은 과거를 표시하는 어미로, 형용사에서 나타나는 것이다. 동사에서는 '간 사람'에서처럼 '-은/-ㄴ'으로 과거를 표시할 수 있으나, 형용사에서는 '예쁜 꽃 ; 예쁘던 꽃'을 통해 볼 때 과거를 나타내기 위해서 '-던'을 사용하는 것을 확인할 수 있다. 그러나 '-더-'와 '-은/-ㄴ'이 한꺼번에 나타난다는 것과 '-더-'와 '-은/-ㄴ'이 각각 어미 형태소라는 것과는 다른 문제이다. 동사든 형용사든 '-던'이 나타나면 이는 두 개의 형태소, 즉 회상 서법의 '-더-'와 관형사형 어미 '-은/-ㄴ'으로 구분해야 한다는 것이다.

이에 편승하여 '-는'도 '-느-'와 '-은/-ㄴ'으로 나누어야 한다는 견해도 있을 수 있다(심재기 1979, 서태룡 1988, 왕문용·민현식 1993, 임홍빈·장소원 1995). 15세기 때 '-ㄴ-/-느-'가 현재를 나타내는 선어말 어미로 쓰였음을 염두에 둔다면 충분히 그런 추정을 해 볼 수 있긴 하다. 그러나 여전히 '*예쁘는'이 아니고 '예쁜'이 과거가 아닌 현재를 나타내는 것을 보면, '-느-'를 따로 떼어내는 것이 쉽지 않은 일임을 알 수 있다. 다른 얘기지만, 현재 시제 선어말 어미인 '-는-'과 관형사형 어미 '-는'이 형태가 같은 것도 주목해 볼 일이다.

한편, 명사형 어미는 '-음, -기'가 설정되는 것이 일반적이다. 그런데, '{-는/-은/-을} 것'도 명사 역할을 하게 한다는 견해가 학교 문법으로 인정되고 있다. '그가 그 문제를 명쾌하게 해결할 것으로 예상된다.'에서 '그가 그 문제를 명쾌하게 해결할 것'이 명사 역할을 하는데, 이때 '-을 것'이 선행 문장을 명사 역할하게 만드는 매개체가 된다는 것이다. 물론

어지는 문장은 홑문장으로 본다는 것이다. 변형 문법에서는 본용언은 하위문(엄밀히는 하위절) 용언으로, 보조 용언은 상위문 용언으로 보고 있는데, 이는 곧 보조적 연결 어미로 이어진 문장을 겹문장으로 보는 입장을 반영한다.

그렇게도 볼 수 있으나, 선행 '그가 그 문제를 명쾌하게 해결하-'에 관형
사형 어미 '-을'이 붙고, 그 다음 그 모든 것이 뒤의 의존 명사 '것'을 수
식한다고 보는 게 타당할 것이다. 따라서 '{-는/-은/-을} 것' 자체가 명사
형 어미라고는 결코 할 수 없을 것이다.

  선어말 어미(先語末語尾)는 어간과 쉽게 분리해 낼 수 있느냐 여부에 따
라 분리적 선어말 어미와 교착적 선어말 어미로 나누는 게 일반적이다.
분리적 선어말 어미는 주체 높임 선어말 어미(-시-), 시제 선어말 어미(-었-,
-는-/-ㄴ-, -겠-, -었었-), 공손 선어말 어미(-옵-/-오-, -사오-)가 해당한다.
주체 높임 선어말 어미 '-시-'는 선어말 어미 가운데 가장 앞에 나오는
특성이 있으며, 시제 선어말 어미는 과거(-었-, -었었-), 현재(-는-/-ㄴ-), 미
래(-겠-) 선어말 어미로 나뉜다. '-었었-' 는 흔히 대과거 시제를 나타낸다
고 하는데, 예전에는 어땠는데 지금은 그렇지 않다는, 즉 발화시보다 훨씬
전에 발생하여 현재와는 강하게 단절된 사건을 표현하는 데 사용되어, 과
거뿐만이 아니라 '단절' 의미도 갖고 있다(예 : 영희가 예뻤었는데.).[10] 공손
선어말 어미 '-옵-/-오-, -사옵-/-사오-'는 화자가 상대방에게 공손의 뜻
을 표시할 때 쓰는 것으로, 주로 기도문이나 서간문 같은 문어체에서 사
용된다. '하옵고, 하와, 하오(으)니 ; 했사옵고, 했사와, 했사오(으)니'에서
보듯이, '-옵-'은 자음 앞에서, '-오-'는 모음이나 매개 모음 앞에서 쓰인
다. '-사옵-'은 자음 앞에서, '-사오-'는 역시 모음이나 매개 모음 앞에서
사용된다.

  교착적 선어말 어미는 상대 높임 하십시오체 선어말 어미(-ㅂ-/-습-), 서
법 표시 선어말 어미(-느-, -더-, -리-), 강조법 선어말 어미(-니-, -것-)가 있

---

10) '-었었-'은 '-았었-', '-였었-'이라는 이형태를 갖고 있다. 즉 앞의 '-었-'은 선행하는
   모음이 양성이면 '-았-'이 되고, 또 선행하는 어간이 '하-'이면 '-였-'이 되지만, 뒤의
   '-었-'은 항상 '-었-'이다. 그래서 앞의 '-었-'만 과거 시제를 나타내고, 뒤의 '-었-'은
   상을 나타낸다고 하여 구분하기도 한다(서정수 1994). 그러나 학교 문법에서는 '-었었-'
   이 한꺼번에 나오기 때문에 하나의 과거 시제 선어말 어미로 처리하고 있다.

다. 이것들은 어간과 끈끈하게 교착되어 있어 쉽게 분리되지 못하는 어미들이다. 하십시오체의 '-ㅂ-/-습-'은 '합니다. 하였습니다'에서 보듯이 모음 뒤에서는 '-ㅂ-', 자음 뒤에서는 '-습-'으로 실현된다. 화자의 심리 상태를 나타내는 서법 선어말 어미는 분리해 내기 더욱 어렵다. '하느니라'의 '-느-'는 직설법, '하더라'의 '-더-'는 회상법, '하오리라'의 '-리-'는 추측법을 나타낸다. '-느-'와 '-더-'는 '합니다, 합디다'에서 보듯이 하십시오체 선어말 어미 '-ㅂ-/-습-' 뒤에서 '-니-'와 '-디-'로 형태가 바뀌어 나타나기도 한다. 강조법 선어말 어미는 '-니-'와 '-것-'을 들 수 있다. '-니-'는 '하느니라'에서 보듯이 직설법의 '-느-' 뒤에서 나타나는 원칙법 선어말 어미이고, '-것-'은 '하것다'의 확인법 선어말 어미이다. '-것-'은 '하렷다(하+리+엇+다)'에서 보는 것처럼 '-엇-'으로 나타나기도 한다(남기심·고영근 1993 : 152~156 참조).

선어말 어미들은 일정한 배열 순서를 가지고 있다. 대개 분리가 잘 될수록 앞에 오고, 그렇지 않을수록 뒤에 오는 속성이 있다. '주체 높임 - 시제 - 공손 - 상대 높임 하십시오체 - 서법 - 강조법'을 나타내는 선어말 어미들이 순서대로 오게 된다. 예컨대, '하셨사옵니다'는 '하+시+었+사오+ㅂ+니+다'로 분석되어, 선어말 어미가 '주체 높임 - 시제 - 공손 - 상대 높임 하십시오체 - 서법'을 나타내는 순서대로 배열되어 있는 것을 볼 수 있다. 한편, '갔겠다' 같은 경우는 '가+았+겠+다'로 분석되는데, 이때의 '-겠-'은 시제 선어말 어미가 아니라 '추측' 의미를 가진 서법 선어말 어미라고 보아야 한다.

(15) 어말 어미의 체계

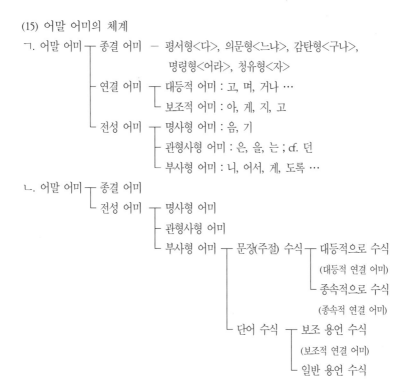

(14)의 어미 체계는 국정 문법 교과서에서 오랫동안 인정되고 있는 것이다. 그러나 제7차 교육 과정에 맞춘 국정 문법 교과서에서는 (14)의 어미 체계를 원칙으로 하고, (15ㄱ)의 어말 어미 체계를 허용하고 있다. 종속적 연결 어미가 사라지고 부사형 전성 어미가 생긴 것이다. 즉 연결 어미로는 대등적 어미와 보조적 어미만 남고, 대신에 전성 어미로 부사형 어미가 추가되었다는 것이다. 부사형 어미를 전성 어미의 하나로 설정했다는 것은 큰 의미가 있다. '우리들은 비가 와서 소풍을 갈 수 없어. ; 꽃이 예쁘게 피었어.' 문장에서 밑줄 친 부분은 후행하는 서술어를 수식하는 구조를 띠고 있기 때문에, 부사어(부사절)로 설정되어야 할 터인데, 그렇게 되면 '-아서, -게'는 부사형 전성 어미일 수밖에 없는 것이다.

(15ㄴ)은 (15ㄱ)보다 한 걸음 더 나아가 대등적 연결 어미와 보조적 연결 어미까지 부사형 어미의 하나로 보는 견해이다. 그리하여, 종전의 대등적 어미와 종속적 어미를 후행하는 문장을 수식하는 것으로 보고, 보조적 연결 어미와 '꽃이 예쁘게 피었어.'의 '-게' 같은 것을 단어 수식 어미로 보는 입장이다. 보조적 연결 어미를 단어를 수식하는 어미로 본 것은 (14)나 (15ㄱ)의 입장과 근본적인 차이가 있는 것은 아니나, 대등적 연결 어미까지 부사형 어미로 본 것은 입장 차이가 매우 큰 것이다. 이는 곧 대등하게 이어진 문장은 존재하지 않는다는 입장이기 때문이다. 그러나 이 견해는 많은 문제점을 지니고 있다. 이유를 하나만 들자면, 부사형 어미를 인정하는 이유가 선행절을 후행절 속으로 이동해서 후행하는 서술어를 수식할 수 있기 때문인데, 대등하게 이어진 문장 같은 경우는 결코 선행절을 후행절 속으로 이동시킬 수 없기 때문이다(예 : 철수가 학교에 가고 영희가 놀이터에 간다. → *영희가 철수가 학교에 가고 놀이터에 간다.).[11]

6.5.2. 활용

용언이 활용할 때 어간이나 어미의 기본 형태가 달라지는 경우가 있다. 이때 달라진 현상을 일정한 규칙으로 설명할 수 있는 것을 규칙 활용이라 하고, 설명할 수 없는 것을 불규칙 활용이라 한다. 불규칙 활용 현상을 보이는 용언은 불규칙 용언이라 하고, 규칙 활용을 보이는 용언은 규칙 용언이라 한다.

규칙 활용은 어간에 어미가 붙을 때 어간이나 어미가 변하는 것이 규칙

---

11) (14)는 원칙, (15ㄱ)은 허용이라는 내용은 7차 국정 문법 교과서(2002)에 제시되어 있다. 한편 (15ㄴ)은 고등학교 문법 교사용지도서(2002)에 제시되어 있는 것인데, 이는 이렇게도 볼 수 있는 정도의 참고 사항으로 파악된다. (15ㄴ) 견해는 보다 많은 검증이 필요할 것이다. 이에 대한 자세한 논의와 함께, '꽃이 예쁘게 피었다.'에서 '-게'가 단어 수식 부사형 어미인지에 대한 구체적인 논의는 11장에서 다시 하기로 한다.

적이어서 일관된 설명이 가능한 현상으로, '으' 탈락 규칙, '르' 탈락 규칙, '거라' 규칙 등을 들 수 있다.[12] '으' 탈락 규칙은 (16ㄱ)에서 볼 수 있는 데, 즉 어간에 있던 '으'가 일정한 어미 앞에서 항상 탈락하는 현상을 보인 것으로, '따르+아>따라'처럼 어간의 '으'가 규칙적으로 탈락하는 현상이다. '르' 탈락 규칙은 (16ㄴ)에서 보는 것과 같이 역시 어간에 있던 '르'이 일정한 어미 앞에서 규칙적으로 탈락하는 것인데, 만약 탈락시키지 않고 '날으는'으로 쓰게 되면 잘못된 것이라고 할 수 있다. 문학 작품 같은 데서 사용된다 하더라도 이는 정상적인 국어 표현이 아니고 문학적 표현(또는 시적 허용)이라 하여 차별화하고 있다. (16ㄷ)의 '거라' 규칙 현상은 성인 방언에서 모든 동작 동사 어간에 명령형 어미를 붙이게 될 때, '-거라'라는 성인 사회 방언 명령형 어미 표현이 일률적으로 사용된다는 규칙을 보이고 있다. 이는 '오다'에 '-거라'를 붙이면 '오너라'로 변하는 '너라' 불규칙 활용과 대조된다. (16ㄱ,ㄴ)은 어간의 규칙적 변화 양상을 보인 것이고, (16ㄷ)은 어미의 규칙적 변화 양상을 보인 것이다. 한편 (16ㄹ)에서처럼 소위 '으' 매개 모음 삽입 현상을 규칙으로 들기도 하나(남기심·고영근 1993 : 138), 이것은 '-은, -을, -으시-, -음, -으오' 등 긴 형태를 기본형으로 보는 입장에서 보면 '으' 모음 탈락 규칙의 일환으로 처리할 수 있을 것이다(김민수 1970, 이관규 1999ㄱ).

(16) 규칙 활용

ㄱ. '으' 탈락 규칙 : 따르+아>따라

ㄴ. '르' 탈락 규칙 : 날 + 는 > 나는 cf. 날으는

ㄷ. '거라' 규칙 : 가 + 아라 > 가거라

---

12) 음운 현상 중 음절의 끝소리 규칙이나 자음 동화 같은 경우도 규칙적인 변화 양상을 보인다. 그러나 이들은 어간과 어미에서 보이는 현상이 아니므로 여기서는 논외로 한다. 흔히 모음 조화도 규칙 현상의 하나로 거론하는 경우가 있으나, 국어에서 모음 조화는 중세 국어에는 규칙적으로 적용되었으나 현대 국어에는 일반화되어 있지 않다. 모음 조화 현상이 어간과 어미에서만 일어나는 현상이 아님은 물론이다.

    ㄹ. '으' 매개 모음 삽입 규칙 : 잡+ㄴ>잡은, 잡+ㄹ>잡을, 잡+시+
       고>잡으시고, 잡+ㅁ>잡음, 잡+오>잡으오

  불규칙 활용은 용언이 활용할 때 어간이나 어미의 기본 형태가 달라지
는 경우, 일관된 설명을 할 수 없는 것을 가리킨다. 이에는 어간이 바뀌는
것, 어미가 바뀌는 것, 어간과 어미가 모두 바뀌는 것 세 가지가 있다.

  (17ㄱ~ㅁ)은 어간이 불규칙하게 변하는 현상을 보인 것이다. (17ㄱ)의
'ㅅ' 불규칙 활용은 어간의 'ㅅ'이 이유 없이 탈락하는 현상을 말하고(예 :
이어, 지어), (17ㄴ)의 'ㅂ' 불규칙 활용은 어간의 'ㅂ'이 이유 없이 반모음
'오/우'로 바뀌는 현상을 말하며(예 : 도와, 구워), (17ㄷ)의 'ㄷ' 불규칙 활용
은 이유 없이 어간의 'ㄷ'이 'ㄹ'로 바뀌는 현상을 말한다(예 : 들어, 걸어).[13]
(17ㄹ)의 '르' 불규칙 활용은 이유 없이 어간의 '르'가 'ㄹㄹ' 형태로 바뀌
는 현상을 말하며(예 : 흘러, 눌러), (17ㅁ)의 '우' 불규칙 활용은 이유 없이
어간의 '우'가 탈락하는 현상을 말하는데 예가 '퍼' 한 가지밖에 없다. (17
ㄱ~ㅁ)에 대해서 '이유 없이'라는 표현을 쓴 것은 이들 불규칙 활용이
형태론적 현상임을 뜻한다.

  생성 음운론 입장에서는 (17ㄱ~ㄹ)을 모두 규칙 활용으로 처리하고 있
다. 'ㅅ' 불규칙 현상을 보이는 용언은 기본형을, 예컨대 '짓다'로 잡아
'짓+어>지어, 짓+고>짓고'로 보아, 모음 앞에서는 'ㅿ'이 탈락하고 자음
앞에서는 'ㅅ'으로 규칙적으로 바뀐다고 설명하는 것이다. 그러나 이런
설명은 'ㅿ'이 현재 존재하지 않는 것이어서 특히 학교 문법에서는 설정
하기 어렵다. 'ㅂ' 불규칙 현상을 보이는 용언도 그 기본형을, 예컨대 '도
w다'로 잡아 '도w+아>도와, 도w+고>돕고'로 보아, 모음 앞에서는 반모

---

13) 'ㅅ' 불규칙과 'ㅂ' 불규칙 활용은 중세 국어 시기에 각각 'ㅿ', 'ㅸ'로 나타난 용언에서
    발견된다. 즉 중세 국어 때에 '짓다'는 '짓다'로, '곱다'는 '곱다'로 기본형을 갖고 있었
    던 것이다.

음 /w/ 그대로 있고, 자음 앞에서는 /w/가 'ㅂ'으로 바뀐다고 보는 것이다. 그러나 이것은 일반 국어 음운 변화 양식인 'ㅂ>ㅸ>오/우(또는 φ)'와 일치하지 않아 받아들이기 어렵다. 'ㄷ' 불규칙 활용도 기본형을, 예컨대 '들다'로 잡아 '들+어>들어, 들+고>듣고'로 설명하기도 하나, 이것은 음운 변화 양상이 'ㄷ>ㄹ'로 변화하는 게 일반적이어서 역시 받아들이기 어렵다. 'ㄹ' 불규칙 활용도 기본형을, 예컨대 '흘르다, 빨르다' 식으로 잡아, '흘르+어>흘러, 빨르+아>빨라'로 보아 '으' 탈락 규칙으로 설명하기도 한다. 그러나 이것 역시 한글 맞춤법에서 '흐르다, 빠르다'를 기본형으로 보고 있어 받아들이기 어렵다. 마찬가지로 '우' 불규칙 활용도, 만약 '푸다'의 기본형을 '프다'로 잡게 된다면 '으' 탈락 규칙 현상으로 처리할 수 있는 것인데, 역시 한글 맞춤법에서 기본형을 '푸다'로 잡고 있어 불규칙으로 처리할 수밖에 없다.[14]

(17) 불규칙 활용

순서	바뀌는 부분	불규칙 활용 명칭	내 용	용 례	비고(규칙 활용 용례)
ㄱ	어간	'ㅅ' 불규칙	'ㅅ'이 모음 어미 앞에서 탈락하는 현상	짓+어>지어, 잇+어>이어, 낫(勝, 癒)+아>나아	짓+고>짓고, 벗+어>벗어, 씻+어>씻어
ㄴ		'ㅂ' 불규칙	'ㅂ'이 모음 어미 앞에서 '오/우'로 변하는 현상	돕+아>도와, 아름답+아>아름다워, (불에) 굽+어>구워	잡+아>잡아, 뽑+아>뽑아, (허리가) 굽+어>굽어
ㄷ		'ㄷ' 불규칙	'ㄷ'이 모음 어미 앞에서 'ㄹ'로 변하는 현상	묻(問)+어>물어, 듣+어>들어, 걷+어>걸어	묻(埋)+어>묻어, 얻+어>얻어
ㄹ		'르' 불규칙	'르'가 모음 어미 앞에서 'ㄹㄹ' 형태로 변하는 현상	흐르+어>흘러, 빠르+아>빨라, 이르+어>일러(謂, 早), 누르(壓)+어>눌러	흐르+고>흐르고, 치르 ㅣ어>치러, 따르+아>따라
ㅁ		'우' 불규칙	'우'기 모음 이미 앞에서	푸+어>퍼	푸+고>푸고, 주

---

[14] (17ㄱ~ㄹ)을 규칙 활용으로 보는 견해는 김진우(1971, 1985)에서 자세히 논의되고 있다.

			서 탈락하는 현상		+어>주어/줘, 누+어>누어/눠
ㅂ	어미	'여' 불규칙	어간이 '하'로 끝나는 용언에 모음 어미 '아'가 '여'로 바뀌는 현상	하+아>하여, 하+어서>하여서	파+아>파
ㅅ		'러' 불규칙	어간이 '르'로 끝나는 용언에 모음 어미 '아'가 '러'로 바뀌는 현상	이르(至)+어>이르러, 누르(黃)+어>누르러, 푸르+어>푸르러, 노르+어>노르러	치르+어>치러
ㅇ		'너라' 불규칙	명령형 어미 '거라'가 '너라'로 바뀌는 현상	오+거라>오너라	가거라, 먹거라, 있거라
ㅈ		'오' 불규칙	'달-/다-'의 명령형 어미가 '오'로 바뀌는 현상	달/다+아>다오	주어라
ㅊ	어간 어미	'ㅎ' 불규칙	'ㅎ'으로 끝나는 어간에 '어/아'가 오면, 어간의 일부인 'ㅎ'이 없어지고 어미도 변하는 현상	하양+아서>하얘서, 파랑+아>파래	좋+아서>좋아서

　(17ㅂ～ㅈ)은 어미가 불규칙하게 변하는 현상을 보인 것이다. (17ㅂ)은 '하다' 용언이든 '공부하다'처럼 '하다'가 붙어서 이루어진 용언이든, 어간 '하-' 뒤에 오는 어미 '-아'가 무조건 '-여'로 변하는 '여' 불규칙 활용을 보인 것이다. (17ㅅ)의 '러' 불규칙 활용은 국어 용언 가운데 '이르다(至), 누르다(黃), 노르다(翳黃), 푸르다'에만 적용되는 현상으로, '이르+어>이르러'처럼 어미 '-어'가 불규칙적으로 '-러'로 변한다. 그러므로 어간이 '르'로 끝나는 용언들은 크게 세 가지 활용 현상을 보이게 되는데, '따르+아>따라'처럼 규칙적으로 '으'가 탈락하는 '으' 탈락 규칙, '흐르+어>흘러'처럼 어간 '르'가 '으' 탈락 후 'ㄹㄹ' 형태를 띠는 '르' 불규칙, '푸르+어>푸르러'처럼 어미 '-어'가 '-러'로 불규칙하게 변하는 '러' 불규칙 활용으로 나뉘게 된다.

　(17ㅇ)의 '너라' 불규칙 활용은 조금 특이하다. 일반적으로 성인 방언으

로서의 명령형 어미 '-거라'가 모든 용언에서 사용되는데(예 : 가거라, 먹거라, 있거라), '오다'만은 '오+거라>오너라'로 나타나는 것이다. 즉, '-너라'는 성인 방언 명령형 어미 '-거라'의 형태론적 이형태로 사용된다는 것이다(예 : *이리 오거라, 이리 오너라). (17ㅈ)의 '오' 불규칙 활용은 '주다'가 누군가 나에게 무엇을 주다는 의미로 쓰일 때, *나에게 주어라'가 불가능하고 대신 '나에게 다오'로 사용되는 현상을 일컫는다. 이때 사용되는 것이다. 즉, '주다'의 보충법으로 사용되는 '달다/다다'가 명령형으로 쓰일 때, '달-/다- +-아>다오'에서 보듯이 어미가 '오'로 불규칙하게 변한다는 것이다. 결국 (17ㅂ~ㅈ)에 나타난 어미의 불규칙 활용들도 모두 형태론적 이형태 차원에서 이해될 수 있을 것이다.

(17ㅊ)은 활용시 어간과 어미가 동시에 불규칙하게 변하는 'ㅎ' 불규칙 활용 현상을 보인 것이다. '하얗+아서>하얘서, 파랗+아>파래'에서 보듯이 어미 '-아서'나 '-아'가 왔을 때 어간의 'ㅎ'이 탈락하고 어미 '-아서, -아'도 어간의 '아'와 융합되어 그 형태가 불규칙적으로 변한 것이다. '하얗+습니다>하얗습니다, 하얗+니>하야니' 같은 경우는 어간의 'ㅎ'은 탈락되었으나 어미는 형태 변화가 없어 어간과 어미가 동시에 불규칙하게 변했다고 말할 수 없다. 이 현상도 불규칙적인 형태론적 이형태 성격을 띠는 것은 물론이다. 'ㅎ' 불규칙 활용은 '좋다'를 제외한 어간이 'ㅎ'으로 끝난 모든 형용사에서 발견될 수 있다.[15]

---

15) 일반적으로 불규칙 활용을 교실 현장에서 교수 학습하기는 매우 까다로운 것으로 알려져 있다. 이에 간단히 어간이 형태를 변하는 것을 불규칙 활용, 그렇지 않은 것을 규칙 활용으로 구분하는 시도가 있다. 실제로 외국인에게 한국어를 가르치는 교육 현장에서는 이런 방식으로 교수하곤 한다. 어간이 중요하며, 따라서 어간이 변하는 것을 불규칙 활용으로 본나는 것은 일견 이해가 되기도 한다. 그러나 설명적 타당성을 최우선으로 하는 문법 설명에 있어서, 일반적인 문법 현상과 차이가 나는 것은 불규칙으로 처리할 수밖에 없다. 예컨대, '여' 불규칙, '러' 불규칙, '너라' 불규칙, '오' 불규칙 같은 것들은 모두 특정한 용언에서만 나타나기 때문에 결코 규칙 활용을 한다고 말할 수 없다는 것이다. 한편, '으' 탈락 규칙이나 'ㄹ' 탈락 규칙을 불규칙 활용으로 보는 견해도 있으나(왕문용·민현식 1993 : 171), 용언 활용에서 예외가 없다는 점에서 규칙 활용으로 보는 게 나을 것이다.

⊖ 더 살펴보기

고광주(2001), 고영근·구본관(2008), 김기혁(1995), 김수태(2004), 김응모(1989),
김일웅(1984), 김지은(1996), 김진수(1971, 1985), 김홍수(1989, 1990),
남기심·고영근(1985, 1993), 남기심 엮음(1996), 민현식(1991ㄴ), 박진호(1998),
백낙천(2003), 서태룡(1988, 1990, 1998), 손세모돌(1996), 안명철(1990),
왕문용·민현식(1993), 우형식(1998), 유목상(1985), 유현경(1998), 윤석민(1998),
이관규(1986, 1998), 이병규(2001), 정주리(2004), 최동주(2003), 최현배(1937),
최호철(1993), 한길(1991), 한송화(1998, 2000)

명사, 대명사, 수사와 같은 체언은 문장에서 주어의 역할을 하며, 동사, 형용사와 같은 용언은 서술어의 역할을 한다. '이다'도 선행 표현과 더불어 서술어 역할을 하지만, 아무래도 동사와 형용사가 서술어의 중추를 이룬다. 이에 비해 다른 말을 수식해 주는 단어들이 있다. 이들을 수식언(修飾言)이라 하는데, 크게 체언을 수식하는 관형사와 주로 용언을 수식하는 부사로 나뉜다. 결국 체언과 용언이 주(主)고, 수식언이 부(副)라고 할 수 있다. 한편, 독립언은 문장과 직접적인 관련을 맺지 않는, 독립적인 성격을 띤다. 감탄사가 바로 이것이다. 제7장에서는 관형사, 부사, 감탄사에 대하여 그 특징을 살펴보기로 한다.

7.1. 관형사

체언 잎에 놓여서 제언, 수로 명사를 꾸며 주는 단어를 관형사(冠形詞)라고 한다. 관형사는 조사와 결합할 수 없으며, 형태가 변하지도 않는다. 관형사는 의미에 따라 크게 세 가지, 즉 지시 관형사, 성상 관형사, 수 관형사로 나누어진다.

(1) ㄱ. <u>그</u> 사람들도 따뜻한 마음을 가진 사람들이다.

ㄴ. <u>현</u> 정부는 국정 장악력을 잃어 버렸어.

ㄷ. <u>새</u> 책은 제목이 무엇이더라? / <u>헌</u> 고무신 / <u>온갖</u> 종류의 꽃들이…

ㄹ. 내 조카의 <u>주</u> 무기는 울며 떼쓰기다.

ㅁ. <u>한</u> 사람, <u>세</u> 사람, 연필 <u>다섯</u> 자루

ㅂ. <u>첫</u> 경험, <u>일곱째</u> 딸, <u>제삼</u>(第三) 회 대회

ㅅ. <u>이 모든 새</u> 물건들은 어디서 난 거야?

지시 관형사는 어떤 대상을 가리키는 것으로, '이, 그, 저'로 대표되는 공간 지시 관형사와 '옛, 현(現)'와 같은 시간 지시 관형사로 나뉜다. 이는 (1ㄱ)의 '그'와 (1ㄴ)의 '현'의 예에서 그 쓰임을 볼 수 있다. 성상 관형사는 사물의 성질이나 상태를 나타내는 것으로, '새, 헌, 온갖' 같은 상태를 나타내는 관형사와 '주(主)'과 같이 성질을 나타내는 관형사로 나뉜다. (1ㄷ)과 (1ㄹ)의 예에서 그 쓰임을 볼 수 있다. 수 관형사는 '한, 세, 다섯'처럼 양을 나타내는 양수 관형사와 '첫, 일곱째, 제삼'처럼 순서를 나타내는 서수 관형사로 나뉜다. (1ㅁ)과 (1ㅂ)에서 그 쓰임을 각각 볼 수 있다. 지시 관형사, 수 관형사, 성상 관형사는 한꺼번에 나올 때 일정한 순서를 가지고 있다. (1ㅅ)에서 보듯이 지시, 수, 성상 관형사 순서대로 나타난다.

(2) ㄱ. <u>바로</u> 너, 그건 너 때문이야.

내가 찾는 사람은 <u>바로</u> 너야.

ㄴ. <u>유독</u> 그만이 나에게 관심을 보였어.

ㄷ. <u>그</u>는 우리 학교를 대표하는 학생이다.

ㄹ. <u>저쪽</u>으로 어른 열이 걸어갔어.

ㅁ. {아홉/[*]아홉의} 사람이 도착했어.

ㅂ. <u>이런</u> 사람을 어떻게 믿어? / <u>다른</u> 사람은 누구니?

ㅅ. 새 손톱, 새 학기 ; 새 건물, 새 제안

새 왼쪽 손톱 ; 새 학교 건물, 새 입시 제안

ㅇ. 새색시, 새신랑, 새사람

[*]새얌전한색시, [*]새아픈신랑, [*]새완전한사람
ㅈ. 풋고추, 풋김치 ; [*]풋 어린 고추
   cf. 풋내기

그런데 품사로서의 관형사를 설정하는 데 논란이 되는 점들이 있다. 첫째, 정도를 나타내는 '바로, 오직, 유독' 같은 것들이 관형사인지 부사인지 관점 차이가 있다는 것이다. (2ㄱ,ㄴ)에서 '바로, 유독' 같은 것은 분명히 후행하는 '너, 그'라는 체언을 수식한다. 그렇다면 '바로, 유독'은 관형사라고 해야 할 것이다. 그러나 학교 문법에서는 이것들을 정도를 뜻하는 부사로 보고 있다. 관형사는 체언을 '어떠한'이라는 의미로 수식하는 것이기 때문에, 최소한 체언 수식이라는 점에서 (2ㄱ,ㄴ)의 '바로, 유독' 같은 것은 관형사로 보는 게 설명력이 더 있다고 본다. 학교 문법에서는 품사의 통용을 인정하고 있기 때문이다. 이는 또한 (1ㄱ)의 '그'는 관형사, (2ㄷ)의 '그'는 대명사로 각각 보는 현행 학교 문법의 입장과 동일한 것이라 할 수 있다.

둘째, 관형사라는 품사 설정에 있어서 (2ㄹ,ㅁ)의 '열'이나 '아홉' 같은 것을 관형사로 보아야 할지 수사로 보아야 할지 논란이 있다. 현행 학교 문법에서는 (1ㅁ,ㅂ)에서 보는 것처럼 이들을 수 관형사로 보고 있는 실정인데, 의미를 기준으로 하여 체언 앞에 오든 뒤에 조사를 오게 하든 동일한 수사로 보아야 한다는 의견도 있다(이익섭·채완 1999). 그러나 (2ㅁ)에서 '아홉'은 관형사로서 뒤에 조사 '의'는 동반하지 않아 수사로 보기 어렵다. 또한 '두 명, 세 명, 네 명, 스물한 명, 스물두 명, 두세 명, 너덧 명, 두서너 명, 여러 명' 등에서 보듯이 의미는 같을지 모르나 기능상 차이가 확연히 나는 것들이 있기 때문에 수 관형사를 설정하지 않을 수 없다. 일반 수사에 비하여 그 숫자가 적다고 하여 수 관형사를 설정하지 말자는 의견이 있기도 하나, 그 용례가 많고 적음보다는 정확하고 타당한 설명력을 갖춘 문법 기술이 더 중요하다는 것이다.

셋째, 지시 관형사 가운데, '이런, 그런, 저런'이나 '다른[他]'에 대한 품사 설정이 논란이 있을 수 있다(2ㅂ). 이들은 어원적으로 볼 때, '이렇+ㄴ, 그렇+ㄴ, 저렇+ㄴ ; 다르+ㄴ' 구성에서부터 왔다고 보이기 때문에, 관형사가 아닌 형용사로 볼 수는 없겠느냐는 것이다. 그러나 '이런, 그런, 저런'은 화석화의 정도가 이미 완결되었다고 보기 때문에 관형사로 보는 게 학교 문법의 입장이다. '다른' 같은 경우도 '다르[異]+ㄴ' 구성인 '다른'과는 화석화 정도의 차이가 있어서 그냥 관형사로 처리하고 있다. 화석화 정도를 문제 삼는다면 언제든지 다시 문제 제기될 수 있는 여지가 있다. 한편, '새빨간 거짓말'에서 '새빨간'이 '*거짓말이 새빨갛다'가 성립하지 않는다는 이유로 관형사로 처리되곤 하는데, '이런, 그런, 저런 ; 다른[他]'도 마찬가지 이유로 관형사로 볼 수 있을 것이다. 즉 '이런 사람, 다른 사람'을 '*사람이 이렇다, *사람이 다르다[他]'로 설정할 수는 없다는 것이다.

넷째, 관형사가 체언 앞에 쓰였을 때, 그것이 과연 두 개 단어인지 아니면 한 개 단어인지 알기 어려운 경우가 있다. (2ㅅ, ㅇ)에서는 동일한 형태 '새'가 각각 관형사와 단어의 일부로 쓰였는데, 의미가 비슷해서 구분하기가 쉽지 않다. 이때 관형사 '새'는 하나의 단어이므로 수식받는 체언 '건물'과 띄어쓰기를 해야 하는데, 그 사이에 다른 말을 넣을 수가 있다. 즉, 관형사는 자립성과 분리성을 갖는다는 말이다. 반면, 단어의 일부로서의 '새-'는 띄어쓰기를 할 수 없으며, 그 사이에 다른 말을 넣을 수도 없어, 자립성과 분리성을 갖지 못한다. (2ㅈ)의 '풋고추, 풋김치, 풋내기'에 나타난 접두사 '풋-'도 마찬가지다.

다섯째, 한 단어를 구성하는 '새'가 과연 어근인지 접두사인지 구분하는 것도 어려운 문제이다. 예를 들어 (2ㅇ)의 '새색시, 새신랑, 새사람'이 파생어인지 합성어인지 파악하기가 어렵다는 것이다. 『표준국어대사전』에 따르면 관형사 '새'의 의미는 '이미 있던 것이 아니라 처음 마련하거나 다시 생겨난'(예 : 새 손톱, 새 담배, 새 기분, 새 학기), 혹은 '사용하거나 구입한지 얼마 되지 아니한'(예 : 새 건물, 새 옷)이다. 한편, 체언 앞에 오는 '새'는 접사로 사용되는 경우는 발견되지 않는다. '새색시, 새신랑, 새사람'은 '새'의 첫째 의미를 갖고 있는 합성어라는 것이다. 이에 비하여 (2ㅈ)의 '풋-'은 '처음 나온' 또는 '덜 익은' 뜻을 가진 접두사이기 때문에, '풋고추, 풋김치'는 파생어가 된다. '풋-'의 의미는 '새'의 의미와는 격이 달라 보인다. 즉 접사의 의미는 추상적인 특성을 갖고 있어 의미 자질이라 하고, 어근의 의미는 보다 구체화된 특성을 갖고 있어 '의미'라 하여 구분하는 게 일반적이다.[1]

7.2. 부사

부사(副詞)는 용언을 수식하는 것을 본래의 기능으로 하는 단어이다. 그런데 같은 부사나 관형사, 나아가 문장을 수식하는 부사들도 있다.

(3) ㄱ. 요즘은 너무 바빠서 등산을 못 간다.
ㄴ. 올해는 눈이 참 많이 내린다.
ㄷ. 아주 새 옷은 매우 비싸다.
ㄹ. 다행히 다친 사람은 없었다.
ㅁ. 사람들은 비를 기다렸다. 그러나 비는 내리지 않았다.

(3ㄱ)의 '너무, 못', (3ㄴ)의 '많이', (3ㄷ)의 '매우'는 각각 '바쁘다, 가다 ; 내리다 ; 비싸다'라는 용언을 수식하는 전형적인 부사이다. (3ㄷ)의 '아

---

1) '풋내기'는 '풋-'이라는 접두사와 '-내기'라는 접미사가 결합된 특이한 단어이다. '-내기' 는 접미사로서, '그 지역에서 태어나고 자라서 그 지역 특성을 지니고 있는 사람의 뜻을 더하는 접미사'(예 : 서울내기, 시골내기), 혹은 '그런 특성을 지닌 사람의 뜻을 더하는 접 미사'(예 : 신출내기, 여간내기, 풋내기)이다. 어원적으로는 '내기'가 '나+기'로 분석되어 '나다'의 '나'는 어근이었노라고 주장할 수 있긴 하다. 『표준국어대사전』에는 '풋-'이 관형사 용법으로 쓰인 예는 없고 접두사 용법만 제시되어 있다.

주'는 '새'라는 관형사를 수식하는 부사이고, (3ㄹ)의 '다행히', (3ㅁ)의 '그러나'는 후행하는 문장을 수식하는 부사이다.

부사는 문장에서의 역할에 따라 성분 부사와 문장 부사로 나뉜다. 문장을 수식하는 부사를 문장 부사라 하고, 용언, 부사, 관형사 같은 것을 수식하는 부사를 성분 부사라 한다. 문장 부사 가운데 앞말과 뒷말을 이어주거나, '그러나'와 같이 앞 문장과 뒤 문장을 이어 주는 말을 특별히 접속 부사라고 한다.

> (4) ㄱ. 정치, 경제 및 문화
> ㄴ. 내가 원하는 것은 바로 그것이야.
> cf. 그 사람은 바로 떠났다.
> ㄷ. 우리나라에서는 특히 학생들이 부지런하다.
> ㄹ. 물건을 여기 놓아라.
> cf. 여기에 물건을 놓아라.
> ㅁ. 이는 우리가 생각하던 바입니다.
> cf. 이 나무는 모양새가 아주 좋군요.
> ㅂ. 야구를 좋아하는 사람 다섯이 모였어요.
> cf. 야구를 좋아하는 다섯 사람이 모였어요.

품사로서의 부사를 논할 때도 문제가 되는 것들이 있다. 첫째, 학교 문법에서 문장 부사로 설정되고 있는 '및, 또, 혹은' 같은 부사들이 과연 문장 부사일 수 있겠느냐는 것이다. (3ㄹ,ㅁ)의 '다행히, 그러나' 같은 것들은 뒤에 오는 문장과 호응 관계를 이루어 문장 부사라고 할 수 있을지 모르나, (4ㄱ)의 '및' 같은 것은 앞말과 뒷말을 이어 주는 역할을 하는 것이지, 문장을 수식하는 것이 아니라는 말이다. 어떤 의미에서는 '그리고, 그러나' 같은 것도 진짜 후행 문장을 수식하고 있느냐는 문제 제기를 할 수 있다. 즉, '및'이나 '그러나, 그리고' 같은 것은 앞말과 뒷말을 단순히 이어 주는 접속 기능을 하는 것으로 볼 수 있다는 것이다. 만약 품사로서 접속사를 설정한다면 이들 모두는 그 범주에 넣을 수 있을 것이다.

둘째, 과연 부사가 체언을 수식할 수 있느냐는 것이다. 학교 문법에서는 부사로서의 (4ㄴ)의 '바로'와 (4ㄷ)의 '특히'가 뒤에 오는 체언 '그것'과 '학생들'을 각각 수식할 수 있다고 보고 있다. 부사는 용언을, 관형사는 체언을 수식하는 단어라고 정의를 내리는 입장에서 본다면, 체언을 수식하는 '바로'를 부사라고 보는 것은 문제가 있다. '바로'를 일반적으로 부사로 인정하면서 체언 수식의 기능도 한다고 하고 있어 품사 고정의 입장을 취하고 있는 것이다. '오직, 다만, 단지, 특히' 등에 대해서도 이런 품사 처리 방법을 따르고 있는데, 이는 형태와 기능의 일대일 대응을 의미하므로 기술에 있어서 간편할 수는 있으나, 학교 문법의 품사 통용 입장과 배치되는 것이어서 일관성 결여의 문제를 드러내고 있다.

한편, (4ㄹ)의 '여기'에 대하여 학교 문법에서는 용언을 수식하면 '부사', 뒤에 조사를 동반하면 '대명사'로 보고 있는데, 이는 즉 품사 통용 입장을 반영한다. (4ㅁ)에서도 '이'에 대해서 대명사와 관형사로 각각 보고 있으며, (4ㅂ)의 '다섯'에 대해서도 수사와 수 관형사로 각각 보고 있어서, 품사의 통용 입장을 견지하고 있다. 이는 '바로'에 대한 처리와 '여기' '이' '다섯'에 대한 처리가 일관성을 띠고 있지 못하다는 것을 보여 준다.

셋째, 부사라고 하는 것이 진정 무엇인지 생각해 볼 필요가 있다. 본래 명사, 대명사, 수사, 동사, 형용사, 감탄사 등은 의미에 따른 품사인데, 관형사나 부사는 기능에 따른 품사 명칭이다. 그것도 관형사는 체언을 수식하는 단어라 하여, 고정화하여 정의내리고 있다. 그러나 학교 문법에서 부사에 대해서는, 수식의 대상이 용언, 부사, 관형사, 체언, 문장 등 다양하다는 것이며, 나아가 앞말과 뒷말을 이어 주는 '및' 등도 부사의 범위에 넣으니, 정말 부사는 그 성격이 무엇인지 아리송하기까지 하다. 관형사의 특징으로 뒤에 다른 조사를 넣지 못한다고 했으나, 부사도 마찬가지로 넣지 못하는 경우가 많다(예 : *아주는 새 옷 ; *그러나도 날씨가 좋다.). 근본적으로 부사의 범위와 성격이 무엇인지 재고해 볼 필요가 있다.

> (5) ㄱ. 그는 이 근방에서 키가 <u>가장</u> 크다. / <u>멀리</u> 보아라.
> ㄴ. <u>이리</u> 오지 말고 <u>그리</u> 가거라. / <u>일찍이</u> 일어나야지. <u>입때</u> 일했는데……
> ㄷ. <u>못</u> 먹는 것이 아니라 <u>안</u> 먹는 것이겠지.
> ㄹ. <u>데굴데굴</u> 굴러서 <u>사뿐사뿐</u> 넘어라. / <u>울긋불긋</u> 단풍이 피었네.

부사는 의미에 따라서 성상 부사, 지시 부사, 부정 부사 등으로도 나눌 수 있다. 성상 부사는 성질이나 상태를 나타내고, 지시 부사는 '이리, 그리, 저리'와 같이 특정 대상을 가리키고, 부정 부사는 '못, 아니(안)'와 같이 부정의 뜻을 가지고 있는 부사이다. 성상 부사 가운데 사물의 소리와 모양을 흉내 내는 부사들을 각각 의성 부사, 의태 부사라고 한다. 성상 부사는 (5ㄱ)의 '가장'이나 '멀리'처럼 성질이나 상태를 나타내는 부사인데, (5ㄹ)의 의성 부사 '데굴데굴'도 여기에 속하고, (5ㄹ)의 의태 부사 '사뿐사뿐, 울긋불긋'도 여기에 속한다. 지시 부사는 (5ㄴ)의 '이리, 그리'처럼 공간을 나타내는 것과 '일찍이, 입때'처럼 시간을 나타내는 것으로 크게 나뉜다.

7.3. 감탄사

감탄사는 부름, 느낌, 놀람, 대답 등을 나타내면서, 다른 단어들에 비하여 비교적 독립성이 있는 단어를 가리킨다. 감탄사는 문장 속의 다른 성분에 얽매이지 않고 독립성을 가지므로 독립언(獨立言)이라 한다. 감탄사는 형태가 변하지 않으며 조사와 결합하지 않고 놓이는 위치도 비교적 자유로운 특징을 보인다.

감탄사는 상대방을 의식하지 않고 말하는 이의 놀람, 느낌을 나타내는 감정 감탄사, 상대방을 의식하며 자기의 생각을 나타내는 의지 감탄사, 단순 말버릇이나 아무 뜻 없이 더듬거리는 무의미 감탄사로 나누어진다.[2] 감정 감탄사는 (6ㄱ-ㅁ)의 '아, 아뿔싸, 에구머니, 어디, 빌어먹을'을, 의지 감탄사는 (6ㅂ-ㅇ)의 '여보, 네/예, 아서라'를, 무의미 감탄사는 (6ㅈ-ㅊ)의 '있지, 뭐'를 예로 들 수 있다.

(6) ㄱ. 아, 세월이 빠르구나.
　　ㄴ. 아뿔싸, 일이 그렇게 되고 말았구나.
　　ㄷ. 에구머니, 어쩌나?
　　ㄹ. 남편이 어디 어린앤가?
　　ㅁ. 빌어먹을! 무슨 일이 그래?
　　ㅂ. 여보, 우리 아이도 이제는 다 컸어요.
　　ㅅ. 네, 그래요.
　　ㅇ. 애야, 아서라, 그렇게 하면 안 돼.
　　ㅈ. 있지, 나 할 얘기가 있어.
　　ㅊ. 실직자 수당이라든가 뭐 그런 게 충분하면 좋으련만!

감탄사는 실제 발화 상황에서 독백이나 대화에 많이 사용되는 특징이 있다. 이러한 감탄사는 그 자체만으로도 화자의 의사를 분명하게 드러낼 수 있기 때문에 이를 완전히 별개의 문장으로 다루기도 한다. 흔히 문장 성분이 갖추어진 문장을 대형문(大型文)이라 한다면, 감탄사만으로 이루어진 문장은 소형문(小型文)이라고 하여 변별시키기도 하는 이유가 바로 이것이다.[3]

---

2) 감탄사 분류는 '감정적 느낌씨, 의지적 느낌씨'(최현배 1937), '감정적 느낌씨, 의지적 느낌씨, 입버릇, 더듬거림'(정인승 1956), '감정 감탄사, 의지 감탄사, 입버릇 및 더듬거림의 감탄사'(남기심·고영근 1993) 등 다양하게 나뉜다. 최호철(2000ㄱ : 366)에서는 '감탄사1(감정 감탄사), 감탄사2(감정 감탄사＋의지 감탄사), 감탄사3(감정 감탄사＋의지 감탄사＋입버릇 및 더듬거림)' 세 종류로 나누고 있다.
3) 국어의 소형문에 대한 자세한 논의는 성광수(1972), 윤평현(2003)에 제시되어 있다.

➔ 더 살펴보기

김경훈(1990, 1996), 김선희(1985, 1987), 민현식(1991ㄱ), 박선자(1996), 서상규(1984), 성광수(1972), 손남익(1995), 신지연(1988), 윤평현(2003), 임유종(1999), 정교환(1988), 정인승(1957), 최현배(1937), 최호철(2000ㄱ)

제3부

단어 형성

→ 제8장 파생어 형성

단어의 품사를 논하는 것은 결과론적 단어 모습이 어떤 성격을 갖고 있느냐에 초점을 맞춘 것이다. 이에 비해 단어가 어떻게 형성되어 있느냐를 논하는 것은 과정론적 단어 형성의 순서를 살핀 것이다. 이런 점에서 볼 때, 단어 구성론이라는 표현보다 단어 형성론이라는 표현이 보다 타당하다. 단어 형성론 차원에서 볼 때, 단일어는 논할 필요가 없다. 어근 하나로만 이루어졌기 때문이다. 어근과 접사로 이루어진 파생어와 어근 두 개 이상으로 이루어진 합성어만 단어 형성론의 대상이 된다. 이 둘을 합해서 복합어라고 한다. 파생어는 접사가 어근 앞에 붙는 접두 파생어와 어근 뒤에 붙는 접미 파생어로 나누어진다.

8.1. 접사의 종류와 특성

단어를 형성할 때 실질적 의미를 나타내는 중심 부분을 어근(語根)이라 하고, 어근에 붙어서 그 뜻을 제한하는 주변 부분을 접사(接辭)라고 한다. 의미를 나누는 기준이 여러 가지이지만, 어근이 갖고 있는 실질적 의미는 어휘적 의미를 뜻하는 게 보통이다. 접사는 어근의 뜻을 제한하는 기능을 한다고 했는데, 역시 형태소인 이상 의미를 갖고 있는 건 분명하다. 어휘적 의미에 상대적인 것은 문법적 의미인데, 조사와 어미 정도는 아니지만, 굳이 접사의 의미를 논한다면 어휘적 의미보다는 문법적 의미를 갖고 있다고 보는 게 일반적이다(3.1. 참조).

    (1) ㄱ. 풋사랑, 풋잠, 치솟다
       ㄴ. 톱질, 먹이, 잡히다, 어른스럽다.
       ㄷ. 좁쌀, 입때, 볍씨, 사잇소리

접사의 종류는 다양한데, 크게 위치, 분포량, 의미라는 기준에 따라서 나뉜다. 첫째, 접사의 위치에 따라 접두사와 접미사로 나뉜다. 접사는 어근과 결합하여 파생어를 형성하는데, 어근 앞에 붙으면 접두사(接頭辭)라 하고, 어근 뒤에 붙으면 접미사(接尾辭)라 한다. 어근 중간에 접사가 붙는 것도 생각해 볼 수 있는데 만약 이게 가능하다면 접요사(接腰辭)가 될 것이다. 국어 단어에는 접요사가 존재하지 않는다고 보는 게 일반적이다. (1 ㄷ)의 'ㅂ'과 'ㅅ'이 접요사라고 주장한 과거 견해가 있었으나, 엄밀히 말하면 어근 중간에 들어있는 게 아니고, 어근과 어근 사이에 들어있는 것일 뿐이다.[1] 접두사는 (1 ㄱ)의 '풋-, 치-'를 가리키며, 접미사는 (1 ㄴ)의 '-질, -이, -히-, -스럽-' 같은 것을 가리킨다.[2][3]

---

[1] '좁쌀'의 'ㅂ'의 성격에 대해서는 논란이 있을 수 있으나, 공시론적 차원에서 선행 '조'에 붙어서 어근 '좁'을 이룬다고 보는 게 일반적이다. 물론 통시론적으로 보면 'ㅂ'은 '쌀'의 'ㅂ'에서 온 것이겠지만, 공시적 설명상 다른 예들과 계열을 같이해서 선행 어근을 이룬다고 본다는 것이다. 이렇게 해야 '사잇소리'의 'ㅅ'이나 '풋사랑'의 'ㅅ'처럼 선행 어근 '사잇', '풋'의 일부로 처리할 수 있다.

[2] '치솟다'의 '솟-'이 어근, '치-'가 접사(접두사), '-다'는 어미이다. 접사는 파생어를 만든다 하여 파생 접사라고도 한다. 어미는 파생 접사와 대비하여 굴절 접사라고 부르기도 하는데, 이 경우 '굴절'이란 조사와 어미가 변하는 양상을 뜻한다. 학교 문법에서 접사와 어미를 구분하기 때문에 '굴절 접사'라는 용어를 굳이 도입할 필요는 없다고 본다.

[3] 파생어 중에 예외적으로 접사와 접사로 이루어진 단어들이 몇몇 있다. '풋풋하다, 풋내기, 핫둥이, 외롭다' 등이 그것들이다. 사실 이것들도 역사적으로 보면 어근의 성격을 지닌

(2) ㄱ. 미덥다(믿+업+다), 힘껏(힘+껏), 외롭다(외+롭+다), 개구리(개굴
+이), 많이(많+이)

　　ㄴ. 손찌검(손+찌검), 머금다(먹+음+다), 손뼉(손+뼉), 꼬락서니(꼴+
악서니), 그대(그+대)

　　ㄷ. 올벼(올+벼), 난쟁이(난+쟁이), 좋이(좋+이), 없이(없+이), 있이
(있+이)

　　ㄹ. 귀지(귀+에지), 숨바꼭질(숨+바꼭질), 꼬투리(꼬+투리), 자투리

둘째, 접사는 그 분포량에 따라 생산적 접사와 비생산적 접사(또는 제한
적 접사)로 나뉜다. (2ㄱ)에서 사용된 접사 '-업, -껏, -롭-, -이'는 많은
어근과 함께 나타나는 생산적 접사이며, (2ㄴ)에서 사용된 접사 '-찌검,
-음-, -뼉, -악서니, -대'는 한두 개 어근과만 결합하는 비생산적 접사이
다. 어근도 마찬가지로 생산적 어근과 비생산적 어근으로 나뉜다. (2ㄷ)의
'올-, -쟁이, -이'는 많은 어근과 결합하는 생산적 접사이고, (2ㄹ)의 '-지
/-에지, -바꼭질, -투리'는 한두 개 어근과만 결합하는 비생산적 접사이
다.4) 일반적으로 한두 개 용례만 있는 것은 비생산적 접사, 그 이상 용례
가 발견되는 것은 생산적 접사라고 한다.

셋째, 통사 구조에 영향을 미치는지, 또 품사에 변화를 주는지 여부에
따라 접사가 나뉘기도 한다. 어근의 의미에 부가적인 의미만을 덧붙이는
것을 한정적 접사라 하고, 문장 통사 구조에 영향을 미치거나 품사 변화
에 영향을 주는 것을 통사적 접사(또는 지배적 접사)라고 한다. 접두사는 대
부분 의미를 덧붙이는 한정적 접사에 속하고(1ㄱ), 접미사는 개별적인 특
성에 따라 한정적 접사도 있고 통사적 접사도 있다. '톱질, 손찌검'에서의

형태를 갖고 있었다. '-하다, -내기, -퉁이, 외-' 등이 그러하다. 그러나 공시적으로 볼
때 이것들은 모두 접사로 표준국어대사전에 등재되어 있다.
4) '귀지'는 본래 '귀에지'에서 온 말이다. 즉, '귀에지'와 '귀지'가 대립하다가 '귀지'가 보다
'두루 쓰는' 형태가 되어 표준어로 선정되었다. '귀지가 많다. 귀지를 파다. 귀지를 후비
다.' 등 용례가 보인다.

'-질, -찌검'과 같이 품사를 바꾸지 않는 것이 있는가 하면, '있이, 좋이'
의 '-이'처럼 용언을 부사로 바꾸거나, '개구리'의 '-이'처럼 부사를 명사
로 바꾸거나, '어른스럽다'의 '-스럽-'처럼 명사를 형용사로 바꾸는 것도
있다. 물론 사동, 피동 접사가 붙은 '먹이다, 잡히다' 같은 경우는 문장의
통사 구조를 바꾼다. 예컨대, '경찰이 도둑을 잡았다.'라는 능동문을 피동
문 '도둑이 경찰에게 잡혔다.'로 바꾸면, 주어와 목적어 등 문장 성분에
변화가 일어나게 된다. 접미사 '-님' 같은 경우는 '선생님께서 책을 보신
다.'에서 마치 '-시-'와 밀접한 관련이 있어 보이기도 하나, '선생께서 책
을 보신다.'도 가능하기 때문에 통사적 접사로 보기에는 어려움이 있다.
　　접사 종류의 다양성만큼이나 특성도 여러 가지이다. 첫째, 접사의 의미
는 실질적 의미가 아닌 의미 자질로 보아야 한다. 통사적 접사와 같은 문
법적 접사의 의미는 물론이겠지만, '덧붙이다' 같은 경우에 접두사 '덧-'
은 '나 더 줘.'에서 보이는 부사 '더'의 의미와는 차이가 있다는 것이다.
이런 접사 의미의 특성을 의미의 약화라고 말하기도 한다. 둘째, 접사는
허사로서 비자립성을 띤다. 이는 접사가 홀로 자립적 단어나 어근으로 쓰
이지 않는다는 것이다. 혹, 의존 용언, 의존 명사도 비자립적이 아니냐 하
고 의문을 제기할 수도 있겠으나, 그것들과 접사는 차원이 다르다. 의존
용언, 의존 명사는 단어로 이미 인정된 상태에서 의존성 여부를 따지는
것들이다. 셋째, 분포의 제한성도 접사의 특성이다. 접사는 모든 어근에
붙는 게 아니라는 말이다. 비록 쓰임새가 많은 생산적 접사라 하더라도,
예컨대 피동 접사 '-이-, -히-, -리-, -기-' 같은 경우 모든 자동사 어근
에 붙지는 않는다. 사실 분포에 제한이 없다면 그건 더 이상 접사가 아니
라 조사와 어미와 같은 굴절 요소로 설정될 것이다.

(3) ㄱ. 아이를 무릎에 앉히면 아이의 얼굴 높이가 아빠와 같았다.
　　ㄴ. 해가 높이 뜰 때까지 전갈을 기다렸으나 아무도 오지 않았다.

ㄷ. 깨끗한 도복을 입고 머리에는 흰 띠를 하셨다.

ㄹ. 우리는 민족 중흥의 역사적 사명을 띠고 이 땅에 태어났다.

ㅁ. 그 여자 품에는 살이 통통 오른 아기가 <u>안겨</u> 있다.

ㅂ. 나는 남편에게 아기를 <u>안겨</u> 준 다음 설거지를 하러 갔다.

접사 논의에서 빠지지 않는 것은 영파생(零派生) 접사이다. 파생 현상 가운데 통사적 파생은 품사가 바뀌거나 통사 구조가 바뀌는 것을 나타낸다. 이때 일정한 표지 없이 그런 역할을 하게 하는 요소가 과연 무엇인가 하는 것이다. (3ㄱ)의 '높이'는 명사이고 (3ㄴ)의 '높이'는 부사이다. 명사 '높이'를 기본형으로 하고 눈에는 보이지 않는 영접사가 붙어서 품사를 바꾸게 했다는 설명이다. (3ㄷ)의 명사 '띠'에다가 영접사를 붙여서 (3ㄹ)의 동사 '띠다'의 어간이 되도록 했다는 것이며, (3ㅁ)의 피동사 '안기다' 어간 '안기-'에 영파생 접사가 붙어서 (3ㅂ)의 사동사 '안기다'의 어간 '안기-'로 변했다는 설명이다. 물론 반대로 기본형을 잡을 수도 있다. 이런 영파생 접사 설명은 매우 유용하여, 이론 문법에서 많이 받아들여지고 있다. 그러나 학교 문법에서는 기본적으로 품사의 통용 입장을 견지하고 있다. 마찬가지로 (3)의 '높이, 띠(다), 안기다'도 그렇게 설명이 가능하다. 형태는 하나로 고정시켜 놓고 이렇게도 쓰이고 저렇게도 쓰인다는 품사 통용 입장으로 보는 것이다.

8.2. 접두 파생어

어근 앞에 접두사가 오는 파생어를 접두 파생어라 한다. 접두사는 접미사에 비하여 그 숫자가 적고, 분포하는 곳도 명사, 동사, 형용사에 한정되어 있다. 또한 접두사는 어근의 품사를 바꾸는 경우가 거의 없다.

(4) ㄱ. 군것, 군글자, 군기침, 군말, 군불, 군살, 군소리, 군손질, 군침 ;
　　　군사람, 군식구
　　ㄴ. 헛고생, 헛걸음, 헛기침, 헛농사, 헛소리, 헛수고, 헛일
　　ㄷ. 짓고생, 짓망신, 짓북새
　　ㄹ. 헛늙다, 헛돌다, 헛듣다, 헛디디다, 헛먹다, 헛보다
　　ㅁ. 짓구기다, 짓누르다, 짓밟다, 짓이기다, 짓찧다
　　ㅂ. 새빨갛다 / 시뻘겋다, 새파랗다 / 시퍼렇다, 새까맣다 / 시꺼멓다,
　　　샛노랗다 / 싯누렇다
　　ㅅ. 시아버지, 시어머니, 시누이, 시부모, 시아주머니 ; 양배추, 양변
　　　기, 양약, 양담배, 양송이

　(4ㄱ~ㄷ)은 명사의 예이다. (4ㄱ)의 접두사 '군-'은 '쓸데없는'의 뜻이
나 '가외로 더한', '덧붙은'의 뜻을 더하는 접두사인데, '군것, 군글자, 군
기침, 군말, 군불, 군살, 군소리, 군손질, 군침'에서 '군-'이 전자, '군사람,
군식구'의 '군-'이 후자 뜻을 띠고 있다. (4ㄴ)과 (4ㄹ)의 접두사 '헛-'은
명사와 동사에 각각 사용된 예이다. (4ㄴ)의 '헛-'은 '보람 없는'의 뜻을,
(4ㄹ)의 '헛-'은 '보람 없이'의 뜻을 지니고 있어, 둘은 근본적으로 동일한
것이라고 말할 수 있다. 단지 명사 앞에 쓰여서 관형사성 접두사냐 동사
앞에 쓰여 부사성 접두사냐의 차이만 보일 뿐이다. (4ㄷ)과 (4ㅁ)의 '짓-'
도 명사와 동사 어근 앞에 모두 나타나는 접두사이다. (4ㄷ)의 '짓-'은 '심
한'의 뜻을 더하고, (4ㅁ)의 접두사 '짓-'은 '마구, 함부로, 몹시'의 뜻을
더하는 접두사이다. 이 둘도 근본적으로 동일한 뜻을 갖고 있다고 할 수
있으며, 단지 관형사성이냐 부사성이냐의 차이만 보인다고 하겠다. 이에
비해 (4ㅂ)의 접두사 '새-/시-' '샛-/싯-'은 형용사 어근 앞에 와서 다른
파생 형용사를 만들어 내는 접두사이다. 이들은 모두 '매우 짙고 선명하
게'의 뜻을 갖고 있는 접두사인데, 형용사에만 사용된다. 용언에서 사용되
기 때문에 부사성 접두사에 속한다.

한편, (4ㅅ)에서 사용된 '시-, 양-'은 모두 한자어에서 온 접두사이다. '시(媤)-'는 '남편의'라는 뜻을 갖고 있는 접두사로 생산성이 높은 편이다. '양(洋)-'은 '서구식의' 또는 '외국에서 들어온'의 뜻을 갖고 있는데, 역시 여러 군데 많이 사용된다.5)

접두사 논의에 있어서 (4ㅅ)의 '시부모' 같은 것은 결과론적으로 보면, '시-'는 접사, '부'와 '모'는 어근이다. 만약 '시부'가 먼저 결합되고 '모'가 나중에 결합된다고 본다면, '시부모'는 파생어가 아닌 합성어가 된다. 즉, 어근이 두 개 있다고 해서 무조건 합성어가 되는 게 아니고, 성분들이 결합하는 순서가 중요한 역할을 한다는 것이다. 사실 (4ㄱ)의 '군식구', (4ㄴ)의 '헛고생, 헛농사, 헛수고'도 모두 '시부모'와 같은 구성을 보인다. 먼저 '부모, 식구, 고생, 농사, 수고'가 형성되고, 이어 접두사가 붙어서 파생어가 된다는 것이다. 이는 단어 구성이 아니라 단어 형성이라고 명명하는 것과 밀접한 관련이 있다.

(5) ㄱ. 앳되다, 숫되다
　　ㄴ. 메마르다, 강마르다

접두사는 어근의 품사를 바꾸는 예가 거의 없다. (4)에 쓰인 접두사 '군-, 헛-, 짓-, 새-/시-/샛-/싯-, 시(媤)-, 양(洋)-'은 본래의 품사를 바꾸지 않는다. 그러나 모든 접두사가 품사를 바꿀 수 없는 것은 아니다. (5ㄱ)을 보면, 접두사 '앳-, 숫-'은 동사 '되다' 앞에 붙어서 '앳되다, 숫되다'라는 형용사를 파생시킨다. 또한 (5ㄴ)에서도 접두사 '메-'와 '강-'이 동사 '마르다'에 붙어 형용사 '메마르다, 강마르다'를 파생시키고 있음을 볼 수 있다.

---

5) 한편, 이런 접두사들이 갖고 있는 뜻은 근본적으로 어근이 갖는 의미와 큰 차이가 있지 않다고도 볼 수 있을 것이다. 만약 고유어 접두사가 예전 중세 시대에는 대부분 어근이었던 사실을 염두에 두고, 그 의미를 현대 국어에서도 그대로 인정한다면, 국어에 접두사는 없다고 주장할 수도 있을 것이다.

8.3. 접미 파생어

어근 뒤에 접미사가 붙어 이루어지는 단어를 접미 파생어라 한다. 접미
사는 접두사보다 훨씬 더 종류가 많은데, 그 숫자는 물론이고 명사, 대명
사, 수사, 동사, 형용사, 관형사, 부사, 조사 등 다양한 품사의 파생어가 존
재한다. 접두사가 어근의 품사를 바꾸는 경우가 매우 한정되어 있으나, 접
미사는 어근의 품사를 바꾸는 경우가 많다.

> (6) ㄱ. 높이, 달리기, 개구리, 지우개, 오르막, 장난꾸러기, 복동이 ; 그
> 　　　 대, 너희 ; 셋째, 다섯이
> 　　ㄴ. 먹히다, 키우다, 떨어뜨리다 ; 새롭다, 깨끗하다
> 　　ㄷ. 과학적, 이까짓 ; 멀리, 비로소
> 　　ㄹ. 이라도, 부터 ; 좋다, 야아

(6ㄱ)은 파생 체언을 나타낸다. 앞에 나온 파생 명사들은 각각 '-이,
-기, -이, -개, -막, -꾸러기, -동이' 같은 접미사를 통해서 만들어진 것
이다.6) '그대, 너희'는 '-대, -희' 같은 인칭 접미사를 통해 나온 파생 대
명사들이며, '셋째, 다섯이'는 순서를 나타내는 접미사 '-째'와 인칭 접미
사 '-이'가 붙어서 이루어진 파생 수사이다. '우리 셋째가 한번 말해 보
자.'라는 문장에서는 접미사 '-째'가 순서와 인칭을 나타낸다. 파생어 '다
섯이'는 '학생들 다섯이서 걸어가네.'에서처럼 사용되는 경우를 가리키는
데, '서'는 이때 일종의 주격 조사라고 할 수 있고, '다섯이' 자체가 인칭

---

6) (6ㄱ)의 '복동이'는 '복(福)+동(童)+이'로 분석하는 게 타당할지도 모른다. 즉, '복스러운
아이'를 뜻하는 '복동'이 불완전하여 인칭 접미사 '-이'를 붙여서 완성형인 '복동이'를
파생시켰다는 것이다. '귀염둥이' 같은 경우도 '귀엽+음+동(童)+이'로 형태소 분석이
될 수 있다는 것이다. 이러한 태도는 어원론적 분석 방법에 해당한다. 현재 표준국어대
사전에 따른 학교 문법 차원에서는 '-동이, -둥이' 전체를 사람을 나타내는 접미사로 보
고 있다.

의미를 갖고 있는데, 바로 이때 접미사 '-이'가 인칭의 뜻을 보인다.

(6ㄴ)은 파생 동사와 파생 형용사를 보인 것이다. '먹히다, 키우다, 떨어뜨리다'는 각각 피동 접미사 '-히-', 사동 접미사 '-이-, -우-', 강세 접미사 '-뜨리-'가 붙어서 파생 동사가 된 것이다. 또한 '새롭다, 깨끗하다'는 관형사 '새', 불구 어근 '깨끗-'에 접미사 '-롭-, -하'가 붙어서 파생 형용사가 된 것이다.[7] (6ㄷ)의 관형사 '과학적, 이까짓'은 명사 '과학'에 접미사 '-적', 대명사 '이'에 접미사 '-까짓'이 붙어서 파생 관형사가 된 것이다. 또한 (6ㄷ)의 부사 '멀리, 비로소'는 형용사 '멀-'에 '-이', 불구 어근 '비롯-'에 '-오'가 붙어서 파생 부사가 된 것이다. (6ㄹ)의 조사 '이라도, 부터'는 서술격 조사 '이다'에 '-도', 동사 어근 '붙-'에 '-어'가 붙어서 파생 조사가 된 것이다. '이다+도'가 '이라도'로 변한 양상이다.[8]

> (7) ㄱ. 나무꾼, 낚시꾼, 살림꾼, 지게꾼, 짐꾼, 춤꾼 ; 구경꾼, 일꾼, 장꾼
> ㄴ. 걸음, 믿음, 울음, 죽음 ; 가르침, 느낌, 도움, 모임, 싸움
> ㄷ. 없음, 있음 ; 게으름, 괴로움, 귀여움, 기쁨, 슬픔, 아픔, 외로움, 즐거움
> ㄹ. 멋쟁이, 허풍쟁이, 무식쟁이, 점쟁이, 요술쟁이 ; 담쟁이, 소금쟁이 ; 골목쟁이
> ㅁ. 간판장이, 땜장이, 옹기장이
> ㅂ. 나이배기, 진짜배기, 두 살배기, 한 살배기
> cf. 뚝배기, 학배기

---

7) '새롭다'의 '새'를 관형사라고 안 것은 현대 국어에서 '새'가 '새 학교'에서처럼 관형사로 사용된 것을 염두에 둔 것이다. 그렇지만 역사적으로 볼 대 '새'가 중세 때에 명사로 사용되었다는 점을 염두에 둔다면 명사 '새'에 접미사 '-롭-'이 붙어서 '새롭다'라는 형용사로 형성되었다고 말하는 것이 더욱 타당할지도 모른다.

8) 감탄사에 파생어가 존재하는지는 확언할 수 없다. '좋다, 야아' 같은 감탄사를 파생 감탄사라고 할 수 있을지 모르나, 이는 학교 문법에서 인정하는 품사 통용 차원에서 보면 파생어라고 하기 어렵다.

접미사가 다양하다고 했는데, 종류의 다양성만큼이나 특성도 여러 가지이다. (7ㄱ)의 접미사 '-꾼'과 (7ㄴ, ㄷ)의 접미사 '-음'은 매우 생산적인 접미사임에 비해서, (6ㄱ)의 '-막, -희'나 (6ㄷ)의 '-까짓' 같은 접미사는 쓰임이 한정적이다. 접미사들은 어미나 조사가 아니기 때문에 본래 쓰임에 있어서 제한적인 성격을 갖고 있다. 따라서 '-꾼, -음'이 아무리 생산적이라 해도 어떤 단어 어근에나 붙는 것은 아니다. (7ㄱ)의 접미사 '-꾼'은 본래 '군'에서 온 것인데, [꾼] 발음이 보편성을 띠게 되어서 '-꾼'으로 인정된 것이다. '-꾼'은 '어떤 일을 전문적 또는 습관적으로 하는 사람'을 뜻하거나, '어떤 일 때문에 모인 사람'을 뜻한다. (7ㄴ)은 동사 어간에 접미사 '-음'이 붙어 파생 명사가 된 것이다. 앞의 '걸음, 믿음' 등은 '-음' 형태를 그대로 유지하나, 뒤의 '가르침, 느낌' 등은 '으'가 탈락된 형태이다. (7ㄷ)은 형용사 어간에 접미사 '-음'이 붙은 것이다. 앞의 '없음, 있음'은 '-음' 형태를 그대로 유지하나, 뒤의 '게으름, 괴로움' 등은 '으'가 탈락된 것이다. '괴로움, 귀여움, 외로움, 즐거움'은 '괴롭+음, 귀엽+음, 외롭+음, 즐겁+음' 구성에서 어간의 'ㅂ'이 반모음 'ㅗ/ㅜ(w)'로 변한 것이다.

형태가 비슷하거나 같다고 하더라도, 의미에 따라 달리 사용되는 접미사도 있다. (7ㄹ)의 앞부분에 있는 '멋쟁이, 허풍쟁이' 등의 접미사 '-쟁이'는 사람의 성질이나 특성, 행동, 직업을 나타내는 명사 뒤에 붙어 그러한 특성을 가진 사람을 가리키거나 낮추어 이르는 말이다. 이에 비해 (7ㅁ)의 '-장이'는 명사에 붙어 '그것을 직업으로 만들거나 하는 사람'을 뜻하는 접미사이다. '땜장이'는 깨지거나 구멍이 난 그릇이나 기구를 고치거나 때우는 일을 직업으로 하는 사람, '옹기장이'는 옹기를 만드는 것을 업으로 하는 사람을 뜻한다. 한편, 같은 '-쟁이'라 하더라도 (7ㄹ) 뒤 부분에 있는 '담쟁이, 소금쟁이'의 '-쟁이'는 생물 명칭으로 쓰이고 '골목쟁이'의 '-쟁이'는 골목에서 좀 더 깊숙이 들어간 어느 곳을 의미하는 뜻으로 쓰이고 있다.

(7ㅂ)의 '나이배기, 진짜배기'의 접미사 '-배기'도 '그것이 들어 있거나 차 있음, 혹은 그런 물건'을 뜻하고 있다. '나이배기'는 겉보기보다 나이가 많은 사람을 낮잡아 이르는 말이며, '진짜배기'는 '진짜'를 속되게 이르는 말이니, 부정적 가치 부여가 되어 있는 말이라 할 수 있다. '두 살배기', '한 살배기' 같은 명사구에서 사용되는 '배기'는 '그 나이를 먹은 아이'라는 뜻을 나타내는 접미사이다. 또한 '뚝배기, 학배기'는 단일 형태소로 보아 '배기'를 따로 접미사로 보지 않는 게 일반적 경향이다. '뚝배기'는 찌개 따위를 끓이거나 설렁탕 따위를 담을 때 쓰는 오지 그릇을 뜻하고, '학배기'는 잠자리 애벌레를 뜻한다.

    (8) ㄱ. 글썽거리다, 글썽대다, 글썽이다, 글썽글썽하다
       ㄴ. 훌쩍거리다, 훌쩍대다, 훌쩍이다, 훌쩍훌쩍하다
       ㄷ. 반짝거리다, *²²²반짝대다, 반짝이다, 반짝반짝하다
       ㄹ. 으르렁거리다, 으르렁대다, *²²²으르렁이다, 으르렁으르렁하다
       ㅁ. *아찔거리다, *²²²아찔대다, *²²²아찔이다, 아찔아찔하다

접미사 가운데 '-거리-, -대-, -이-, -하-'도 부사를 용언으로 만드는 데 많이 사용되는 것들이다. (8ㄱ,ㄴ)에서 보면 이런 사실을 확인할 수 있다. 그런데 이들 접미사는 단어에 따라 쓰임이 다름을 알 수 있다. (8ㄷ)에서는 '*²²²반짝대다'가 어색하고, (8ㄹ)에서는 '*²²²으르렁이다'가 어색하다. 또, (8ㅁ)에서는 '*²²²아찔거리다, *²²²아찔대다, *²²²아찔이다'가 모두 어색하다. 현재로서는 이 단어들이 사전에 표제어로 등재될 수 없는 단어로 파악된다. 한편, 의성·의태 부사가 겹쳐져서 접미사 '-하-'가 붙은 '글썽글썽하다, 훌쩍훌쩍하다' 및 '반짝반짝하다, 으르렁으르렁하다, 아찔아찔하다'가 모두 가능한 단어로 인정되는 것은 첩어 부사와 '-하-' 접미사의 특성이라고 말할 수 있을 것이다.

    (9) ㄱ. 논리적 설명 ; 논리적인 설명 ; 논리적으로

        ㄴ. 적극적 대처 / 적극적으로 / 매우 적극적이다 / 적극적이 아니다

        ㄷ. 촌스럽다 / *촌적, 한가롭다 / *한가적, 정답다 / *정적, 고독하다 /
           *고독적, 복되다 / 복스럽다 / *복적

        ㄹ. *도시스럽다 / *도시답다 / *도시롭다 / *도시하다 / *도시되다 / 도
           시적

        ㅁ. 그림을 그림이 나의 취미다. / 이런 그림을 잘 그리기가 쉽다.

        ㅂ. 야, 너 오늘 죽음이야.

        ㅅ. 오늘 축구 경기 한 마디로 끝내줬음이야. 어제 그 둘 말이야, 정
           말 장난 아니었음이야.

        ㅇ. 말하기, 듣기, 읽기, 쓰기는 국어 사용 기능 영역의 핵심이다.

        ㅈ. 우리말의 {띄어쓰기 / *띄어쏨}는 잘 띄어 쓰기가 참 힘들어.

        ㅊ. 평화적, 공부하다, 새큼달큼하다

   접미사 논의에 있어서 몇 가지 논란이 되고 있는 것들은 다음과 같다. 첫째, (9ㄱ)에서 보듯이 접미사 '-적'이 붙은 파생어를 관형사로 볼 것인가 명사로 볼 것인가 하는 점이다. '논리적'만 쓰였으면 관형사, '논리적인, 논리적으로'처럼 뒤에 조사가 붙었으면 명사로 보는 것이 학교 문법 입장이다. (9ㄱ,ㄴ)에서 보듯이 '논리적, 적극적'처럼 접미사 '-적'이 붙은 명사 뒤에 올 수 있는 조사는 '이다, 으로, 이'뿐이다. (9ㄱ)처럼 뒤에 명사가 오는 경우에는 서술격 조사 '이다'의 관형사형인 '인'이 주로 온다. 관형사 뒤에 다른 조사가 오지 못한다는 점을 염두에 두고, 서술격 조사 '이다'를 논외로 한다면, 명사 앞에 오는 '논리적'은 관형사가 된다. 물론 '논리적인'의 '논리적'은 뒤에 서술격 조사 '이다' 형이 왔으니 명사가 된다.

   둘째, 역시 '-적'과 관련된 것으로, 접미사 '-적'이 접미사 '-스럽-, -롭-, -답-, -하-, -되-'와 상보적 분포를 보인다는 점도 주목할 만하다. '-적'은 본래 한자어에 붙어 파생어를 만드는데, (9ㄷ)에서 보듯이 '-스럽-, -롭-, -답-, -하-, -되-' 접미사가 한자어 어근 뒤에 그 어떤 하나

라도 올 수 있다고 하면, '-적' 파생이 되지 않는다는 것이다. (9ㄹ)에서처럼 '-스럽-, -롭-, -답-, -하-, -되-' 접미사 어느 것도 오지 못해야 비로소 '-적' 파생어가 가능하다. '-적' 파생어는 의미상으로 형용사에 가까워서 이들 형용사화 접미사와 자주 비교되곤 한다. '-적'이나 이들 형용사화 접미사는 '어근의 속성이 풍부히 있음'의 뜻을 갖고 있다.

셋째, 명사화 접미사 '-음'이 명사형 어미와 변별되기 어려운 경우가 있다. 일반적으로 (9ㅁ)에서 보듯이 앞의 '그림'은 영어 'picture'로 번역해야 하는 명사로, 이때 '-음'은 명사화 접미사가 되지만, 뒤의 '그림'의 '-음'은 영어 'drawing'으로 번역해야 하는 동사로, 이때 '-음'은 명사형 어미가 된다. (9ㅁ)의 '그리기'의 '-기'도 명사형 어미이다. 그런데, (9ㅂ)의 '죽음이야'의 '-음', (9ㅅ)의 '끝내줬음이야'와 '아니었음이야'의 '-음'은 접미사인지 어미인지 확정짓기가 어렵다. (9ㅅ)에 쓰인 '끝내줬음이야'와 '아니었음이야'는 품사가 각각 동사와 형용사로 파악된다. 과거 시제 선어말 어미가 들어갈 수 있는 것이 한 이유고, 또 주어와 서술어라는 서술 관계가 파악되는 게 또 한 이유이다. 그런데, (9ㅂ)의 '죽음이야'는 사정이 다르다. 일단 과거 시제 선어말 어미가 들어가지 못한다. 확신하는 의미가 있기 때문에 '죽었음이야'가 가능해야 되나 기실 그렇게 사용되지 못한다는 것이다. 서술 관계는 고려해 볼 수 있으나, 그것도 몇 단계 유추를 통해서나 가능하다. 분명한 것은 (9ㅂ,ㅅ) 두 문장 모두 정상적인 문장이 아니라는 점이다.

넷째, 명사화 접미사 '-기'와 명사형 어미 '-기'를 구분하는 것도 쉽지만은 않다. (9ㅇ)의 '말하기, 듣기, 읽기, 쓰기'와 (9ㅈ)의 '띄어쓰기'의 '-기'는 명사화 접미사이고, (9ㅈ)의 '잘 띄어 쓰기'의 '-기'는 명사형 어미이다. '띄어쓰기'는 관형어 '우리말의'의 수식을 받기 때문에 명사가 되고, '띄어 쓰기'는 '잘'이라는 부사어의 수식을 받기 때문에 '띄어', 그리고 '쓰기'가 용언이 된다. (9ㅁ)의 '이런 그림'에서 '그림'이 파생 명사로

'-음'은 명사화 접미사가 되며, '잘 그리기'에서 '그리기'는 동사로 '-기'
가 명사형 어미가 된다.

다섯째, 접미사에서도 단어 파생의 과정은 중요한 의미를 띤다. (9ㅊ)
에서 어근 '평-'과 '-화'가 먼저 결합하여 '평화'가 되고, 여기에 접미
사 '-적'이 붙어서 파생어가 된다. '공부하다'도 마찬가지다. '공부(工夫)'
라는 한자어에 '-하-'라는 접미사가 붙어서 '공부하-'가 이루어진 것이
다. 어근의 개수와 상관없이 최종적으로 결합된 것이 무엇이냐에 따라서
단어의 정체성이 결정된다는 것이다. '새큼달큼하다'도 어근 '새큼-'과
'-달큼'이 결합한 후에, 접미사 '-하-'가 붙어서, 결국 파생어 '새큼달큼
하다'가 이루어지게 된 것이다. 따라서 '새큼달큼하다'도 파생 형용사로
분류된다.[9]

---

9) '-하-'가 과연 접미사냐 하는 데에는 의문이 제기될 수 있다. '공부하다'는 '공부를 하다'
로 분리될 수 있는데, 이 경우 '하다'는 독립 용언으로서 '하-'는 당연히 어근이 된다.
'새큼달큼하다'에서도 '새큼달큼은 하다'를 보면 '하-'가 어근으로 기능한다고 할 수 있
다. 본래 '하다'는 구체적인 행위를 하는 실체성 '하다'와 단지 서술어로 만드는 형식성
'하다'로 대별할 수 있다. 학교 문법에서는 후자 성격의 '하다'의 '-하-'를 접미사로 보고
있다. 이는 재고의 필요가 있다고 본다. 참고로 『표준국어대사전』(1999)에 표제어로 올라
있는 '공부하다'도 파생어로 분류되어 있다. '하다'의 성격에 대한 전반적 논의는 서정수
(1975) 참조.

⊖ 탐구하기

1. 접사의 개념과 종류
2. 접두사와 접미사의 공통점과 차이점
3. 접사와 조사·어미의 공통점과 차이점
4. 접두사와 관형사 및 부사의 변별 기준
5. 접두 파생어의 특성
6. 접미 파생어의 특성
7. 다음 예에서 접미사의 특성을 지적하라.

   (1) 논리적 설명, 논리적인 설명, 논리적으로, 논리적이네.

   (2) 촌스럽다, 정답다, 고독하다, 복되다

   (3) [?]그림을 그림

      그림을 그리기

      말하기, 듣기는 중요 영역이지.

   (4) ^{??}넌 오늘 죽음이야. ^{??}오늘 죽여줬음이야.

⊖ 더 살펴보기

고영근·구본관(2008), 고창수(19920, 교육인적자원부(2002ㄴ), 구본관(1995, 2003ㄴ),
남기심·고영근(1993), 송철의(1992, 1998, 2000), 서태룡(2000), 시정곤(1994),
왕문용·민현식(1993), 이경우(1990), 이관규(1989), 이남순(2000), 이양혜(2000),
최형용(2003), 허웅(1995)

→제9장 합성어 형성

합성어(合成語)는 어근과 어근이 합쳐져서 만들어진 단어이다. 국어에서 파생어가 만들어지는 것이 생산적인 것처럼 합성어가 만들어지는 것도 생산적이다. 합성어도 결과론적 현상이 아니라 과정론적으로 파악해야 한다. 합성어는 어근 두 개 이상이 연결된 단어이기 때문에, 어근 두 개는 물론, 어근 세 개로 이루어진 것도 있으며, 어근과 접사 붙은 것에 다시 어근이 붙어서 된 것도 있다.

9.1. 어근의 종류와 특성

합성어의 구성 요소는 일차적으로 어근(語根, root)이다. 어근은 단어의 뿌리가 되는 것으로, 합성어 의미 형성에 일차적인 중요성을 가진다. 모든 단어는 어근을 최소 한 개 이상 갖는다. 어근이 하나면 단일어, 두 개 이상이면 합성어. 이런 식으로 이야기하는 것도 어근의 중요성을 대변하는 것이다. 어근은 생산적 어근과 비생산적 어근으로 나뉜다.

(1) ㄱ. 훌쩍거리다, 훌쩍대다, 훌쩍이다, 훌쩍훌쩍하다

ㄴ. 나무젓가락, 나뭇조각, 나뭇가지, 나뭇잎

ㄷ. 아름답다, 쳐다보다, 오랫동안

ㄹ. 벌벌, 살살, 알쏭달쏭

(1ㄱ,ㄴ)에서 '훌쩍, 나무'는 많은 단어에서 나타나는 생산적 어근이며, (1ㄷ,ㄹ)의 '아름-, 치-, 오랫-, 벌-, 살-, 알쏭-' 등은 해당 단어에서만 나타나는 비생산적 어근이다. 보통 한 개나 두 개 단어에서만 보이면 비생산적 어근이라고 한다. 비생산적 어근은 제한적 어근이라고도 하는데, 그 쓰임이 지극히 제한되어 있다는 의미이며, 보편적으로 쓰이지 못한다 해서 불구 어근이라고도 한다.

(1ㄷ)의 '쳐다보다'는 '치+어다+보+다'로 분석되는데, 연결 표지가 '-어다-'인 것이 특이하며, 선행 '치-'의 쓰임이 어근일 수밖에 없고, 그것도 바로 '쳐다보다' 단어에서만 사용된다. '치솟다' 같은 경우의 '치-'는 접두사로 파악되는 게 일반적이다. 어근으로서의 '치-'는 구체적, 접두사로서의 '치-'는 추상적이라는 차이만을 보여 정확히 구분하긴 쉽지 않다. '오랫동안'에서는 '오랫-' 자체가 어근이라고 해야 한다. 만약 'ㅅ'을 떼어 내어 '오래+ㅅ+동안'으로 형태소 분석을 하면, 'ㅅ'의 정체성이 불분명해진다. 'ㅅ'을 음성학적 흔적으로 보아, 그냥 '오래+동안'으로 형태소 분석하는 방안도 생각해 볼 수 있을지 모른다. 그러나 교육 차원에서는 가시적으로 나타나는 'ㅅ'을 선행 형태소에 덧붙는 것으로 나타내어, 결국 '오랫+동안'으로 형태소 분석을 하게 된다. (1ㄹ)에 제시된 합성어는 똑같거나 유사한 형태의 어근이 반복 제시된 합성어이다. 즉 반복 합성어라는 말이다.

(2) ㄱ. 강산(江山), 창문(窓門) ; 학교(學校), 경중(輕重), 각목(角木)

ㄴ. 춘추(春秋), 모순(矛盾), 백미(白眉)

ㄷ. 국방군(國防軍), 평행선(平行線)

    cf. 남녀 공학(男女共學)
   ㄹ. 노래방(--房), 바탕색(--色)
   ㅁ. 산골짜기(山---), 초여름(初--), 초가을(初--)

  (2)는 한자가 결합하여 합성어가 된 예들이다. 한자는 본래 표의 문자이기 때문에 한자 하나하나는 어근을 이룬다. (2ㄱ)에서처럼 개별 한자 '강, 산 ; 창, 문'은 각각 사용되기도 하며, 실질적 의미를 띠고 있는 어근이기 때문에, 합쳐진 '강산, 창문'은 합성어가 된다. 물론 '학-, -교 ; 경-, -중 ; 각-, -목'처럼 자립성이 없는 한자들도 각각 실질적 의미를 갖고 있기 때문에 '학교, 경중, 각목'이 모두 합성어가 된다. (2ㄱ)에 있는 한자어 합성어들은 개별 한자가 갖고 있는 어근 의미를 유지하고 있으나, (2ㄴ)에 있는 것들은 개별 한자 어근이 갖고 있었던 어근 의미를 유지하지 못하고 있다. '춘추'는 봄과 가을이 아닌 '나이', '모순'은 창과 방패가 아닌 '불합리한 사실 ; 한 가지 사실에 대한 서로 정반대되는 두 가지 말'을 뜻한다. '백미'는 '흰 색 눈썹'을 뜻할 수도 있겠으나, '진도 아리랑은 아리랑의 백미라 할 만하다.' 같은 문장에서는 '여럿 가운데서 가장 뛰어난 것'을 뜻한다. 이런 합성어는 구성 어근들의 의미와는 다른 제삼의 의미를 띠게 된다.

  (2ㄷ)의 '국방군, 평행선'은 한자 어근 세 개가 이어져 만들어진 합성어이다. 이론상 결합하는 어근의 숫자는 한정이 없다. 한편, '남녀 공학' 같은 경우는 한글로 붙여 쓰면 하나의 합성어라 하겠지만, 띄어 써서 구가 된다. 한자로는 '男女共學'처럼 붙여 쓴다. 하긴 한문에서는 모든 한자를 붙여 쓰는 게 일반적이긴 하다. 하여튼, '남녀 공학'을 붙여 써서 하나의 단어로 볼 것이냐 아니면 띄어 써서 구로 볼 것이냐를 결정하기에는 어려움이 있다. 띄어쓰기 규정에 명사는 붙여 쓸 수 있다는 내용이 있긴 하지만, 하나의 단어인가 두 개의 단어인가 하는 문제와는 다른 논의이다. 현

행 한글 맞춤법 규정(1988)에 따르면 띄어 쓰는 것이 원칙이고 붙여 쓰는
게 허용으로 되어 있다. 중등학교의 국어 교과서에는 당연히 원칙에 따라
띄어져 있다.[1)]

한자어와 고유어가 합해져서 합성어가 되는 경우도 있다. (2ㄹ)은 고유
어가 앞에 오고 한자어가 뒤에 와서 합성어가 된 것들이고, (2ㅁ)은 한자
어가 앞에, 고유어가 뒤에 온 합성어 예들이다. 문제가 되는 것은 단음절
한자어 '초(初)-' 같은 경우에 이것이 어근인지 접사인지 모호하다는 것이
다. 분명히 (2ㅁ)의 '초(初)-'는 '처음, 이른'이라는 의미를 갖고 있는데, 이
것이 과연 어근의 실질적 의미인지, 접사의 의미 자질인지 구분하기가 쉽
지 않다는 것이다. 필자는 (2ㅁ)의 '초(初)-'에 대하여 분명히 실질적 의미
를 갖고 있다고 보기 때문에 어근으로 보는 입장이다. 한자어든 고유어든
어근인지 접사인지 파악하기 곤란한 경우는 매우 많다.[2)]

　　(3) ㄱ. 음치(音癡), 춤치(-癡), 길치(-癡), 방향치(方向癡)
　　　　ㄴ. 문맹(文盲), 컴맹(-盲), 넷맹(-盲)
　　　　ㄷ. 햄버거(Hamburger), 새우버거, 치즈버거, 김치버거
　　　　　　 cf. 버거류(--類) 한 개 천 원
　　　　ㄹ. 수다맨, 썰렁맨, 오토맨, 슈퍼맨
　　　　ㅁ. 안티족(anti族), 소호족(SOHO族) ; small office home office)
　　　　ㅂ. 아점, 짬자면
　　　　ㅅ. 노찾사, 아나바다

(3ㄱ)은 '-치', (3ㄴ)은 '-맹', (3ㄷ)은 '-버거'가 선행 어근 뒤에 붙어서

---

1) 10여 년 전만 하더라도 '교육과정'이라는 단어는 '교육 과정'처럼 띄어져 있었다. 그런데
　 최근 『표준국어대사전』에서 '교육과정'을 하나의 단어로 표제어 등재를 해 두었다. 한편
　 『연세한국어사전』(1998)에서는 아직도 '교육 과정'처럼 구로 띄어져서 부표제어로 올라
　 와 있다.
2) '초(初)'는 '어떤 기간의 처음이나 초기'를 뜻하는 단어로 사전에 등재되어 있다. '조선 초,
　 20세기 초, 학기 초, 내년 초에 만납시다.' 등 용례를 볼 수 있다.

이루어진 합성어이다. 그러나 이렇게 단정하기 어려운 점이 있다. 외견상 파생법에 따른 파생어라고도 볼 수 있는 가능성이 있기 때문이다. (3ㄱ, ㄴ)의 '-치, -맹'은 본래 한자 '癡, 盲'으로, 각각 '어떤 능력이 모자란 사람', '어떤 것을 하지 못하는 사람'을 뜻한다. (3ㄱ,ㄴ)의 예들은 본래는 '음치, 문맹'에서 유추하여 '-치, -맹'을 활용하여 새로운 말을 만든 것이다. 그러므로 이들은 모두 합성어로 보는 게 타당하다. (3ㄷ)의 '햄버거, 새우버거, 치즈버거, 김치버거' 등도 마찬가지인데, 즉 '-버거'가 '고기 등을 구워서 빵에 얹은 것'이라는 뜻을 지니고 있으며, 그 앞에 사용된 단어가 빵 속에 들어가는 재료이므로 합성어라 할 수 있다.3) '-치, -맹, -버거'의 생산성을 들어서 이들을 접미사로 보는 입장도 있을지 모르나, 생산적이라 해서 접사일 수는 없다. 그렇다면 이들은 생산적 어근이라 할 것이다.

(3ㄹ)의 '-맨'에 대해서도 생산성 때문에 접사 운운하는 것은 옳지 않다고 본다. '수다맨, 썰렁맨, 오토맨, 슈퍼맨'이 각각 '수다스러운 사람', '분위기에 맞지 않고 매우 어색하게 이야기를 하거나 반응을 보이는 사람', '오토바이를 이용하여 배달하는 사람', '슈퍼마켓에서 배달하는 사람'을 뜻하기 때문에, 후행하는 '-맨'은 모두 '…하는 사람'이라는 실질적 의미를 갖는 어근이라 할 만하다. (3ㅁ)에서도 마찬가지이다. '안티족, 소호족'에서 '-족'은 분명 '…하는 사람'을 뜻하기 때문에 어근이라는 것이다. (3ㅂ)의 '아점, 짬자면'은 각각 '아침과 점심', '짬뽕과 자장면'을 대등하게 연결한 뒤 축약하여 표현한 것이기에 당연히 합성어라 할 것이다. (3ㅅ)의 '노찾사, 아나바다'는 각각 '노래를 찾는 사람들', '아껴 쓰고, 나눠 쓰고,

---

3) '햄버거(hamburger)'가 어원적으로 '함부르크(Hamburg)'에서 왔다는 점을 들어서 합성어로 보기 어렵다는 의견이 있을 수 있으나, 공시론적 차원의 단어 형성법에서는 분명히 합성어로 볼 수 있다. '버거 류'라는 표현이 단독으로 사용될 정도이니 '햄버거' 류가 합성어인 것은 분명하다 하겠다.

바꿔 쓰고, 다시 쓰는 (운동)'의 첫머리 음절을 모아서 만든 약어(略語)이기 때문에 합성어에 해당한다고 하겠다.

사실 접사와 어근을 구분하는 기준을 세우기는 매우 어렵다. 현대 국어에서 고유어 접두사인 것들은 대부분 중세 국어 때는 어근이었었다(이승욱 1973). 접미사도 '-뜨리-, -트리-' 등 이런 성격을 갖고 있는 것들이 매우 많다. 의미와 의미 자질의 관계를 어떻게 확실하게 정립할 수 있을지 그것이 문제이다. 이는 고유어든 한자어든 마찬가지다.

(4) ㄱ. 덧셈, 덧문 ; 덧붙이다, 덧드러나다
　　ㄴ. 깨뜨리다, 깨치다 ; 엎어뜨리다, 엎어치다 ; 소스라뜨리다, 소스라치다 ; 기울어뜨리다, 늘어뜨리다
　　ㄷ. 가든그뜨리다, 가무뜨리다, 부닥뜨리다 ; 치뜨리다
　　ㄹ. 그렇잖은/그렇지 않은, 적잖은/적지 않은, 남부럽잖다/남부럽지 않다, 말했잖아/말했지 않아?
　　ㅁ. 만만찮다/만만하지 않다, 변변찮다/변변하지 않다, 귀찮다/귀하지 않다
　　ㅂ. 점잖아, 착하잖아, 일 때문이잖아

(4ㄱ)에 나오는 '덧셈'의 '덧-'은 어근이지만, '덧붙이다'의 '덧-'은 접두사로 분류가 되는데, 전자는 의미, 후자는 의미 자질이라 하여 구분한다. 그러나 구체적인 분류 기준을 제시하기는 쉽지 않다. 하긴 '덧붙이다'의 '덧-'도 중세 국어 때는 어근으로 역할을 했는데, 현대 국어에 와서 의미 약화가 되었다고 말하곤 한다. (4ㄴ)은 접미사 '-뜨리-'가 역시 접미사 '-치-'로 대치될 수 있는 예를 보인 것이다. 그러나 이 '뜨리'는 동사 어근 '뜨리-'라고 주장할 수도 있다. 즉, '깨+어+뜨리+다'로 분석한다는 것인데, 선행 용언 어근에 연결 어미가 붙고 이어서 후행 용언 어근이 붙는다는 논리이다. 실제로 '뜨리'가 붙는 영역이 연결 어미 '-어' 뒤에 오

는 예가 매우 많다. '기울어뜨리다, 늘어뜨리다' 같은 경우는 '뜨리'가 단순히 강세 의미를 더하는 것뿐이 아니라 타동사로 변화하게 하는 역할을 하기도 하여 다른 특성을 보이기도 한다. (4ㄷ)은 '뜨리'가 '가든그-, 가무-, 부닥-' 어근 자체에 붙은 예들이다. '치뜨리다'의 '치-'는 접두사인지 어근인지 판단하기가 쉽지 않다. 만약 접두사라면 접사와 접사가 붙어서 단어가 이루어졌다고 해야 할 텐데, 이것보다는, '뜨리'를 어근으로 기능했다고 하면 설명력이 더 있을 것이다. 여하튼 '덧'이든 '뜨리'든 중세 국어 때에 어근으로 역할을 했던 것을 생각해 보면, 현대 국어에서도 두 가지 성격이 모두 보이는 건 분명하다.4)

(4ㄹ,ㅁ)에 제시된 '-잖-, -찮-'은 일종의 축약형이라 할 수 있다. '그렇잖은, 적잖은, 남부럽잖다 ; 만만찮다, 변변찮다, 귀찮다'는 모두 부정적인 의미를 포함하고 있어, 단어 형성 차원에서 보면 합성어라고 해야만 할 것이다. 부정적인 의미를 띠고 있다 해서 단어가 아닌 구(句)라고 말할 수는 없기 때문이다. 그런데 같은 '-잖-'인데도, (4ㅂ)에 있는 표현에서는 부정적인 의미를 발견할 수 없다. 대개, '-잖아'가 의문형으로 사용되면 '-지 않아?'로 해석되어 부정적인 의미를 띠는데, (4ㅂ)에서처럼 평서형으로 사용되니까 긍정적인 의미를 띠게 된다. 여기서 사용된 '잖'은 본래 '-지 않-'에서 유래된 것으로 알려져 있다. 이런 부정적인 의미를 그대로 간직하고 있는 용례가 (4ㄹ,ㅁ)이며, 성격 변화를 일으킨 용례가 (4ㅂ)이다. (4ㄹ,ㅁ)의 '-잖-, -찮-'은 '-지 않-'의 부정 의미를 간직하고 있으나, (4ㅂ)의 '-잖-'은 부정 의미를 잃어 버린 것이다.5) (4ㄹ~ㅂ)의 용례들이

---

4) '뜨리'의 문법적 범주에 대해서는 여러 가지 견해가 있다. 최현배(1937)에서 집미사로 처리한 이후, 고영근(1972)의 준접미사, 이상복(1991), 송창선(1994)의 보조 용언, 김창섭(1996)의 합성 동사 구성의 후행 동사 처리 등 다양한 견해가 있다. 크게는 접사설, 보조 용언설, 합성 동사의 후행 동사설로 나뉜다고 하겠다.

5) '점잖다'는 '몸가짐이 의젓하고 예절 바르다'라는 의미를 가지고 있다. 어원적으로 '점(年少)+디+아니+ㅎ+다'에서 나왔고, '졈지아니하다 > 점잖다'로 변한 것으로 알려져 있다.

모두 합성어인 것은 물론이다.

9.2. 합성어의 종류와 특성

어근 두 개 이상으로 이루어진 합성어는 기준에 따라서 여러 가지로 나
누어진다. 첫째, 연결되는 어근이 어떤 식으로 결합하느냐에 따라 대등 합
성어, 종속 합성어, 융합 합성어로 나뉘는 것이 일반적이다.

> (5) ㄱ. 마소, 눈코 ; 집장사, 새해, 고추잠자리 ; 밤손님, 밤낮
>   ㄴ. 오르내리다, 들보다 ; 나가다, 들어오다 ; 돌아가다, 떼어먹다
>   ㄷ. 높푸르다, 검붉다 ; 굳세다, 검디검다

대등 합성어는 두 어근의 의미가 병렬적으로 나타나는 단어로, 병렬 합
성어라고도 불린다. (5ㄱ,ㄴ)의 '마소, 눈코 ; 오르내리다, 들보다' 같은 경
우가 바로 이에 해당한다. 종속 합성어는 유속 합성어라고도 불리는데, 선
행 어근의 의미가 후행 어근을 수식하는 구조로 된 것이다. 즉, 선행 어근
이 후행 어근에 의미상 종속된 구조를 보이는 합성어이다. (5ㄱ,ㄴ)의 '집
장사, 새해, 고추잠자리 ; 나가다, 들어오다'가 여기에 해당한다. 한편, 융
합 합성어는 두 어근이 본래 갖고 있던 의미와는 별개로 제삼의 의미를
갖는 단어들을 지칭한다. (5ㄱ,ㄴ)의 '밤손님, 밤낮 ; 돌아가다, 떼어먹다'
가 그것들이다. '밤손님'은 '도둑', '밤낮'은 '늘, 항상', '돌아가다'는 '죽
다', '떼어먹다'는 '(갚아야 할 돈을) 갚지 않거나 (남의 돈을) 가로채다'라
는 의미를 갖고 있다. (5ㄱ)은 합성 명사, (5ㄴ)은 합성 동사를 보인 예이
고, (5ㄷ)은 합성 형용사이다. 그런데, (5ㄷ) 합성 형용사에서는 대등 합성
어만 나타나고 종속이나 융합 합성어는 보이지 않고 있어, 특이성을 보

인다.

엄밀히 말하면 융합 합성어라고 하는 '밤낮' 같은 경우는 대등 합성어의 일종이라고 할 수가 있다. '밤'과 '낮'이 종속적으로 이어진 게 아니라는 말이다. 만약 다른 기준, 즉 본래 의미 유지 여부라는 기준을 적용해 본다면, 대등 합성어와 종속 합성어는 두 어근의 의미가 유지되고 있음에 비하여, 융합 합성어는 유지되지 않고 제삼의 의미로 쓰인다는 점에서 차이가 있다고 말할 수 있다. 이 말은 합성어를 대등, 종속, 융합 합성어로 평면적으로 나누는 게 본질적으로 문제가 있다는 것을 뜻한다.

한편, 융합 합성어는 결합되는 어근들의 의미가 사라지는 경우라서 종속 합성어 처리의 어려움이 있긴 하다. 구조적으로 보면 '밤손님, 돌아가다, 떼어먹다' 같은 경우는 앞의 것이 뒤의 것을 수식한다고 볼 수 있고, '밤낮' 같은 경우는 수식이 아닌 대등 병렬의 차원으로 볼 수 있다. 이렇게 구조적으로만 보면, 융합 합성어는 대등 합성어에 속하는 것과 종속 합성어에 속하는 것으로 나뉠 수 있다고도 말할 수 있는 것이다.

(6) ㄱ. 누구누구, 이것저것 ; 하나하나, 한둘, 서넛
ㄴ. 한두, 기나긴 ; 오래오래, 깡충깡충, 어둑어둑, 퐁당퐁당, 파릇파릇, 그나저나, 이리저리
ㄷ. 자장자장, 웬걸(웬것을), 에구머니(아이구어머니), 여보(여기보오)
ㄹ. 구석구석, 하루하루
cf. 구석구석이 깨끗해. 구석구석 잘 살펴봐.
하루하루가 다르게 번식하고 있어.
하루하루 그의 연기는 원숙해져 갔다.

둘째, 합성어를 나누는 데 있어서, 결과론적 품사가 무엇이냐가 기준이 되기도 한다. 합성어는 조사를 제외한 모든 품사에서 발견된다. (5ㄱ,ㄴ, ㄷ)에서 명사, 동사, 형용사를 확인해 볼 수 있고, (6ㄱ)에서 대명사, 수사

를, (6ㄴ)에서 관형사, 부사를, (6ㄷ)에서 감탄사를 각각 확인해 볼 수 있다. 합성 조사는 존재하지 않는데, 조사가 본래 어근이 될 수 없는 특성 때문으로 판단된다.[6] 한편, (6ㄹ) '구석구석, 하루하루' 같은 경우는 명사로도 쓰이고 부사로도 쓰이는데, 이는 품사의 통용 입장을 반영한 것이다. (6)에서 '누구누구, 하나하나 ; 오래오래, 깡충깡충, 어둑어둑, 퐁당퐁당, 파릇파릇 ; 자장자장' 같은 합성어는 동일한 어근이 반복해서 나타나는 반복 합성어라고 할 수 있다. 하긴 (1ㄹ)에서 보인 '벌벌, 살살' 같은 단어도 반복 합성어에 해당한다.

     (7) ㄱ. 보잘것없다, 쓸데없다, 쓰잘데없다
        ㄴ. 쏜살같다, 한결같다
        ㄷ. 대중없다, 시름없다 ; 바보같다, 감쪽같다

  (7)은 어근 세 개 이상으로 이루어진 합성어이다. (7ㄱ)은 '용언 관형사형+의존 명사+없다' 구성, (7ㄴ)은 '용언 관형사형+의존 명사+같다' 구성이다. 이렇게 복잡하게 이루어진 합성어는 대개 형용사인 것이 특징이다. 이는 어떤 상태를 묘사하는 데 있어서 형용사가 가장 적합하기 때문으로 이해된다. '없다'나 '같다'는 어떤 대상이나 사건을 묘사하는 데 적합하기 때문에 (7ㄷ)에서처럼 많이 사용된다. 이 또한 형용사에 해당한다.

     (8) ㄱ. 덮밥, 접칼, 늦더위, 감발, 묵밭
        cf. 큰집, 작은집
        ㄴ. 검붉다, 높푸르다, 굶주리다, 오가다, 나가다
        cf. 돌아가다, 나아가다, 오고가다

---

6) 조사는 학교 문법에서 단어의 하나로 인정되고 있지만, 본래 어휘적 의미가 없는 허사이다. 단어가 본래 어근 하나 이상으로 이루어져 있다는 것과 허사인 조사가 단어라는 말은 서로 앞뒤가 맞지 않는다. 조사를 단어로 인정하는 현행 학교 문법의 견해에 문제가 있음을 확인할 수 있다.

ㄷ. 부슬비, 촐랑새
　　cf. 비가 부슬부슬 내린다. 촐랑새가 촐랑촐랑 지저귄다.
ㄹ. 독서, 등산
　　cf. 학교, 필승

셋째, 합성어의 종류를 나누는 데 있어서 어근의 배열 방식이 우리말의
어순이나 결합 방식과 일치하느냐 그렇지 않느냐에 따라서 통사적 합성
어와 비통사적 합성어로 나누기도 한다. 국어는 체언과 체언이 연결되기
도 하고, 어미를 통해서 용언이 후행하는 것과 연결되기도 한다. 또, 주어
-목적어-서술어 순서의 구성을 보이기도 한다. 이런 특성을 합성어 형성
에서도 발견할 수 있으면 그것들은 통사적 합성어라고 하며, 국어의 일반
적 결합 방식과 차이를 보이면 비통사적 합성어라고 한다.

(8ㄱ)은 관형사형 어미가 생략된 채 명사를 수식하고 있는 비통사적 합
성어를 보인 것이다. 통사적 합성어인 '큰집, 작은집'에서처럼 용언이 체
언을 수식하려면 관형사형 어미가 있어야만 하는데, '덮밥, 접칼, 늦더위,
감발, 묵밭'은 각각 '덮은밥, 접는칼, 늦은더위, 감은발, 묵은밭'에서 관형
사형 어미가 생략된 비통사적 합성어라고 할 수 있다. (8ㄴ)은 용언과 용
언이 연결될 때 연결 어미가 생략된 비통사적 합성어를 보인 것이다. '돌
아가다, 나아가다, 오고가다'는 연결 어미가 남아 있는 통사적 합성어인
데, '검붉다, 높푸르다, 굶주리다, 오가다, 나가다'는 연결 어미가 없는 비
통사적 합성어이다. (8ㄷ)은 첩어성 부사가 체언을 수식하는 비통사적 합
성어의 예를 보인 것이다. 본래 '부슬부슬, 촐랑촐랑' 같은 부사는 반드시
용언 앞에 나오는 것이 원칙이니, '부슬비, 촐랑새'에서는 체언 앞에서 나
온 것이므로 비통사적 합성어가 된 것이다. (8ㄹ)은 한자어이다. 국어는
서술어가 맨 뒤에 오는 것이 원칙이나, (8ㄹ)의 '독서, 등산'은 서술어가
목적어나 부사어보다 앞에 나온 형국을 보인다. 이들은 각각 '책을 읽다,

산에 오르다'의 의미를 갖고 있어서 비통사적 합성어로 처리되는 것이다. '학교, 필수' 같은 예는 '배우는 곳, 반드시 이기다'로 해석되어 통사적 합성어라고 할 수 있다.

> (9) ㄱ. 고추잠자리, 새해, 알뜰살뜰, 빛나다 ; 보슬비, 돌보다, 높푸르다
> ㄴ. 너도밤나무, 갈림길, 큰아버지, 날아가다
> ㄷ. 나뭇잎, 좁쌀, 살코기, 안팎
> ㄹ. 마소, 소나무, 부삽, 화살, 싸전, 우짖다, 울부짖다

넷째, 합성어는 그 구성 요소인 어근과 어근이 직접 합쳐져서 이루어지는 것과 그렇지 않은 것이 있다. 전자는 어근 단독형 합성어, 후자는 어근 비단독형 합성어라 할 만하다. (9ㄱ)에 있는 단어들은 다른 요소가 중간에 개재하지 않고 단지 어근만이 나열된 합성어이다. 이에 비해 (9ㄴ)에는 중간에 다른 요소들이 개재되어 있거나 어근의 모습이 변형되어 있거나 하는 모습을 보인다. '너도밤나무'에는 조사 '도', '갈림길'에는 명사형 어미 '-음', '큰아버지'에는 관형사형 어미 '-은', '날아가다'에는 연결 어미 '-아'가 개재되어 있다. (9ㄷ)에도 일정한 소리가 개재되어 있는데, '나뭇잎'에는 'ㅅ[t]', '좁쌀'에는 'ㅂ'이 들어가 있다. 또한 통시적인 면을 고려해 보면, '살코기'에는 'ㅎ', '안팎'에도 'ㅎ'이 들어가 있다고 할 수 있다. (9ㄷ)에 개재된 사잇소리들은 하나의 형태소로 인정되지는 않는다는 점에서 (9ㄴ)에 개재된 형태소들과는 차이가 있다. 한편, (9ㄹ)에는 어근의 일부가 생략된 모습을 보인다. '마소, 소나무, 부삽, 화살, 싸전, 우짖다'에서는 선행 어근에 있던 'ㄹ'이 탈락된 것들이며, '울부짖다'에서는 후행하는 '부르짖다'의 어근 일부인 '르'가 탈락된 것이다. (9ㄴ,ㄷ,ㄹ)에 제시된 합성어는 국어의 정상 어순에는 어긋나지 않기 때문에 통사적 합성어로 처리된다. (9ㄱ)의 앞부분에 있는 '고추잠자리, 새해, 알뜰살뜰, 빛나다'도 물론 통사적 합성어이다.

9.3. 합성어와 구

합성어는 어근과 어근이 두 개 이상 연결되어 이루어지는 것이기 때문에 간혹 구(句)와 구분하기 어려운 경우가 있다. '밤낮'이라고 했을 때 '늘, 항상'이라는 의미를 지닌 융합 합성어인지, 아니면 '밤 낮'이라 하여 '밤과 낮'을 뜻하는 구인지 구분하기 쉽지 않다는 것이다. '큰아버지' 같은 경우도 헷갈린다. '아버지의 형'이라는 의미의 융합 합성어인지, '큰 아버지'로 띄어 쓴 '(키가) 큰 아버지'라는 의미인지 듣기만 해서는 구분하기가 어렵다. 이런 합성어와 구를 구분하는 기준으로 크게 분리성, 띄어쓰기, 쉼, 의미 변화를 들곤 한다.

> (10) ㄱ. 큰아버지, 작은아버지 ; !큰 회사에 다니시는 아버지, !작은 우리
>   아버지
>   cf. (키가) 큰 아버지, (키가) 작은 아버지
>   ㄴ. 큰집, 작은집 ; !큰 우리 집, !작은 우리 집
>   cf. 큰 우리 집, 작은 우리 집
>   ㄷ. 밤낮, 돌아가다
>   cf. 밤 낮, 돌아(서) 가다
>   ㄹ. 중학교
>   cf. *중 학교, 고등 학교, 고등 실업 학교
>   ㅁ. 잠자리[잠짜리] cf. 잠자리[잠자리]

(10ㄱ)에서 합성어로서의 '큰아버지, 작은아버지'는 각각 '아버지의 형, 아버지의 남동생'을 뜻하는 융합 합성어이다. 만약에 '큰 회사에 다니시는 아버지, 작은 우리 아버지'처럼 중간에 다른 말이 들어가면, 다시 말하면 분리가 된다면 그것은 더 이상 합성어가 아닌 구라고 해야 한다. 분리라는 점을 들어 분리성 기준을 얘기하기도 하고, 중간에 다른 말을 넣는다 하여 개재성(또는 삽입성) 기준을 얘기하기도 한다. (10ㄴ)의 '큰집, 작은집'

도 마찬가지다. 합성어 '큰집'은 '큰아버지 집'을 뜻하고 '작은집'은 '작은 아버지 집'을 뜻한다. 이때에도 '큰 우리 집, 작은 우리 집'처럼 중간에 다른 말이 들어가서 분리가 된다 하면 더 이상 합성어가 아니라 구인 것이다. '큰집'은 죄수들의 은어로 '교도소'를 뜻하기도 한다.

분리성 기준은 당연히 띄어쓰기 기준과 밀접한 관련이 있다. 합성어는 붙여 써야 하고, 구는 띄어 써야 한다. 다른 말이 들어가 분리가 되니까 띄어야 한다는 것이다. '큰아버지, 큰집'이 합성어라면 단어 하나니까 붙여 써야 하고, 구(句)라고 하면 '키가 큰 아버지, 크기가 큰 집'에서 보듯이 띄어 써야 한다. (10ㄷ) '밤낮, 돌아가다'는 '늘, 죽다' 의미를 가지고 있으면 합성어로서 붙여 써야 하고, 만약 구(句)라면 '밤 낮, 돌아 가다'처럼 띄어 써야 한다. 분리성이 있고, 띄어 쓴다는 것은 곧 발화시 쉼을 겪는다는 뜻이다. 휴지(休止)가 있고 없음에 따라 구와 합성어를 구분하는 게 바로 이 때문이다. 사실, 분리성 기준으로 말미암아 띄어쓰기와 쉼 기준도 함께 간다고 해야 할 것이다.

(10ㄹ)의 '중학교'는 대개 합성어로 인정되는 것이며, '고등 학교'는 구(句)로 알려져 있다. '*중 실업 학교, 고등 실업 학교'의 예를 보면, 분리성 기준이 여기에 적용된다는 것을 알 수 있다. 띄어쓰기, 쉼 기준도 마찬가지이다. 『표준국어대사전』에서는 '고등학교'라는 표제어를 올려 놓고 있지만, 엄밀히 말하면 구(句)이기 때문에 참고 표현 정도로 취급해야 할 것이다. 하긴 '고등학교'라는 표현이 흔하게 사용되고 있어서 합성어 처리의 시도가 있는지 모르겠다. 만약 '고등 학교'라는 구(句) 표현을 '고등학교'라는 합성어로 모든 이들이 인정한다면, 다시 말하면 보편성을 보다 확보할 수 있다면 '고등학교'는 합성어로 설정될 수도 있을 것이다. 어떻게 보면 (10)에 나온 '큰아버지, 큰집'의 예들도 사람들이 많이 사용하여 보편성을 획득했기 때문에 합성어로 인정되고 있는 것이라 할 수 있다. 보편성이라는 기준을 분리성보다 앞에 두어야 할 것이다.

의미 변화 기준은 합성어 성립의 필수 조건은 아니다. (10ㄷ)에 제시된 '밤낮, 돌아가다'는 두 어근의 의미가 바뀌어 제삼의 의미로 변한 융합 합성어이다. 이렇게 두 어근의 의미가 변하면 합성어가 되고, 그렇지 않으면 구(句)가 된다. (10ㄱ,ㄴ)에 제시된 '큰아버지, 큰집, 작은아버지, 작은집'에서도 어느 정도 이런 기준을 적용해 볼 수는 있겠지만, '밤낮, 돌아가다'만큼 어근의 의미가 변한 것은 아니다. '아버지, 집'의 의미가 크게 변하지는 않았다는 것이다. (10ㄹ)의 '중학교, 고등 학교'는 의미 변화와 무관하다. (10ㅁ)의 '잠자리'는 더욱 그렇다. '잠자리'는 잠을 자는 장소를 뜻하는 경우[침석(寢席)]와 곤충을 뜻하는 경우[청령(蜻蛉)] 두 가지가 있다. '침석(寢席)'의 의미일 경우는 합성어라고 할 수 있는데, 두 어근 의미가 전혀 변하지 않았고, 발음도 [잠짜리]로 된다. '청령(蜻蛉)'의 의미일 경우는 합성어가 아니며, 발음도 [잠자리] 그대로이다. 의미 변화 기준은 참고용이지 절대적 분류 기준은 아니라고 할 수 있다.

9.4. 합성어와 직접 구성 요소

합성어는 두 개 이상의 어근이 연결되어 형성된 것이므로 그들을 분석하는 방법으로 흔히 직접 구성 요소 분석 방법을 사용한다. 직접 구성 요소(直素, IC ; Immediate Constituent)는 어떤 구성을 일단 둘로 쪼갰을 때의 그 각각을 말한다. 형태소가 모여 단어를 이루거나 단어가 모여 구나 문장을 이룰 때와 같이, 구성 성분들이 모여 하나의 구성체를 이룰 때, 그 성분들은 평면적이라기보다는 입체적이라고 보는 게 낫다. 어떤 구성체(Constitute)의 구조를 정확히 파악하려면 이 층위를 밝혀서 그 묶임의 순서를 알 필요가 있는 것이다. 직접 구성 요소 분석은 모든 구성에 유용하므로 합성어뿐만이 아니라, 구, 문장 등의 분석에 이용할 수 있다.

(11) ㄱ. 공부, 평화, 새큼달큼

　　 ㄴ. 공부하다, 평화적, 새큼달큼하다 ; 시부모, 미성년, 호경기(好景氣)

　　 ㄷ. 첫날밤, 맨손체조, 손아랫사람 ; 윗잇몸, 코웃음, 금목걸이 ; 해돋
　　　　이, 손톱깎이

　　 ㄹ. 씀씀이 ; 뒤집어씌우다

　　 ㅁ. 통역도우미

　(11)에서는, 합성어를 중심으로 한 파생어 관련 내용을 보도록 한다. (11
ㄱ)의 '공부(工夫), 평화, 새큼달큼'은 어근 두 개가 이어진 합성어로 두 어
근이 각각 직접 구성 요소가 된다. (11ㄴ)의 '공부하다, 평화적, 새큼달큼
하다'는 '공부, 평화, 새큼달큼'이라는 합성어에 다시 접미사 '-하, -적'
이 붙어서 형성된 파생어이다.[7] '시부모, 미성년, 호경기'는 합성어 '부모,
성년, 경기'에 접두사 '시-, 미-, 호-'가 붙어서 형성된 파생어이다. 이는
단어 형성 차원에서 형성 과정을 중시한 직접 구성 요소 분석 방식이다.

　한편, (11ㄷ)은 모두 합성어이다. '첫날, 맨손, 손아래'가 먼저 결합되고
이어 '첫날밤, 맨손체조, 손아랫사람'이 형성된다. 또한, '윗잇몸, 코웃음,
금목걸이'는 먼저 '잇몸, 웃음, 목걸이'가 결합되고 이후에 '윗-, 코, 금'이
결합된다. '해돋이'는 '-돋이'가 먼저 결합되고 나중에 '해'가 결합하며,
'손톱깎이'는 '손톱'과 '-깎이'가 각각 결합되고 이어서 이 둘이 결합한
다.[8]

---

7) '공부하다'의 '-하-'는 학교 문법에서 접미사로 보고 있는데, 엄밀히 말하면 어근으로 처
리해야 한다고 본다. 왜냐하면 '공부를 하다'의 '하-'와 다를 바 없기 때문이다.

8) '해돋이'와 '손톱깎이' 같은 경우는 파생어로 볼 가능성도 있다. 즉 '해돋-, 손톱깎-'이 각
각 결합된 다음에 접미사 '-이'가 결합한다고 보는 것이다. '해가 돋다. 손톱을 깎다.'라는
문장에서 '해돋이, 손톱깎이'라는 파생어가 만들어졌다는 것이다. 이는 곧 문장에서 단어
가 형성된다는 이론을 받아들이는 견해이다. 현행 학교 문법에서는 '해돋이, 손톱깎이'의
'-돋이, -깎이' 형태처럼 한두 개 용례만 나타나는 경우에는 묶어서 파악하고 있다. 만약
'머슴살이, 귀양살이, 옥살이, 처가살이, 하루살이'처럼 생산성 있는 '-살이' 같은 경우는
'머슴살-, 귀양살-, 옥살-, 처가살-, 하루살-'이 먼저 형성되고 나중에 '-이'가 붙는 방식
으로 파악하고 있다. 전자는 합성어, 후자는 파생어로 파악하고 있다는 말이다(이익섭

이에 비해 (11ㄹ)의 '씀씀이'는 파생어이다. 즉, '씀씀-'이 먼저 결합되고 이어 접미사 '-이'가 붙어서 파생어가 되었다는 것이다. 한편, '뒤집어 씌우다' 구성은 독특하다. 먼저 '집어쓰다'가 결합되고, 이어 '뒤-' 접두사와 '-이-, -우-' 접미사가 붙어서 결국 파생어 '뒤집어씌우다'가 형성되었다는 것이다.

지금까지의 설명은 대개 안에서 밖으로 하는 방식을 택했었는데, 밖에서 안으로 설명해도 마찬가지이다. (11ㅁ)의 '통역도우미'는 '통역'과 '도우미'로 각각 분석되고, 다시 '통역'은 '통-'과 '-역'으로, '도우미'는 '도움'과 '-이'로 분석되며, 다시 '도움'은 '돕+음'으로 분석된다는 것이다.9) (11ㄹ)의 '씀씀이'도 이런 식으로 분석해 보면, '씀씀-'과 '-이', 다시 '씀씀-'은 '씀-'과 '-씀'으로 분석되며, '씀'은 다시 '쓰-'와 '-음'으로 분석된다고 할 것이다. 엄밀한 의미에서 직접 구성 요소 분석이란 이런 식으로 밖에서 안으로 이분법으로 분석해 나가는 것을 뜻한다. 그러나 결국 단어의 형성이라는 관점에서 볼 때는 안에서 밖으로의 설명 방식이 나을 것이다. '시부모'에서 '부'와 '모'가 먼저 결합되고 이어 '시'가 '부모'와 결합한다고 해야 '시부모'가 파생어라고 할 수 있다는 것이다.

9.5. 한자어 형성

국어는 한자어 비율이 매우 높다. 고유어가 25.9%인데 비하여, 한자어

1968 참조). 그러나 문장에서 단어로 형성된다는 차원으로 보면 이들 모두를 파생어로 파악할 수 있는 가능성도 있다고 판단한다. 어쩌면 설명력은 이 방식이 더 있을 수도 있다.
9) '통역도우미'의 '도우미'는 올바른 국어 단어 형성법을 따른 것이 아니다. '도움이'라고 해야, 명사형 어미 '음'이 살고, 이어 사람을 나타내는 접미사 '-이'가 드러나는 것이다. 즉, '통역도움이'라고 해야 하는 것이다. 그러나 그 어떤 이론적 설명보다도 앞서는 것이 보편성과 편의성이기에 '도우미'로 굳어져 버린 것이다.

는 58.5%나 된다.[10] 국어의 기초 어휘를 이루는 말들은 고유어가 많지만, 문명 생활과 관련된 말들은 한자어가 많다. 흔히들 한자어는 조어력이 매우 높다고 얘기하는데, 바로 이런 점에서도 한자어 형성에 대해서 검토하는 것이 필요하다. 국어 가운데 한자어는 1음절어는 드물고 대개 2음절 이상이 되어야 비로소 단어로 정착되곤 한다.

(12) ㄱ. 감기(感氣), 도령(道令), 사돈(査頓), 식구(食口), 고생(苦生), 복덕방(福德房), 편지(便紙), 행차(行次)

ㄴ. 동화(童話), 언어(言語), 대화(對話), 아미(蛾眉), 발견(發見), 기세(氣勢), 협골(頰骨), 감동(感動)

ㄷ. 자명종(自鳴鐘), 기차(汽車), 순사(巡査), 해군(海軍), 대통령(大統領), 철학(哲學)

ㄹ. 배추[白菜], 무명[木棉], 감자[甘藷], 붓[筆], 말[馬], 김치[沈菜]

ㅁ. 자장[炸醬], 난자완쓰[南煎丸子]

ㅂ. 라면[拉麵], 라조기[辣子鷄]

　흔히들 한자어를 중국어로부터 온 차용어로 생각한다. 실제 (12ㄴ)에서처럼 국어 생활에서 쓰이는 한자어는 중국어에서 온 것이 많이 있다. 그러나 한자어는 일본어에서 온 것도 있고(12ㄷ), 우리나라에서 만들어진 것도 있다(12ㄱ). 따라서 한자어는 그냥 한자로 표기할 수 있는 단어 정도로 이해해야 한다. 그렇다면, (12ㄹ)과 같이 한자어에서 왔으나 현재 발음과는 차이 나는 단어들은 한자어라고 해야 할지 어떨지 확정하기가 어렵다. (12ㅁ,ㅂ)은 각각 중국식 한자어, 일본식 한자어인데, 이들도 현재 발음과 한자가 정확히 일치하진 않는다. 그렇다고 이들을 고유어라고 할 수는 없다. 외래어도 아니고, 결국 한자어라고 할 수밖에 없다.[11]

<hr>

10) 국립국어연구원에서 발간한 『표준국어대사전』(1999)에 제시된 508,771개 표제어(부표제어 포함)는 고유어는 25.9%(131,971개), 한자어는 58.5%(297,916개), 외래어는 4.7%(23,361개), 혼합어 10.9%(55,523개)로 구성되어 있다. 정호성(2000) 참조.

한자어 형성 논의에서 문제가 되는 것은 과연 표의 문자인 한자로 표기된 것을 어근으로 처리해야 할지 아니면 접사로 처리해야 할지이다. 본래 한자는 한 글자마다 의미가 있기 때문에 각기 형태소로 인정된다. '동화(童話)'라는 단어를 보면, '동심(童心), 동요(童謠) ; 대화(對話), 설화(說話)' 등 같은 형태소가 여러 군데서 쓰이기 때문에 독립된 형태소로 인정될 수 있으며, 또한 개별 한자 형태소는 주요 의미를 가진 실질 형태소로서 각각 어근으로 인정될 수가 있다. 즉, 이들 단어는 모두 합성어라는 말이다.

> (13) ㄱ. 시부모(媤父母), 몰인정(沒人情), 초강경(初強硬)
>   ㄴ. 모자(帽子), 의자(椅子), 상자(箱子), 책자(冊子), 주전자(酒煎子)
>   ㄷ. 공자(孔子), 맹자(孟子), 순자(荀子), 장자(莊子)
>   ㄹ. 분명(分明), 정확(正確), 신속(迅速)
>   cf. 신속, 정확, 이 두 가지가 우리의 모토이다.
>   ㅁ. 모순(矛盾) ; 어부지리(漁父之利), 오비이락(烏飛梨落)

그런데 (13ㄱ)의 '시(媤)-, 몰(沒)-, 초(初)-' 같은 한자는 나름대로 의미가 있는 것인데, 사실 실질 형태소인지 형식 형태소인지 판단하기가 어렵다. (13ㄴ)의 '-자(子)'도 '도구'를 뜻하는 형태소로 나름대로 의미를 갖고 있다. 학교 문법에서는 이들 한자를 접사로 설정하고 있는데, 이는 고유어에서 접사를 설정하는 것과 괘를 맞춘 것이다. 즉, 어근이 갖고 있는 어휘적 의미를 이들 한자들이 갖고 있지 않다는 것이다. 한편, (13ㄷ)은 사람을 표현하는 고유 명사로 보기 때문에 '공자, 맹자, 순자, 장자'를 단일어로 보는 경우가 일반적이다. 사서(四書)에서는 '子曰…' 등으로 쓰여 홀로 쓰이기도 했지만 현대 국어에서는 그리 사용되는 예가 보이지 않아서 인명에 쓰인 한자 '子'는 따로 형태소로 설정하지 않고 있다.

---

11) (12)에서 소괄호 ( )는 발음과 한자음이 동일한 경우를 나타낸 것이고, 대괄호 [ ]는 발음과 한자음이 다른 경우를 나타낸 것이다. 이하 마찬가지이다.

(13ㄹ)의 '분명(分明), 정확(正確), 신속(迅速)'과 같은 한자어는 독립적으로 쓰이는 경우가 많지 않지만, 그래도 사용되곤 한다. '분(分), 명(明), 정(正), 확(確), 신(迅), 속(速)' 등 한자 각각이 유의미하기 때문에 이들 단어는 합성어로 인정된다. (13ㅁ)의 '모순(矛盾)'은 본래 '창과 방패'라는 의미를 가진 단어인데, 현대 국어에 와서는 '불합리한 사실', '한 가지 사실에 대한 서로 정반대되는 두 가지 말'이란 의미를 가지게 되었다. 일종의 융합 합성어라 할 만하다. 두 어근의 의미가 융합적으로 합해져서 하나의 합성어가 되었다는 논리이다. (13ㅁ)의 '어부지리' '오비이락'은 본래 한문에서는 각각 하나의 문장을 이루던 것이나, 국어에서는 마치 하나의 단어(엄밀히는 관용 표현)처럼 사용되고 있다. 넓은 의미에서 합성어(또는 합성 표현)로 볼 수 있을 것이다.

> (14) ㄱ. 불타(佛陀), 보살(菩薩), 아라한(阿羅漢), 열반(涅槃), 염라(閻羅), 가사(袈裟), 사리(舍利)
> ㄴ. 낙타(駱駝), 비파(琵琶) ; 포도(葡萄), 석류(石榴)
> ㄷ. 불란서(佛蘭西), 이태리(伊太利), 노서아(露西亞), 구라파(歐羅巴) ; 낭만(浪漫), 임파(淋巴)
> ㄹ. 중국(中國), 일본(日本), 한국(韓國, 大韓民國) ; 미국(美國, 米國)

한자어라고 해서 구성 요소인 한자가 항상 의미를 가진 형태소로 쓰이는 것은 아니다. (14ㄱ,ㄴ,ㄷ)에서처럼 의미는 무시하고 소리만을 따온, 즉 음차(音差)한 한자는 형태소를 이루지 못한다. (14ㄱ)은 범어에서 차용한 불교 용어이고, (14ㄴ)은 흉노 및 서역에서 차용한 표현이다. 또, (14ㄷ)은 근래 서구어에서 들여온 차용어이다(이익섭·채완 1999 : 84). 이 한자어에 쓰인 한자들은 특별한 의미를 가진 것이 아니기 때문에, 단어 자체가 어근이 하나인 단일어로 설정된다.

문제가 되는 것은 (14ㄹ)의 '중국, 일본, 미국'과 같은 국명이다. '중국'

은 스스로 중화민국이라 하여 '중(中)'과 '국(國)'이 유의미하고, '일본'도 '일(日)'과 '본(本)'을 주창하는 나라이니, 합성어라 할 수 있을 것이다. 이는 '한국'이 '대한민국'에서 온 합성어로, 구체적으로는 일종의 축약어인 것 과 상통한다. 한편, '미국'은 본래 '아메리카'를 음차한 '미리견(美利堅)'에 서 나온 것인데, 즉 '美利堅 +國 > 美國'으로 축약된 것이다. '미리견'이 '아메리카'의 음차 표기이고 따로 '국(國)'이 합성된 것이므로, 결국 합성어 로 보아야 할 것이다.12)

---

12) '미리견'에 대해서 중국에서는 '美利堅'으로 표기하며, 일본에서는 '米利堅'으로 표기한 다. '미리견'과 관련한 어원적 설명은 김민수 편(1997) 참조.

⊖ 탐구하기

⊖ 더 살펴보기

구본관(2003ㄴ), 김창섭(1990, 1998), 노명희(1998ㄴ), 서정수(1994), 서태룡(2000),
성광수(2001), 시정곤(1994), 안상철(1998), 이관규(1989), 이남순(2000), 이지양(1998ㄴ),
정동환(1993), 정호성(2000), 채현식(2003), 최형용(2003), 최호철(2000), 황화상(2001)

제4부

문장의 성분과 짜임

제10장 문장의 성분

우리는 머릿속에 있는 생각을 다양한 형식을 통해서 표현한다. 형태소나 단어로 어휘적 의미나 문법적 의미를 표현하기도 하지만 어떤 사건이나 상태는 그보다 더 큰 단위를 통해서 표현한다. 인간의 사고를 완전히 담을 수 있는 가장 작은 언어 단위를 문장(엄밀히는 홑문장)이라고 한다. 여기서는 문장을 구성하는 성분에 대하여 자세히 살펴보고자 한다.

10.1. 문장, 절, 구, 어절

문장은 우리가 생각이나 감정을 완결된 내용으로 표현하는 최소의 언어 형식이다. 형태소를 최소의 의미 단위, 단어를 최소의 자립 단위라고 한다면, 문장은 최소의 완전한 사고 표현 단위라고 할 수 있을 것이다. 문장을 구성할 때는 성분이 필요한데, 이것을 문장 성분이라고 한다. 문장을 이루는 기본적인 문장 성분은 주어와 서술어이다.

흔히들 '무엇이 무엇이다, 무엇이 어떠하다, 무엇이 어찌하다'로 문장을 유형화할 때, 바로 '무엇이'에 해당하는 것이 주어이고, '무엇이다, 어떠하다, 어찌하다'가 서술어에 해당한다.

(1) ㄱ. 꽃이 예뻐.

　　ㄴ. 불이야! / 정말?

(1ㄱ)에서 주어는 '꽃이'이고, 서술어는 '예뻐'이다. 그런데 (1ㄴ) '불이야!' '정말?' 같은 것은 뚜렷이 주어와 서술어를 확정하기가 어렵다. 그러나 이것들도 화자의 생각을 완전하게 표현한 것은 분명하다. 따지고 보면, '불이야!'는 '불이 났어!' 정도로, '정말?'은 담화 가운데 주어와 서술어가 생략된 표현으로 충분히 화자의 완전한 사고를 나타내고 있다. 따라서 문장이란 결국 의미상으로 완결된 내용을 갖추고 형식상으로 문장이 끝났음을 나타내는 표지가 있는 것을 가리킨다고 할 수 있다. 문장이 끝났다는 표지는 구체적으로 문자 언어 차원에서 마침표(.), 물음표(?), 느낌표(!)를 가리킨다.[1] 물론 음성 언어 차원에서는 억양이 중요한 역할을 할 것이다.

문장을 구성하는 기본적인 문장 성분으로 주어와 서술어를 들었는데, 이것들은 가장 작게는 어절(語節)이라는 문법 단위로 실현된다. 어절은 대개 띄어쓰기 단위와 일치하는데, 이는 조사와 어미와 같이 문법적 기능을 하는 요소들이 앞의 말에 붙어서 한 어절을 이루기 때문이다.

(2) ㄱ. 저 코스모스가 아주 아름답다.

　　ㄴ. 저 코스모스가 / 아주 아름답다

　　ㄷ. 저 / 코스모스가 / 아주 / 아름답다

　　ㄹ. 철수가 밥을 먹었다.

　　ㅁ. 선생님은 현지가 모범생임을 아신다.

　　ㅂ. 물이 얼음이 되었다.

　　ㅅ. 아, 그 사람이 바로 너였구나.

---

1) 2014년 12월에 새로운 '문장 부호'가 한글 맞춤법의 부록으로 나왔다. 여기에서 '마침표(.), 물음표(?), 느낌표(!)'가 나열되어 제시되고 있다. 이전에는 마침표[終止符] 아래 '온점(.), 물음표(?), 느낌표(!)'가 있었다. 결국 '온점'(.)이라는 명칭이 '마침표'(.)로 바뀐 것이다. 그러나 이전의 '온점' 명칭도 사용 가능하다.

어절은 문장 성분의 기본 단위가 되는데, 이를 통해서 실현되는 문장 성분은 주어와 서술어 이외에, (2ㄹ)의 목적어 '밥을', (2ㅂ)의 보어 '얼음이', (2ㅅ)의 독립어 '아' 같은 것들이 더 있고, (2ㄱ)의 체언을 수식하는 관형어 '저'와 용언을 수식하는 부사어 '아주'도 문장 성분이다.

어절은 모두 하나의 문장 성분이 될 수 있다. 그러나 모든 문장 성분이 어절인 것은 아니다. (2ㄱ)은 하나의 문장인데, 주어와 서술어가 '코스모스가', '아름답다'로만 이루어진 게 아니다. 즉, (2ㄴ)처럼 '저 코스모스가' 전체가 주어가 되기도 하며, '아주 아름답다' 전체가 서술어가 되기도 한다. 띄어쓰기 단위와 일치하는 어절과 문장 성분은 일대일로 대응되는 게 아니다. 이렇게 하나의 문장 성분이면서도 두 개 이상의 어절로 이루어진 단위를 구(句)라고 한다. 구는 자체적으로 주어와 서술어의 관계를 가지지 못한다. 흔히 주어구 같은 것을 주어부, 서술어구 같은 것을 서술부라고 부르기도 한다.[2]

(2ㄹ)에는 '밥을'이라는 목적어가 하나 더 있다. 이는 서술어 '먹다'라는 동사가 목적어를 반드시 요구하는 타동사이기 때문이다. (2ㅁ)에는 밑줄 친 목적어가 주어, 서술어로 이루어진 구성을 보이고 있다. 즉, 목적어인 '현지가 모범생임을' 속에는 '현지가 모범생이-'에다가 명사형 어미 '-음'이 붙고 거기에다가 목적격 조사 '을'이 붙여진 것이다. 결과적으로는 하나의 문장 성분이 이루어지는 데에 주어와 서술어가 나타나는 형상을 보인 것이다. 이와 같이 문장 성분이 주어와 서술어를 갖춘 것을 절(節)이라 한다. 절은 두 개 이상의 어절이 모여 하나의 의미 단위를 이룬다는 점에서는 구와 비슷하나, 주어와 서술어를 갖고 있다는 점에서 구와 구별되고, 더 큰 문장 속에 들어 있다는 점에서 문장과 구별된다.

---

2) 이것을 더 축약하여 주부(主部), 술부(述部)라고 부르기도 한다.

(3) ㄱ. 영미의 입술은 빨갛다.

　　ㄴ. 민혁이는 수미가 학생임을 알았다.

　　ㄷ. 비가 소리도 없이 내린다.

　　ㄹ. 할미꽃은 잎새가 멋지게 생겼다.

　　ㅁ. 예쁜 꽃이 피었다.

　(3ㄱ)에서 어절은 '영미의, 입술은, 빨갛다'이고, 구는 '영미의 입술은'
이고, 문장은 '영미의 입술은 빨갛다.'이다. (3ㄴ)에서도 어절은 띄어 쓴
'민혁이는, 수미가, 학생임을, 알았다'이고, 구는 없고, 절은 '수미가 학생
임'이다. (3ㄷ)에서도 어절은 '비가, 소리도, 없이, 내린다'이고, 구는 없고,
절은 '소리도 없이'이다. 어절(語節)은 띄어쓰기 단위와 일치하기 때문에
당연하지만, 구(句)도 붙여진 조사나 어미 같은 것도 포함된다. 즉, 구(句)라
고 하면 '영미의 입술은' 전체를 흔히 지칭하지, '영미의 입술'만을 가리
키지 않는 경우가 많다.3) 이에 비해 절(節)은 다른 양상을 띤다. (3ㄴ)에서
는 뒤에 오는 조사 '을'을 제외한 '수미가 학생임'이 하나의 절로, 구체적
으로는 명사절로 설정됨에 비해서, (3ㄷ,ㄹ)에서는 부사화 접사 '-이'와
부사형 어미 '-게'를 넣은 '소리도 없이' '잎새가 멋지게'가 절로, 구체적
으로는 부사절로 설정되고 있는 것이다.4)

　어절, 구, 절, 문장이라는 문법 단위를 설정하는 것에 대해 몇 가지 의
문을 제기해 볼 수 있다.

　첫째, 근본적으로 어절은 문장 성분 단위와 일치한다는 점에서 굳이 어
절이라는 또 다른 단위를 설정할 필요가 있겠느냐 하는 점이다. 주어라는
문장 성분 기능을 하는 '저 코스모스가'가 다시 관형어 '저'와 주어 '코스

---

3) 이렇게 보는 것은 '영미의 입술은'을 주어구로 볼 때 얘기이다. 만약 '영미의 입술'만을
　가리킨다고 하면 그것은 명사구가 될 것이다. 즉 조사 혹은 어미를 구(句) 속에 포함하느
　냐 마느냐는 무엇을 논의 대상으로 하느냐에 따라 달라질 수 있다.

4) 이는 절을 어떻게 보느냐에 따라 다르다. 만약, 주어절, 목적어절을 설정하게 되면 주격
　조사, 목적격 조사까지 모두 절에 포함할 수 있을 것이다.

모스가'로 분석될 뿐이지, 굳이 떼어 쓴 단위를 어절이라고 명명해서 새로운 문법 단위를 설정할 필요가 있을지 하는 물음이다. 실제로 조사를 품사로 인정하지 않는 입장에 서게 된다면 '어절'이라는 단위는 애초부터 존재하지도 않을 수 있게 되는 것이다.

둘째, 앞에서도 잠깐 제시했듯이, 주어구나 서술어구를 설정할 경우 구(句)는 후행하는 조사나 어미를 모두 포함하고, 절(節)은 '수미가 학생임'에서처럼 후행하는 조사를 포함하지 않는 것은 일관성 문제가 있다는 것이다. 그것도 '소리도 없이' 같은 경우에는 접미사 '-이'를, '잎새가 멋지게'에서는 부사형 어미 '-게'를, '예쁜'에서는 관형사형 어미 '-은'까지 포함하고 있어 일관성이 없다. 이것은 뒤에서 자세히 검토하겠지만 명사절, 관형사절, 부사절이 동일한 위상을 가질 수 있을지 하는 문제와도 관련된다.5)

셋째, 절과 문장은 도대체 어떤 관계에 있는가 하는 점이다. (3ㄴ)에서 '수미가 학생임'이 명사절이라 하였는데, 그렇다면 절을 제외한 나머지 '민혁이는 알았다'라는 주어-서술어 구성은 무엇인가? 절인가 아니면 문장인가? (3ㄴ)은 두 개의 홑문장이 이어져서 만들어진 겹문장인데, 그렇다면 개별 홑문장은 두 개로 분석될 것이고, 그 중 하나는 '수미가 학생이다', 또 하나는 '민혁이는 알았다'가 될 것이다. 그런데, 왜 하나만 절이라 하고 다른 하나는 절이라 하지 않는가? 안긴 문장과 안은 문장의 차이라고 할 수 있을지는 모르겠다. 안긴 문장은 엄밀히 말하면 '안긴 절'이고 안은 문장만 '문장'이라는 논리이다. 분명 '민혁이는 [　] 알았다'도 절로 보아야 할 것이며, 그렇다면 절의 종류는 다양하게 될 것이다. 여하튼 이

---

5) '소리도 없이'는 부사절이며 이때의 '-이'는 부사화 접미사라고 보는 것이 전통적으로 내려온 학교 문법의 입장이다. 그러나 이것은 본질적인 문제를 갖고 있다. 즉 부사절이라면 '-이'가 부사형 어미여야 할 것이기 때문이다. 결국 '-이'는 부사형 어미 '-이₁'과 부사화 접미사 '-이₂'(예 : 빨리)로 구분하는 것이 설명적 타당성을 더 확보한다고 하겠다.

문제는 좀 더 많은 검토가 필요할 것이다.

10.2. 서술어와 주어

문장은 일정한 문법적 기능을 하는 문장 성분(文章成分)으로 이루어진다. 문장 성분은 문장을 이루는 데 골격이 되는 주성분, 뒤에 오는 내용을 수식하는 부속 성분, 다른 문장 성분과는 직접적인 관련이 없는 독립 성분으로 나뉜다. 주성분에는 서술어, 주어, 목적어, 보어가 있고, 부속 성분에는 관형어, 부사어가 있으며, 독립 성분에는 독립어가 있다.

10.2.1. 서술어

일곱 개의 문장 성분 가운데 주성분이 가장 핵심적인 것이다. 서술어는 주성분 가운데서도 가장 중요한 역할을 한다. 흔히 서술어 자릿수라는 말을 하는데, 곧 서술어의 성격에 따라서 필요로 하는 문장 성분의 개수가 다른 것을 말한다.

> (4) ㄱ. 새가 날아간다.
> ㄴ. 철수가 밥을 먹는다.
> ㄷ. 물이 얼음이 되었어.
> ㄹ. 철수가 선물을 영희에게 주었다.

(4ㄱ)에는 서술어와 주어가 하나씩만 있으면 되지만, (4ㄴ)에는 목적어가 더 필요하고, (4ㄷ)에는 보어가 더 있어야 한다. 그리하여 국어를 서술어 중심 언어라고 한다. (4ㄹ)에는 주어와 목적어와 필수적 부사어까지 있어야 한다. 서술어가 몇 개의 다른 성분을 필수적으로 요구하느냐에 따라

서 한 자리 서술어, 두 자리 서술어, 세 자리 서술어로 구분한다. 소위 필수적 부사어는 주성분이 아닌데도 서술어 자릿수에 영향을 끼쳐서 특이성을 보인다.[6]

서술어는 대개 주어의 동작, 과정, 성질, 상태 따위를 풀이하는 기능을 하는 문장 성분이다. 동작과 과정은 동사를 통해서, 성질과 상태는 형용사를 통해서 표현되곤 한다. 일반적으로 국어 문장은 서술어의 종류에 따라 '무엇이 어찌하다, 무엇이 어떠하다, 무엇이 무엇이다' 세 유형으로 나뉜다. 여기서 '어찌하다, 어떠하다, 무엇이다'에 해당하는 것이 서술어이다. '어찌하다' 문장은 동사문, '어떠하다' 문장은 형용사문, '무엇이다' 문장은 서술격 조사문이라고 부를 수도 있다. '무엇이다' 서술어는 주어의 상태를 표현한다고 할 수 있다. 왜냐하면 '이다'는 형용사 특성을 대부분 갖고 있기 때문이다(5.1 참조).

> (5) ㄱ. 새가 날아간다. 꽃이 예쁘다. 그는 학생이다.
> ㄴ. 새가 멀리 날아간다.
> ㄷ. 코끼리는 코가 길다.

서술어가 이루어지는 방법은 다양하다. 어절, 구, 절이 모두 서술어가 될 수 있다. (5ㄱ)에서 '날아간다, 예쁘다 ; 학생이다'가 모두 서술어가 된다. 앞의 두 개는 단어 하나가 서술어로 되는데, '학생이다' 서술어는 '학생'이라는 단어와 서술격 조사 '이다', 즉 두 단어로 이루어진다. (5ㄴ)에서는 '멀리 날아간다'라는 구(句)가 서술어로 기능을 한다. 엄밀하게 말하면 서술어구라고 해야 할 것이다. 이때이 서술어구는 서술부 혹은 술부(述

---

6) '철수가 주소를 수원에서 서울로 옮겼다.' 같은 경우에 네 자리 서술어가 사용된 것으로 볼 수도 있다. 그러나 이는 '수원에서 서울로'라고 하는 필수적 부사어구(또는 보어구)가 쓰인 것으로 볼 수 있어서, 서술어 자릿수 논의에서 하나의 성분으로 보는 게 나을 것 같다. 즉, 구(句)로 이루어진 필수적 부사어(또는 보어)로 볼 수 있다는 것이다.

部)라는 용어로도 불린다. (5ㄷ)에서는 '코가 길다'라는 절(엄밀히는 서술절)이 서술어가 된다. 물론 '길다'가 다시 서술어가 되며, 그때는 주어가 '코가'가 된다.

(6) ㄱ. 왜 한글날이 국경일이 되지 않았는가?
ㄴ. 관악구 보건소에서는 환절기를 맞이하여 독감 예방 접종을 다음과 같이 실시합니다.
ㄴ'. [관악구 보건소에서는 [Øi 환절기를 맞이하여] 독감 예방 접종을 [Øj 다음과 같이] 실시합니다.]
ㄴ". 관악구 보건소에서는 독감 예방 접종을 실시합니다. / (사람들이) 환절기를 맞이하였다. / (독감 예방 접종 실시 내용이) 다음과 같다.
ㄷ. 누군가 나에게 뭔가를 해 주길 기다리지 말고, 내가 먼저 누군가에게 뭔가를 해 주자.
ㄷ'. 누군가 나에게 뭔가를 해 주다. / (당신은) Øi 기다리지 마라. / 내가 먼저 누군가에게 뭔가를 해 주다.

(6)에서 서술어는 '되지 않았는가?'로 파악된다. '한글날이'가 주어이고 '국경일이'는 보어가 된다. '되지 않다'는 본용언 '되다'와 보조 용언 '않다'가 결합한 구조인데, 본용언과 보조 용언이 결합된 구조는 함께 묶어서 하나의 서술어로 보는 게 학교 문법 입장이다. 만약 보조 용언을 독립적인 서술어로 처리한다면, (6ㄱ)은 홑문장이 아닌 겹문장으로 처리해야 할 것이다. 변형 생성론적 견해에서는 그런 방식의 처리도 충분히 가능할 것이다.

(6ㄴ)에서는 서술어가 세 가지 발견된다. '맞이하여, 같이, 실시합니다'가 그것들이다. '실시합니다'는 주어 '관악구 보건소에서는'과 목적어 '독감 예방 접종을'을 요구하며, '맞이하여'는 생략된 주어 '일반 사람들이'와 목적어 '환절기를'을 요구하며, '같이'는 역시 생략된 주어 '독감 예방

접종 실시 내용이'와 부사어 '다음과'를 필수적으로 요구한다. '다음과 같
이'를 구(句)로 볼 수도 있으나, (3ㄷ)의 '소리도 없이'를 부사절로 보는 입
장에 따라 절(節)로 본 것이다. (6ㄴ")는 (6ㄴ) 겹문장을 홑문장으로 하나하
나 분석해 낸 것이다. (6ㄷ)에서는 서술어가 '해 주길, 기다리지 말고, 해
주자' 세 개이다. 역시 본용언과 보조 용언을 묶어서 하나의 서술어로 보
는 입장이다. (6ㄷ')는 겹문장 (6ㄷ)을 역시 홑문장으로 나눈 것이다. '기다
리지 말고'는 '(당신은) [누군가 당신에게 뭔가를 해 주길] 기다리지 마라.'
문장에서 일반적 주어 ( ) 내용과 선행 문장을 명사절로 바꿔 목적격 조
사를 붙인 [ ] 부분이 생략된 표현이라고 할 수 있다.

10.2.2. 주어

주어는 문장에서 동작이나 과정, 혹은 성질이나 상태의 주체를 나타낸
다. '무엇이 어찌하다, 무엇이 어떠하다, 무엇이 무엇이다' 문장 유형에서
'무엇이'에 해당하는 성분이라는 것이다. 주어는 체언이나, 체언 구실을
하는 구(句)나 절(節)에 주격 조사가 붙어 나타나는데, 때로는 주격 조사가
생략될 수도 있고 보조사가 붙을 수도 있다. 곧 주어는 단어, 어절, 구, 절
등 다양한 형성 방법을 보인다고 할 수 있다.

    (7) ㄱ. 너 어디 가니?
        ㄴ. 철수가 집에 간다.
        ㄷ. 선생님께서 오라고 하셨어.
        ㄹ. 정부에서 신자자들은 위한 저절한 대책을 마련 중이다
        ㅁ. 둘이서 뭐 하니?
        ㅂ. 영희도 집에 간다.
        ㅅ. 할아버지께서만 그 일을 할 수 있으셔. cf. *할아버지만께서
        ㅇ. 철수만이 등산을 좋아한다. cf. 철수가만

(7ㄱ)의 '너'는 체언만으로 주어 역할을 한 것이다. 학교 문법에서는 주격 조사가 생략된 것으로 보고 있다. 그러나 이것은 결과적으로, 단어 하나가 주어를 구성한다고 말할 수도 있다. (7ㄴ~ㅁ)에서는 '철수가, 선생님께서, 정부에서, 둘이서'가 주어인데, 체언에 주격 조사 '이/가, 께서, 에서, 서'가 붙은 것이다. '서'에 대해서 보조사로 보느냐, 아니면 주격 조사로 보느냐 이론(異論)이 있겠지만, 주격 조사로 보는 입장이 설득력이 있다(남기심·고영근 1993). (7ㅂ)의 '영희도'는 체언에 보조사 '도'가 붙은 모습이다. (7ㅅ)의 '할아버지께서만'은 체언에 주격 조사가 붙고 그 뒤에 다시 보조사가 붙어서 주어 역할을 하고 있고, 이와 반대로 (7ㅇ)의 '철수만이'는 보조사가 붙고 주격 조사가 뒤에 붙은 모습이다. '할아버지께서만, 철수만이 ; 철수가만'은 가능한데, '*할아버지만께서'는 불가능한 것은 주격 조사 가운데 '이/가'가 기본형인 사실과 무관하지 않은 듯하다.

(8) ㄱ. 그 소년이 무지개를 바라보았다.
    ㄴ. 그림 그리기가 나의 취미다.
    ㄷ. 비가 오기가 무슨 별이 한꺼번에 떨어지는 것 같다.
    ㄹ. 우리가 운동회를 여는 것은 5년 만이다.
    ㅁ. 우리가 입을 것이 도대체 어떤 옷이야?

(8ㄱ)에서는 구(句)인 '그 소년이'가 주어 역할을 하고 있으며, (8ㄴ,ㄷ)의 'Øi 그림 그리기가'와 '비가 오기가'는 명사절에 주격 조사가 붙은 것이 주어 역할을 한다. 한편, (8ㄹ)에서는 '우리가 운동회를 여는 것은'이라는 '-는 것은' 유형이 주어 역할을 하고 있다. 이것은 '우리가 운동회를 열-'에 관형사형 어미 '-는'이 붙어서 뒤에 오는 의존 명사 '것'을 수식하고 있는 구조를 포함하고 있다. 구체적으로 주어가 되는 것은 '것은'이고, '것'이 의존 명사이기 때문에 '우리는 운동회를 여는'이라는 관형사절의 수식을 받는 구조이다. (8ㅁ)에서도 '우리가 입을 것이'가 주어 역할을 하

고 있는데, 엄밀히는 '것이'가 주어일 뿐이며, '것'이 의존 명사이기 때문에 선행하는 '우리가 입을'이라는 관형사절이 그것을 수식하는 것이다. 차이가 있다면 (8ㄹ)에서의 '것'은 선행하는 동격 관형사절 내용 전체를 받는 의존 명사이고, (8ㅁ)의 '것'은 선행하는 관계 관형사절 속에 생략되어 있는 '옷'이라는 구체적인 대상물을 가리키고 있다.

(9) ㄱ. 코끼리는 코가 길다. / 코끼리가 코는 길다.
ㄴ. 할아버지께서는 인정이 많으시다.
ㄷ. 나는 정아가 좋다.

주어 논의에서 반드시 짚고 넘어가야 하는 것이 소위 이중 주어에 관한 것이다. 학교 문법에서는 (9ㄱ)에서 전체 문장의 주어는 '코끼리는'으로 보고, 서술어는 절 '코가 길다'로 보면서 (9) 전체를 겹문장으로 보고 있다. 다시 말하면 '코가'를 '길다'의 주어로 본다는 것이다. 결국 (9ㄱ)은 주어가 두 개 있다고 보는 입장이다. 그렇다고 해서 항상 (9ㄱ)을 겹문장으로 인식해야 하느냐 하면, 꼭 그렇지는 않다. 겹문장으로 처리되곤 하는 이어진 문장이나 다른 안은 문장과는 많은 차이가 나기 때문이다.

앞에 나온 주어를 주제어로 보는 견해가 강하게 제기되어 왔다. 즉, (9ㄱ)의 '코끼리는'은 주제어로 따로 설정하고, 주어는 '코가' 하나만 설정하는 것이다. 주제어설은 주제어를 나타내는 표지로 '은/는'이 붙은 말이 문장 맨 앞에 나오는 특성에 근거하여, 또 소위 '대하여성'(aboutness) 특성을 갖고 '~에 대하여 말할 것 같으면' 식으로 해석이 된다 하여 제기되곤 한다. 그런데 '코끼리가 코는 길다' 같은 예를 보면, 안에 있는 어절에 '는'이 붙고 '대하여성'으로 해석이 된다. 이런 경우는 초점화라 하여, 주어를 '코끼리가'로 보는 초점설 주장이 제기될 수도 있다. 그러나 이 둘은 모두 문장 차원이 아니라 담화 차원의 논의이므로 순수 문장론 차원에서는 받아들이기 쉽지 않다. 또 다른 견해로 변형설이 있기도 한다. 기저 구조에서는 '코끼리의 코'로 본래 있었기 때문에 (9ㄱ)이 홑문장이고 주어는 당연히 '코가'라는 주장이다. 그러나 이것은 (9ㄴ,ㄷ)이 갖는 의미와 '할아버지의 인정이 많다, 나의 정아가 좋다'라는 기저 구조의 의미가 같지 않다는 점에서 역시 쉽게 받아들이기 어렵다.

개별 언어로서의 국어의 특성을 논할 때, 누구나 이중 주어, 이중 목적어가 있다는 말을 하곤 한다. 그렇다면 이중 주어설이 국어의 특징을 가장 잘 드러내는 주장이 될 수 있을 것이다. 이중 주어설 입장에서 보면, (9)에 있는 문장들은 모두 홑문장이 될 터이고, 주어는 '코끼리는, 코가 ; 할아버지께서는, 인정이 ; 나는, 정아가' 모두 인정될 수 있을 것이다.[7]

10.3. 목적어와 보어

10.3.1. 목적어

서술어, 주어 이외에 주성분으로 목적어와 보어가 더 있다. 목적어는 타동사가 서술어로 쓰일 때에 필요한데, 어떤 때는 명사가 목적어를 요구하는 경우도 있다. (10ㅅ)을 보면, '마련'이라는 서술성 명사가 '대책을'이라는 목적어와 함께 나타나고 있다. 따라서 서술어가 목적어를 요구한다는 말은 그것이 요구하는 '선택 제약'이라는 차원에서 이해를 할 수 있게 된다.[8]

---

7) 엄밀하게 말하면, (9ㄱ) '코끼리가 코가 길다.'와 (9ㄷ) '나는 정아가 좋다.'는 문장 구조상 차이가 있다. '좋다'라는 감정 형용사는 언제나 '나'라고 하는 일인칭 대명사를 전제하고 있으나, '길다'는 그런 제약이 없다는 것이다. 여기서는 일단 형태가 '이/가 ~ 이/가' 구조라는 점만 주목하였다. 사실 '나는 정아가 좋다.'와 '물이 얼음이 되다.' 문장은 동일한 유형으로 볼 수 있는 가능성이 충분히 있다. 단지, '얼음이 되다'라는 단독 문장이 불가능하다는 것일 텐데, 따지고 보면 '정아가 좋다'도 불완전하다. 11.3. 참조.

(10) ㄱ. 나는 과일을 좋아해.

ㄴ. 난 과일 좋아해.

ㄷ. 나도 그 과일(을) 좋아해.

ㄹ. 나는 그림 그리기를 아주 좋아해.

ㅁ. 소년은 무지개가 왜 일곱 가지 색인지(를) 곰곰이 생각해 보았다.

ㅂ. 우리는 인류를 위해 봉사할 수 있는 일이 무엇인가(를) 생각해 보았다.

ㅅ. 정부에서 실직자들을 위한 적절한 대책을 마련 중이다.

목적어도 단어, 어절, 구, 절로 실현된다. 전형적인 목적어로 (10ㄱ)의 '과일을'처럼 체언에 목적격 조사 '을/를'이 붙은 어절을 들며, (10ㄴ)의 '과일'처럼 '을/를'이 생략되어 목적어가 실현되기도 한다. 또한 (10ㄷ)의 '그 과일(을)'에서처럼 구(句)가 목적어 기능을 하기도 하며, (10ㄹ)에서는 '(내가) 그림 그리기(를)'처럼 명사형 어미 '-기'가 붙은 절(節)이 그 역할을 하기도 한다. (10ㅁ)에서는 '무지개가 왜 일곱 가지 색인지(를)'이 목적어 역할을 하는데, 명사형 어미 '-음, -기'로 실현된 것이 아니라, 단독으로 온전한 문장이 그대로 목적어로 실현된 형국이다. 이런 경우는 종결 어미 가 의문형 어미일 경우로 제한되는 게 특징이다.

(11) ㄱ. 나는 학교에 갔다.

ㄴ. 나는 학교를 갔다.

ㄷ. 나는 학교에를 갔다.

ㄹ. 지애는 선물을 기연이에게 주었다.

ㅁ. 지애는 선물을 기연이를 주었다.

ㅂ. 우선 먹이를 보이라.

ㅅ. 빨리를 가거라.

---

8) 선택 제약(選擇制約, selectional restriction)이란 서술어가 다른 성분들을 선택하는 제약을 뜻한다. 단순히 주성분을 선택한다는 걸 넘어서 의미적 특성을 만족시키는 단어 등을 선택하는 제약도 포함한다.

목적어 논의에 있어서 과연 '을/를'이 붙었다고 해서 모두 목적어로 인정해야 하는지가 논란거리다. (11ㄴ)의 '학교를'은 '을/를'이 붙었기는 하지만, 사실 (11ㄱ)의 '학교에'와 의미상 차이가 느껴지지 않는다. '을/를'이 붙은 것은 단지 강조 의미만 덧붙여진 것 같다. (11ㄷ)을 보면 이를 더욱 잘 알 수 있다. '을/를'이 붙었다고 무조건 목적어로 보기는 어렵다는 것이다. 결국 이때의 '을/를'은 강조 의미를 덧붙이는 보조사로 처리하는 게 설명적 타당성이 더 있을 듯싶다. '가다' 하면 '어디에, 어디로' 정도의 의미가 더 떠오르기 때문이다.

(11ㅁ)에서도 '을/를'의 보조사 성격을 발견할 수 있다. 수여 동사 '주다'는 세 자리 서술어로 '누가 무엇을 누구에게'라는 세 성분을 필요로 한다. 따라서 '기연이에게'가 기본형이고, '기연이를'은 강조형일 뿐이다. '을/를'이 보조사로 쓰이는 예는 (11ㅂ, ㅅ)에서 보다 분명히 확인할 수 있다. '먹어를, 빨리를'을 목적어라고 볼 수는 결코 없기 때문이다. 만약, 이런 류의 '을/를'을 목적격 조사의 보조사적 용법이라고 처리한다면, 손바닥으로 하늘을 가리는 꼴이라 생각한다. 요컨대, '을/를'은 타동사 앞에서는 목적격 조사, 그렇지 않을 경우는 보조사로 보는 게 타당하다는 것이다.

(12) ㄱ. 과녁을 한가운데를 맞혔다.
ㄴ. 왜 지나가는 사람을 팔을 잡아끄느냐?
ㄷ. 옷을 너무 큰 것을 샀구나.
ㄹ. 사과를 두 상자를 배달해 달라고 했다.
　　d. 사과 두 상자를, 사과를 두 상자, 사과 두 상자
ㅁ. 그가 노래를 유행가를 목포의 눈물을 불렀다.
ㅂ. 하루에 세 시간을 걸어도 힘들지 않아요.

국어에 소위 이중 목적어가 존재한다고도 한다. (12ㄱ~ㄹ)에는 '을/를'이 두 번 붙은 이중(二重) 목적어, (11ㅁ)에는 삼중(三重) 목적어가 출현하고

있다. 이런 경우는 대개 두 번째 명사가 첫 번째 명사의 한 부분이거나, 그것의 한 종류, 또는 그 수량을 나타내는 등의 관계가 있다. 넓게 보면, 큰 것이 앞에, 작은 것이 뒤에 오는 형국을 띤다(성광수 1999 : 301, 남기심 2001 : 112 참조). '을/를'이 반복적으로 나왔다고 해서 둘 다 목적격 조사로 보기는 어려워 보인다. 하나는 목적격 조사, 하나는 보조사로 보는 게 타당하다는 것이다.

(12ㄹ)에서 '사과를 두 상자를'은 '사과 두 상자를, 사과를 두 상자, 사과 두 상자'처럼 '을/를'을 생략한 표현이 가능한데, 그 중에서 '사과 두 상자를'이라는 표현이 기본형이 아닌가 싶다. 왜냐하면, 단순히 '사과'를 얘기하는 게 아니라 '두 상자'를 언급한 것이라는 말이다. 따라서 앞에 나온 '사과를'의 '를'은 보조사로 볼 수 있다고 본다. (12ㄱ~ㄹ)에서 뒤에 나온 '한가운데를, 팔을, 너무 큰 것을, 두 상자를'의 '을/를'은 목적격 조사, 나머지의 '을/를'은 보조사로 보는 게 타당할 것이다.[9] (12ㅁ)에서도 '노래를, 유행가를'의 '을/를'이 보조사이고, (12ㅂ)의 '세 시간을'의 '을'도 보조사로 보는 게 타당하다고 본다.

10.3.2. 보어

서술어가 요구하는 것은 주어, 목적어뿐이 아니다. 대개 보어는 주어와 목적어 이외에 서술어가 필수적으로 요구하는 문장 성분으로 알려져 있다. 보어(補語, complement)라는 용어 자체가 그런 의미를 갖고 있다.

(13) ㄱ. 그는 학생이 아니다.
    cf. *그는 아니다.

---

9) 관점을 바꾸어서 (12ㄱ,ㄹ)에서 앞에 나온 '을/를'을 목적격 조사로 보고, 뒤에 나온 '을/를'을 보조사로 보는 견해도 있다. 그럴 경우는 뒤에 나오는 '한가운데를'과 '두 상자를'을 초점화시켰다고 파악하는 입장이라고 볼 수 있다.

ㄴ. (계절이) 어느덧 봄이 되었습니다.

　　cf. *(계절이) 어느덧 되었습니다.

ㄷ. 물이 얼음이 되었다.

　　cf. *물이 되었다.

ㄹ. 물이 얼음으로 되었다.

　　cf. *물이 되었다.

　학교 문법에서는 보어의 범주를 '되다, 아니다' 앞에 오는 '이/가'가 붙은 성분으로만 한정하고 있다. (13ㄱ~ㄷ)에서 '학생이, 봄이, 얼음이'가 바로 보어라는 것이다.10) 이 보어를 생략해 버리면 문장이 성립되지 않는다. 보어란 주어와 서술어 이외에 문장 성립에 필수적인 성분이기 때문이다. 문제가 되는 것은 (13ㄹ)에서 보다시피, '얼음으로'도 반드시 있어야 하는 성분이라는 점이다. 조사가 '이/가'가 아니라는 이유로 해서 '얼음으로'는 부사어로 처리되고 있다. 그것도 '필수적 부사어'라는 이름으로 말이다(10.4.2. 참조). 그러나 보어의 정의가 주어, 목적어 이외에 서술어가 요구하는 필수적인 성분인 한, '얼음으로'를 보어에서 제외할 이유가 없다. 즉, 소위 필수적 부사어라고 하는 것도 보어의 범주 속에 넣는 것이 설명적 타당성이 더 있다고 본다.

　아니, 다른 가능성으로, 문장 성분으로서 보어를 제외해 버리는 방법도 생각해 볼 수 있다. 학교 문법에서 '되다, 아니다' 앞에 오는, 그것도 보격 조사 '이/가'를 동반한 것만을 보어라고 보고 있는데, 만약 이 두 가지 유형만 보어가 아닌 다른 성분으로 처리할 수 있다면, 보어라는 하나의 범주를 없애 버릴 수도 있다는 것이다. 이런 입장일 경우, '되다, 아니다' 앞에 오는 '이/가' 성분은 주어라고 할 수밖에 없다. 즉, '코끼리가 코가 길

---

10) (12ㄴ)의 '봄이'는 보어가 아니라 주어라고 주장해 볼 수도 있다. 즉 (12ㄴ)을 '봄이 왔다'는 의미로 파악할 수도 있다는 것이다. 그러나 여기서는 예문에 제시한 대로 '무엇이 무엇이 되다' 구조로 보고 논의를 전개해 나가기로 한다.

다'라는 문장처럼 이중 주어 문장으로 처리할 수도 있을 거라는 말이다. 그러나 그것도 쉽지 않은 것이, 역시 보어의 기본 정의, 즉 주어, 목적어 이외에 서술어가 필수적으로 요구하는 성분이라는 조건에 맞지 않는다는 점이다. '코가 길다.'는 가능할 것 같으나, '물이 되다.'는 불가능하다는 점이다. 만약 의미론적으로 보어를 정의 내리지 않고 통사론적인 면에서만 바라본다면, 보어를 주어(소주어)로 처리할 수 있는 가능성은 충분히 있다. 여하튼 현행 서술어의 성격에 따라서 주성분의 출현을 논하는 입장에서 볼 때, '되다, 아니다' 앞이나 소위 필수적 부사어는 보어로 보는 게 타당하다고 본다.

> (14) ㄱ. 나는 지금 하고 있는 일이 좋다.
> ㄴ. 저는 그 아가씨가 좋습니다.
> ㄷ. 날씨가 좋다.
> ㄹ. 나는 그가 학생이라고 생각한다.

한편, 보어를 요구하는 서술어가 '되다, 아니다'만 있는 것은 아니다. (14ㄱ,ㄴ)에서 주어는 '나는, 저는'과 같이 일인칭 대명사가 나온 표현이며, 서술어인 '좋다'는 각각 '지금 하고 있는 일이, 그 아가씨가'가 반드시 있어야 한다. '나는 좋다. 저는 좋습니다.'만 쓰면 불완전하다는 것이다. 주어가 일인칭으로 오는 심리 형용사 같은 경우는 반드시 어떤 성분을 요구한다. 이때 어떤 성분이란 바로 '보어'라고 하지 않을 수 없을 것이다. 결국, '좋다'도 '되다, 아니다'와 마찬가지로 불완전 서술어라고 할 수 있는 것이다. 물론 (14ㄷ)에서는 주어가 일인칭이 아니기 때문에 보어를 요구하지 않는다. 한편, (14ㄹ)에서도 '그가 학생이라고'를 뺀 '나는 생각한다.'만으로는 문장이 성립하지 않는다. 따라서 '그가 학생이라고'도 역시 보어로 볼 수밖에 없을 것이다.

보어에 대한 견해를 정리해 보면 다음 네 가지로 나뉜다. 첫째 '되다,

아니다' 앞에 오는 '이/가'가 붙은 성분을 보어로 보는 견해, 둘째 주어와 목적어 이외에 서술어가 필수적으로 요구하는 성분을 보어로 보는 견해, 셋째 주어와 목적어 이외에 서술어가 필수적으로 요구하는 성분 중 '철수와' 같은 체언성 어절을 보어로 보는 견해, 넷째 아예 보어를 설정하지 않는 견해로 나뉜다. 넷째 입장은 '되다, 아니다' 앞에 오는 '이/가' 붙은 성분을 주어로 보는 견해이다. 이 네 가지 견해 가운데 학교 문법에서는 첫째 견해를 따르고 있으나, 본서에서는 보어의 기본적인 정의, 즉 주어, 목적어 이외에 서술어가 필수적으로 요구하는 성분이라는 점에서 둘째 견해를 지지하는 입장이다.

10.4. 관형어, 부사어, 독립어

10.4.1. 관형어

관형어와 부사어는 다른 말을 수식하는 부속 성분이다. 관형어는 체언을 수식하고 부사어는 주로 용언을 수식한다. 이 둘은 문장에서 주성분이 아니고 부속 성분에 해당한다. 부속 성분이란 말은 수의 성분이라는 말이다. 없어도 문장 구성에는 지장이 없다는 것이다.

관형어가 성립하는 방법은 여러 가지다. 관형사가 그대로 관형어가 되기도 하고, 체언에 '의'가 붙은 말도 관형어가 되며, '의'가 빠진 체언만으로도 관형어가 되기도 한다. 또한 용언의 관형사형, 곧 관형사절도 관형어가 될 수 있다.[11]

---

11) 현행 학교 문법에서는 관형격 조사 '의'를 매우 중요시하고 있다. 그리하여 '철수의 연필'에서 관형어 '철수의'의 '의'가 생략되어 '철수'가 관형어 역할을 한다고 설명하고 있다. 한편 반대로 명사+명사 구성에서 선행하는 명사가 관형어이고 여기에 '의'가 첨가되어 '철수의'도 관형어 역할을 한다고 설명할 수도 있을 것이다.

(15) ㄱ. 아기가 새 옷을 입었다.

ㄴ. 소녀는 시골의 풍경을 좋아한다.

ㄷ. 소녀는 시골 풍경을 좋아한다.

ㄹ. 철수(의) 연필 ; 이순신 장군 ; 나라의 보배 ; 아버지의 그림

ㅁ. 좋은 차는 몸이 먼저 느낍니다.

ㅂ. 그는 우리가 돌아온 사실을 모른다.

(15ㄱ)의 '새'는 관형사, (15ㄴ)의 '시골의'는 '체언+의', (15ㄷ)의 '시골'은 체언이 관형어가 된 것이다. '시골의 풍경'과 '시골 풍경'은 의미 차이가 나 보인다. 전자에서는 구체적인 장소를 떠올리게 되고, 후자에서는 전체적인 모습을 떠올리게 된다. '중국 사람'과 '중국의 사람'도 차이가 있다. '중국 사람'은 중국 민족을 뜻하고, '중국의 사람'은 중국에 있는 사람을 뜻한다. 이렇게 '의'는 단순히 수식하게 하는 기능만이 아니라 일정한 변별적 기능을 하는 경우가 있다.

(15ㄹ)의 '철수의 연필'과 '철수 연필'에서처럼 '의'가 있으나 없으나 의미 차이가 나지 않기도 한다. '이순신 장군'에서는 '의'가 반드시 없어야 하고, '나라의 보배'에서는 '의'가 반드시 있어야 한다. 또한 '아버지의 그림'은 여러 가지 해석이 가능한데, 곧 아버지 모습을 담은 그림, 아버지가 그린 그림, 아버지가 소장하고 있는 그림 등 다양한 의미 해석이 되고 있다. 여하튼 '의'의 존재 유무에 상관없이 이들 선행 체언은 모두 관형어 기능을 하고 있다.[12]

(15ㅁ,ㅂ)에 있는 '좋은 ; 우리가 돌아온'은 용언 어간에 관형사형 어미가 붙어서 후행하는 체언을 수식하는 관형어 기능을 하고 있다. 관형사형 어미가 붙은 이들은 모두 관형사절인데, 이는 서술어가 있으면 절이 성립되는 이치 때문이다. (15ㅁ)의 '좋은'은 본래 '차가 좋다.'라는 홑문장에

---

12) '이순신 장군'은 '이순신'과 '장군'이 동격 의미를 띠고 있는데, 곧 '이순신이라는 장군'으로 해석된다.

관형사형 어미 '-은'이 붙어서 '차가 좋은'이라는 관형사절이 되었는데, 수식 받는 체언이 또 '차'이므로, 동일 성분 탈락 규칙에 의해 관형사절의 주어 '차가'가 생략된 것이다. (15ㅂ)의 '우리가 돌아온'도 본래 '우리가 돌아오다.'라는 홑문장에 관형사형 어미 '-은'이 붙어서 된 관형사절인데, 이때는 선행하는 이 관형사절의 내용이 수식 받는 '사실'의 내용이기 때문에 따로 생략할 성분이 없다. '좋은' 같은 경우는 관계 관형사절이라 하고, '우리가 돌아온' 같은 경우는 동격 관형사절이라 한다.

    (16) ㄱ. 한국인의 따뜻한 마음을 안고 떠납니다.
        ㄴ. 저 아이가 이 동화 속의 주인공을 닮으려는가 봐.
        ㄷ. 저 두 새 집이 너도 보이니?

    관형어는 관형사가 그렇듯이 여러 개 겹쳐 나올 수가 있다. (16ㄱ)에서는 '한국인의'가 '마음'을 수식하고, '따뜻한'도 '마음'을 수식한다. 순서를 바꿔서 '따뜻한 한국인의 마음'도 가능하다. 관형어는 다른 관형어와 함께 후행하는 체언을 수식하는 경우도 있다. (16ㄴ)에서 '이'는 '동화'를 수식하는 관형어이며, '이 동화'는 역시 후행하는 '속'을 수식하는 관형어이고, 또 '이 동화 속의' 전체는 '주인공'을 수식한다. 그런데, '이'는 맨 뒤의 '주인공'을 수식하는 것으로도 볼 수 있다. 기본적으로 관형어는 체언을 수식하는 성분이기 때문에, 그 거리에 상관없이 수식이 가능하다(남기심 2001 : 142 참조).

    그런데 관형사로 이루어진 관형어는 지시 관형어, 수 관형어, 성상 관형어 차례대로 오는 순서 제약이 있다. 이는 관형사 제약과 마찬가지다. (16ㄷ)에서 보듯이 맨 앞에 '저'와 같은 지시 관형어가 오고, 다음에 '두'와 같은 수 관형어, 맨 마지막에 '새'와 같은 성상 관형어가 온다. 이것들 순서가 바뀌면 '*두 저 새 집, *새 저 두 집'처럼 말이 성립하지 않는다.

10.4.2. 부사어

부사어는 부속 성분이라는 점에서 관형어와 같다. 관형어가 체언만을 수식하는 성분임에 비해서, 부사어는 용언뿐 아니라 관형사나 다른 부사를 수식한다. 이런 부사어는 성분 부사어라고 한다.

> (17) ㄱ. 코스모스가 참 예쁘다.
> ㄴ. 그는 아주 새 사람이 되었다.
> ㄷ. 연이 매우 높이 날고 있구나.

(17ㄱ)의 '참'은 용언을 수식하고 있고, (17ㄴ)의 '아주'는 관형사 '새'를 수식하고 있으며, (17ㄷ)의 '매우'는 부사인 '높이'를 수식하고 있다.[13]

> (18) ㄱ. 확실히 오늘 경기는 신나는 한 판이었어.
> ㄴ. 과연 그 아이는 똑똑하구나.
> ㄷ. 만일 네가 계속 이런 식으로 나온다면 더 이상은 참을 수 없어.
> ㄹ. 모름지기 젊은이는 커다란 포부를 가져야 한다.

이에 비해 부사어 중에는 문장 전체를 수식하는 것들도 있는데, 이를

---

13) '아주'가 관형사를, '매우'가 부사를 수식한다고 했는데, 각각 관형어, 부사어를 수식한다고 말할 수 있을까? (17)의 예는 상관없지만, '아주 예쁜 꽃' '매우 아름답게 피었다.' 같은 예에서는 '아주'가 '예쁜'을, '매우'가 '아름답게'를 수식하고 있어, 두 경우 모두 형용사를 수식하고 있다고도 말할 수 있다. 품사는 독립적인 단어에 대하여 그 성격을 얘기하는 것이고, 문장 성분은 다른 성분과의 관계 속에서 파악하는 것이라, 이 경우 '예쁜'과 '아름답게'의 문장 성분이 무엇이라고 말해야 할지 쉽지 않다. 일반적으로 문장 성분은 뒤에 오는 성분과의 관련 속에서 말하는 것이 상례이다. 즉, '예쁜'은 '꽃'과의 관련 속에서 관형어라 할 수 있으며, '아름답게'는 '피었다'와의 관련 속에서 부사어라고 말할 수 있다는 것이다. 그러나 이런 말은 특별히 다른 말이 없을 때 일반적으로 파악하는 방식이지, 만일 앞에 나온 성분과의 관계 속에서 해당 성분의 성격이 무엇이냐 하고 묻는다면 다른 대답을 할 수밖에 없는 것이다. 이 경우는 '예쁜, 아름답게' 모두 서술어라고 해야 한다는 것이다. 따라서 '아주'가 관형어를, '매우'가 부사어를 수식한다고 말하기보다, 각각 관형사와 부사를 수식한다고 말하는 것이 보다 타당하다고 본다.

문장 부사어라고 한다. (18ㄱ~ㄹ)의 '확실히, 과연, 만일, 모름지기'는 후행하는 문장 전체를 수식하는 구조를 띠고 있다. 이 문장 부사어들은 말하는 사람의 심리적 태도를 나타내는 부사들이 주류를 이루고 있는데, 이들은 특별한 말과 호응 관계를 이루는 경우가 많다. (18ㄷ,ㄹ)의 '만일, 모름지기'는 각각 '-ㄴ다면, -어야 한다'와 호응 관계를 보인다.

(19) ㄱ. 그러나 희망이 아주 사라진 것은 아니다.
　　 ㄴ. 정치, 경제 및 문화가 발달하여야 선진국이다.

학교 문법에서는 문장 부사어의 일종으로 접속 부사어를 설정하기도 한다. (19ㄱ)의 '그러나' 같은 문장 접속 부사나 (19ㄴ)의 '및'과 같은 단어 접속 부사가 바로 그런 것이다. 그러나 '및' 같은 것이 문장 부사어라는 것은 동의하기도 어렵고 그럴 수도 없다. '및, 또, 혹, 혹은' 같은 것들이 문장을 수식하지도 않을뿐더러 뒤에 오는 성분을 수식하지도 않기 때문이다. '그리고, 그러나, 그러므로, 왜냐하면' 등 이런 표현들은 사실 문장과 문장을 이어 주는 역할을 하고 있고, '및, 또' 등은 단어와 단어를 이어 주는 게 주된 기능이다. 이들에 대해서는 품사로 접속사, 문장 성분으로 접속어의 지위를 설정해 주는 것이 좋으리라 생각한다.

(20) ㄱ. 여기 앉아라.
　　 ㄴ. 여기에 놓아라. / 여기가 어디야?
　　 ㄷ. 바로 오너라.
　　 ㄹ. 그건 바로 너의 책임이다.

부사어 가운데는 다른 문장 성분과 형태가 동일하여 헷갈리는 것들이 있다. (20ㄱ,ㄴ)의 '여기'에 대해서 학교 문법에서는 각각 부사와 대명사로 보고 있다. '여기에, 여기가'는 대명사 '여기'에 부사격 조사 '에', 주격 조

사 '가'가 붙어서 전체가 각각 부사어, 주어를 구성하고 있으며, '여기 앉
아라'에서는 '여기'가 용언 '앉다'를 수식하고 있어 부사어가 된다. 이런
의미에서 '바로'도 (20ㄷ)에서는 부사어, (20ㄹ)에서는 관형어로 처리하는
게 낫다고 본다. 학교 문법에서 품사의 통용을 인정하고 있다는 점에서도
'바로'에 대해서 각각 부사어, 관형어 범주를 인정하는 게 일관성 있는 설
명이라고 본다.

> (21) ㄱ. 나는 너와 다르다.
>   ㄴ. 너와 나는 다르다.

(21ㄱ)의 '너와'는 부사어이고, (21ㄴ)에서는 '너와 나는' 전체가 주어이
다. 여기서 (21ㄴ)의 '너와'의 문장 성분 성격은 말할 수 없다. 왜냐하면
문장 성분은 서술어와의 관련성 속에서 파악되는 게 일차적인 성격이고,
이차적이라 해 봤자 체언을 수식하는 관형어가 있을 뿐이다. 그런데 '너
와 나는'에서의 '너와'는 뒤에 오는 '나'를 수식하는 것도 아니어서 현재
문장 성분 일곱 가지 종류에는 넣을 데가 없다. 이런 의미에서 관형어와
이런 접속 표현을 다른 문장 성분들과는 달리 따로 처리해야 할지도 모른
다. 여하튼 역시 품사의 통용이라는 점에서, (21ㄱ) '너와'의 '와'는 공동
부사격 조사, (21ㄴ) '너와'의 '와'는 접속 조사로 따로 처리해야 할 것이
다. (21ㄴ)의 '너와'를 문장 성분 명칭으로 무어라 부를 수 있을지는 아직
확정하기 어렵다. 품사로 접속사를 설정한다면, 문장 성분으로 접속어도
자연스럽게 설정될 수 있을 것이다.[14]

---

14) 왕문용·민현식(1993) 입장에서 보면 (21ㄴ)의 '너와'는 부사어가 된다. 이런 견해는 이
미 (21ㄱ)을 기본 문장으로 설정한 후에 단지 '너와'를 이동시킨 경우라고 파악하는 입
장으로 이해된다. 그러나 근본적으로 학교 문법에서는 (21ㄱ) 문장의 구조와 (21ㄴ) 문
장의 구조를 별개로 보고 있다. 그리하여 전자의 '와'는 공동 부사격 조사, 후자의 '와'
는 접속 조사로 확정하고 있다.

(22) ㄱ. 아버지는 일찍이 그 아이를 수양딸로 삼으셨다.

ㄴ. 영현이는 아빠와 닮았다.

ㄷ. 철수가 동생과 싸운다.

ㄹ. 녹색회 회원들이 사막을 녹지로 만들었다.

ㅁ. 꽃이 예쁘게 생겼다.

ㅂ. 혀가 짧은 사람은 바람을 바담이라고 발음한다.

(22)는 소위 필수적 부사어가 사용된 문장들이다. (22ㄱ~ㄹ)의 '수양딸로, 아빠와, 동생과, 녹지로'는 각각 서술어 '삼다, 닮다, 싸우다, 만들다'가 필수적으로 요구하는 소위 필수적 부사어이다. 이것들은 체언에 부사격 조사가 붙어 이루어진 어절이다. 이것들이 없다면 이 문장들은 성립하지 않는다. 이것들이 서술어 자릿수에 포함되는 것은 물론이다.

한편, (22ㅁ,ㅂ)에서는 '예쁘게, 바담이라고'가 필수적 부사어 역할을 한다. 기저 구조 차원에서 보면, '꽃이 예쁘다 / 꽃이 핀 모습이 예쁘다 ; 바람이 바담이다'식으로 보아 '예쁘게, 바담이라고'를 서술어라고 말할 수 있을지 몰라도, 표면 구조 차원에서 보면 분명히 부사어, 그것도 필수적 부사어라는 것이다. 그러나 이것들은 앞(10.3.2.)에서도 살핀 바와 같이 '보어'로 보고자 한다. 즉 보어는 주어와 목적어 이외에 서술어가 필수적으로 요구하는 성분으로 본다는 것이다.[15)]

---

15) 엄밀하게 말하면 보어는 의미론적 범주라고 할 수 있다. '되다, 아니다' 등과 같은 불완전 서술어를 채워 주어야 한다는 것이 그런 의미이다. 소위 필수적 부사어도 보어로 보아야 한다는 본서의 입장도 바로 그런 것이다. 문장론 차원에서만 본다면 '되다, 아니다' 앞에 오는 '이/가'형 성분은 모두 주어로 보고, 필수적 부사어는 그냥 부사어로 보는 게 맞는 것일지도 모른다. 보어 설정에 대한 논의, 그리고 필수적 부사어에 대한 논의는 좀 더 깊은 연구가 필요할 것 같다.

10.4.3. 독립어

독립어는 문장의 어느 성분과도 직접적인 관련이 없는 문장 성분이다. 감탄사가 독립어가 되는 것은 물론이고, 체언에 호격 조사가 결합된 형태가 독립어가 되며, 때로는 호격 조사 없이도 독립어가 되곤 한다.

> (23) ㄱ. 야호! 드디어 우리들이 기다리던 소풍날이 왔다.
> ㄴ. 쯧쯧, 젊은이가 시간을 낭비하면 되는가?
> ㄷ. 글쎄, 철수가 게임을 너무 많이 해요.
> ㄹ. 신이시여, 우리에게 은총을 내리소서.
> ㅁ. {철수야 / 영철아}, 너 어디 사니?
> ㅂ. 철수, 너 뭐해?
> ㅅ. 어머니, 이 말만큼 눈물 나는 게 또 있을까?

(23ㄱ~ㄷ)의 '야호, 쯧쯧, 글쎄'는 감탄사로서 독립어가 되었으며, (23ㄹ,ㅁ)의 '신이시여, 철수야/영철아'는 체언에 호격 조사 '이시여, 야/아'가 붙어서 독립어가 되었으며, (23ㅂ,ㅅ)의 '철수, 어머니'는 체언으로만 독립어가 된 예이다.16)

> (24) ㄱ. 그래서 우리는 모든 걸 포기할 수밖에 없었다.
> ㄴ. 이상하게도 오늘은 운수가 좋더니만.
> ㄷ. 그는 "어휴, 힘들어."라고 말했다.
> ㄹ. 그는 매우 힘들다고 말했다.
> ㅁ. 사과 및 배 등은 좋은 과일이다.

---

16) (23ㄹ) '신이시여'의 '이시여'는 흔히 호격 조사로 부르지만, 엄밀하게 보면, '이ㅣ시ㅣ여'로 분석되어, '여'만이 호격 조사라고 할 수도 있다. 실제로 '신이여'도 가능하기 때문에 '-시-'는 따로 분석될 수 있으며, '이'는 서술격 조사 '이다'의 '이'와 관련되어 있다고 볼 수 있기 때문이다. 다른 호격 조사 '야'도 엄밀히 보면 '이+야'로 분석되어, '아'만 호격 조사라고 할 수도 있다. 전통적으로 '신'은 극존대의 대상이기 때문에, '-시-'를 넣은 '이시여'를 하나의 호격 조사로 처리하고 있을 뿐이다. '신이시여, 철수야 / 영철아'를 서술어로 처리하지 않기 때문에 '이시여, 야'를 호격 조사로 보는 것으로 이해된다.

독립어 논의에서 논란이 되는 것은 (24ㄱ)의 '그래서'와 같은 접속 부사를 독립어로 볼 것인지 아니면 부사어로 볼 것인지이다. 기본적으로 '그래서, 그러므로, 그리고' 등은 품사가 부사이기 때문에 문장 성분도 부사어로 처리하는 게 합당해 보인다. 그런데, 독립어 '야호, 신이시여'처럼 '그래서'도 그 뒤에 오는 말과 구조적인 상관성이 없기 때문에 독립어로 보아야 한다는 주장이 있기도 하다(고영근·구본관 2008). 그러나 엄밀하게 보면 (24ㄱ)의 '그래서'는 뒤에 오는 말들 전체와 관련된다고 할 수 있어 부사어, 그 중에서도 문장 부사어 처리가 가능하다. (24ㄴ)의 '이상하게도'가 문장 부사어로 처리되는 것과 마찬가지 논리이다.

더구나 (24ㄷ)과 같은 직접 인용절을 간접 인용절로 바꿀 때 (24ㄹ)처럼 '어휴'와 같은 독립어가 탈락하거나 '매우' 등 다른 표현으로 바뀌는데, 비해 '그래서'는 탈락하지 않기 때문에 차이를 보이기도 한다. 한편, (24ㅁ)의 소위 단어 접속 부사 '및' 등은 결코 독립어는 물론이고 문장 부사어도 될 수 없다.

소위 문장 접속 부사 '그리고, 그래서, 그러므로' 등과 소위 단어 접속 부사 '및, 또, 혹은' 등은 접속사로 설정하고, 또한 접속어로 보는 게 설명력이 더 있다(7.2. 참조). '그리고' 같은 단어가 뒤에 오는 문장을 수식한다는 게 맞지 않을 뿐 아니라, '및' 같은 단어도 문장 수식을 하지 않는 것은 물론이고 더구나 문장 부사어라고 할 수도 없기 때문이다. 나열을 나타내거나 선택을 나타내는 '그리고, 및, 또' ; '혹은, 혹, 또는' 등은 결코 후행하는 문장이나 단어를 수식하는 말이 아니다. 문제는 '그래서, 그러므로, 왜냐하면' 등과 같이 후행하는 문장과 관련이 있다고도 볼 수 있는 것들을 어떻게 처리하느냐 하는 것이다. 뒤에서 보겠지만, 문장 구조를 두 개 절이 대등하게 이어진 것이냐 아니면 하나가 다른 하나에 내포된 것이냐로 파악하는 입장에서 볼 때, 전자에 속하는 것은 나열(순접)과 선택(이접)으로 이어진 것뿐이라는 사실과 밀접한 관련성이 있어 보인다.

⊖ 탐구하기

⊖ 더 살펴보기

강현화(1999), 고영근(2004ㄴ), 고영근·구본관(2008), 김광해(1984), 김민수(1983),
김승렬(1988), 김진해(2000ㄱ), 남기심(2001), 류구상 외(2001), 박선자(1996),
신지영 외(2012), 오충연(2001), 왕문용·민현식(1993), 유동서(1998),
이관규(1992ㄱ, 2002ㄱ), 이광호(1988, 1990), 이익섭(2000), 이홍식(1998, 2000),
임홍빈·장소원(1995), 정인상(1990), 최규수(2004), 최재희(2004), 최현배(1937),
허웅(1983, 1999), 홍종선 외(2015)

→ 제11장 문장의 짜임

문장(홑문장)은 최소의 사태(事態) 단위라고 할 만하다. 사건이나 상태는 기본적으로 주어와 서술어가 있어야 한다. 주어와 서술어가 한 번 나타나면 홑문장, 두 번 이상 나타나면 겹문장이 된다. 홑문장은 주성분으로 이루어진 기본 문형이 여러 가지 존재한다. 먼저 이것을 살펴보고, 다음으로 홑문장과 홑문장이 이어져서 이루어지는 겹문장을 살피도록 한다.

11.1. 홑문장과 기본 문형

11.1.1. 홑문장 개념과 기본 문형

홑문장은 주어와 서술어가 한 번씩 나타나는 문장이다. 서술어의 성격에 따라서 필수적으로 나오는 주성분인 목적어와 보어도 홑문장 구성에 있어서 중요한 역할을 한다. '필수적'이라는 점에서 서술이 자릿수에 관여하는 소위 필수적 부사어도 홑문장의 기본 문형을 정하는 데 중요한 역할을 한다. 여기서는 주어, 목적어 이외에 서술어가 필수적으로 요구하는 성분이라는 점에서 소위 필수적 부사어를 보어로 본다. 문장의 주성분, 곧

주어, 서술어, 목적어, 보어(필수적 부사어 포함)의 결합 양상을 통해서 홑문
장의 기본 문형을 살피고자 한다.

> (1) ㄱ. 새가 날아간다.
>   꽃이 예쁘다.
>   철수가 학생이다.
> ㄴ. 철수가 밥을 먹는다.
> ㄷ. 물이 얼음이 되었다.
>   물이 얼음으로 되었다.
>   물이 얼음으로 변했다.
>   영희는 예쁘게 생겼어.
> ㄹ. 나는 선물을 지현이에게 주었다.

제1문형은 주어와 서술어로 이루어진 문장이다. '무엇이 어찌하다, 무
엇이 어떠하다, 무엇이 무엇이다'처럼 한 자리 서술어가 나오는 문장이
여기에 해당한다. (1ㄱ)에서처럼 서술어가 동사, 형용사, 체언+서술격 조
사인 경우가 모두 해당한다. 제2문형은 두 자리 서술어가 나오는 문장인
데, 기본적인 문장이 목적어가 오는 타동사 문장인지, 보어가 오는 자동사
문장인지 정하기가 쉽지 않다. 일단, 목적어 파악의 용이성을 들어 (1ㄴ)
과 같이 목적어가 나오는 문장을 제2문형으로 보도록 한다. 서술어 자릿
수라는 차원에서 주어 다음으로 쉽고도 확실하게 파악할 수 있다는 점에
서도 이렇게 볼 수 있다.

제3문형으로는 (1ㄷ)에서처럼 주어와 보어가 오는 문장을 들 수 있다.
'되다, 아니다' 앞에 오는 보어뿐만이 아니라, '변하다, 생기다'처럼 소위
필수적인 부사어로 불리는 보어를 요구하는 것도 제3문형으로 본다는 것
이다. 이는 목적어를 보어보다 더 중요한 성분으로 보는 입장을 반영한다.
제4문형은 (1ㄹ)에서처럼 서술어가 주어, 목적어, 보어(또는 필수적 부사어)를
요구하는 경우를 지칭한다.

(2) ㄱ. 나는 그를 학생이라고 생각한다.

　　ㄴ. ??나는 학생이라고 그를 생각한다.

　　ㄷ. S = NP$_1$ + VP$_1$

　　　　VP$_1$ = NP$_2$ + VP$_2$

　　　　VP$_2$ = CP + V

　　　　　S = 나는 그를 학생이라고 생각한다

　　　　　NP$_1$ = 나는, VP$_1$ = 그를 학생이라고 생각한다

　　　　　NP$_2$ = 그를, VP$_2$ = 학생이라고 생각한다.

　　　　　CP = 학생이라고, V = 생각한다[1]

　'주어-목적어-서술어' 문장 유형을 2문형, '주어-보어-서술어' 유형을 3문형으로 보는 이유는 구체적으로 두 가지이다. 하나는 형상 언어로서 국어 문장을 분석할 때 서술부의 맨 왼쪽에 나오는 성분은 목적어라는 점이다. (2ㄷ)에서 보면 서술어구(VP$_1$)가 다시 명사구(NP$_2$)와 다른 서술어구(VP$_2$)로 나뉘는데, 이때 처음 나오는 명사구가 바로 목적어라는 것이다. 보어는 그 다음에 나오는 보어구(CP)가 해당한다는 논리이다.[2] 또 하나는 목적어가 먼저 제시되고 그것을 설명하는 보어가 나오는 것이 논리상 타당하다고 보기 때문이다. (2ㄴ)은 아무래도 자연스런 문장이라고 보기 어려

---

1) (2)에 사용된 부호는 다음을 뜻한다. S는 문장(Sentence), NP는 명사구(Noun Phrase), VP는 동사구(또는 서술어구, Verb Phrase), V는 동사(또는 서술어, Verb), CP는 보어구(Complement Phrase)를 가리킨다. 여기서 보어(C)는 '되다, 아니다' 앞에 오는 보어는 물론이고, 소위 필수적 부사어도 모두 포함한다.

2) '나는 그를 학생이라고 생각한다.'라는 문장을 수형도로 나타내면 이런 사실을 쉽게 알 수 있다. 이 수형도에서 조사나 어미와 같은 문법 요소에 대한 표시는 따로 하지 않았다.

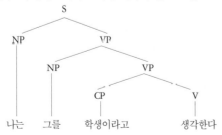

우며, (2ㄱ)에서처럼 목적어-(목적) 보어 순서를 보이는 문장이 자연스럽다는 것이다. 결국 중요도에 있어서도 그렇고 파악의 용이성에서도 그렇고 목적어가 보어보다 앞에 오는 것으로 보는 것이 자연스럽다.

요컨대, 국어 문장의 기본 문형은 제1문형 : 주어-서술어, 제2문형 : 주어-목적어-서술어, 제3문형 : 주어-보어-서술어, 제4문형 : 주어-목적어-보어-서술어 구성을 갖고 있다고 보는 것이 타당하다고 본다.

11.1.2. 홑문장 분석의 다른 방법

홑문장의 구성 방식에 대해서는 앞에서처럼 문장 성분 중심으로 보는 방식이 있는가 하면, 국어가 가지는 교착어로서의 특성을 극대화하여 명제와 양태 범주로 나누어 보는 방식도 들 수 있다. 이 방식은 특히 서술어의 어미가 명제 내용의 상태를 나타낸다는 점에서 주목해 볼 수 있다.

> (3) ㄱ. 철수가 밥을 먹는다.
> ㄴ. [철수가 밥을 먹-]+는다
> ㄷ. [[철수가 밥을 먹-]+는]+다

(3ㄱ)을 (3ㄴ)처럼 명제에 해당하는 '철수가 밥을 먹-'과 양태 표시 부분에 해당하는 '-는다'로 분석한다는 것이다. 이런 점에서 보면 서술어를 '먹는다'로 보지 않고 용언 어간인 '먹-'으로 보고, 이 '먹-'이 갖는 선택 제약에 따라서 주어 '철수가'와 목적어 '밥을'이 온다고 해석할 수 있다.

명제와 양태로 문장을 분석하는 방법을 받아들일 때, 양태 표시에 해당하는 '-는다'에 대해서 (3ㄴ)과 (3ㄷ)의 분석 방법을 들 수 있다. (3ㄴ)은 명제 내용이 현재이면서 문장을 평서형으로 종결한다는 의미를 나타내고 있다. 이에 비해 (3ㄷ)은 명제 전체가 현재 시제를 먼저 나타내고, 다음에 그 전체가 평서형으로 종결된다는 의미를 나타내고 있다. 이 둘 중 어느 방법이 더 유용한지 (3)만으로는 파악하기 쉽지 않다.

(4) ㄱ. 안개가 걷혀서, 비행기가 출발했다.
ㄴ. [[[안개가 걷히-]+어서], [비행기가 출발하-]]+였다
ㄷ. [[[[안개가 걷히-]+어서], [비행기가 출발하-]]+였]+다

(4ㄱ)은 '안개가 걷히다', '비행기가 출발하다'라는 두 홑문장이 이어진 겹문장인데, (4ㄴ,ㄷ)과 같이 어미를 염두에 두는 분석 방법을 상정해 볼 수 있다. (4ㄴ)은 '안개가 걷혀서 비행기가 출발하-'에다가 과거를 나타내는 '-였-'과 평서형 종결을 나타내는 어미 '-다'가 한꺼번에 붙은 것이고, (4ㄷ)은 먼저 과거 시제를 나타내는 어미 '-였-'이 붙고, 그 전체에 '-다'가 붙었다고 보는 입장이다. 이 두 방법 중 (4ㄷ)이 더 설명력을 띤다고 할 수 있다. 왜냐하면 선행절 '안개가 걷혀서'에는 시제 표지가 없으나, 의미상으로는 분명히 과거를 나타내고 있기 때문에, '-였-'이 전체에 먼저 붙는다고 보면, 선행절의 과거 시제 해석을 이해할 수 있기 때문이다. 이처럼 '안개가 걷혀서 비행기가 출발하였-' 전체에 종결의 '-다'가 붙었다고 보는 게 타당하다고 볼 수 있다.

학교 문법에서는 '주어+목적어+서술어' 방식으로만 문장을 분석하고 있으나, 명제와 양태로 분석하는 방법이 더 타당성이 있다고 할 수 있다. 어미에 국한된 양태 표현이 (3ㄱ), (4ㄱ)처럼 겹쳐 나왔을 때는 (3ㄷ), (4ㄷ)처럼 분석하는 게 설명력이 더 있다고 할 수 있다. 사실 이렇게 분석하는 방법은 변형 문법에서 말하는 핵 이동 원리에 이론적 근거를 둔다.3) 어떤

---

3) 핵 이동이란 통사적으로 중심이 되는 것이 이동된다는 것이다. 국어의 핵 이동 원리는 보통 왼쪽에서 오른쪽으로 이동한다는 원리이다. 예컨대, '철수가 밥을 먹었다.'라는 문장에서 '철수'가 주어인 것은 뒤에 오는 주격 조사 '가' 때문이며, '밥을'이 목적어인 것은 역시 뒤에 오는 목적격 조사 '을' 때문이다. 또 '철수가 밥을 먹-'이라는 명제가 과거에 일어났다는 사실은 그 뒤에 오는 과거 시제 선어말 어미 '-었-'을 통해서 알 수 있으며, 이

표현이 문장에서 하는 역할은 주로 오른쪽에 있는 것에 달려 있다. 명사에 주격 조사가 붙으면 주어가 되고, 목적격 조사가 붙으면 목적어가 된다는 것이다. 서술어도 어간 뒤에 오는 어미 성격에 따라 해당 문장이 평서문이냐 의문문이냐가 결정되는 것이다.

11.2. 겹문장의 짜임

기본 문형으로 설정된 네 가지 홑문장은 다른 성분이 이어지거나 다른 홑문장이 이어져서 확대된다. 전자의 경우는 역시 홑문장이고, 후자의 경우는 겹문장이 된다.

(5) ㄱ. 그 집에서 오늘 돌잔치가 있어.
ㄴ. 우리 집 정원에 드디어 장미꽃이 피었어.
ㄷ. 그런 사람이 어찌 그런 일을 해?
ㄹ. 나는 나만의 삶을 나만의 방식으로 산다.
ㅁ. 없어.

(5ㄱ)의 '그 집에서, 오늘'이라는 부사어들은 다른 주어, 서술어를 갖고 있는 게 아니기 때문에 (5ㄱ)은 홑문장이다. (5ㄴ~ㄹ)도 마찬가지이다. (5ㄴ)의 '우리 집 정원에', '드디어' 모두 부사어일 뿐이다. (5ㄷ)에서 '그런'은 관형사로서 관형어이며, (5ㄹ)에서 '나만의'도 주어, 서술어와 관련 없는 관형어이고, '나만의 방식으로'도 역시 주어, 서술어와 관련 없는 부사어일 뿐이다. 한편 (5ㅁ)은 서술어 하나만 나와 있지만, 마침표(.)가 찍혀 있는 것으로 보아, 일정한 맥락에서 나온 서술어란 점에서 주어가 생략되

모든 것을 '-다'라는 종결 어미를 통해서 마무리한다는 것이다. 결국 국어의 핵 이동 원리는 오른쪽 이동 원리라고 볼 수 있다.

어 있는 표현으로 볼 수 있다. 즉, (5ㅁ)도 하나의 홑문장으로 파악된다.[4]

    (6) ㄱ. 이것은 장미꽃이고, 저것은 국화꽃이야.
       ㄴ. 이 안개만 걷히면, 비행기가 출발한다.
       ㄷ. 그 일을 하기가 쉽지 않다.
       ㄹ. 예쁜 꽃이 피었다.
       ㅁ. 비가 소리도 없이 내린다.
       ㅂ. 정아가 얼굴이 예쁘다.
       ㅅ. 누가 그런 일을 한다고 그래?

    한편 겹문장은 주어와 서술어가 두 번 이상 나타나는 문장을 뜻한다. 겹문장은 기본적으로 홑문장과 홑문장이 이어져서 형성된다. 겹문장 속에 절이 들어가 있긴 하지만, 이 절도 본래는 홑문장이었다는 말이다. (6ㄱ) 은 '이것은 장미꽃이다.'와 '저것은 국화꽃이다.'라는 두 개의 홑문장이 대등하게 이어진 겹문장이다. 결과론적으로 보면, 선행하는 (6ㄱ)의 '이것은 장미꽃이고'는 대등절(對等節)이라고 할 수 있다. (6ㄴ)도 하나의 홑문장이 다른 홑문장에 종속적으로 이어져서 이루어진 것인데, 선행하는 '이 안개만 걷히면'은 종속절(從屬節)이 된다.[5] 그리하여 흔히 (6ㄱ)은 대등하게 이어진 문장, (6ㄴ)은 종속적으로 이어진 문장이라고 말한다.
    또한 (6ㄷ)에서는 홑문장 '(누가) 그 일을 하-'에 명사형 어미 '-기'가 붙어서 명사절이 형성된 것으로 볼 수 있으며, (6ㄹ)에서는 '(꽃이) 예쁘-'

---

4) 2014년 12월에 새로운 문장 부호법이 발표되었다. 거기서 문장을 종결하는 부호로 세 가지가 제시되었다. 마침표(.), 물음표(?), 느낌표(!)가 그것이다. 종래의 온점(.)이라는 명칭도 그대로 사용해도 되지만, 가능한 한 마침표(.)로 쓰기를 권장하는 셈이다.

5) 엄밀히 보면, (6ㄱ,ㄴ)에서 후행하는 '저것은 국화꽃이-'와 '비행기가 출발하-'도 절이다. 흔히 후행절 운운하는 것이 바로 이런 까닭이다. 절(節)이 주어와 서술어가 갖추어진 것으로 문장 종결 어미가 결여된 것이라는 점에서 후행절이라고 할 수 있는 것이다. 그러나 흔히 선행절에 대한 논의가 많이 있기 때문에 여기서도 그냥 특별한 설명 없이 대등절, 종속절이라고 하면 선행절을 지칭하는 것으로 한다.

에 관형사형 어미 '-은'이 붙어서 관형사절이, (6ㅁ)에서는 '소리도 없-'
에 부사화 접미사 '-이'가 붙어서 부사절이 형성되었다고 할 수 있다. 그
리고 (6ㅂ)에서는 '얼굴이 예쁘다'가 서술절로, (6ㅅ)에서는 '누가 그런 일
을 한다고'가 인용절로 역할을 하고 있다. (6ㅅ)은 '(너는) <u>누가 그런 일을
한다고</u> 그래?'처럼 파악하여, 인용절을 '누가 그런 일을 한다고'로 볼 수
있다.6) 이처럼 (6ㄷ~ㅅ)에서는 전체 문장 속에 명사절, 관형사절, 부사절,
서술절, 인용절이 안겨 있는 형국을 보인다.

　(6ㄱ, ㄴ) 같은 것은 이어진 문장이라 하고, (6ㄷ~ㅅ) 같은 것은 안은 문
장이라 부른다. 또한 (5)에서처럼 기본 문형으로서의 홑문장에 관형어나
부사어와 같은 절 무관 수식어가 붙는 과정과 (6)에서처럼 홑문장들이 모
여 하나의 겹문장이 되는 과정을 문장의 확대라고 한다. 문장의 확대를
겹문장에 국한하는 경우도 있지만, 엄밀한 의미에서 기본 문형이 확대되
는 것도 이에 속한다고 보는 것이다. 결국 문장의 짜임새는 다음 (7)과 같
이 정리해 볼 수 있을 것이다.

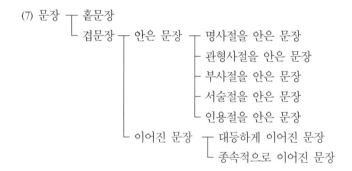

(7) 문장 ─┬─ 홑문장
　　　　　└─ 겹문장 ─┬─ 안은 문장 ─┬─ 명사절을 안은 문장
　　　　　　　　　　　│　　　　　　├─ 관형사절을 안은 문장
　　　　　　　　　　　│　　　　　　├─ 부사절을 안은 문장
　　　　　　　　　　　│　　　　　　├─ 서술절을 안은 문장
　　　　　　　　　　　│　　　　　　└─ 인용절을 안은 문장
　　　　　　　　　　　└─ 이어진 문장 ─┬─ 대등하게 이어진 문장
　　　　　　　　　　　　　　　　　　　└─ 종속적으로 이어진 문장

---

6) (6ㅅ)은 '누가 [(네가) 그런 일을 한다고] 그래?'로 파악할 수도 있다. 즉 일정한 상황 맥락
　을 설정하게 되면 속에 있는 인용절을 다양하게 설정할 수도 있다는 말이다. 이렇게 되면
　결국 간접 인용절은 부사절로 볼 수도 있게 된다.

(8) ㄱ. 서울과 부산은 도시다.
    ㄴ. 서울은 도시고 부산은 도시다.
    ㄷ. 철수와 영희가 걸어간다.
    ㄹ. 철수와 영희가 함께 걸어간다.
    ㅁ. 부부가 걸어간다.

한편 학교 문법에서는 (8ㄱ)의 '서울과 부산은 도시다.' 같은 문장도 겹문장으로 보고 있다. '서울은 도시다'와 '부산은 도시다'가 합해져서 이루어진 겹문장이라는 입장이다. 이는 (8ㄴ)에서처럼 '서울은 도시고 부산은 도시다'로 대등하게 이어지고, 다시 '서울과 부산은 도시다'로 바뀐다는 변형 문법의 입장을 받아들인 견해이다. 그러나 연결 어미 '-고'와 접속 조사 '와'의 대치가 가능한지 문제가 된다.

또한 같은 논리로 (8ㄷ)의 '철수와 영희가 걸어간다.'는 겹문장이 될 텐데, (8ㄹ)에서처럼 '함께'라는 부사어가 들어가면 두 개 홑문장으로 나뉠 수가 없어서 겹문장이라고 할 수가 없다. 더욱이 (8ㅁ)에서처럼 '철수와 영희'를 '부부'라는 하나의 단어로 바꾸게 될 경우엔 더더욱 겹문장으로 볼 수 없게 된다. 따라서 '서울과 부산은 도시다' 문장이나 '철수와 영희는 남매다'라는 문장이나 모두 홑문장으로 보는 게 타당하다고 본다. 만약 학교 문법에서처럼 (8ㄱ,ㄷ)을 겹문장으로 본다면, 이 문장들은 (7)의 대등하게 이어진 문장에 속하게 될 것이다.

11.3. 안은 문장과 안긴 절

일반적으로 다른 문장 속에 들어가 하나의 성분처럼 쓰이는 홑문장을 안긴 문장이라고 하며, 이 홑문장을 포함한 문장을 안은 문장이라고 한다. 안긴 문장은 전체 문장 속에 있는 것이기 때문에 엄밀히는 '안긴 절'이라고 하는 게 타당할 것이다. 전체 겹문장 속에 들어가 있다 해서 모두 안긴 절인 것은 아니다. 대등하게 이어진 문장이나 종속적으로 이어진 문장에 서는 선행하는 대등절이나 종속절도 겹문장 속에 들어가 있다. 학교 문법 에 따르면 안긴 절은 크게 다섯 가지로 나뉘는데, 곧 명사절, 관형사절, 부사절, 서술절, 인용절이 그것이다.

> (9) ㄱ. 지금은 집에 가기에 이른 시간이다.
> ㄴ. 우리는 그가 정당했음을 깨달았다.
> ㄷ. 그는 좋은 시절이 다 {지나갔음을/*지나갔기를} 알았다.
> ㄹ. 농부들은 비가 {오기를/*옴을} 기다린다.
> ㅁ. 내가 밥 먹는 것을 보지 마라.
> ㅂ. 아니, 먹을 것을 줘야 먹지.

(9ㄱ~ㄹ)은 명사절을 안은 문장을 제시한 것이다. 명사절은 명사형 어 미 '-음, -기'가 붙어서 만들어진다. (9ㄱ)의 '집에 가기'는 '(누가) 집에 가다' 홑문장에 '-기'가 붙어서 명사절이 형성된 것이며, (9ㄴ)의 '그가 정 당했음'은 '그가 정당했다' 홑문장에 '-음'이 붙어서 명사절이 형성된 것 이다. '집에 가기에'는 부사어, '그가 정당했음을'은 목적어로 기능한다. 앞에서 나온 (6ㄷ) '그 일을 하기가 쉽지 않다.'의 '그 일을 하기가'는 주 어로 역할을 하고 있다. 이처럼 명사절은 뒤에 어떤 조사가 오느냐에 따 라 문장 성분이 달라진다. '-음'과 '-기'는 둘 다 명사형 전성 어미이기는 하나, 전자가 '완료' 의미를 나타내고, 후자가 '미완료' 의미를 나타낸다는 점에서 차이가 있다. '-음'과 '-기'의 이런 차이는 (9ㄷ,ㄹ)에서 보듯이, '-음'이 '알다'와 같은 서술어와 어울리고, '-기'가 '기다리다'와 같은 서 술어와 어울리는 데서도 확인할 수 있다. 물론 '-음'이 '지나갔음'에서처 럼 과거 시제 선어말 어미와 함께 사용되고, '-기'는 '*지나갔기'에서처럼 그렇지 못하다는 것도, 완료, 미완료 의미 차이 때문이라 할 수 있다.

명사절을 형성할 수 있는 방법으로 '-는 것'을 들기도 한다. (9ㅁ)에서 처럼 '내가 밥 먹다'에 '-는 것'이 붙어서 '내가 밥 먹는 것'이 명사절이 된다는 것이다. 물론 여기에 '을'이 붙어서 목적어로 기능하는 것은 맞지 만, 다른 한편으로 보면 '내가 밥 먹는'이 관형사절 역할을 하는 것을 볼 수 있다. 즉, 의존 명사 '것'을 수식한다는 것이다. 이때의 '것'은 특별한 지시 대상을 가리키는 것이 아니다. 앞에 나온 '내가 밥 먹다'라는 사실을 다시 가리킨 것이다. 이에 비해 (9ㅂ) '먹을 것'의 '것'은 특정한 대상(먹을 것)을 가리켜서 차이를 보인다. 이때 '것'은 의존 명사이긴 하지만, 구체적 인 먹을 대상을 지칭하는 것이라는 말이다. 뒤에서 언급되겠지만, (9ㅁ)의 '내가 밥 먹는'은 동격 관형사절, (6ㅂ)의 '먹을'은 관계 관형사절로 구분 된다. 현행 학교 문법에서는 (9ㅂ)은 제외하고 (9ㅁ) 같은 경우만을 명사 절 형성법으로 보는 입장을 견지하고 있으나(남기심·고영근 1993, 남기심 2001), 둘 다 통사적으로 관형사절을 갖고 있는 건 분명하다. 둘 중 어느 하나만 명사절로 보는 태도보다는 둘 다 명사절로 보지 말고, 그 앞부분, 즉 '-는/-을' 부분까지만 관형사절로 보는 게 낫다고 본다.

(10) ㄱ. 이것은 <u>내가 {읽은/읽는/읽을/읽던}</u> 책이다.
ㄴ. <u>좋은</u> 차는 몸이 먼저 느낍니다.
ㄷ. <u>내가 태어난</u> 1950년에 6·25가 발발하였다.
ㄹ. 그는 <u>우리가 돌아온</u> 사실을 모른다.
ㅁ. 나는 [그가 <u>착한</u> 사람이라는] 생각이 들었다.

(10)은 관형사절을 안은 문장을 제시한 것이다. (10ㄱ)의 '내가 {읽은/읽 는/읽을/읽던}'은 '내가 책을 읽다', (10ㄴ)의 '좋은'은 '차가 좋다' 홑문장 이, 후행하는 '책, 차'를 수식하는 구조로, 곧 안긴 절에 있는 목적어, 주 어가 생략된 형국이다. (10ㄷ)의 '내가 태어난'은 '내가 1950년에 태어났 다'라는 홑문장이, 후행하는 1950년을 수식하여 결국 부사어가 생략된 모

습을 보인다. (10ㄱ~ㄷ)은 안긴 절, 즉 관형사절 속에 후행하는 피수식어
가 탈락된 것으로 이런 관형사절을 관계 관형사절이라 한다. 이에 비해
(10ㄹ)의 '우리가 돌아온'이라는 관형사절은 피수식어인 '사실'과 같은 내
용이기 때문에, 동격 관형사절이라 한다. (10ㅁ)에는 두 개의 관형사절이
들어 있는데, 곧 '착한'이라는 관계 관형사절과 '그가 (착한) 사람이라는'
이라는 동격 관형사절이다.

> (11) ㄱ. 그는 아픈 척했다.
> ㄴ. 비가 온 다음에 홍수가 났다.
> ㄷ. 다른 사람도 아닌 나를 배반하다니.

(11ㄱ~ㄷ)에 있는 관형사절은 관계 관형사절인지 동격 관형사절인지
판단하기 어려운 것들이다.[7] 그러나 자세히 보면, (11ㄱ)에는 '(그가) 아픈'
이라는 관형사절이 '척' 의존 명사가 가리키는 태도나 상태를 설명하고,
(11ㄴ)에는 '비가 온'이라는 관형사절이 '다음'이라는 의존 명사의 상황을
설명하고 있다. 곧 동격 관형사절로 볼 수 있다는 것이다. 이에 비해 (11
ㄷ)에서는 '다른 사람도 아닌'은 '(내가) 다른 사람이 아니다'라는 홑문장이
후행하는 '나'를 수식한 구조로 볼 수 있어, 곧 관계 관형사절로 볼 수가
있어 차이가 보인다(왕문용·민현식 1993 참조).

> (12) ㄱ. 비가 <u>소리도 없이</u> 내린다.
> <u>소리도 없이</u> 비가 내린다.
> ㄴ. 그는 <u>형과 달리</u> 말을 잘 한다.
> ㄷ. 그들은 <u>우리가 입은 것과 똑같이</u> 입고 있다.
> ㄹ. 그는 <u>아는 것도 없이</u> 잘난 척을 한다.

---

7) (11ㄱ,ㄴ)의 '척', '다음' 앞에 오는 관형사절을 연계절이라 하여 따로 설정하는 경우도 있
다. '뒤, 중, 다음, 대신' 등에 선행하는 관형사절을 가리키곤 한다. 김지은(2000), 고영
근·구본관(2008) 참조

(12)는 부사절을 안은 문장을 제시한 것이다. 전통적으로 (12ㄱ)의 밑줄
친 것들처럼 부사화 접미사 '-이'로 끝나는 절을 부사절이라 해 왔다. '소
리도 없이'가 후행절 속에 있든 앞으로 이동을 하게 되든 모두 부사절로
인정받아 왔다. (12ㄴ)에서도 '(그가) 형과 달리'가 부사절로 인정되며, (12
ㄷ,ㄹ)에서도 좀 복잡한 모습이기는 하지만 밑줄 친 부분이 부사절로 설
정되고 있다.[8]

(12ㄴ~ㄷ)에 있는 밑줄 친 부사절은 모두 주어가 생략되어 있다. (12ㄴ)
은 '(그가) 형과 다르다', (12ㄷ)은 '(그들이 입고 있는 옷이) 우리가 입은
것과 똑같다'에서처럼 생략된 주어를 일견 괄호 안의 것으로 볼 수 있다.
그렇지만 (12ㄴ,ㄷ)은 자세히 보면 반드시 그렇지만은 않다. 즉 (12ㄴ)은
'(그가 말을 잘하는 것이) 형과 다르다', (12ㄷ)은 '(그들이 입고 있는 모양
이) 우리가 입은 것과 똑같다'처럼 해석할 수도 있다는 것이다. 그리고 (12
ㄹ)에 있는 밑줄 친 부사절 '아는 것도 없이'는 본래 '(그가) [(그가) 아는]
것도] 없이'로 구조를 가진 것으로 파악된다.[9] 즉 '(그가) (것이) 없다' 구
조를 지닌 것이라는 말이다. (12ㄹ)에서는 주어가 중의적으로 파악되지는
않는다.

> (13) ㄱ. 길이 <u>비가 와서</u> 질다.
>   <u>비가 와서</u> 길이 질다.
>   ㄴ. 우리는 <u>그녀가 지나가도록</u> 길을 비켜 주었다.
>   ㄷ. 철수는 <u>발에 땀이 나도록</u> 뛰었다.

한편 7차 문법 교과서(2002)에서부터 (13)의 밑줄 친 부분도 부사절로 보

---

8) 엄밀히 말하면 이럴 경우의 '-이'는 부사화 접미사가 아니라 부사형 어미라고 해야 옳다.
   부사절을 만들려면 서술어가 필요하고 서술어에는 당연히 어미가 있어야 하기 때문이다.
   결국 부사형 어미 '-이$_1$'와 부사화 접미사 '-이$_2$'가 따로따로 설정되어야 할 것이다.
9) 본래 '없다'라고 하는 감정 형용사는 '누가 무엇이 없다'라는 구성을 갖고 있다. 결국 '(그
   가) ( ) 것이 없다'라는 구문이 (12ㄹ)에 내재되어 있는 것이다.

는 것을 허용하게 되었다. 종래의 종속절 설정을 원칙으로 하고 부사절로
도 볼 수 있다는 뜻이다. 즉 종래의 종속적으로 이어진 문장의 선행절, 즉
종속절을 부사절로도 보는 견해가 힘을 얻게 되었다는 것이다. 그래서 (13
ㄱ~ㄷ)도 부사절을 안은 문장으로 보게 된 것이다. 여러 가지 이유가 있
겠지만, 쉬운 예로, (12ㄱ)에서 문장 속에 있던 부사절을 문장 맨 앞으로
옮겨도 상관없는 것처럼, (13ㄱ)의 종속절 '비가 와서'도 문장 맨 앞으로
옮길 수 있어, 하등의 차이를 보이지 않기 때문이다. 문장 안에, 특히 서
술어 앞에 올 수 있다는 것은 종속절이 부사절과 차이가 없다는 것을 뜻
한다. 명사절, 관형사절, 부사절이라는 계열성을 염두에 둘 때도 부사절로
보는 게 타당하다.

> (14) ㄱ. 꽃이 <u>예쁘게</u> 피었다.
>   ㄴ. 그는 <u>부드럽게</u> 나의 손을 잡았다.
>   ㄷ. 그곳은 꽃이 <u>아름답게</u> 피었다.
>   ㄹ. 그곳은 그림이 <u>아름답게</u> 장식되었다.

(14ㄱ,ㄴ)에서도 부사절의 주어가 생략되어 있다고 볼 수 있는데, 문제
는 생략된 주어가 무엇인지 쉽게 단정 짓기가 쉽지 않다는 점이다. (14ㄱ)
의 '예쁘게'는 '(꽃이) 예쁘게', 아니면 '(꽃이 핀 모습이) 예쁘게'처럼 해석
된다. 어쩌면 후자 쪽 해석이 좀 더 분명하다고 할 수 있을지 모른다. (14
ㄴ)에서는 아무래도 '부드럽게'가 '(그가 나의 손을 잡은 상태가) 부드럽
게' 의미로만 해석된다. (14ㄷ,ㄹ)에서도 이런 헷갈림은 계속된다. (14ㄷ)
에서는 '아름답게'가 부사절로 파악되는데, 역시 '(꽃이) 아름답게', '(꽃이
핀 모습이) 아름답게' 양쪽 다 가능해 보이기는 하나 역시 후자 쪽 해석이
나아 보인다. 그러나 (14ㄹ)에서는 부사절 '아름답게'가 '(그림이 장식된
모습이) 아름답게'로만 해석이 된다는 것이다.
　혹 (14ㄷ,ㄹ)에서 '꽃이 아름답게, 그림이 아름답게'가 부사절이 된다고

보는 견해도 있을지 모르겠는데, 이는 결코 그렇지 않다. 만약 그리되면, 남은 부분이 각각 '그곳은 피었다, 그곳은 장식되었다'처럼 이상한 구조만 남게 된다. '그곳은 장식되었다'가 이상한 구조라고 하는 것은 '그곳은 … 로 장식되었다'처럼 재료나 수단이 필요한데, 결여되었다는 것을 지적한 것이다. 사실 안긴 절이 전체 문장 속에서 사용될 경우, 회복 가능성(回復可能性)이 있을 때 주어가 생략되는 것이 일반적이기 때문이다.

(15) ㄱ. 우리는 <u>인간이 누구나 존귀하다</u>고 믿는다.
　　 ㄴ. 그 사람은 <u>자기가 학생이라</u>고 주장하였다.
　　 ㄷ. <u>다음 주에 가겠다</u>고 하던데요.
　　 ㄹ. 그 사람은 "<u>저는 학생이에요.</u>"라고 주장하였다.
　　 ㅁ. 기환은 당황한 어조로 "<u>무슨 일이지?</u>"라고 말하였다.
　　 ㅂ. 얘들아, 선생님께서 말이야, "<u>오늘 수업 끝나고 다 남아!</u>"라고 말씀하셨어.
　　 ㅅ. 어느 날 어떤 아이가 나보고 "<u>시골뜨기, 시골뜨기!</u>"라고 놀리자 다른 아이들도 일제히 따라서 같은 소리로 합창하였다.

(15)는 인용절을 안은 문장을 제시한 것이다. 인용절은 말 그대로 다른 사람의 말이나 어떤 표현을 인용한 것으로 절의 형식으로 안긴 것이다. 인용절은 주어진 문장에 인용 부사격 조사 '고, 라고'가 붙어서 형성되곤 한다. 문장을 그대로 인용할 때는 '(이)라고'를 붙여 직접 인용절이라 하고, 말하는 사람의 표현으로 바꾸어서 간접 인용할 때는 '고'를 붙여 간접 인용절이라 한다. 서술격 조사 '이다'로 끝난 간접 인용절에서는 '이다고'가 아니라 '이라고'로 나타난다. (15ㄱ~ㄷ)에는 간접 인용절, (15ㄹ~ㅅ)에는 직접 인용절이 안긴 것이다.

직접 인용절을 간접 인용절로 바꿀 때는 일정한 변화가 수반된다. (15ㄴ)과 (15ㄹ)을 비교해 보면 이 사실을 알 수 있다. 주어가 먼저 변화하고,

종결 어미가 변화한다. 또한 안은 문장 전체의 시제에 따라서 시제를 나
타내는 표지도 변화할 수 있다(이필영 1993 참조).

‘고, 라고’를 부사격 조사라고 하는 이유는 간접이든 직접이든 인용절
을 하나의 명사구처럼 파악했기 때문이다. (15ㄱ, ㅁ)으로 설명하면, ‘우리
는 NP고 믿는다.’, ‘기환은 당황한 어조로 NP라고 말하였다.’ 식으로 파
악한다는 것이다. 그러나 ‘인간이 누구나 존귀하다고’는 하나의 온전한 절
이라고 보는 게 타당해 보이며, 그렇다면 ‘고’는 ‘다’와 함께, 즉 ‘-다고’
가 하나의 부사형 어미라고 하는 게 낫다고 판단된다. 즉, (15ㄱ)의 ‘인간
이 누구나 존귀하다고’는 부사절로 보아야 한다는 말이다.

한편 직접 인용절은 그 성격이 조금 다르다. 직접 인용절은 표지 ‘(이)
라고’ 앞에 오는 말이 일종의 명사구로 인정된다. 즉 (15ㅁ)은 ‘기환은 당
당한 어조로 NP라고 말하였다.’로 파악된다는 것이다. 이는 곧 직접 인용
된 말은 그것이 단어든 문장이든 단락이든 간에 하나의 명사구(NP) 역할
을 하기 때문에 그 뒤에 오는 ‘(이)라고’가 격조사일 수밖에 없다는 것이
다. 결국 기존의 간접 인용절에서 사용된 ‘고’는 부사형 어미 ‘라고’의 일
부이고, 직접 인용절에서 사용된 ‘(이)라고’는 인용 부사격 조사라고 보는
것이 타당하다.[10]

> (16) ㄱ. 토끼는 앞발이 짧다.
> ㄴ. 학생이 하나가 왔다.
> ㄷ. 의자가 다리가 있다.
> ㄹ. 서울이 집이 마당이 폭이 좁다.
> ㅁ. 저 산이 나무가 많다.

---

10) 사실 인용의 ‘고, 라고’에 대해서는 다양한 해석이 존재한다. 학교 문법에서처럼 조사로
보는 견해가 있는가 하면(주시경 1910, 최현배 1937, 임동훈 1995, 남기심 2001), 어미로
보는 견해도 있으며(권재일 1985, 이현희 1986, 이관규 1992ㄴ, 2002ㄴ, 안명철 1992,
유현경 2001ㄴ), ‘고’는 어미의 일부, ‘라고’는 조사로 보는 견해도 있다(이필영 1993, 이
관규 2009). 이에 대한 자세한 논의는 이관규(2002ㄴ, 2009) 참조.

ㅂ. 이 붓이 글씨가 잘 써진다.

ㅅ. 할아버지께서는 인정이 많으시다.

(16)은 서술절을 안은 문장을 제시한 것이다. 절 전체가 서술어의 역할을 하는 것을 서술절이라 한다. 보통 서술절을 안은 문장은 주어가 두 개 있는 것처럼 보인다. 이때 앞에 나온 주어를 제외한 부분이 서술절에 해당한다. 그리하여 학교 문법에서는 서술절을 안은 문장을 겹문장으로 처리한다.

서술절을 안은 문장은 크게 두 가지 유형으로 나누어 볼 수 있다. 첫째 유형은 두 개 주어가 넓은 범위의 것으로부터 그 안의 작은 것으로, 즉 '대(大) − 소(小)'의 의미 관계를 나타내는 것들로, (16ㄱ~ㄹ)이 여기에 해당한다. 주어들의 관계가 전체와 부분, 전체와 그것의 수량화, 유(類)와 종(種) 등 다양하다. 이 유형은 (16ㄹ)에서처럼 주어 체언이 세 개 이상 나오는 경우도 있다. 둘째 유형은 중출하는 주격 명사 중의 하나가 의미상 장소, 방향, 도구, 재료 등의 관계를 나타낸다. (16ㅁ~ㅅ)에서 앞의 체언이 '저 산에, 이 붓으로, 할아버지에게' 식으로 해석이 된다(남기심 2001 : 226~228 참조). (16ㄱ~ㅅ)이 서술절을 안은 문장이 되는 기본적 근거는 서술절이 자립성이 있기 때문이다.

(17) ㄱ. 물이 얼음이 되다.

　　ㄴ. 물이 얼음이 아니다.

　　ㄷ. 나는 네가 좋아.

　　ㄹ. 나는 그 사람이 싫더라.

주어가 두 개인 것 같은 모습을 띠고 있는데 자립성이 없는 게 보어 문장이다. (17ㄱ,ㄴ)은 주지의 사실이다시피 '되다, 아니다' 앞에 오는 보어를 갖고 있는 문장이다. 그런데 (17ㄷ)의 '좋다' 문장도 좋아하는 주체와 대상을 모두 요구하고 있다. 즉 '네가 좋아'만으로는 자립적인 문장이 되지 못하기 때문에 (17ㄱ,ㄴ)처럼 보어 문장으로 보는 게 타당하다고 본다. (17ㄹ)의 '싫다' 문장도 마찬가지다. 이는 결국 주어가 일인칭 화자인 감정(혹은 느낌) 형용사 문장이 모두 그런 성격을 띤다고 볼 수 있다.[11]

> (18) ㄱ. 나는 그가 범인임을 안다.
> *그가 나는 범인임을 안다.
> ㄴ. 이건 내가 읽은 책이야.
> *내가 이건 읽은 책이야.
> ㄷ. 비가 소리도 없이 내린다.
> *소리도 비가 없이 내린다.
> ㄹ. 코끼리는 코가 길다.
> 코가 코끼리는 길다.

그런데 서술절은 여타 안긴 절들과 많은 차이를 보이기 때문에 절로 보기 어렵다는 의견이 많다. 첫째, 다른 안긴 절은 절 표지가 있는데, 서술절은 절 표지가 따로 없다는 것이다. 명사절은 '-음, -기', 관형사절은 '-은, -는, -을', 부사절은 '-이, -도록, -게…' 등이 있으나, 서술절은 표지가 없다. 둘째, 다른 절은 명사절, 관형사절, 부사절처럼 그에 해당하는 품사의 명칭으로 불리지만 서술절은 그렇지 않다. 형용사절, 동사절, 서술격 조사절 식으로 부를 수는 없기 때문이다. 셋째, 보통 안은 문장에서 안긴 절의 요소가 안은 문장으로 자리 옮김을 할 수 없는데, 서술절의 경우는 그게 가능하다는 차이가 있다. (18ㄱ,ㄴ,ㄷ)의 명사절, 관형사절, 부사

---

11) 한편, '집은 우리 집이 제일 좋아.'라는 문장에서 사용된 '좋다'는 화자의 느낌을 나타낸다기보다 객관적으로 '우리 집'이 평가되는 면이 있다. 이럴 경우엔 보어 구문이 아니라 이중 주어 구문이라고 해야 할 것이다. 만약 이 문장이 화자의 느낌을 나타낸 느낌 형용사 구문이라면 주어는 생략되어 있고, 보어로 '우리 집이'가 파악될 것이다. 이 경우 '집은'은 주제어로 파악되는 게 좋을 것이며, 혹시 또 다른 보어로 파악될 가능성도 있을 것이다. 세세한 논의는 후고를 요한다.

절은 한 요소가 절 밖으로 이동하는 게 불가능한 데 비해서, (18ㄹ)의 서술절은 가능하다. 넷째, 서술어는 선택 제약이라는 것이 있어서, 예컨대 (18ㄹ)의 '길다'는 '코가'라는 것을 요구한다. 그런데, '코가 길다'는 하나의 완전한 문장이므로 그 전체가 어떤 선택 제약을 가졌다고 하기 어렵다. 이런 여러 이유로 해서 서술절을 인정하지 않는 견해가 많이 있다(남기심 2001 : 232~237 참조).[12]

전술한 바, 학교 문법에서는 (7)과 같은 문장 체계를 원칙으로 하고 있으며, 종속적으로 이어진 문장을 모두 부사절을 안은 문장으로 보아 아래 (19)와 같은 문장 체계를 허용하고 있다.

그러나 지금까지 살펴본 바, 인용절도 부사절로 볼 수 있고, 또한 서술절을 설정하는 것이 체계적으로나 다른 안긴 절과의 차이가 많다. 결국 안은 문장으로 명사절, 관형사절, 부사절을 안은 문장만 설정할 수 있을 것이다. 이런 문장의 체계는 다음 (20)처럼 정리될 수 있다.

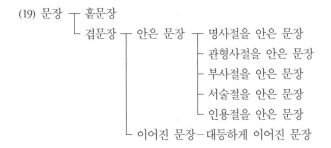

(19) 문장 ┬ 홑문장
　　　 └ 겹문장 ┬ 안은 문장 ┬ 명사절을 안은 문장
　　　　　　　　　　　　　　├ 관형사절을 안은 문장
　　　　　　　　　　　　　　├ 부사절을 안은 문장
　　　　　　　　　　　　　　├ 서술절을 안은 문장
　　　　　　　　　　　　　　└ 인용절을 안은 문장
　　　　　　　　└ 이어진 문장─대등하게 이어진 문장

---

12) 이중 주어 문장에 대한 견해는 여러 가지가 있다. 크게 홑문장으로 보는 견해와 겹문장으로 보는 견해로 나뉜다. 서술절을 인정하는 것이 바로 겹문장으로 보는 견해이다(최현배 1937, 정인승 1956, 허웅 1983, 권재일 1992, 임동훈 1998, 남기심 2001). 홑문장으로 보는 견해는 다시 이중 주어설(김민수 1971, 성광수 1974, 김용구 1989, 이익섭·채완 1999, 이관규 2002ㄴ), 변형설(김영희 1978, 서정수 1994), 주제어설(또는 초점설 ; 박순함 1970, 임홍빈 1974, 이윤표 1989, 유동석 1993, 유형선 1996, 이홍식 2000, 오충연 2001) 등으로 나뉜다. 이에 대한 자세한 논의는 이관규(2002ㄴ) 참조.

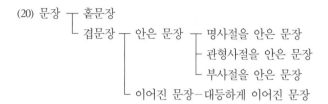

(20) 문장 ┬ 홑문장
└ 겹문장 ┬ 안은 문장 ┬ 명사절을 안은 문장
├ 관형사절을 안은 문장
└ 부사절을 안은 문장
└ 이어진 문장 ─ 대등하게 이어진 문장

11.4. 이어진 문장

겹문장은 안은 문장과 이어진 문장으로 나뉜다. 안은 문장 안에는 명사절, 관형사절, 부사절이 자리하고 있다. 인용절은 부사절의 한 종류로 볼 수 있고, 서술절도 해당 문장을 홑문장으로 볼 수 있음을 앞에서 살펴본 바 있다. 국어 문장 논의에서 이어진 문장에 대한 것이 많다. 흔히 접속문이라 부르는 이어진 문장은 독립성을 띠는 홑문장 두 개가 이어지는 방법이 어떠한가에 따라 대등하게 이어진 문장과 종속적으로 이어진 문장으로 나뉘곤 한다.

(21) ㄱ. 인생은 짧고, 예술은 길다.
    예술은 길고, 인생은 짧다.
  ㄴ. 낮말은 새가 듣고, 밤말은 쥐가 듣는다.
  ㄷ. 사람은 책을 만들고, 책은 사람을 만든다.
  ㄹ. 호랑이는 죽어서 가죽을 남기고 사람은 죽어서 이름을 남긴다.
  ㅁ. 밥을 먹거나 면을 먹자.
    면을 먹거나 밥을 먹자.
  ㅂ. 밥을 먹거나 면을 먹거나 하자.
  ㅅ. 버스가 떠났지만, 그는 달렸다.
    !그는 달렸지만, 버스가 떠났다.
  ㅇ. 눈이 내리지만, 날씨가 춥지 않다.
    !날씨가 춥지 않지만, 눈이 내린다.
  ㅈ. 호랑이가 죽어서 가죽을 남기지만, 사람은 죽어서 이름을 남긴다.

ㅊ. [?]사람은 죽어서 [호랑이가 죽어서 가죽을 남기지만] 이름을 남긴다.

(21)은 흔히 대등하게 이어진 문장, 즉 대등문으로 인식되는 것들이다. (21ㄱ~ㄹ)은 '나열'(순접), (21ㅁ,ㅂ)은 '선택'(이접), (21ㅅ,ㅇ)은 '대조'(역접) 의미를 띠는 것으로 처리되곤 한다. 대등하게 이어진 문장은 선행절과 후행절이 대등한 의미를 갖는 것으로 그것이 통사적으로 실현되어 나타난 것들이다. 대등하게 이어진 문장의 대표적인 특성으로 교호성(交互性)을 든다. 즉, 선행절과 후행절을 서로 바꾸어도 의미 차이가 생기지 않는다는 것이다. (21ㄱ)에서 선행절과 후행절을 서로 바꾸어 놓아도 진리적 의미 차이가 생기지는 않는다. 그러나 약간의 화용적 의미, 예컨대 어떤 부분을 강조하느냐 정도의 차이가 느껴지긴 한다. (21ㅁ)은 선택 의미 관계로 두 개 홑문장이 이어진 것인데, 이것도 역시 선행절과 후행절을 바꾸어 놓아도 진리적 의미 차이가 없고, 단지 화용적 의미 차이만 느껴질 뿐이다. 이렇게 두 개의 홑문장을 대등하게 이어주는 매개체는 순접 대등 연결 어미 '-고, -으며' 등과 이접 대등 연결 어미 '-거나, -든지' 등을 들 수 있다.

한편, (21ㅅ,ㅇ)의 '대조', 즉 역접 관계로 연결되는 문장은 순접과 이접으로 이어지는 문장과 차이가 난다. 즉, 대등하게 이어진 문장의 대표적 특성인 교호성(交互性)이 적용되지 않는다는 것이다. (21ㅅ)을 보면, '버스가 떠났지만, 그는 달렸다.' 문장과 '그는 달렸지만, 버스가 떠났다.' 문장은 진리적 의미 차이를 분명히 보이고 있다. (21ㅇ)에서도 마찬가지로 선행절과 후행절을 바꾸었을 경우, 의미 차이가 많이 난다. (21ㅈ)에서도 마찬가지다. 따라서 대등문은 순접 대등문과 이접 대등문으로 한정된다. (21ㅈ,ㅊ)을 보면 길이가 긴 역접 문장의 경우, 선행절을 후행절 안으로 이동하였을 때 비문은 아니나 자연스럽지 못한 것을 볼 수 있는데, 이는 기억의 부담량이라는 차원에서 길이가 길기 때문이지 본질적으로 역접 겹문장이기 때문은 아니다. 결국 역접으로 이어진 문장은 아래 (22ㅂ)에서 보듯이 부사절을 안은 문장이라고 볼 수 있을 것이다.

> (22) ㄱ. 비가 와서, 길이 질다.
>   *길이 질어서, 비가 온다.
>   길이 <u>비가 와서</u> 질다.
>   ㄴ. 기업이 없으면, 근로자도 없다.
>   !근로자가 없으면, 기업도 없다.
>   ㄷ. 한라산 등반을 하려고, 우리는 아침 일찍 일어났다.
>   ㄹ. 내가 집에 가는데, 저쪽에서 누군가가 달려왔다.
>   ㅁ. 설령 비가 올지라도 우리는 어김없이 출발한다.
>   우리는 <u>설령 비가 올지라도</u> 어김없이 출발한다.
>   ㅂ. 미영이를 자주 만나지만 나는 좋아하지는 않는다.
>   나는 <u>미영이를 자주 만나지만</u> 좋아하지는 않는다.

(22)는 종속적으로 이어진 문장, 즉 소위 종속문을 보인 것이다. (22ㄱ~ㅁ)까지 각 문장들은 '원인, 조건, 의도, 배경, 양보'의 의미 관계로 두 홑문장이 이어진 것이다. 이것들은 모두 선·후행절이 서로 바뀌어 사용될 수 없다. (22ㄱ)에서처럼 비문이 되든지, (22ㄴ)에서처럼 완전히 의미가 다른 것이 된다. (21ㅅ, ㅇ)에서 역접을 나타내는 겹문장도 교호성이 없어서, 결국 이것들은 모두 함께 묶일 수 있다. 결론적으로 말하면, 종속문의 선행절(종속절)은 (12ㄱ)의 부사절과 차이를 보이지 않는다. 곧, 종속절과 부사절은 동일한 범주로 묶일 수 있다는 것이다.

(22ㄱ)의 '길이 비가 와서 질다.'에서 보듯이 종속절은 부사절처럼 후행절의 중간으로 이동할 수가 있다. 선행절의 후행절 중간으로의 이동 가능성은 부사절의 중요한 특징이다. (22ㅂ)의 역접으로 이어진 문장에서도 선행절은 후행절의 중간으로 들어갈 수가 있다. (22ㅂ)에서 '(내가) 미영이를 자주 만나지만'이 선행절이고, '나는 (미영이를) 좋아하지 않는다.'가 후행절로 파악된다. 선행절이 후행절 중간으로 들어갈 때, 동일한 주어는 선행

절의 것을 탈락시키는 게 일반적인 특징이기 때문이다.

(23) ㄱ. 인생은 짧고, 예술은 길다.
   *예술은 <u>인생은 짧고</u> 길다.
   ㄴ. 낮말은 새가 듣고, 밤말은 쥐가 듣는다.
   *밤말은 쥐가 <u>낮말은 새가 듣고</u> 듣는다.

(24) 문장 ┬ 홑문장
     └ 겹문장 ─ 안은 문장 ┬ 명사절을 안은 문장
                        ├ 관형사절을 안은 문장
                        └ 부사절을 안은 문장

한편, 대등문의 선행절(대등절)도 부사절로 보아야 한다는 견해가 있기도 하다. 이 입장은 (24)에서 보는 것처럼 이어진 문장은 없고, 오로지 안은 문장만 겹문장으로 존재한다는 것이다. 대등 연결 어미는 선행절에 붙은 양상을 띠기 때문에, 통사론적으로 볼 때 결국 대등절도 부사절의 일종이라는 것이다. 그러나 이는 선행절의 후행절 중간으로의 이동 가능성이라는 기준으로 볼 때 받아들이기 어려운 견해이다. 종속절이나 부사절이 후행절로 이동할 수 있음에 비해서 대등문의 선행절(대등절)은 후행절의 중간으로 결코 이동할 수 없다. (23ㄱ,ㄴ)에서 보듯이 대등절 '인생은 짧고', '낮말은 새가 듣고'는 후행절의 중간으로 들어갈 수가 없다. 선행절이 후행절 속으로 이동하지 못한다는 것은 대등절이 종속절이나 부사절과 다른 범주라는 중요한 근거라 하겠다.

(25) ㄱ. <u>비가 오기 때문에</u>, 길이 질다.
   ㄴ. <u>비가 오는 가운데</u>, 행사는 예정대로 열렸다
   ㄷ. <u>비가 올 듯이</u>, 바람이 사납다.
   ㄹ. <u>옷을 입지 않은 채로</u> 손님들이 뛰쳐나갔다.

　종속문의 선행절(종속절)이 부사절로 파악되기 때문에 결과론적으로 부사절이 매우 많은 용례를 갖게 되었다. (25)의 밑줄 친 부분은 모두 현행 학교 문법(2002)에서 부사절로 인정되어 있는 것들이다. 사실 전체 겹문장에서 부사어의 역할을 하는 것들은 다양하다. (25ㄱ)에서처럼 '비가 오기'라는 명사절에 의존 명사 '때문'이 오고, 다시 그 뒤에 부사격 조사 '에'가 붙어서 밑줄 친 '비가 오기 때문에' 전체가 서술어를 수식하는 구조가 된다. 또한 (25ㄴ)에서처럼 '비가 오는'이라는 관형사절이 '가운데'라는 공간 명사를 수식하여, '비가 오는 가운데' 전체가 통사론적으로는 부사어가 되었다는 것이다. (25ㄷ)에서는 '비가 올'이라는 관형사절이 '듯'이라는 의존 명사를 수식하고 이것에 다시 부사화 접미사 '-이'가 붙어서 결국 '비가 올 듯이' 전체가 부사어 역할을 하게 된 것이며,[13] (25ㄹ)에서도 이런 설명이 가능하다. (25ㄷ)에서는 부사화 접사 '-이'가 없어도, 또 (25ㄹ)에서는 부사격 조사 '로'가 없어도 된다. 이는 '듯, 채'가 이미 부사성 의존 명사이기 때문이다.

　여기서 문제는 (25)의 밑줄 친 부분들을 부사절이라고 볼 수 있느냐는 것이다. '비가 오기'는 명사절, '비가 오는, 비가 올, 옷을 입지 않은'은 관형사절인데, 뒤에 오는 것들 때문에 과연 부사절이라고 할 수 있는지 의문이다. 이런 구조는 마치 '학교에'가 부사어인 것과 마찬가지기 때문이다. 일단 여기서는 (25)의 밑줄 친 것들이 부사어인 것은 맞지만, 부사절이라는 것에 대해서는 인정하지 않도록 한다. 이는 마치 '-는 것' 명사절을 인정하지 않는 것과 마찬가지이다.[14]

　요컨대, 홑문장과 홑문장이 연결되어 구성되는 겹문장은 이어진 문장과

---

13) 접미사는 보통 어휘적 접미사와 통사적 접미사로 나뉜다. (25ㄷ)의 '-이'는 '비가 올 듯' 전체에 붙기 때문에 통사적 접미사가 될 것이다.
14) '비가 오기 때문에'는 본래 '비가 오기'라는 명사절이 '때문'이라는 의존 명사를 수식하고, 그 다음에 '비가 오기 때문' 전체에 부사격 조사 '에'가 붙은 것이다. 결국 부사구라고 해야 설명력을 얻을 수 있을 것이다. 이관규(2012ㄴ) 참조.

안은 문장으로 나뉜다. 이어진 문장은 곧 대등하게 이어진 문장(또는 대등
문)을 의미하며, 크게 순접 대등문과 이접 대등문으로 나뉜다. 안은 문장
에는 흔히 명사절, 관형사절, 부사절, 서술절, 인용절이 들어가 있다고 말
하곤 하지만, 인용절은 부사절의 일종일 뿐이고, 서술절은 다른 인용절들
과 많은 차이를 보이고 있다. 즉 안긴 절로 명사절, 관형사절, 부사절이
설정된다고 할 수 있어, 결국 필자는 다음 (26)의 체계를 추구하고 있는
셈이다.

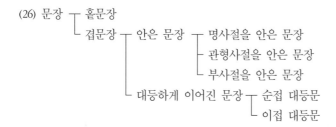

(26) 문장 ┬ 홑문장
　　　　└ 겹문장 ┬ 안은 문장 ┬ 명사절을 안은 문장
　　　　　　　　　│　　　　　├ 관형사절을 안은 문장
　　　　　　　　　│　　　　　└ 부사절을 안은 문장
　　　　　　　　　└ 대등하게 이어진 문장 ┬ 순접 대등문
　　　　　　　　　　　　　　　　　　　　└ 이접 대등문

⊖ 탐구하기

⊖ 더 살펴보기

강우원(1996), 고광주(1999), 고성환(1998), 권재일(1985), 김민수(1971), 김승곤(1998),
김영희(2001), 김완진(1970), 나찬연(2004), 남기심(1973, 2001), 서정섭(1991),
안명철(1998), 왕문용·민현식(1993), 이관규(2002ㄴ, 2009, 2012ㄴ), 이윤표(1997),
이은경(1998), 이익섭(2000, 2003), 이필영(1990, 1998), 이현희(1990),
임홍빈·이홍식 외(2002). 조오현(1991), 최웅환(2000), 최재희(1997, 2004)

제5부

문법 요소

제12장 종결과 높임 표현

문장은 문장 성분을 통해서 기본적인 명제 의미를 나타낸다. 그러나 그 명제 표현만으로는 문장이 이루어지지 않는다. 화자가 문장의 명제 내용을 어떻게 나타내며, 청자에게는 어떻게 전달할지 등이 검토되어야 한다. 주로 어미나 조사나 접사와 같은 문법 요소들을 통해서 구체적인 명제 의미가 표현되는 방법이 결정되곤 한다. 따라서 어떻게 보면 문장론에서 이런 문법 요소들이 가장 중요한 역할을 한다고도 말할 수 있다. 문장은 사건이나 상태를 표현하는 단위이기 때문에, 결국 생각을 표현하는 화자가 가장 중요하고, 또한 표현을 듣는 청자도 중요하다. 제삼자도 고려해야 하는 경우가 있다. 본 장에서는 화자와 청자, 제삼자를 모두 고려해야 하는 종결 표현과 높임 표현에 대해서 살펴본다.

12.1. 종결 표현

12.1.1. 종결법 종류

'우리말은 끝까지 들어봐야 안다.'라는 말이 있다. 담화(혹은 맥락) 차원

에서도 이런 말을 할 수 있겠지만, 특히 하나의 문장에 대하여 이런 말을
했다면, 그건 우리말 문장에서 종결 표현이 매우 중요하다는 것을 뜻한다.
문장 성분들 중에는 서술어가 가장 중요하고, 서술어를 구성하는 요소 가운
데 특히 종결 표현이 중요하다는 것이다. 문장을 종결하는 방식을 문장 종
결법이라 한다. 화자는 종결 표현으로 어떤 것을 선택하느냐에 따라서 생각
이나 느낌을 다양하게 표현할 수 있다. 이런 의미에서 문장 종결법은 문장
안이 아니라 문장 밖, 즉 담화 상황과 관련된 문법 범주라고도 할 수 있다.

> (1) ㄱ. 학생들이 지금 운동장에서 축구를 한다.
>   꽃이 참 예쁘다.
>   ㄴ. 어디 가느냐?
>   이 식물의 특성은 무엇이냐?
>   ㄷ. 날씨가 추울 테니 (너는) 옷을 많이 입어라.
>   ㄹ. 자, (우리) 함께 가자.
>   ㅁ. 꽃이 참 아름답구나.
>   ㅂ. (나) 밥 먹어. / 밥 먹어? / (야,) 밥 먹어. / (우리 함께) 밥 먹어. /
>   (아! 드디어) 밥 먹어!

흔히 문장 종결법으로 평서법, 의문법, 명령법, 청유법, 감탄법을 들곤
한다. 이는 화자가 청자에 대해 드러내는 의향의 성격에 따른 분류이다.
이에 따른 평서문, 의문문, 명령문, 청유문, 감탄문은 결국 종결 어미를 통
해서 실현된다. 평서형 어미 '-다', 의문형 어미 '-느냐/-냐', 명령형 어미
'-어라', 청유형 어미 '-자', 감탄형 어미 '-구나'가 각각 기본형으로 설정
되어 문장 종류가 나타나는 것이다. (1ㄱ~ㅁ)은 각각 대표적인 종결 어미
를 갖고 있는 평서문, 의문문, 명령문, 청유문, 감탄문이다. 의문형 어미로
'-느냐'는 동사에서 쓰이고 '-냐'는 형용사나 서술격 조사에서 쓰인다. 본
래 '-느-'에 과정 의미가 들어 있기 때문이다.[1][2] 이런 종결 어미는 실제
문장에서 다양한 모습으로 나타난다. (1ㅂ)에 있는 '밥 먹어'는 맨 끝의 억

양을 어떻게 하느냐에 따라 평서문, 의문문, 명령문, 청유문, 감탄문이 모두
가능하다. 종결 어미는 모두 '-어'인데, 억양이 어떠하냐에 따라서, 또 담화
상황이 어떠하냐에 따라서 문장 종류가 달라질 수도 있다는 것이다. 여기서
바로 종결 표현이 문장 내 범주가 아니라는 사실을 확인할 수 있다.

> (2) ㄱ. 그는 학생들이 지금 운동장에서 축구를 한다고 말했다.
> ㄴ. 그는 나한테 어디 가느냐고 물었다.
> 　그 식물의 특성은 무엇이냐고 물었다.
> ㄷ. 그는 나한테 옷을 많이 입으라고 말했다.
> ㄹ. 그는 나한테 함께 가자고 말했다.
> ㅁ. 그는 꽃이 매우 아름답다고 탄성을 질렀다.
> ㅂ. 밥 먹는다고 말했다. / 밥 먹느냐고 물었다. / 밥 먹으라고 말했
> 다. / 밥 먹자고 말했다. / 밥 먹는다고 말했다.

　문장 종류를 평서문, 의문문, 명령문, 청유문, 감탄문으로 분류하는 것
은 이들 문장들을 간접 인용절로 만들었을 때 대개 종결 어미 형태가 어
떠하냐에 따라 나눈 것이다. (2ㄱ~ㅁ)에서 알 수 있듯이, (1ㄱ~ㅁ)의 평
서형, 의문형, 명령형, 청유형, 감탄형의 기본 종결 어미들이 인용절에서
각각 '-다', '-느냐/-냐', '-으라', '-자', '-다'로 실현된다. 명령형 어미
'-어라'가 '-으라'로 실현된 것은, 전자가 직접 명령형 어미이고 후자가
간접 명령형 어미인 차이 때문이다. 한편, 감탄형 어미는 인용절에서 평서
형 어미와 동일하게 '-다'로 실현된다. 이런 이유로 혹자는 감탄문을 따로

1) 이런 의미에서 '-느-'를 선어말 어미로 떼어낼 가능성도 있다. 중세 국어 때는 '-ᄂ/
-ᄂᆞ-'로 현재를 나타내는 독자적 선어말 어미로 기능을 했으나, 현대 국어에서는 ㄴ 흔
적만을 엿볼 뿐이고, 따로 독자적 선어말 어미로 분석하지 않는 게 일반적이다.
2) 최근 들어 '-느냐'와 '-냐'의 용법에 변화가 일어나고 있다. 즉 대개 '-느냐'는 동사에서,
'-냐'는 형용사에서 사용되는 종결 어미라고 해 왔으나, 최근에는 동사에서 '-느냐'와
'-냐'가 모두 사용되곤 하기 때문에 그 현실을 인정해 주어야 한다는 것이다. 실제로
2015년 7월 1일에 있었던 국립국어원 국어규범정비위원회에서는 종결어미 '-냐'에 대하
여 동사든 형용사든 상관없이 용언 어간에 두루 쓰일 수 있는 것으로 인정했다.

설정하지 않기도 한다. 학교 문법에서는 화자 혼자만의 느낌 표현이라는 점에서 감탄문을 따로 설정하고 있다.

문제는 인용절 종결 표현이 그러니까 문장 종결 표현의 기본형을 그렇게 해야만 하느냐, 나아가 인용절 종결 표현이 그러니까 일반 문장 종결법을 평서법, 의문법, 명령법, 청유법, 감탄법으로 나누어야만 하느냐는 필연성이 있는 건 아니라는 데 있다. 그리하여 (3)에서처럼 다른 분류 기준으로 다르게 나누는 경우도 있다. 첫째 단계로 화자가 청자에게 무언가를 요구하는지의 여부에 따라 서술법과, 의문법·명령법·청유법으로 구분하고, 둘째 단계로 화자가 청자에게 행동의 수행을 요구하는지의 여부에 따라 의문법과, 명령법·청유법으로 나눈다. 또한 서술법을 다시 평서법, 감탄법, 약속법으로 나누는 것이다(김광해 외 1999 : 178 참조).

    (3) 요구함 없음 ······························ 서술법 - 평서법, 감탄법, 약속법
        요구함 있음
            행동 수행을 요구하지 않음 ··· 의문법
            행동 수행을 요구함 ·············· 명령법
                                          청유법

서술법은 화자가 일방적으로 자신의 마음 상태를 나타내어 청자에게 특별히 뭔가 요구하는 것이 없는 종결 표현 방식이며, 의문법, 명령법, 청유법은 화자가 청자에게 뭔가를 요구하는 종결 표현 방식이다. 또한 청자에게 구체적인 행동 수행을 요구하지 않는 의문법과 행동 수행을 요구하는 명령법 및 청유법으로 나누는 것이다. 서술법을 다시 평서법, 감탄법, 약속법으로 나누는 것은 화자가 일정한 내용을 표현하는 데 있어서, 단순히 자신의 생각을 서술해 놓았느냐, 아니면 어떤 감탄의 마음을 표현했느냐, 아니면 청자에게 어찌어찌 하겠노라고 일방적으로 약속을 했느냐에 따라 나눈 것이다. 즉 화자의 명제 표현 방식의 차이라는 것이다. 학교 문

법(7차)의 다섯 가지 문장 종결법이 간접 인용절의 종결 어미를 염두에 둔 것으로, 분류 기준의 필연성을 갖지 못한 것임에 비해서, (3)의 네 가지 문장 종결법은 화자가 청자에게 요구함이 있는지 여부를 갖고 나눈 분류라고 하겠다.

> (4) ㄱ. 내가 내일 가마.
> ㄴ. *내가 내일 즐거우마.
> ㄷ. 철수는 나한테 {내일 가마고 말했다. / 내일 간다고 말했다.}
> ㄹ. *철수가 아버지께 가마고 말했다.

한편, 약속법을 따로 설정하자는 논의도 있다. 평서법, 의문법, 명령법, 청유법, 감탄법 다섯 가지에다가 약속법을 더 추가하자는 주장인데, 그것은 약속법이 평서법과 다른 몇 가지 특성이 있는 데 근거를 두고 있다. 첫째, (4ㄷ)에서 보듯이 간접 인용절에 약속법을 나타내는 종결 어미 '-마'가 사용된다는 것이다. 둘째, (4ㄱ, ㄴ)에서 보듯이 동사(동작 동사)에서는 가능하나 형용사나 작용 동사와 같은 비의지 용언에서는 불가능하다는 제약이 있다. 셋째, 약속의 주체는 1인칭 또는 1인칭 복수 표현에서만 가능하다는 제약이 있다. 그러나 이런 특성들은 말 그대로 약속문이 갖는 특성일 뿐이지, 이 이유로 문장 종류를 하나 더 제시해야 한다는 것은 문제가 있다.

첫째 근거는 간접 인용절에서 '-마'가 사용된다고 하지만 실제로는 (4ㄷ)에서처럼 '내일 간다고 말했다.'에서처럼 평서형 어미로도 실현될 수 있고, 특히 (4ㄹ)에서처럼 아랫사람이 윗사람에게 약속할 때는 사용될 수도 없다. 둘째 근거는 청유법과 명령법에도 있는 제약이기에 절대적인 분류 근거라고 하기 어렵다. 셋째 근거는 약속하는 이는 1인칭 화자 또는 1인칭 복수이기 때문에 나온 것이다. 이 셋째 특성은 '약속'이라는 특이한 의미 차원의 것으로, 문장 종류의 대분류 기준으로는 적합지 않다고 본다. 따라서 약속법도 (3)에 있는 것처럼 서술법의 한 종류로 설정되는 게 낫다.[3]

12.1.2. 종결법 특성

이제 종결 표현에 따른 다섯 가지 문장 종류를 하나하나 살펴보자. 평서문, 의문문, 명령문, 청유문, 감탄문 순서대로 검토해 보고자 한다.

> (5) ㄱ. 꾸밈을 받는 말과 꾸미는 말의 거리가 가까워야 한다.
> ㄴ. 비가 온다고 하더니 눈이 오는군.
> ㄷ. 자, 내가 한번 하지.
> ㄹ. 나는 안 갈 걸세.
> ㅁ. 그래, 내 밥을 먹으마.
> ㅂ. 집에 가.
> ㅅ. 일기예보에서 오늘 밤에 구름이 많이 낀다고 하더니 달이 밝구나.
> ㅇ. 한국 축구 {세계 4강에 오르다. / !세계 4강에 올랐다.}
> ㅈ. 드디어 회장님이 {등장하다. / 등장하시다. / !등장하였다.}

(5)는 다양한 종결 표현을 가진 평서문을 제시한 것이다. 평서문은 화자가 청자에게 하고 싶은 말을 단순하게 진술하는 문장이다. (5ㄱ~ㅁ)에서 보듯이, 평서형 종결 어미로 '-다'를 비롯하여, '-군, -지, -ㄹ세, -으마' 등이 쓰인다. 물론 이외에도 '-네, -데, -오, -ㄹ래' 등 매우 다양하다. '-으마'는 앞에서도 살핀바 의미적으로 약속형으로 세분할 수 있겠으나, 일단 평서형 속에 들어간다.

종결 어미로 일정한 형태를 말하긴 하지만, 사실 어떤 종결 어미가 항

---

3) 문장 종결법 분류는 학자들마다 다르다. 베풂꼴, 물음꼴, 시킴꼴, 꾀임꼴 네 가지로 보는 견해는 최현배(1937) ; 베풂법, 물음법, 시킴법, 이끎법, 느낌법(또는 서술형, 의문형, 명령형, 청유형, 약속형) 다섯 가지로 보는 견해는 정인승(1956), 서태룡(1985) ; 설명법, 약속법, 감탄법, 의문법, 명령법, 공동법, 허락법(또는 설명법, 감탄법, 의문법, 명령법, 경계법, 약속법, 공동법) 일곱 가지로 보는 견해는 이희승(1960), 고영근(1976) ; 설명법, 감탄법, 약속법, 의문법, 명령법, 허락법, 경계법, 공동법 여덟 가지로 보는 견해는 고영근(1974) ; 설명형, 의문형, 질문형, 응락형, 명령형, 소원형, 경계형, 청유형, 추측형, 감탄형 열 가지로 보는 견해는 김민수(1960) 등 매우 다양하다. 이상 윤석민(1998) 참조. 학교 문법(7차)에서는 평서문, 의문문, 명령문, 청유문, 감탄문 다섯 가지 견해를 취하고 있다.

상 한 가지로만 사용되는 것이 아니다. (5ㅂ)에 쓰인 '-아'는 (1ㅂ)에서 보았던 것처럼 다양한 종결형으로 사용이 가능하다. 본래 '-구나'는 감탄형 어미의 기본형으로 불리고 있는 것인데, (5ㅅ)의 '-구나'는 의미상 평서형으로 사용되었다. 하긴 '아, 눈이 온다!' 이런 식으로 감정을 넣어 말한다면, 대표적인 평서형 어미라고 하는 '-다'도 감탄형 어미로 쓰였다고 말할 수 있을지도 모른다.

한편, 평서형 어미로 쓰이는 '-다'는 소위 절대문을 구성하는 기제로 사용되기도 한다. 절대문은 청자를 고려하지 않고 일정한 사실을 절대적으로 표현하는 문장이다. 따라서 '-시-'를 제외한 어떤 선어말 어미도 사용되지 않는다. (5ㅇ,ㅈ)에서 그런 예를 볼 수 있다. 만약 과거 선어말 어미가 들어가게 되면 절대문이 아니고 단순히 평서문이 된다. 그러나 (5ㅈ)의 '…등장하시다.'처럼 '-시-'를 사용하게 되면 있는 사실을 그대로 나타내는 절대문으로 기능을 한다. 절대문이 평서문의 한 종류인 것은 물론이다.

(6) ㄱ. 비가 {오느냐? / 오니? / 오나? / 올까? / 와? / 오지? / 오오?}
　　　너 올래?
　　ㄴ. 이 식물의 특성은 무엇이지(요)?
　　ㄷ. 오늘 오후에 시간 있으세요?
　　ㄹ. 그렇게만 되면 얼마나 좋을까?
　　ㅁ. 오늘 날씨가 참 좋지?
　　　{네/예}, 좋아요. / 아니요, 안 좋아요.
　　ㅂ. 오늘 날씨가 참 안 좋지?
　　　{네/예}, 안 좋아요. / 아니요, 좋아요.

(6)에 제시된 문장들은 모두 의문문이다. 의문문은 대개 화자가 청자에게 질문하여 대답을 요구하는 문장이다. 의문형 종결 어미로는 '-느냐/-냐'을 비롯하여 '-니, -나, -ㄹ까' 등 다양하고, 다른 종결 표현으로도 쓰이

는 '-아, -지, -오, -ㄹ래' 등도 의문형 어미로 사용되곤 한다. 의문문에는 일정한 설명을 요구하는 설명 의문문, 단순히 긍정이나 부정의 대답을 요구하는 판정 의문문, 굳이 대답을 요구하지 않고 서술이나 명령의 효과를 내는 수사 의문문(또는 반어 의문문)이 있다. (6ㄴ)은 설명 의문문, (6ㄱ, ㄷ)은 판정 의문문, (6ㄹ)은 수사 의문문이다. (6ㅁ,ㅂ) '오늘 날씨가 참 좋지?', '오늘 날씨가 참 안 좋지?'라는 의문문은 맥락에 따라 판정 의문문과 수사 의문문 두 가지 해석이 다 가능하다. (6ㅁ,ㅂ)에는 '네/예, 아니요' 대답을 들었는데, 이는 판정 의문문이라는 전제에서 제시한 것일 뿐이다.

한편, (6ㅁ,ㅂ)을 판정 의문문으로 전제하고 보았을 때, 화자의 질문에 대한 청자의 대답이 단순하지 않다. (6ㅁ)처럼 긍정문으로 물었을 때는 긍정이면 '네/예', 부정이면 '아니요' 이렇게 대답하면 된다. 그러나 (6ㅂ)처럼 '안 좋지?'식으로 부정문으로 질문을 하면 질문한 화자의 의도를 고려하여 청자가 대답해야 한다. 물론 이젠 청자가 화자, 화자가 청자 역할을 하게 될 것이다. '오늘 날씨가 안 좋지?'라는 부정 의문문에 날씨가 좋으면 '아니요'로, 좋지 않으면 '네/예'로 말한다. 이런 점에서 국어를 청자 중심 언어라고 할 수 있다.[4]

> (7) ㄱ. !(너는) 예뻐.
> !해야, 솟아라.
> ㄴ. 집에 가. / 집에 가? / (나 집에) 가.
> 집에 {!갔어. / !가겠어. / *가는어.}
> ㄷ. 날씨가 추울 테니 (너는) 옷을 많이 {입어라. / 입어.}
> ㄹ. 어머니는 나에게 날씨가 추울 테니 옷을 많이 입으라고 말씀하셨다.
> ㅁ. 답을 잘 {써라. / 써.}

---

4) 반면, 영어의 경우에는 질문자가 긍정 의문문을 사용하였든지 부정 의문문을 사용하였든지 상관없이, 자신의 대답이 긍정이면 'Yes', 부정이면 'No'로 표현한다. (6ㅂ)에 대한 영어 대답은, 'Yes, it is.', No, it isn't.' 정도가 될 것이다.

선생님께서 학생들에게 답을 잘 쓰라고 말씀하셨다.
ㅂ. 다음 보기를 보고 정답을 쓰라.
ㅅ. 산 자여 따르라.
　교육부는 즉각 교육 개방 반대 입장을 밝히라.
ㅇ. 앞으로 갓! 열중 쉬엇!
　앞으로 가. 열중 쉬어.
ㅈ. 옆을 보지 말 것.
　확인하는 대로 즉시 연락할 것.

(7)은 명령문의 예를 보인 것이다. 명령문은 화자가 청자에게 어떤 행동을 하도록 요구하는 문장이다. 따라서 명령문의 주어는 항상 청자가 되며, 서술어는 동사, 그 중에서도 인간의 의지로 할 수 있는 동작 동사만 가능하다. (7ㄱ)에서 보듯이 '예쁘다' 같은 형용사나 '솟다'와 같은 인간 의지대로 할 수 없는 작용 동사를 통해서는 명령문이 형성될 수 없다. '너는 예뻐.'가 가능한 경우는 평서문일 때이며, '해야, 솟아라.'가 가능한 듯이 보이는 것은 그것이 문학적인 표현으로 쓰였기 때문이다. 물론 '해'가 청자인 것도 아니다. 또한 (7ㄴ)에서 보다시피, 명령문에서는 시제 관련 선어말 어미가 사용되지 않는다. 과거에 대해 현재 명령할 수 없으므로 '-었-, -는-'이 사용되지 못하는 것은 물론이고, 미래 표지 '-겠-'도 불가능하다. '갔어', '가겠어.'가 가능한 경우는 그것이 평서문과 같이 다른 문장 유형일 경우이다.

명령문을 만드는 명령형 어미는 '-어라/-아라'를 기본형으로 '-어/-아, -지, -으렴, -으려므나, -게, -오, -소, -구려, -ㅂ시오, -소서' 등 다양하다.5) 이 모든 직접 명령형 어미는 간접 인용절에서는 '-으라'로 통일된다. 직접 명령문은 화자가 직접 청자를 보고 명령하는 것을 나타낸 문장이고,

---

5) '-ㅂ시오'는 '-ㅂ-' '-시-' '-오'로 형태소 분석될 가능성이 있다. 그러나 여기에 쓰인 '-시-'의 성격이 뚜렷하지 않아 '-ㅂ시-'를 하나로 볼 수도 있겠으나, 이것마저 뚜렷하게 형태소 단위 분석이 쉽지 않아 일단은 '-ㅂ시오'를 하나로 제시한다.

간접 명령문은 화자가 담화 현장에는 없는 누군가에게 명령하는 것을 나타낸 문장이다. (7ㄷ)의 직접 명령형 어미 '-어라/-어'는 (7ㄹ)에서처럼 간접 인용절에서는 '-으라'로 바뀐다. (7ㅁ)에서도 마찬가지다. 간접 명령이라 하면 (7ㅂ)처럼 출제자가 피평가자들에게 직접 명령을 내리는 게 아니라 시험지라는 간접 매개체를 통해서 간접 명령하는 것이기 때문에 종결 어미가 '-으라'로 될 것이다. 직접 명령을 할 경우는 (7ㅁ)의 '답을 {써라./써.}'에서처럼 직접 명령형 어미 '-어라/-어'가 쓰인다.

한편, (7ㅅ)처럼 특이하게 '-으라' 문장이 사용되기도 하는데, 이것들은 공개적인 상황에서 쓰여 특정한 존비법을 쓸 수 없거나, 현실적인 발화 장면에서 구체적인 청자와의 사이에 오고가는 담화 형식이 아닌 절대문의 일종으로 처리되곤 한다(고영근 1976 : 35-36, 이익섭·임홍빈 1983 : 120). 다른 문장 종결형들과 달리 청자에 대한 대우상의 등급을 무시한다는 특징을 가지고 있다. '-으라' 문장은 일종의 간접 명령문이라 할 수 있으며, 명령이나 요청의 의미 특성이 두드러지게 만드는 기능이 있다.

(7ㅇ)도 특이한 종결형을 취하는 것이다. '앞으로 갓!', '열중 쉬엇!'은 어미 '-어'에다가 'ㅅ'을 붙여서 강한 명령 의미를 나타낸 것이다. (7ㅈ)은 '-ㄹ 것'이 종결 표현으로 쓰여서 명령 의미를 가진 것이다. 반말과 같이 청자를 두루 낮추어 대우하는 표현인데, 물론 상위자에 대하여는 사용될 수 없다. 이것도 청자를 직접 대면하지 않고 간접적으로 요구하는 경우에 사용된다. 이 '-ㄹ 것' 형은 통사론적으로는 명사로 끝났으나, 의미론적으로는 명령문 성격을 띠고 있다.

    (8) ㄱ. 자, (우리) 함께 집에 가자.
        ㄴ. *우리 예쁘자.
         *우리 학생이자.
         ???무슨 일이 일어나더라도 냉정하자.
        ㄷ. 나도 좀 하세.

집에 갑시다.
ㄹ. 그는 자기도 좀 하자고 말했다.
　　 그는 집에 가자고 말했다.
ㅁ. (함께) 집에 가.
ㅂ. 나하고 같이 가지.
　　 집에 함께 가시지요
ㅅ. 나도 한 마디 좀 하자.

　(8)은 청유문의 예를 보인 것이다. 청유문은 화자가 청자에게 어떤 행동을 함께 하도록 요청하는 문장이다. 청유문도 명령문처럼 문법적인 제약이 많은데, 명령문 주어가 항상 청자여야 함에 비하여, 청유문 주어는 화자와 청자 둘 다를 포함하여야 한다(8ㄱ). 또한 청유문도 화자의 의지가 반영되는 것이기 때문에 명령문에서처럼 동작 동사만 사용 가능하다. (8ㄴ)처럼 형용사 문장, '이다' 문장에서는 불가능하다. 그런데, 분명 형용사인데, '???냉정하자'에서처럼 가능한 듯이 여겨지는 경우가 있다. 그러나 이것은 엄밀히 말해서 '냉정해지자'라는 의미를 담고 있는 것이다. 즉, 비록 형용사이긴 하지만, 주체(화자 및 청자)가 스스로 제어할 수 있고 자발적으로 할 수 있다는 전제 하에서는 쓰일 수도 있다는 것이다.[6)]

　청유형 어미에는 '-자' 이외에도 '-세, -ㅂ시다' 등이 많이 쓰인다. 이들은 모두 간접 인용절로 쓰일 때 '-자'로 실현된다(8ㄷ,ㄹ). 청유형 어미도 고정적이 아닌 경우가 있다. (8ㅁ)에서 '집에 가.'에서 종결 어미 '-어/-아'가 청유형으로 사용되고 있음을 알 수 있다. '-어/-아'는 앞에서도 보았듯

---

6) "나라, 통촉하시옵소서." "신이여, 저들을 용서하옵소서." 같이 명령문을 사용하는 경우도 있는데, 이때는 사극이나 기도문과 같은 특수한 문맥에서 사용한다(이익섭·채완 1999 : 227-228). 한편 최근 들어 "건강해라., 건강하세요. 행복해라. 행복하세요."처럼 형용사인데 명령형을 사용하는 경우도 있는데, 화자의 긴절한 마음을 담을 때 흔히 쓰이곤 한다(고영근·구본관 2008 : 437, 임동훈 2011 : 350-351). 그러나 국립국어원에서 나온 『표준언어예절』(2011 : 203)에서는 '건강하십시오'라는 표현은 바람직하지 않다고 보고 있다.

이, 억양의 차이로, 또는 상황의 차이로 다양한 문장 유형에서 사용되고
있다.

(8ㅂ)도 청유문으로 해석되는데, '-지'가 '같이, 함께' 등과 사용되는 경
우에 한한다. '-지요'에서 '요'가 보조사인 것은 물론이다. 만약, '같이, 함
께'와 같은 공동 의미를 가진 부사가 오지 않으면, 명령문으로 해석될 경
우도 있다. (8ㅅ) 같은 경우는 화자가 청자에게 요구하여 발언 기회를 줄
것을 요청하는 의미를 갖고 있는데, 즉 청자의 협조를 구하는 상황이다.
즉 화자도 한 마디 하겠다는 것과 청자가 협조해 줄 것을 요청하는 의미
가 함께 들어간 것이다. 청유문이기는 한데, 특이한 것이라 할 수 있다.

(9) ㄱ. 꽃이 참 {아름답구나. / 아름답도다.}
ㄴ. 그는 꽃이 매우 아름답다고 말했다.
ㄷ. 아, 참 아름다워라.
ㄹ. 함께 살고 같이 누릴 삼천리강산에, 아아, 우리들은 살았어라.
ㅁ. 아이고, 놀라라.
ㅂ. 저녁 놀 빈 하늘만 눈에 차누나!
ㅅ. 왔노라, 보았노라, 이겼노라!

(9)는 감탄문을 보인 것이다. 감탄문은 화자가 청자를 별로 의식하지 않
거나 거의 독백하는 상태에서 자기의 느낌을 표현하는 문장이다. 청자를
고려하지 않는다는 점이 평서문과 구분하는 기준이다. 즉, 다른 문장들이
정보 전달의 기능을 주로 하는 반면, 감탄문은 정보 전달보다는 정서적
표현이 일차적 기능이라는 것이다. 대표적인 종결 어미로 '-구나'를 들고,
'-군(요), -구먼(요), -구려, -어라/-아라, -누나, -노라, -도다' 등도 감탄
형 어미로 사용된다. 이 감탄형 어미들은 (9ㄴ)을 보면 간접 인용절에서
모두 '-다'로 실현된다. 따지고 보면 감탄문도 평서문처럼 화자의 생각을,
감정을 표현한다는 점에서 평서형 종결 어미 '-다'로 실현된다고 이해할

수도 있다. 그런 점에서 넓게 보면 감탄문은 평서문의 한 가지라고 볼 수도 있다.

'-어라'는 '먹어라'에서처럼 동작 동사에서 사용되면 명령형 어미로 쓰이나, (9ㄷ)에서처럼 형용사에서 사용되면 감탄형 어미로 사용되기도 한다. 또 과거 표지 '-었-'이 본래 명령문에서는 사용되지 않으나 (9ㄹ)의 '살았어라'에서처럼 사용되면 '-어라'가 감탄형으로 기능을 한다. (9ㅁ)은 감탄문이며, 이때 '놀라다'가 동사이긴 하지만, 의지 용언이 아니기 때문에 '-어라/-아라'가 감탄형 어미로 사용되었다.

12.2. 높임 표현

국어는 누군가를 높이거나 낮추는 높임법이 매우 발달한 언어이다. 높임법은 화자가 어떤 대상이나 상대에 대하여 그의 높고 낮은 정도에 따라 언어적으로 구별하여 표현하는 방식이다. 화자가 말을 할 때 상황을 고려하여 청자에게 해야 하기 때문에 높임법이 다양하다. 또, 화자, 청자, 상황이 언어 표현에서 모두 고려되어야 할 요소라는 점에서 높임법은 사실 문장론보다는 화용론 차원에서 검토되어야 할 내용이다.

높임법은 높임 표현들을 통해서 실현되는데, 그것은 대개 문장 종결 표현, 선어말 어미 '-으시-', 조사 '께서, 께', 특수 어휘 '계시다, 드리다'와 같은 표현을 통해서 실현된다. 높임 표현이 어미나 조사와 같은 문법 요소를 통해서 실현되기도 하고, 또 한 문장 속에서 높임 표현이 나타나기 때문에 편의상 문장론 차원에서 다루는 것이다. 여기서 '높임 표현'이라는 말은 중화된 용어로 '높임'과 '낮춤' 표현을 모두 아우른다. 높임법은 그 대상에 따라 상대 높임법, 주체 높임법, 객체 높임법으로 나뉘는 게 일반적이다.

12.2.1. 상대 높임법

국어의 높임법 가운데 가장 발달한 것이 상대 높임법이다. 상대 높임법은 화자가 청자에 대하여 높이거나 낮추어 말하는 방법을 말한다. 상대 높임법은 종결 표현으로 실현되며, 크게 격식체와 비격식체로 나뉜다.

격식체는 공식적인 자리에서 의례적으로 사용되는데, 이런 표현을 쓰면 심리적인 거리감이 느껴지는 경우가 많다. 격식체는 하십시오체, 하오체, 하게체, 해라체 네 가지로 나뉜다. 비격식체는 정감적이면서도 친밀감을 나타내는 표현으로 쓰이는데, 격식을 덜 차리고 비공식적이고 개인적인 상황에서 사용되곤 한다. 크게 해요체와 해체로 나뉜다. (10)에서 보듯이, 높임 표현 세 개와 낮춤 표현 세 개로 나뉜다. 이들 용어는 고유어로 (10)의 괄호 속에 제시된 대로 불리기도 한다. 이들 여섯 개 상대 높임법 가운데 하오체와 하게체는 일반 담화에서는 사용되는 경우가 매우 드물다.[7]

(10) 종결 표현에 따른 상대 높임법의 분류[8]

	높임		낮춤	
격식체	하십시오체 (아주 높임)	하오체 (예사 높임)	하게체 (예사 낮춤)	해라체 (아주 낮춤)
비격식체	해요체(두루 높임)		해체(두루 낮춤)	

---

7) 상대 높임법은 다양하게 나뉘곤 한다. 허 웅(1969)의 '갑니다, 가오, 가네, 간다'의 네 가지, 최현배(1937)의 아주 높임, 예사 높임, 예사 낮춤, 아주 낮춤, 반말의 다섯 가지, 성기철(1970)의 아주 높임, 예사 높임, 두루 높임, 예사 낮춤, 아주 낮춤, 두루 낮춤의 여섯 가지, 박영순(1976)의 '했습니다, 했어요, 했소, 했네, 했어, 했다'로 대표되는 여섯 가지, 서정수(1984, 1994)의 아주 높임, 예사 높임, 예사 낮춤, 아주 낮춤, 두루 높임, 두루 낮춤의 여섯 가지 분류 방법이 대표적이다. 여기서 보면, 반드시 '하다'를 이용하여 높임법을 명명할 필연성을 발견하기 어렵다. 즉 임의적이라는 말이다. 또한 '하십시오체'는 종래 '합쇼체'로 알려진 것인데, '합쇼'라는 표현보다 '하십시오'라는 말이 현대 국어에서 일반적으로 사용되기 때문에 7차 학교 문법에서 바뀐 것이다.
8) 김태엽(2001), 임지룡(2015)에서는 상대 높임법보다는 '청자 대우법'이라는 용어가 타당하다고 말하고 있다. 본래 우리말 높임법 표현에 낮춤이라는 화계는 없으며, 안높임 표현도 존재하기 때문에 적절하지 않다는 것을 근거로 한다.

(11) ㄱ. 괜찮습니다, 선생님. 산책 나온 셈 치십시오.

ㄴ. 이 얘기를 어째서 계속하여야 하는지 모르겠구려.

ㄷ. 내가 너무 흥분했던 것 같네.

ㄹ. 가는 대로 연락해라. / 가는 대로 편지 보내마.

ㅁ. 그러면 그렇지. / 공부해.

ㅂ. 어제는 비가 많이 왔지요?

ㅅ. 괜찮습니다요. / [*]잘 하오요. / 같네요. / [*]연락해라요. / [*]보내마요.

(11ㄱ)의 '괜찮습니다, 치십시오'는 하십시오체로 쓰인 것이다. 하십시오체는 종결 표현 가운데 특히 명령형 종결 표현이 '-십시오'로 끝난 것을 염두에 두고 명명된 것이며, 보통 평서형의 '-습니다'가 많이 사용된다. '-소서, -나이다, -ㅂ니다, -올시다' 등이 종결 표현으로 사용된다. (11ㄴ)의 '모르겠구려'는 하오체로 쓰인 것이다. 하오체 역시 명령형 종결 표현을 염두에 두고 명명된 것이며, '-오, -소, -구려, -리다' 등이 해당한다. (11ㄷ)의 '같네'는 하게체로 쓰인 것이다. 하게체 역시 명령형 종결 표현을 염두에 두고 명명된 것이다. 흔히 '-네, -게'가 많이 쓰이며, 이외에도 '-나, -ㅁ세, -는가, -세' 등이 사용된다. (11ㄹ)의 '전해라, 보내마'는 해라체가 쓰인 것이다. '보내마'는 소위 약속형이 쓰인 것인데, 높임 등급 차원에서는 해라체에 속한다. 해라체는 '-어라, -마' 이외에도 '-느냐, -냐, -다, -자, -니, -려무나' 등이 사용된다. 하십시오체, 하오체, 하게체, 해라체는 격식체 표현이다.

비격식체 표현으로 해체와 해요체가 있다. (11ㅁ)의 '그렇지, 공부해'는 해체로 쓰인 것이다. 해체는 역시 명령형 종결 표현을 염두에 두고 명명된 것이다. 대표적인 해체 종결 어미 '-어/-아'이며, 이외에 '-야, -지, -나' 등이 해체 종결 표현으로 쓰인다. (11ㅂ)의 '왔지요?'는 해요체 용법으로 쓰인 것이다. 해체에다가 높임 보조사 '요'를 붙여서 쓰는 것이 대부분이다. '-어요, -지요, -나요, -군요, -ㄹ게요, -ㄹ까요' 등이 해요체 종결 표현으로 쓰인다. 한편, (11ㅅ)에서처럼 격식체 종결 표현에 보조사 '요'를 붙여서 비격식체처럼 사용하는 경우도 있는데, '괜찮습니다요, 같네요' 같은 경우가 그렇다. 그러나 이런 표현은 소위 상대방의 비위를 의식적으로 맞추려는 표현으로 정상적인 것이라고 하기 어렵다. 명령의 표현에서는 '*잘 하오요, *연락해라요, *하게요'와 같이 그나마도 불가능하다.

(12) 상대 높임법의 실례(교육인적자원부 2002ㄱ : 173)[9]

		평서법	의문법	명령법	청유법	감탄법
격식체	하십시오체	가십니다	가십니까?	가십시오	(가시지요)	-
	하오체	가(시)오	가(시)오?	가(시)오, 가구려	갑시다	가는구려
	하게체	가게, 감세	가는가? 가나?	가게	가세	가는구먼
	해라체	간다	가냐? 가니?	가(거)라, 가렴, 가려무나	가자	가는구나
비격식체	해요체	가요	가요?	가(세/서)요	가(세/서)요	가(세/서)요
	해체	가, 가지	가?, 가지?	가, 가지	가, 가지	가, 가지

(12)는 여섯 가지 상대 높임법이 적용된 예를 보인 것이다. 특히 '가다' 동사를 기준으로 종결 표현의 변화 양상을 보인 것이다. 형용사나 서술격 조사 같은 경우는 명령법과 청유법에서 쓰일 수 없어서 원천적으로 적용이 되지 않는다. 하십시오체에서 특이한 것은 청유법에서 '가시지요'가 사용된다는 것이다. 논리적으로는 '가십시다' 하면 될 것 같지만, 실제 언어 생활 속에서 이 표현을 아랫사람이 윗사람에게 사용하면 건방지다는 인상을 준다. 그나마 감탄법은 사용되지 않는데, 이는 상대방을 아주 높이려고 하

---

9) (12) 하십시오체 청유법 표현에 대하여 2014년에 나온 6종의 검인정 '독서와 문법' 교과서 가운데에는 보통 '가시지요'라는 표현이 제시되지만 일부 '하십시다'를 제시하고 있는 경우(한철우 외, 2014)도 있다. 이것이 다른 것들과 형태상 차이가 너무 커서 통일의 목적으로 그리한 것으로 이해된다. 그렇지만 아주 높임 의미가 파악되지 않기 때문에 '하십시다'를 하십시오체로 제시하기에는 어려움이 따르다고 본다. 임지룡(2015) 참조

는데, 높임 대상인 상대방을 무시하고 화자 혼자만의 느낌을 말할 수는 없기 때문으로 보인다. 하오체는 '가시오'처럼 '-으시-'가 함께 사용되곤 하는데, 이는 '-오'가 독자적으로 사용되기엔 이미 옛말투로 인식되기 때문으로 보인다. 하오체에 '갑시다'가 청유법으로 쓰이는데, '가십시다'와 비교해 보면 '-다' 앞의 '시'의 성격이 무엇인지 분명치 않다. 현재로선 '-ㅂ시-' 자체를 하나의 형태소로 볼 수밖에 없는 실정이다. 해라체에서는 '-아라'가 붙은 '가라'가 쓰이는데, 이는 어간 '가'의 'ㅏ'가 생략된 표현이다. '가거라' 는 성인 방언에서 규칙적으로 사용되는 표현이다.

(12)의 해요체 표현 가운데 '가(세/셔)요'는 명령법, 청유법, 감탄법이 동일한 형태를 보이는 특징이 있는데, 억양이나 상황에 따라 구분될 수 있을 뿐이다. 한편, '가셔요'는 '가+시+어+요'로 형태소 분석되어 '요'가 보조사로 독립될 수 있다. 이에 비해 '가세요'에서는 '-세요'가 뭉뚱그려 어미로 기능하는 특이함을 보인다. 즉 '가세요'가 명령형으로 쓰일 때는 '요'가 보조사로서 독립될 수 없으나, 청유형으로 쓰일 때에는 '요'가 보조사로 독립될 수가 있다. 청유형으로 쓰일 때에는 '가세요'가 '가+시+어+요'로 분석될 수 있어서, 결국 '가셔요'와 동일한 형태소 분석 형태를 보인다고 할 수 있다.[10]

마지막으로, 해체는 다섯 가지 높임법 형태가 모두 동일하다. 동일 형태가 다른 기능을 띤다고 하겠다. 물론 억양이나 상황에 따라 달리 해석된다. (10)에서도 밝힌 바, 낮춤 표현으로는 '하게체, 해라체, 해체'가 설정되나 이 중에 반말로 인식되는 것은 해라체와 해체이다. 간혹 해체만을 반말로 보는 견해도 있으나(최현배 1937) 이는 해체가 일상적으로 많이 사

---

10) 표준어 규정에 보면, '가셔요'와 '가세요'가 복수 표준어로 인정되고 있다. 결국 이 둘은 본질상 차이가 없다는 말인데, 왜 청유형으로 쓰일 때는 동질적이고 명령형으로 쓰일 때는 이질적인지 궁금하다. '가세요'가 '가셔요'보다 상대적으로 더 구어체적 느낌이 들긴 한다.

용되기 때문이라 하겠다.

(13) ㄱ. 그런 말씀을 하시면 안 됩니다. 저에게는 그런 말씀 하셔선 안
돼요.
ㄴ. 손을 몹시 떠시는군요 나처럼 두 손을 합장하고 무릎 위에 놓으
시오. 얼마간은 괜찮을 겁니다.
ㄷ. 동강 댐 건설을 중단하라. 교과서 왜곡을 일삼는 일본은 각성하
라. 고구려 역사를 왜곡하는 중국은 각성하라.
ㄹ. 올바로 처신하라.

흔히들 격식체, 비격식체를 혼합하여 높임 단계를 얘기할 때 '하십시오
체 > 해요체 > 하오체 > 하게체 > 해체 > 해라체' 식으로 순서를 매기
곤 한다. 이것은 격식체와 비격식체가 섞여 쓰일 수 있다는 것을 의미한
다. (13ㄱ,ㄴ)은 그런 예를 보인 것이다. (13ㄱ)에서는 먼저 하십시오체 문
장이 쓰이고 그 다음 해요체 문장이 쓰였다. (13ㄴ)에서는 먼저 해요체,
다음 하오체, 마지막으로 하십시오체 종결 표현이 쓰였다. 이것은 화자가
말하면서 단호하게 얘기할 때와 부드럽게 얘기할 때를 구분하고 있다는
의미다. 담화 상황이나 화자의 의도에 맞게 적절히 사용한 것이라 할 수
있다.

한편, 구어체에서의 해라체에 대하여 문어체로서의 하라체를 설정하는
경우가 있다. 하라체는 명령문을 간접 인용절로 표현할 때나, 시험지 등
인쇄물에서처럼 간접 명령을 전달할 때 사용되곤 한다. 또한 (13ㄷ)에서처
럼 각종 구호를 외칠 때 사용하거나 (13ㄹ)에서처럼 간접적인 명령을 내
릴 때 사용하곤 한다. 사실 구호를 외칠 때, 직접 면전에서 외치는 것이
아니라 그 자리에는 없으나 강력하게 의사를 전달한다. 결국 간접 명령문
표현의 일종으로 보아도 된다는 것이다. 하라체에 대하여 높임 표현도 아
니고 낮춤 표현도 아닌 중화된 표현이라고 보는 게 일반적이다. 직접 대

면한 게 아니니 그렇다는 것이다. 그러나 실제 국어 생활에선 해라체와 같은 반말 표현으로 느껴지곤 한다.

12.2.2. 주체 높임법

주체 높임법은 서술의 주체를 높이는 방법으로, 서술의 주체가 화자보다 나이나 사회적 지위 등에서 상위자일 때 사용된다. 주체 높임법은 기본적으로 서술어에 높임 선어말 어미 '-으시-'가 붙어 실현되나, 부수적으로 주격 조사 '께서'가 쓰이기도 하고 주어 명사에 접미사 '-님'이 덧붙기도 한다.

(14) ㄱ. 저기 아버지가 온다.
　　 ㄴ. 저기 아버지가 오신다. / 저기 아버지께서 오신다. / 저기 아버님께서 오신다.
　　 ㄷ. 부모는 들일을 다니거나 바다에 무엇을 잡으러 간다.
　　 ㄹ. ?부모는 들일을 다니시거나 바다에 무엇을 잡으러 가신다.
　　 ㅁ. ?부모님은 들일을 다니거나 바다에 무엇을 잡으러 간다.
　　 ㅂ. 부모님은 들일을 다니시거나 바다에 무엇을 잡으러 가신다.
　　 ㅅ. 부모님께서는 들일을 다니시거나 바다에 무엇을 잡으러 가신다.

(14ㄱ)은 자식과 아버지 관계가 아닌 사람이 아무개의 아버지가 오는 사실을 객관적으로 표현할 때 자연스럽다. 물론 자식이 하는 말로도 가능은 하겠지만, 어색한 감이 있다. 그리하여 (14ㄴ)처럼 주체 높임 선어말 어미 '-으시-'를 사용하여 주체인 아버지를 높이게 된다. 아버지, 즉, 주체를 더욱 높이고자 하면 주격 조사 '께서'를 붙이고, 거기에 더 높이고 싶으면 주체 '아버지'에 높임 접사 '-님'을 붙이기도 한다. 이것들을 모두 붙인 '저기 아버님께서 오신다.'가 가장 주체를 높이는 방법인 것은 물론

이다. (14ㄷ~ㅅ) 가운데 주체인 '부모'에 대한 높임의 정도가 가장 높은 문장은 물론 (14ㅅ)이다. '-으시-', '께서', '-님'이 모두 사용되었기 때문이다. (14ㄷ)은 객관화된 표현으로 높임법을 사용하지 않은 중립적 표현이라 할 수 있다.

(14ㄹ~ㅂ)은 높임 요소들이 부분적으로만 사용되고 있어 약간 어색할지도 모르겠다. 이것들 가운데도, '-님'과 '-으시-'가 함께 나온 (14ㅂ)은 비교적 자연스럽게 사용되나, '-님'과 '-으시-' 중 하나만 쓰인 (14ㄹ,ㅁ)은 약간 어색하다. (14ㄹ)은 '-으시-'를 사용했는데 '부모'라고 했고, (14ㅁ)은 '-으시-'는 사용하지 않으면서 '부모님'이라 했다. (14ㄴ)의 '저기 아버지가 오신다.'는 비교적 자연스러웠는데, 바로 '아버지'라고 표현할 때와 '부모'라고 표현할 때 높임 의미 차이가 있기 때문이라는 것이다. 물론 '-으시-'가 주체 높임 표현의 중심에 있는 것은 말할 나위 없다.

> (15) ㄱ. 선생님의 말씀이 타당하십니다.
> ㄴ. 곧 선생님의 말씀이 있으시겠습니다.
> ㄷ. 할머니께서는 아직 귀가 밝으십니다.
> ㄹ. 지금까지도 어머니는 하루에 4시간 정도밖에 안 주무신다.
> ㅁ. 아버지께서는 안방에 계시다.
> ㅂ. 할머니가 {[?]아프셔. / ^{??}편찮아. / 편찮으셔.}
> ㅅ. 할머니께서 바나나를 {[?]먹으셔. / ^{??}잡숴. / 잡수셔. / ^{??}들어. / 드셔.}
> ㅇ. 아버지께서는 걱정거리가 {있으시다. / [*]계시다.}
> ㅈ. 지금부터 주례 선생님 말씀이 {있으시겠습니다. / [*]계시겠습니다.}
> ㅊ. 아버지 무슨 고민 {있으세요?/ [*]계세요?}

앞의 (14)에 제시된 주체 높임법 대상인 주체는 모두 주어였다. 그래서 주어 높임법이라고 해도 된다고 생각할지 모른다. 그러나 주어와 주체는 분명히 다르다. 주어는 통사론적 문장 성분 명칭이고, 주체는 의미론적 명칭이다. (15ㄱ,ㄴ)에서 보면 '타당하십니다, 있으시겠습니다.'의 '-으시-'를 써서 높이는 대상은 주어인 '말씀이'가 아니라 주체인 '선생님'이다. (15ㄷ)에서도 '밝으십니다'가 주어인 '귀'를 높이는 게 아니라 주체인 '할머니'를 높이고 있음을 볼 수 있다.

주체 높임법은 '-으시-'를 통해서 대개 실현되지만, '-으시-'가 거의 고착되어 쓰이고 있는 '주무시다, 계시다, 편찮으시다, 잡수시다' 같은 표현을 통해서도 나타난다. (15ㄹ~ㅅ)에서 이런 모습을 확인할 수 있다. (15ㄹ,ㅁ)의 '주무시다, 계시다'는 하나의 완전한 용언으로 존재하지만, (15ㅂ,ㅅ)의 '편찮으시다, 잡수시다'는 '편찮다, 잡수다'가 독립적으로 쓰이기 때문에 하나의 완전한 용언이라고 단정 지을 수 없다. '잡수시다'는 '드시다'와 함께 사용되기도 한다. '드시다'에서 '-으시-'를 뺀 '들다'도 사용되는데, '잡수시다'에서 '-으시-'를 뺀 '잡수다'와 의미가 동일하게 느껴지진 않는다(15ㅅ).[11] '들다'는 '먹다'와 '잡수다' 양 쪽의 의미를 갖고 있는 듯하다. (15ㅂ,ㅅ)에서 '할머니'가 아주 높은 주체 높임 대상이기 때문에 '편찮으셔, 잡수셔, 드셔'가 가장 자연스럽다. (15ㅂ,ㅅ)을 볼 때, '편찮다, 잡수다'가 각각 '아프다, 먹다'의 높임 표현이라 해도 '아프시다, 먹으시다'보다 주체를 더 높이는 표현인 것 같진 않다.

한편, '있다'의 주체 높임 표현인 '있으시다'와 특수 어휘 '계시다'는 사용 양상이 같지 않다. (15ㅁ,ㅇ)에서 보듯이, '있으시다'는 주어와 관련된 대상을 통하여 주어를 간접적으로 높일 때도 사용하지만, '계시다'는 화자가 주어를 직접 높일 때도 사용한다. 주어를 직접 높이는 것을 직접 높임이라 하고, 간접적으로 높이는 것을 간접 높임이라고 한다. (15ㅈ,ㅊ)에서도 이런 직접, 간접 높임 쓰임 주장을 할 수 있을 것이다. (15ㅈ,ㅊ)을 통

---

11) 결국 '잡수다'가 기본형이고, 여기에 주체 높임 선어말 어미인 '시'가 들어가서 '잡수시다'가 되었고 '잡숫다'는 이의 준말이 되는 셈이다.

해서는 '있으시다'가 주어의 유정성·무정성 성격과 관계 없이 사용됨에 비하여, '계시다'는 언제나 유정성일 경우에만 사용된다고 말할 수도 있다.

(16) ㄱ. 자, 식기 전에 빨리 드셔.
    ㄴ. 자, 안으로 들어가시게.
    ㄷ. 할머니, 아침은 잡수셨어?
    ㄹ. 김 선생, 인사 좀 하시지.
    ㅁ. 들어올 테면, 어디 한번 들어와 보시지.
    ㅂ. 자신 있으면 어디 덤벼 보시지.

(16)에 제시된 문장들은 '-으시-' 선어말 어미와 '드셔, 잡수셨어'와 같은 높임의 어휘가 사용되었기 때문에 표면상으로는 높이는 표현이라고 할 수도 있다. 그러나 자세히 살펴보면 종결 표현이 낮추는 표현(해체)으로 되어 있어서 어색한 높임 표현이거나 아니면 특이한 낮춤 표현이라고도 할 수 있다. 결론적으로 말하면, (16ㄱ~ㄷ)은 높임 표현, (16ㄹ~ㅂ)은 낮춤 표현으로 보인다.

(16ㄱ~ㄷ)은 일상 생활에서 많이 사용되곤 하는데, 일단 주체(여기서는 청자)를 높이는 높임의 의미를 지니고 있는 표현들이다. (16ㄱ)은 동료나 친구들 사이에서 사용되는 친근함의 표현이고, (16ㄴ)은 윗사람이 아랫사람에게 이야기하면서 어느 정도 존중하는 표현이고, (16ㄷ)은 할머니에게 친근하게 말하면서 '잡수시다'라는 아주 높임 표현을 사용함으로써 조금이나마 높임을 실현하는 표현이다. 이것들은 종결 어미를 해체, 즉 낮춤 표현으로 쓰고 있으나 서술어에 주체 높임의 '-으시-'를 사용하는 특이한 양상을 띤다. 전체적으로는 주체를 어느 정도 높이는 의미를 띠고 있어, 결국 '-으시-'의 힘이 '-어'보다 강하다고 할 수 있다.

(16ㄹ~ㅂ)도 일상 생활에서 흔히 사용되는 표현들이다. 높임의 '-으

시-'와 낮춤의 '-지'를 함께 사용하기 때문에 어색한 표현이다. 그러나 의미상으로는 낮춤의 의미가 더 많이 파악되어, 여기서는 '-으시-'보다 '-지'가 더 힘을 발휘하고 있다. 본래 종결 어미 '-지'는 '이미 앎, 믿음 ; 제안, 동의' 등 의미를 띠는 것으로 알려져 있다(장경희 1998 : 286 참조). 즉, 화자의 의사를 분명하게 표현하는 매개체로서의 역할을 하고 있다는 말이다. (16ㄹ)은 아랫사람이 인사를 하지 않는 것에 대해서 윗사람의 섭섭함과 꾸짖음의 의미를 나타내는 표현이고, (16ㅁ)은 상대방을 얕보고 비꼬는 의미를 드러내는 표현이고, (16ㅂ)은 '-으시-'를 사용하여 상대방을 높이는 척하면서 오히려 얕보는 의미를 강하게 드러내는 표현이다. 요컨대 (16ㄱ~ㄷ)은 약간이나마 존중의 뜻을 가지면서 친근함을 드러내는 반면, (16ㄹ~ㅁ)에서는 낮춤과 얕봄, 비꼼의 의미를 더욱 강하게 부각시키고 있다고 하겠다.

12.2.3. 객체 높임법 및 기타

객체 높임법은 서술의 객체를 높이는 방법으로, 구체적으로는 문장의 목적어나 부사어가 지시하는 대상을 높인다. 객체 높임법에는 주로 특수 어휘, 그 중에서도 특수한 동사를 사용하곤 하는데, 많이 사용되는 것으로는 '모시다, 드리다, 뵙다, 여쭙다, 여쭈다' 등이 있다. 부차적으로 상대 부사격 조사인 '께'를 사용하면, 객체 높임 의미가 확실하게 드러난다. 사실 '께' 부사격 조사는 있어도 되고 없어도 되며, 객체 높임법에서는 특수 동사만이 필수적이다.[12] 즉, 조사나 어미 같은 문법 요소가 아니고, 특수 어휘가 객체를 높이는 역할을 한다 하여, '객체 높임법'을 문장론에서 설정

---

12) '이 옷이 손님께 어울리시겠어요.'에서처럼 특수 동사가 아닌데 객체인 '손님'을 높이는 듯한 경우가 있다. 그러나 '시'는 주체 높임 선어말 어미이기 때문에 '옷'을 높이는 데 사용된 형국이 되고 만다. 결국 이는 과잉 공대하는 잘못된 표현이라고 할 수 있다.

하지 않는 경우도 있다. 즉, '진지(眞摯), 옥고(玉稿) ; 졸고(拙稿), 비견(鄙見)'
등과 같은 체언과 앞의 '여쭙다, 드리다' 등의 용언을 뭉뚱그려 '특수 어
휘에 의한 높임' 식으로 해서 기술하기도 한다는 것이다(남기심 2001 : 379
참조). 그러나 문장에서 서술어가 차지하고 있는 다른 문장 성분들에 대한
영향력으로 인하여, 특수 동사들만으로 객체 높임법이라는 범주를 설정하
는 게 일반적이다.

> (17) ㄱ. 나는 동생을 데리고 병원으로 갔다.
> ㄴ. 나는 아버지를 모시고 병원으로 갔다.
> ㄷ. 나는 친구에게 과일을 주었다.
> ㄹ. 나는 {선생님께 / 선생님에게} 과일을 드렸다.

(17ㄴ,ㄹ)은 목적어 대상인 '아버지'와 부사어 대상인 '선생님'을 높이
고 있는 문장인데, 각각 '모시다, 드리다'를 사용하고 있다. (17ㄱ,ㄷ)의
'데리다, 주다' 대신에 '모시다, 드리다'라는 특수 어휘를 사용하고 있으
며, 특히 (17ㄹ)에서는 상대 부사격 조사 '께'까지 동원하고 있다. '께'가
아닌 '에게'를 사용한 '선생님에게'도 물론 가능하다.

> (18) ㄱ. 기차 시간이 좀 남았기에 그 동안의 안부라도 여쭙고자 왔습
> 니다.
> ㄴ. 제자로서 스승에게 여쭙는 글이 내용이 심히 주제 넘는다는 느
> 낌이 없지 않다.
> ㄷ. 제가 한 말씀 여쭤 보겠습니다.
> ㄹ. 제가 어른을 뵈옵기는 오늘 새벽이 처음이외다.
> ㅁ. 친구 분께서 내려가시는 길에 잠시 할아버님을 뵙자고 하십니다.

(18)에서는 특수 동사 '여쭙다, 여쭈다, 뵙다'를 통해서 객체를 높이고
있다. (18ㄱ)은 '여쭙다'가 생략된 상대방 누군가(어른)를 높이는 표현이고,

(18ㄴ)은 역시 '여쭙다'가 '스승에게'의 '스승'을 높이고 있다. (18ㄷ)에서는 '여쭈다'가 역시 생략된 상대방 누군가(어른)를 높이고 있다. '여쭙다'와 '여쭈다'는 모두 누가 무엇을 누구에게 묻는다는 통사 구조를 갖고 있어서, 결국 (18ㄱ~ㄷ)에서는 부사어가 가리키는 대상을 높이는 표현이라 할 수 있다. 이에 비해 (18ㄹ,ㅁ)에서는 특수 동사 '뵙다'가 '어른'과 '할아버님'을 각각 높이고 있어, 결국 목적어가 가리키는 대상을 높인다고 할 수 있다.

지금까지 살핀 상대 높임법, 주체 높임법, 객체 높임법은 서술어를 중심으로 하여 어떤 대상을 높이는 방법들이었다. 그러나 국어에는 서술어 표현 말고 다른 표현들을 통해서 누군가에 대한 높임을 표현하는 방법들이 있다. 앞에서 본 '께서, 께' 같은 조사도 그렇고, '-사옵-, -ㅂ-' 등과 같은 선어말 어미들도 그렇다. 이것들에 대해서는 앞에서 충분히 논의된 바 있었다.

이외에도 체언을 통해서 누군가를 높이고 낮추고 하는 경우가 있다. 예컨대, '진지, 귀교(貴校)' 같이 높이는 표현도 있고, '놈, 년'처럼 비하어를 사용하여 낮추는 경우도 있다. 넓은 의미에서 보면 이런 것들도 모두 높임 표현이라 할 만하다.[13]

(19) ㄱ. 진지, 치아, 약주, 댁, 계씨(季氏), 자당(慈堂), 가친(家親), 함씨(咸氏), 고견(高見)
ㄴ. 상서(上書), 소생(小生), 졸고(拙稿), 비견(鄙見)
ㄷ. 아버님, 선생님, 따님, 귀교(貴校), 영손(令孫), 옥고(玉稿)
ㄹ. 밥, 이, 술, 집, 동생, 어머니, 아버지, 조카, 의견

---

13) 학교 문법에서 '높임 표현'의 '높임'은 중화된 용어이다. 즉 높다 낮다 차원의 의미를 지닌 것이 아니라는 것이다. 이런 관점 하에서 볼 때 '놈, 년' 같은 비하어도 높임 표현의 일종이 된다. 이런 헷갈림을 방지하기 위해서 '대우 표현'이라는 용어를 생각해 볼 수 있기는 하겠다.

(20) ㄱ. 자당께서 편찮으시다는 말을 들었는데, 요즘은 좀 어떤가요?

　　ㄴ. 선생님의 고견이 무엇인지 빨리 파악해야 되는데.

　　ㄷ. 귀교에서 출전한다면, 우린 마음 푹 놓을 수 있습니다.

　　ㄹ. 진작 선생님을 모시고 고견을 듣고자 하였습니다만 사정이 여의
　　　치 못했습니다.

　　ㅁ. 바쁘신 시간에 비견을 들어 주셔서 고맙습니다.

　　ㅂ. 이것을 자당께 드리게.

　　ㅅ. 귀교의 발전을 기원합니다.

(19ㄱ~ㄷ)은 서술어 아닌 체언을 통해서 높임을 나타낼 수 있는 어휘
들이다. (19ㄱ)은 (19ㄹ)에 있는 어휘들의 높임 표현으로, 이것들을 사용하
여 상대방이나 어떤 대상을 높여 준다. 이에 비해 (19ㄴ)은 스스로 낮추어
서 상대방이나 어떤 대상을 높이는 겸양 표현이다. (19ㄷ)은 높임 접미사
'-님'이나 높임 접두사 '귀-, 영-, 옥-'을 사용하여 존대하는 표현을 보인
것이다.

(20)에서는 이런 높임 관련 어휘들이 주어든 목적어든 부사어든 다양하
게 사용된다는 사실을 보여 주고 있다. (20ㄱ~ㄷ)에서는 '자당, 고견, 귀
교'가 주격 조사와 함께 주어 역할을 하고 있고, (20ㄹ,ㅁ)에서는 '고견, 비
견'이 목적격 조사와 함께 목적어 역할을 하고 있다. (20ㅂ)에서는 '자당'
이 부사격 조사 '께'와 함께 부사어가 되고, (20ㅅ)에서는 '귀교'가 관형격
조사 '의'와 함께 관형어 역할을 하고 있다. 이는 결국 체언이 출현하는 환
경에서는 이들 높임 어휘들이 모두 사용될 수 있다는 것을 보여 준다.

국어는 세계에서 높임법이 가장 발달된 언어라고 한다. 대부분은 서술
어와 관련된 것이고, 서술어 이외, 예컨대 체언과 같은 것을 통해서 높임
기능을 하는 것은 그리 많지 않다. 그리하여, 높임법이라 하면 대개 상대,
주체, 객체 높임법을 드는 것이다. 그러나 (19)에 제시된 특수 어휘들도 높
임 관련 표현인 것은 분명하다.

⊖ 탐구하기

⊖ 더 살펴보기

고성환(2003), 고영근·구본관(2008), 김민수(1971), 김승곤(1996), 김승곤 엮음(1996),

김충회(1990), 김태엽(2001), 서덕현(1996), 서정목(1987, 1990), 서정수(1984),

이유기(2001), 이윤하(2001), 윤석민(1998), 이정복(1998, 2001), 임동훈(1998, 2000),

임시룡(2015), 임홍빈(1990), 한길(2002)

➡제13장 시간 표현

시간은 연속적인 자연의 흐름이고 시제는 사람들의 시간에 대한 인식을 인위적으로 나눈 것이다. 따라서 시간과 시제는 차이가 있다. 시간을 언어적으로 표현한 것을 시간 표현이라 하는데, 흔히 과거, 현재, 미래로 나누곤 한다. 이 장에서는 국어의 시간 표현으로서 시제가 갖는 특성을 종류별로 살펴보도록 한다.[1]

13.1. 시제의 종류와 특성

시제란 자연적 흐름인 시간을 인위적으로 나눈 것이다. 지금 현재를 기준으로 해서 쉽게 과거와 미래를 인식해 볼 수 있으나, 현재의 범위는 쉽게 말할 수 없다. 어쩌면 진정한 의미의 현재란 존재하지 않을 수도 있는 것이다. 그러나 우리는 현재라고 하는 시제를 인정하고 말하는 지금 순간

[1) 시제와 혼동되는 것으로 상(相)과 서법(敍法)이 있다. 상(相)은 사건이 이루어지는 양상을 나타내어 완료니 미완료니 하면서 주로 선어말 어미 및 보조 용언을 통해서 이루어진다. 서법(敍法)은 말하는 내용에 대한 화자의 심리적 태도를 말하며, 선어말 어미를 통해서 이루어지기도 하지만, 주로 어말 어미를 통해서 이루어진다.

을 포함한 일정한 시간 범위를 현재라고 지칭하곤 한다. 시제라고 하면 대개 말을 하는 때를 기준으로 하여 이전을 과거, 이후를 미래라고 하며, 현재는 말하는 순간을 기준으로 적절하게 앞뒤 범위를 가리킨다.[2]

시제를 논할 때 중요한 것은 말하는 순간이냐 사건이나 사태가 발생하는 순간이냐를 중요한 기준으로 잡는다. 말하는 이(話者)가 말하는 시점을 발화시(發話時)라 하고 동작이나 상태가 일어나는 시점을 사건시(事件時)라고 한다. 과거 시제는 사건시가 발화시에 앞서는 것을 말하고(1ㄱ), 현재 시제는 사건시와 발화시가 같은 것을(1ㄴ), 그리고 미래 시제는 사건시가 발화시 뒤에 있는 것을 말한다(1ㄷ).

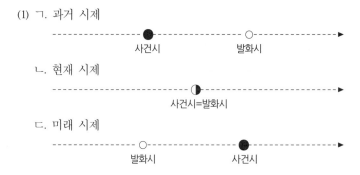

(1) ㄱ. 과거 시제

　　　　　　　사건시　　　　　　　발화시

　ㄴ. 현재 시제

　　　　　　　사건시=발화시

　ㄷ. 미래 시제

　　　　　　　발화시　　　　　　　사건시

---

2) 시제를 어떻게 볼 것이냐 하는 견해는 학교 문법에서처럼 과거·현재·미래로 보는 3분법 견해(최현배 1937, 홍종선 1990, 왕문용·민현식 1993)와, 과거와 비과거(또는 현재)로 나누는 이분법 견해(이익섭·채완 1999)가 있으며, 심지어는 시제는 없고 단지 상만이 존재한다는 무시제설도 있다(남기심 1978). 그러나 시간 차원에서 본다면 과거·현재·미래는 분명히 존재하고, 또 시제 차원에서도 3분법 설정이 논리적으로 보인다. 이분법을 주장하는 견해는 '-겠-'과 같은 표현이 미래를 나타내지 못한다고 보는 입장인데, 시제 인식의 문제와 시제 표지의 존재 유무 문제는 다른 것이라 생각한다. 뒤에서 보겠지만, '내일은 눈이 오겠다.' 문장에서 '-겠-'은 미래 시제를 나타낸다고 볼 수 있기 때문에 3분법을 지지하기로 한다. 상(相) 문제에 대해서는 국어가 상 중심 언어라기보다는 시제 중심 언어라고 보는 게 설명적 타당성이 더 있다고 보기 때문에, 본서에서는 시제를 중점적으로 논의해 보도록 하겠다.

　(2) ㄱ. 우리는 어제 그 영화를 보았다.
　　　ㄴ. 조개들이 지금 물거품을 마신다.
　　　ㄷ. 내일 오겠습니다.

　(1ㄱ)은 과거 시제를 시각적으로 표현한 것이다. (2ㄱ)는 화자가 말하는 발화시보다 영화를 본 시점(사건시)이 앞에 있어서 과거 시제 표현이라고 한다는 것이다. (1ㄴ)은 현재 시제를 역시 시각적으로 표현한 것인데, (2ㄴ)이 바로 그 예로서, 화자가 조개들이 물거품을 마시는 모습을 보면서 말하고 있는 것이라 할 수 있다. (1ㄷ)은 미래 시제를 시각적으로 보인 것이다. (2ㄷ)이 바로 그런 예인데, 화자가 오는 행위 시점이 내일이기 때문에 문장 전체는 미래 시제 표현이라고 할 수 있다. 과거 시제, 현재 시제, 미래 시제를 나눌 때 기준시로서 발화시와 사건시가 매우 중요한 역할을 하고 있다.

　시제를 절대 시제와 상대 시제로 나누는 경우도 있다. 절대 시제(絕對時制)는 발화시를 기준으로 하여 결정되는 시제이다. 즉 화자가 문장을 발화하는 지금 시점을 기준으로 하여 사건이 완성되었는지 그렇지 않은지를 판단하여 과거 · 현재 · 미래 시제를 판단하는 것이다. 이에 비하여 상대 시제(相對時制)는 발화시가 아닌 주문장의 사건시에 의존하여 상대적으로 결정되는 시제를 일컫는다.

　(3) ㄱ. 내가 보는 사람은 영희야.
　　　ㄴ. 내가 보는 사람은 영희였어.
　　　ㄷ. 그림을 보고 있으니 기분이 좋다.
　　　ㄹ. 그림을 보고 있으니 기분이 좋았다.

　(3ㄱ)에서 '영희야'의 절대 시제는 현재이고, '보는'노 마찬가시이나. (3ㄴ)에서 '영희였어'의 절대 시제는 과거이고, '보는'도 마찬가지이다. 그러

나 상대 시제 입장에서 보면, (3ㄴ)에서 '내가 보는'은 사건시를 기준으로
해서 보면 현재가 된다. 즉, 주문장의 사건시 시제는 과거이지만, 안긴 절
의 시제는 현재로 될 수 있는 것이다. (3ㄷ)에서 '보고 있으니'는 주문장의
'좋다'의 시제를 기준으로 할 때 현재가 되고, (3ㄹ)에서 '보고 있으니'는
주문장의 '좋았다'의 시제를 기준으로 할 때 현재가 된다. 이는 곧 (3ㄷ)의
'있으니'는 절대 시제 입장에서 현재이고, (3ㄹ)의 '있으니'는 상대 시제 입
장에서 현재라는 말이 된다. 이처럼 상대 시제를 설정하는 것은 이어진 문
장이나 안은 문장에서 안긴 절의 시제를 따로 분리하여 말할 때 유용하다.

> (4) ㄱ. 그는 내가 보았던 사람들 가운데 가장 멋져.
> ㄴ. 그는 내가 보았던 사람들 가운데 가장 멋졌어.
> ㄷ. 내가 역에 도착하였을 때 기차는 이미 떠났었어.
> ㄹ. 뭐라고? 그 일을 네가 했다고? 너 이제 죽었다.

(4ㄱ)에서 발화시를 기준으로 할 때 '내가 보았던'의 절대 시제는 과거
이고, 주문장의 사건시를 기준으로 할 때 '내가 보았던'의 상대 시제도 역
시 과거이다. (4ㄴ)에서도 절대 시제 입장에서나 상대 시제 입장에서나
'내가 보았던'은 과거 시제 표현이라고 할 수 있다. 즉, 주문장의 '멋졌어'
를 기준으로 하였을 때 '내가 보았던'은 언제나 그 앞 시점을 표현하고 있
다고 할 수 있다. 이에 비하여 (4ㄷ)에서는 안긴 절인 '내가 역에 도착하
였을'이 절대 시제로는 과거이며, 상대 시제로는 미래라고 할 수 있다. 즉,
주문장의 사건시인 '떠났었어'를 기준으로 하였을 때, 안긴 절의 '내가 역
에 도착하였을'은 미래라고 할 수 있기 때문이다.

문제가 되는 것은 (4ㄹ)과 같은 경우이다. 즉, '했다고'는 분명히 과거
시제이다. 그런데 '너 이제 죽었다'는 아직 실현되지 않은 미래로 해석이
된다. 그렇다면 왜 '-었-'이라는 과거 시제 선어말 어미가 사용되었는가?
화자가 확신하기 때문일 텐데, 이것은 화자의 시점(視點)을 저 뒤로 이동시

켰을 때 과거에 완료된 것처럼 말할 수 있다. 일종의 상대 시제 차원에서의 과거라고 설명할 수 있을 것이다. '했다고'는 절대 시제 차원에서의 과거이며, '죽었다'는 상대 시제 차원에서 과거라고 말할 수 있을 것이다. 후자의 경우는 그 일이 이루어질 것에 대한 화자의 확신이 있을 때나 가능하다.

13.2. 과거 시제

과거 시제는 말하는 지금보다 사건이 먼저 일어난 것을 가리키는 시제이다. 즉, 사건시가 발화시보다 앞서 있는 시제이다. 인간의 삶에서 지금 이전 것이 훨씬 많으므로 과거를 표현하는 문법적 범주가 많은 것은 당연하다. 과거 시제를 나타내는 방법으로는 과거 시제 선어말 어미, 용언 어간에 붙는 관형사형 어미, 시간 부사어 등을 대표적으로 들 수 있다.

> (5) ㄱ. 어제는 비가 내렸어.
> ㄴ. 우리는 드디어 산꼭대기를 올랐다.
> ㄷ. 시장에 갔었는데… 작년에는 여기에 온통 코스모스가 피었었는데…
> ㄹ. 철수는 수능시험을 위해서 열심히 공부를 하였다. 공부를 했어.
> ㅁ. 그들은 급하게 골목 속으로 갔다.
> ㅂ. 꽃봉오리가 아주 예뻤어.
> ㅅ. 우리들이 처음 만난 것은 눈밭 속이었지.

(5)에서 사용된 모든 용언은 과거 시제 선어말 어미를 갖고 있다. 예문들의 맨끝 용언들은 각각 (5ㄱ) '내리+었+어', (5ㄴ) '오르+았+다', (5ㄷ) '가+았었+는데 ; 피+었었+는데', (5ㄹ) '하+였+다 ; 하+였+어', (5ㅁ) '가+았+다', (5ㅂ) '예쁘+었+어', (5ㅅ) '속+이+었+지'처럼 형태소 분

석이 된다. 과거 시제 선어말 어미는 동사, 형용사, 서술격 조사 모두에서 실현되며, 그 종류는 '-었-/-았-, -았었-/-었었-, -였-' 가운데 하나임을 확인할 수 있다.3) 흔히 'ㅆ'을 설정하는 경우를 보게 되는데, 이는 (5ㅁ)의 '갔다' 같은 경우를 '가+ㅆ+다'로 분석하는 방법을 따른 것이다. 그러나 이는 잘못된 분석이다. 예컨대 '어서 가.'에서, '가'가 '가+아>가'에서 보 듯이 두 개의 형태소를 갖고 있고, 두 형태소가 결합할 때 선행 어간의 'ㅏ'가 탈락된다. 따라서 '갔다'는 '가+았+다'로 분석되어야 논리적으로 맞게 된다.

'-었-/-았-'이 음운론적 이형태로 선행 어간의 음성 모음 및 양성 모음 성격에 따라 달리 나타나는 것은 물론이다. '-였-'은 '하다' 용언의 어간 뒤에서만 나타나는 형태론적 이형태라고 할 수 있으며, '하-'와 축약될 때 에는 '했어'로 나타난다.

과거 시제 선어말 어미 가운데 논란의 여지가 있는 것은 '-었었-/-았었-' 이다. 이것들도 '-었-/-았-'처럼 모음조화 현상에 따라 음성 모음이면 '-었었-'으로, 양성 모음이면 '-았었-'으로 실현되는데, 뒤의 '-었-'은 변 화가 없는 게 특이하다. 문제는 이것들이 다른 과거 시제 선어말 어미가 갖고 있는 ≪과거≫ 의미 외에 다른 의미도 포함하고 있다는 데 있다.

> (6) ㄱ. 비가 {내렸었어. / 내렸어.}
> ㄴ. 시장에 {갔었는데… / 갔는데…}
> ㄷ. 전에는 여기에 온통 코스모스가 {피었었는데… / 피었는데…}

(6)에서 보다시피 오른 쪽에 쓴 '내렸어, 갔는데, 피었는데'는 모두 단순 히 과거 시제를 나타내고 있다. 그런데 '내렸었어, 갔었는데, 피었었는데'

---

3) 7차 학교 문법에서는 '-었었-' 자체를 과거 시제 선어말 어미로 보고 있다. 이것은 사 실 '-었었-, -았었-, -였었-'의 세 가지 형태로 나타난다. 앞의 '-었-/-았-/-였-'과 뒤 의 '-었-'을 각각 형태소로 보는 견해도 있다.

는 전에는 그랬는데 지금은 그렇지 않은, 즉 발화시보다 훨씬 전에 사건
이 발생하여 현재와는 강하게 단절된 사건을 표현하고 있다. 즉 '-았었-/
-었었-'은 ≪단절≫이라는 의미를 내포하고 있다는 것이다.[4]

(7) ㄱ. 철수가 도서관에서 공부하더라.
    ㄴ. 그가 그 곳에 왔더라.
    ㄷ. 이렇게 탈선 사고가 났으니 한 시간 후에나 출발하겠더라.
    ㄹ. *내가 공부를 하더라.
    ㅁ. 꿈속에서 내가 그녀를 만나더라.

과거 시제를 나타내는 선어말 어미로 자주 언급되는 것으로 '-더-'도
들 수 있다. '-더-'는 대개 과거 어느 때를 기준으로 그때의 일이나 경험
을 돌이켜 회상할 때 사용하는 선어말 어미로 알려져 있다. 흔히 ≪회상≫
서법 의미를 갖고 있다고 한다. (7ㄱ)에서 보듯이 '-더-'는 과거에 대한
회상을 의미하는 용법을 갖고 있다. 물론 (7ㄴ)에서처럼 '-었-/-았-' 과거
선어말 어미와 함께 나타날 수도 있다. (7ㄱ,ㄴ) 모두 과거 회상 의미가
있고, 어떤 사건에 대해서 그 이후 나중 다른 때에 보고하는 의미가 있는
것을 볼 수 있다. 이처럼 '-더-'는 화자가 남에게 전달 보고할 때 사용되
는 것을 알 수 있다.
그런데 '-더-'가 (7ㄷ)에서처럼 과거 시제가 아닌 미래 시제 표현에도
사용되는 경우가 있다. 이때는 '-더-'가 화자의 심리적 태도를 나타내는
서법 용법으로 쓰인 것인데, 화자의 확신이 들어간 표현으로 이해할 수
있다. 또한 '-더-'는 객관적인 일을 전달 보고하는 데 사용되기 때문에,

---

4) '-었었-/-았었-'이 갖고 있는 이런 특성을 미세하게 주목하여, 이를 대과거 시제 선어말
   어미로 따로 파악하는 견해가 있는가 하면(이익섭 · 채완 1999), 선행 ' 었 / 았 '만 과거
   시제 선어말 어미로 보고 후행 '-었-'은 상(相)을 표시하는 것으로 보는, 두 개 형태소로
   분리하는 견해도 있다(서정수 1994). 학교 문법에서는 '-었었-/-았었-' 자체를 과거 시제
   선어말 어미로 보고 있다.

(7ㄹ)에서처럼 1인칭 주어가 올 경우에는 사용될 수 없는 것이 원칙이다. 그러나 (7ㅁ)에서처럼 1인칭인 '나'를 객관화시킬 경우에는 사용될 수 있다. 이때에도 《회상》 서법 의미를 갖고 있으며, 과거를 나타내는 표현으로도 유효한 것은 물론이다. 요컨대, '-더-'는 화자가 직접 경험하고 확인하고 체득한 상황을 시간 또는 공간을 옮겨 회상하고 전달 보고하는 기능을 가지는 서법 선어말 어미라고 말할 수 있을 것이다.

> (8) ㄱ. 아까 네가 {먹은 / *먹었은} 우유는 유통 기한을 넘긴 것이었는데…
> ㄴ. 어제 {만난 / *만났은} 친구는 초등 학교 동창생이야.
> ㄷ. 그렇게 {예쁘던 / 예뻤던} 순희가 지금 이렇게 변하다니.
> ㄹ. 당시 {학생이던 / 학생이었던} 사람들이 이제는 성인이 되었어.

과거를 나타내는 표현으로 두 번째로 들 수 있는 것은 관형사형 전성 어미이다. 학교 문법에서 설정하고 있는 관형사형 어미는 '-은, -는, -을, -던' 네 가지이다. 이들 가운데 과거 시제를 나타내는 데 사용되는 것은 '-은, -던'이다. '-은'은 동사의 과거 관형사형 어미로 사용되며, '-던'은 형용사나 서술격 조사 '이다'의 과거 관형사형 어미로 사용된다.

(8ㄱ,ㄴ)에서 '[아까 네가 먹은] 우유', '[어제 만난] 친구'는 각각 '아까 네가 우유를 먹었다.', '(내가) 어제 친구를 만났다.'라는 표현이 후행하는 '우유, 친구'를 수식하는 것으로 볼 수 있고, 시제로는 모두 과거를 나타내고 있다고 말할 수 있다. 비록 '아까 네가 먹은, 어제 만난'은 표면 구조 차원에서 과거 시제 선어말 어미 '-었-'이 나타나지 않는다고 하더라도 관형사형 어미 '-은'으로 말미암아 과거를 나타내고 있다. '-은'은 자음 뒤에서, '-ㄴ'은 모음 뒤에서 실현되는 것은 물론이다.

한편, (8ㄷ,ㄹ)에서 '그렇게 예쁘던'과 '당시 학생이던' 표현도 역시 과거 시제를 나타내고 있다. 즉, 형용사인 '예쁘다'와 서술격 조사가 사용된 '학생이다'를 과거 시제를 포함하여 후행 체언을 수식하게 할 경우에는 관형사형 어미로 '-던'을 사용한다는 것이다. '-은'은 동사에서와 같으나 '-더-'가 추가된 형식인 '-던'이 과거 관형사형 어미 역할을 하고 있다. '-은'은 관형사형 어미라는 문법 의미를 갖고 있는 형태소이고, '-더-'는 회상을 나타내는 형태소인 것이 분명하다. 표면 구조적 분포에 있어서 형용사와 서술격 조사가 체언을 수식하는 구조로서 과거를 나타낼 때는 '-던'으로 통합되어 나타나는 특이성이 있을 뿐이다.

분포적 특성으로 동사에 쓰이는 관형사형 어미 '-은' 앞에는 '-었-'이 올 수 없으나, 형용사와 서술격 조사에 쓰이는 '-던' 앞에는 '-었-'이 사용될 수 있다. 물론 동사에서도 '먹었던'에서처럼 '-던' 앞에 '-었-'이 올 수 있다.

(9) ㄱ. 밥 먹어. / 지금 밥 먹어. / 조금 이따 밥 먹어.
ㄴ. 뭐? 밥 먹어? / 벌써 밥 먹어? / 지금 밥 먹어. / 이따 밥 먹어?

세 번째, 과거를 나타내는 표현으로 또 들 수 있는 것은 시간 부사어이다. 사실 시간 부사어는 선어말 어미 '-었-'이나 관형사형 어미 '-은, -던' 보다도 더 강력한 시간 표현이라고 할 수 있다. (5ㄱ)의 '어제', (5ㄷ)의 '작년에', (6ㄷ)의 '전에', (8ㄱ)의 '아까', (8ㄴ)의 '어제', (8ㄹ)의 '당시'는 모두 과거 시간 부사어이다. '어제, 아까' 같은 경우는 시간 부사라고 말할 수 있지만, 나머지 것들은 시간 부사어라고 해야 한다.

대개는 앞의 예들처럼 시간 부사어와 시제 선어말 어미가 함께 나오긴 하지만, (9)에서처럼 그렇지 않은 경우가 있다. (9ㄱ) '밥 먹어.'는 시제 선어말 어미 표시가 없어서 시제를 알 수가 없다. '지금 밥 먹어.'처럼 현재를 뜻할 수도 있고, '조금 이따 밥 먹어.'처럼 미래를 뜻할 수도 있다. '지금'이나 '이따' 같은 시간 부사어를 사용하면 그 뜻이 확실해진다. (9ㄴ) '뭐? 밥 먹어?'도 시제를 확실히 알 수가 없는데, '벌써, 지금, 이따' 같은 시간 부사어를 사용하면 시제가 분명하게 드러난다.

  한편, 일부 논의에서는 시간 부사어를 시제 표현으로 인정하지 않는 경우가 있다. 어미와 같은 문법 요소 차원의 문법 단위만을 시제 표현으로 보는 견해이다. 그러나 학교 문법에서는 소단원 명칭으로 '시간 표현'이라고 제시하면서 이들 시간 부사어도 그 기능을 하는 것으로 인정하고 있다. 실제로 (9)에서 보다시피 시간 부사어가 사용됨으로 해서 시제가 확실하게 정해질 수 있다. 물론 엄밀하게 말해서 시간 부사어는 어휘적인 차원에서 다루어야지 문법적인 차원에서는 거론할 필요가 없다고 말할 수 있을지도 모른다. 또한 '지금, 이제, 한 시간 후에' 같은 표현을 '시제 부사어'라고는 말하지 않는다. 시간 부사어라고만 한다는 것이다. 일단 '시간 표현'이라는 큰 범주를 제시한 이상 이들 시간 부사어들도 인정해도 상관없을 것이다. 한 가지 걸리는 문제라면 '시간 표현' 아래 '과거 시간, 현재 시간, 미래 시간'이라 하지 않고 '과거 시제, 현재 시제, 미래 시제'라고 하위 제목을 달고 있다는 것이다. 그러나 이것도 자연의 흐름인 '시간'을 인위적으로 나눈다는 점에서 보면 '시제'라는 표현을 써도 큰 무리는 없다고 본다.

13.3. 현재 시제

  현재 시제는 발화시와 사건시가 일치하는 시제이다. 현재 시제도 선어말 어미 '-는-, -ㄴ-', 관형사형 전성 어미 '-는, -은', 시간 부사어 '지금, 오늘' 등을 통해서 실현된다. 또한, 과거 시제와는 달리, 관형사형 어미 '-는'과 의존 명사 '중'이 합해진 '-는 중' 표현을 통해서 실현되기도 한다.

(10) ㄱ. 학생들이 지금 운동장에서 축구를 한다.
　　　나는 문득 허탈감을 느낀다. / 눈물이 핑 돈다.
　　ㄴ. 학생들이 지금 축구를 해.
　　　문득 허탈감을 느껴. / 눈물이 핑 돌아.
　　　cf. 축구를 *한아. / 허탈감을 *느낀어. / 핑 *돈아.
　　ㄷ. 아기가 밥을 먹는다. / 집에 묵는다.
　　　cf. 우리 아기 잘도 {자는구나. / *자는다. / 잔다.}
　　　　집에 {산다. / *살는다.}
　　ㄹ. 아기가 밥을 먹네. / 집에 묵어.
　　　아기가 (지금) 잘도 {자네./자.}
　　　cf. *먹는네. / *묶는어. / *자는아. / 잔아.

　첫째, 대개 현재 시제 선어말 어미로 인정되는 것은 '-ㄴ-'과 '-는-'이
다. '-ㄴ-'은 (10ㄱ)의 '한다, 느낀다, 돈다'에서 보는 것처럼 모음 뒤에서
나타나며, '-는-'은 (10ㄷ)의 '먹는다, 묵는다'에서처럼 자음 뒤에서 나타
난다. 그러나 특이하게 'ㄹ' 뒤에서는 '집에 {산다/*살는다}'에서 보듯이
'-는-'이 나올 수 없고, 'ㄹ'이 탈락되고 '-ㄴ-'으로 실현된다. 여하튼
'-ㄴ-'과 '-는-'은 선행 어간이 무엇이냐에 따라 나타나는 양상이 다르다.
현재 시제 선어말 어미 '-ㄴ-'과 '-는-'은 비격식체인 해체, 해요체에서는
사용되지 않는다. (10ㄴ,ㄹ)은 비격식체 문장이다. 분명히 시제는 현재인데,
'-ㄴ-, -는-'이 개재되면 문장이 성립되지 못하는 것을 확인할 수 있다.

(11) ㄱ. 영희는 참 {아름답다. / *아름답는다. / *아름단다.}
　　ㄴ. 영희가 참 {아름다워. / *아름다운어.}
　　ㄷ. 철수는 {학생이다. / *학생이는다. / *학생인다.}
　　ㄹ. 그럼 지금 철수는 {학생이지. / *학생이는지. / *학생인지.}

　한편, '-ㄴ-, -는-'은 형용사와 서술격 조사에서는 사용되지 못한다.
(11ㄱ,ㄷ)에서 '-ㄴ-, -는-'이 개재된 *아름답는다, *학생인다'는 성립되

지 못함을 알 수 있다. (11ㄱ,ㄷ)의 격식체 표현뿐이 아니라, (11ㄴ,ㄹ)의 비격식체 표현에서도 현재 시제 선어말 어미 '-ㄴ-, -는-'은 사용되지 않는다.[5]

동사에서는 '-ㄴ-, -는-'이 사용되고, 형용사와 서술격 조사에서는 '-ㄴ-, -는-'이 사용되지 못하는 현상은, 결국 '-ㄴ-, -는-'이 ≪진행≫ 의미를 갖고 있는 상적 표현이기 때문이다. 동사는 본래 동작 의미를 갖고 있으니까 진행 의미를 갖고 있는 '-ㄴ-, -는-'이 올 수 있고, 형용사와 서술격 조사 '이다'는 동작 의미가 없으니까 '-ㄴ-, -는-'이 올 수 없다는 논리는 일견 타당하다고 할 수 있다. 이는 결국 '-ㄴ-, -는-'을 진행상 표지로 보는 게 타당하지 않느냐 하는 생각을 갖게 한다.

그렇다고 해서, '축구를 한다. 참 아름답다' 같은 표현이 현재 시제를 나타내지 않는다는 것이냐 하면 그것도 아니다. 분명히 이 표현들은 현재 시제를 나타낸다. 결국 현재 시제 표지로 무표(無標)의 영형태소(零形態素)를 설정할 수만 있다면 동사와 형용사에 나오는 '-ㄴ-, -는-' 논란은 해결될 수 있다고 본다. 즉, '한다'에서 '-ㄴ-'은 진행상 표지로 보고, 현재 시제 선어말 어미로 영형태소를 설정하면 된다는 것이다. '아름답다, 아름다워'에서도 마찬가지다. 형용사이기 때문에 진행상 표지는 불필요할 것이고, 이것들이 현재 시제로 해석되는 것은 어간 '아름답-' 뒤에 눈에 보이지 않는 영형태소가 존재한다고 보면 된다.[6]

영형태의 현재 시제 선어말 어미를 설정하지 않는 견해에서는 두 가지 중의 한 가지 해석을 따르게 된다. 동사를 중심으로 하여 '-ㄴ-, -는-'이

---

5) (11ㄹ)에서 '학생인지'가 정문으로 인식되기도 하는데, 이 경우는 '-ㄴ지'라고 하는 막연한 의문을 나타내는 하나의 어미로 '-ㄴ지' 전체가 기능하는 것이지, 'ㄴ'이 독립적으로 선어말 어미로 기능하는 것은 아니다.

6) 실제로 홍종선(2008)에서는 현재 선어말 어미로 '-는/ㄴ-'과 영형태소(Φ)를 설정하고 있다. 그리하여 형용사와 서술격 조사에서 현재 시제를 설명하고 또한 '먹어.'와 같이 시제 선어말 어미가 나오지 않는 현재 시제 표현들을 영형태소로 설명하고 있다.

바로 현재 시제 선어말 어미라고 말을 하고, 형용사나 서술격 조사에서는 '-ㄴ-, -는-'이 나오지 않는다고 하는 해석이 있는데, 이는 곧 형용사와 서술격 조사에서 '-ㄴ-, -는-'이 나오지 않는 것을 예외라고 보는 견해라고 할 수 있다.

또 하나의 해석 방식은 '-ㄴ-, -는-'을 현재 시제 선어말 어미로 따로 설정하지 않고 뒤의 종결 어미와 함께 처리하는 견해인데, 곧 '-ㄴ다, -는다'를 하나의 형태소로 보는 입장이다. 이 견해에 따라 '느낀다, 돈다, 먹는다 ; 아름답다, 학생이야'를 형태소 분석하면, '느끼+ㄴ다, 돌+ㄴ다, 먹+는다 ; 아름+답+다, 학+생+이+야'로 될 것이다. 이런 분석 방식의 문제라고 하면, 종결 어미로 형용사에서의 '-다'와 함께 '-ㄴ다, -는다'를 설정해야 한다는 것이다. 사실 이 견해는 형태소 분석 차원보다는 종결 표현이라는 기능 차원에 따른 것이라 할 수 있다.

결국, 학교 문법에서는 현재 시제 선어말 어미로 '-ㄴ-, -는-'을 설정하고 있으나 동사에서만 사용될 뿐만 아니라 격식체에서만 사용이 가능하다는 한계가 있어서 보편성을 획득하기가 쉽지 않음을 알 수 있다. '-ㄴ다, -는다'를 함께 묶어서 처리하는 견해도 있는데, 이는 종결 어미의 새로운 형태를 설정해야 한다는 문제가 있다. 현재 시제 선어말 어미로 영형태소를 설정해 보는 견해는 동사든 형용사든 서술격 조사든 모든 서술어 표현에 대해서 설명 가능할 뿐만 아니라, 격식체 및 비격식체 표현도 설명할 수 있다는 장점이 있다. 문제점이라 하면 과연 눈에 보이지 않는 영형태소 설정이 얼마나 교육적 차원에서 설명력을 갖느냐 하는 것이다.

(12) ㄱ. 축구를 하는 학생들 / 잠을 자는 아기
  ㄱ´. 축구를 한 학생들 / 잠을 잔 아기
  ㄴ. 참 아름다운 영희 / 푸른 하늘 / 학생인 철수
  ㄴ´. *아름답는 영희. *학생이는 철수 / 아름답던 영희. 학생이던 철수

　　ㄷ. 오직 8미터의 개흙으로 물든 <u>황폐한</u> 광야가 놓여 있을 뿐이다.
　　ㄹ. 집에 <u>간</u> 사람이 여기에 있겠니?
　　ㅁ. 영이가 입은 <u>파란</u> 겉옷은 아주 예뻤다.
　　ㅂ. 그는 <u>의사인</u> 아버지와 <u>교사인</u> 어머니 사이에서 탄생하였다.
　　ㅅ. *어제 예쁜 꽃이 오늘 시들었다.

　둘째, 현재 시제를 나타내는 표현으로 관형사형 전성 어미 '-는, -은'을 들 수 있다. (12ㄱ)의 '하다, 자다'는 모두 동사이기 때문에 현재 관형사형 어미로 '-는'이 사용되어 '하는, 자는'이 쓰였다. 그리고 '-은'이 사용되면 '축구를 한, 잠을 잔'에서 보듯이 현재가 아닌 과거로 해석되는 것을 알 수 있다. (12ㄴ)에서 보면 '아름답다, 푸르다'는 형용사이고 '학생이다'는 서술격 조사가 사용된 표현이므로 '-는'이 사용되지 못하고, '-은'이 사용되어 현재를 나타내고 있다. (12ㄷ)에서도 밑줄 친 '황폐한'이 현재 시제를 나타내고 있는데, '황폐하다'가 형용사이기 때문이다.[7]

　이처럼 관형사형 어미로 시제를 나타낸다고 하면 '-는, -은' 자체보다는 어떤 서술어에서 쓰이느냐가 더 중요한 양상을 띤다. 동사에서는 '-는'이 현재 관형사형 어미, '-은'은 과거 관형사형 어미인데, 형용사 및 서술격 조사에서는 '-는'은 사용되지도 못하고, '-은'이 현재 관형사형 어미로 기능을 한다. 물론 형용사 및 서술격 조사에서 과거 관형사형 어미를 붙이고자 한다면 '-더-'가 첨가된 '-던'이 사용된다(12ㄴ).

　이것 역시 진행상 차원에서 해결할 방안도 생각해 볼 수는 있다. 즉, 동사의 관형사형에서 쓰이는 '-는'을 '느+ㄴ'으로 분리시켜서, 선행 '느'를 현재 시제 선어말 어미 '-는-'의 이형태로 파악하는 것이다. 그렇게 되면 동사나 형용사, 서술격 조사나, 관형사형 어미로는 '-은' 하나가 공통적으로 사용된다고 말할 수 있을 것이다. 물론 이때 '-은'은 현재 시제 의미를

---

7) (12ㄷ)에 쓰인 '물든'은 기본형이 '물들다'로서 동사이다. '빛깔이 스미거나 옮아서 묻다'라는 의미를 띠고 있다.

담지 않고 순수하게 서술어가 체언을 수식하게 하는 기능만을 한다고 보는 것이다. 현재 의미는 앞 (10), (11)에 대한 설명에서와 같이 현재 시제 영형태소를 설정하여 파악할 수 있다는 것이다.

문제는 (12ㄱ)의 '축구를 한 학생들', '잠을 잔 아기'에서 관형사형 어미 '-은'이 사용된 '한, 잔'이 과거 의미를 띠고 있다는 사실이다. 사실 어떻게 보면, (12ㄴ)의 '아름다운 영희, 학생인 철수'에서 '-은'이 전혀 과거 의미가 없다고는 말할 수 없을지 모른다. 즉, 어느 순간에서부터 아름다운지, 학생인지 생각해 보면 지금 이전부터 그랬다고 말할 수도 있다는 것이다. 이런 점을 염두에 두어서 (12ㄹ~ㅂ)의 밑줄 친 부분에서처럼, 동사에 쓰인 관형사형 어미 '-은'이나 형용사·서술격 조사에 쓰인 관형사형 어미 '-은'이나 모두 ≪실현 인식≫ 의미로 파악하는 견해도 있다(왕문용·민현식 1993 : 259). 그러나 이 견해도 (12ㅅ)에서 보듯이 과거 시간 부사어가 오면 문장 자체가 성립되지 않아 설명의 한계가 느껴진다.

요컨대 학교 문법에서처럼 동사에서는 관형사형 어미 '-는'이 현재, '-은'이 과거를 나타내고, 형용사·서술격 조사에서는 '-는'은 쓰이지 않고 '-은'만 현재를 나타낸다고 말하는 게 편할지도 모르겠다. 사실 현재라고 하는 시제가 정말 존재하느냐, 존재한다면 그게 언제부터 언제까지냐 하는 근본적인 문제가 내재해 있다.

> (13) ㄱ. <u>지금 현재</u> 시계는 8시 35분을 가리키고 있습니다.
>   ㄴ. <u>금일</u> 우리가 이렇게 착공식을 갖게 된 것은…
>   ㄷ. 에~, <u>오늘에</u> 이르러 우리가 이렇게 크게 발전한 것은…
>   ㄹ. <u>오늘</u>이 추석날이야,
>   ㅁ. <u>지금</u>, 그의 죽음에 대해서 들었다.
>   ㅂ. 영이가 <u>지금</u> 자리에 앉았다.

셋째, 과거 시제 표현에서와 마찬가지로 현재를 나타내는 표현으로 가장 강력한 것은 역시 시간 부사어이다. '지금' 같은 시간 부사어는 현재 시제 표현으로 당연히 인정될 수 있다. (13ㄱ~ㄷ)에 쓰인 '지금 현재, 금일, 오늘에'도 모두 현재를 나타내는 시간 부사어이다. 이 표현으로 인해서 해당 문장들의 시간 의미가 확실하게 드러나고 있다. (13ㄹ)의 '오늘'은 부사어가 아닌데, 즉 체언으로서 시간을 나타내고 있다. 따라서 시간 부사어란 말은 의미론적으로 조금 확대해서 이해해야 할 것이다.

한편, 문제가 되는 것은 현재 표현과 과거 표현이 함께 나타나는 문장이 있다는 점이다. (13ㅁ,ㅂ)에서는 분명히 현재 시간 부사어인 '지금'이 쓰였는데, 또한 과거 시제 선어말 어미인 '-었-/-았-'이 쓰이고 있다는 것이다. 그렇다면 전체 (13ㅁ,ㅂ) 문장의 시제는 무엇이라고 해야 하나? 말할 것도 없이 현재 시제를 나타내고 있다고 해야 한다. 즉, 선어말 어미보다 시간 부사어가 강력하게 작용한다는 것이다. 실제 의미가 현재 의미이다. 그렇다면, (13ㅁ,ㅂ)에 사용된 과거 시제 선어말 어미 '-었-/-았-'은 어떻게 해석해야 하는가? 정확히 '-었-/-았-'이 쓰인 것을 보면 단순히 과거만을 나타낸 것은 아님을 알 수 있다. '-었-/-았-'이 쓰였지만, ≪상태≫ 의미가 강하게 내재되어 있다는 것이다. 앞에서처럼 ≪실현 인식≫ 의미라고 해도 될 것이다(왕문용·민현식 1993 : 257). 이것은 본질적으로 '-었-'이라고 하는 선어말 어미가 중세 국어 때에 '이시다/잇다'에서 온 탓이라고도 할 수 있겠으나, 결과적으로는 시간 부사어가 선어말 어미보다 더 강력한 문법적 작용을 하고 있기 때문으로 이해된다.[8]

    (14) ㄱ. 철수가 밥을 먹는 중이다.
        ㄴ. 영이는 지금 애인을 만나고 있는 중이다.
        ㄷ. *영이는 지금 애인을 만나고 있은 중이야.

---

8) 중세 국어에는 '-었-'이 존재하지 않았다. '있다'의 중세 국어 형태인 '이시다, 잇다'가 있었는데, 그 어간에 연결 어미 '-어'가 선행하여 '-었-'이 형성되었다고 알려져 있다. 즉 '어/아+잇 > 엣/앳 > 엇/앗 > 었/았'의 변천 과정을 겪었다는 것이다.

넷째, 현재 시제를 나타내는 표현으로 관형사형 어미 '-는'과 의존 명사 '중'이 결합된 표현도 들곤 하다. (14ㄱ,ㄴ)에서 보다시피, '-는 중'이 사용되어 현재를 나타내고 있다. 만약에 (14ㄷ)에서처럼 '-은 중'으로 바꾸게 되면 현재가 아닌 과거를 표현하는 '-은'과 현재를 의미하는 '중'이 충돌하여 비문이 된다. 그런데, 엄밀히 말하면 '-는 중'이 현재 의미를 띠는 것은 현재 관형사형 어미 '-는'과 단어인 '중(中)'이 갖고 있는 의미라고 보는 게 보다 맞는 설명일 것이다. 즉, '-는'만으로도 현재를 나타낼 수 있는데, '중'을 더 사용하여 현재 의미를 강조한다는 것이다. 한편, '-는 중이다'라고 흔히 쓰지만 '이다'는 단순한 서술격 조사로 쓰인 것일 뿐이지, '-는 중'만 뭉뚱그려 현재 시제 표현이라고 할 수 있을 것이다.

13.4. 미래 시제

미래 시제는 사건시가 발화시보다 나중인 시제이다. 미래 시제 표현도 선어말 어미 '-겠-, -리-'가 대표적이고, 관형사형 전성 어미 '-을'과 시간 부사어 '내일, 나중에' 등도 역시 미래를 표현한다. 또한 관형사형 어미 '-을'과 의존 명사 '것'이 결합된 '-을 것'도 미래 표현으로 사용된다.

첫째, 미래 시제 표현으로 선어말 어미 '-겠-, -리-'를 든다. 그런데, 실제 국어 생활에서 '-겠-'은 쓰임이 많으나, '-리-'는 한정적 쓰임을 보이기 때문에, 미래 시제 선어말 어미라 하면 주로 '-겠-'을 들곤 한다.

> (15) ㄱ. 오늘 오후 5시에 다시 전화하{-리다. / -으리나. / -으리라. / -으
> 리니 / -으리까?}
>   ↗. 오늘 오후 5시에 다시 전화하겠다.
> ㄴ. 내일 오겠습니다.
> ㄷ. 그 일은 제가 꼭 하겠습니다.

ㄹ. 날씨를 보니 내일은 눈이 오겠군요.

ㅁ. 야, 그 정도 일은 나도 하겠다.

(15ㄱ)에서 보다시피, 선어말 어미 '-리-'는 미래 시제를 나타내고 있다. 그러나 '-리-'보다는 '-겠-'을 사용한 '오늘 오후 5시에 다시 전화하겠다.'라는 표현이 일반적으로 사용된다. 즉 '-리-'는 예스러운 의미를 지니고 있어 '으리다, 으리라, 으리니, 으리까' 등 한정적으로만 사용된다. 사실 중세 국어 때는 '-겠-'이 존재하지 않았고 '-리-'만이 미래 시제 선어말 어미로 사용되었다. '-겠-'은 (15ㄴ~ㄹ) 모든 예에서 보듯이 미래 시제 선어말 어미로 사용된다고 말할 수 있다. 더불어 (15ㄴ~ㅁ)에서는 '-겠-'이 (15ㄴ) '다짐, 의지', (15ㄷ) '의지', (15ㄹ) '추측', (15ㅁ) '가능성' 의미를 덧붙여 가지고 있다. 이들은 미래 시제라고 하는 기본 의미를 갖고 있고, 여기에 덧붙여서 화자의 마음을 담은 서법 의미를 갖고 있는 것이라 말할 수 있다(홍종선 1990 참조).

(16) ㄱ. 철수는 벌써 도착했겠습니다.

ㄴ. 어이구, 네가 참 그랬겠다.

ㄷ. 내일 낚시나 갔으면 좋겠네.

그러나 '-겠-'이 미래를 나타낸다고 하기 어려운 예들이 있어서, 미래 시제 선어말 어미로서의 자격을 의심 받는 경우가 있기도 하다. (16ㄱ,ㄴ)은 '-겠-'이 과거 시제 선어말 어미 '-였-'과 함께 나타난 예를 보인 것으로, 이때 '-겠-'은 미래 시제를 갖고 있다고 말할 순 없고, 단지 '추측' 의미만 있다고 해야 한다. 이때의 '-겠-'은 미래 시제 선어말 어미라고 할 수 없다는 것이다. 본래 '-겠-'이 미래를 뜻했지만, 의미의 전이 현상으로 인해서 추측 의미만을 띠게 되었다고 보는 것이다.[9]

한편, (16ㄷ)의 '-겠-'은 약간 다른 양상을 보인다. 하나의 문장 안에

'-았-'도 쓰이고 '-겠-'도 쓰이긴 했지만, '-았-'은 상대 시제 차원에서 모레를 기준으로 했을 경우 '과거' 의미를 갖고 있는 것이고, '-겠-'은 말하는 지금 현재를 기준으로 해서 '미래' 의미를 나타내면서 동시에 '추측' 서법 의미를 갖고 있다는 것이다. 결국, (16ㄷ)의 '-겠-'은 미래 시제 선어말 어미이면서, 덧붙여 '추측' 서법 의미를 띤 것이라 할 수 있다.

> (17) ㄱ. 그는 내일 올 거야.
> ㄴ. 몇 시간이면 떠날 사람이 도대체 어디를 돌아다니는 거야.
> ㄷ. 이곳이 살 만한 곳이 못 된다면 나는 장차 네가 가는 곳으로 따라 가겠다.
> ㄹ. *그렇게 예쁠 꽃이… / *학생일 그 청년은…

둘째, 관형사형 어미 '-을'도 미래를 나타내는 표현으로 많이 언급된다. 관형사형 어미 '-을'은 동사에서 사용될 때 미래 시제 표현으로 인정될 수 있다(17ㄱ,ㄴ). (17ㄷ)에서 '-을/ㄹ'이 쓰인 '살'은 미래를 나타내는 일반적 용법으로 쓰인 것 같기는 하지만, 충분히 미래를 나타내는 표현이라고 말할 수 있다. 한편, (17ㄹ)에서 보듯이 관형사형 어미 '-을'은 '예쁘다'나 '학생이다'와 같은 형용사 내지 서술격 조사 표현에서는 사용되지 않는다.

> (18) ㄱ. 모레 오겠습니다.
> ㄴ. 나는 장차 네가 가는 곳으로 따라 가겠다.

셋째, '내일, 모레'와 같은 시간 부사어도 미래 시제를 나타내는 표현으

---

9) 여기서 우리는 시제(時制)와 서법(敍法)을 구분할 필요를 느끼게 된다. 시제는 시간의 제도이고 서법은 화자의 심리적 상태를 나타낸다. 시제가 기본이고 여기에서 서법 의미가 나오게 되었다는 것이다. '-겠-'이 미래와 관련된 표현이고 그렇기 때문에 추측, 가능성, 의지 등 서법 의미가 나왔다고 말할 수 있겠다. '-었겠-'에서는 시제와 서법 의미가 따로따로 표시되었으나, '그건 내일 내가 하겠어.' 같은 경우에는 '-겠-'에 미래 시제와 의지 서법 의미가 동시에 파악될 수도 있을 것이다.

로 많이 사용된다. (18ㄱ,ㄴ)에 쓰인 '모레, 장차'가 바로 미래를 나타내는 시간 부사어이다.

> (19) ㄱ. 우리가 이번에 반드시 그 일을 이루어 낼 것입니다.
> ㄴ. 나는 이 일을 기어이 해 내고야 말 것이다.
> ㄷ. 여기서 독자는 다음 사실을 이해할 수 있을 것이다.
> ㄹ. 계획대로 했으면 그 일을 이루어 낼 수 있을 것입니다.
> ㅁ. 내일 낮쯤에는 노고산에 닿을 거요.
> ㅂ. 경수 씨는 야학에 있을 것이다.
> ㅅ. 우리가 그 일을 할 것을 누가 알리오?

넷째, 미래를 나타내는 표현으로 관형사형 어미 '-을'과 의존 명사 '것'을 붙인 '-을 것'이 사용되기도 한다. (19)에 사용된 '-을 것'은 분명히 미래 시제와 관련이 있다. 그런데, 보다 자세히 보면 '-을 것'은 미래 시제뿐이 아니라 다른 의미도 간직한 것처럼 보인다. (19ㄱ,ㄴ)에서는 '의지' 의미도 파악되고, (19ㄷ,ㄹ)에서는 '가능성', (19ㅁ,ㅂ)에서는 '추측, 추정' 의미를 파악할 수 있다. (19ㅅ)은 '의지, 가능성, 추측' 의미가 다 파악되기도 한다. 결국 ≪미래≫라고 하는 기본 의미에다가 다른 부차적인 의미가 파생되었다고 말할 수 있을 것이다. 또한 이런 부차적인 의미들은 앞뒤에 나오는 성분들은 물론이고 문맥을 통해서 파악되는 특성이기도 하다.[10]

'-을 것'이 갖는 이런 의미는 사실 '-겠-'이 갖는 의미들과 별반 차이가 없다. '-겠-'도 기본적으로 ≪미래≫ 의미를 지니고 있고, '의지, 추측,

---

10) 현행 문법 교과서에서는 '-을 것'이 아닌 '-을 것이-'를 제시하고 있다. (19ㄱ~ㅂ)에서 제시된 예에서는 '-을 것이-'가 모두 파악되기는 하지만, (19ㅅ)에서 보다시피 '-을 것이-'는 일반성을 띨 수 없다. '-을 것'만을 미래 시제 표현으로 보아야 한다는 것이다. 사실 (19ㄱ~ㅂ)에 쓰인 '-이-'는 서술격 조사 '이다'의 '이'로 보는 것이 타당하다. '것'이라는 의존 명사 뒤에서 서술성을 갖게 하는 요소일 뿐이라는 것이다.

가능성' 의미를 전후 성분들 및 문맥을 통해서 알 수 있기 때문이다. 그러
나 엄격히 구분해 본다면 '-겠-'은 상대적으로 직설적인 표현이고, '-을
것'은 상대적으로 우설적인, 우회적인 표현이라는 점에서 구분을 두기도
한다. 한편 '-을 것'을 미래 시제 표현으로 설정하지만, 엄밀히 보면 미래
관형사형 어미 '-을'이 이미 미래 의미를 나타내고 있다고 볼 수 있다. 이
는 '-는 중'과 마찬가지 성격을 띠고 있는 것인데, 차이점이라면 '-는 중'
에서는 '-는'과 '중'이 모두 현재 의미를 나타내나 '-을 것'에서는 '-을'
만 미래 의미를 나타낸다는 것이다.

13.5. 동작상

시제와 관계 깊은 것으로 동작상(動作相)이 있다. 시제는 시간의 외적 시
점(時點)을 가리키고, 동작상은 시간의 내적 양상(완료, 진행)을 가리키는 개
념이다. 동작상은 시간의 흐름 속에서 그 동작이 진행을 하고 있는지 완
료가 된 것인지 등 동작의 양상을 표현한다. 한 마디로 동작이 일어나는
양상(모습)을 표현하는 것을 동작상이라 할 수 있다. 대표적으로 완료상과
미완료상으로 나뉘고, 후자는 다시 진행상과 예정상(또는 전망상)으로 나뉠
수 있다.

    (20) ㄱ. 자장면을 다 먹어 버렸다.
         ㄴ. 지현이는 지금 의자에 앉아 있다.
         ㄷ. 그녀는 밥을 다 먹고서 집을 나섰다.

    (21) ㄱ. 바람이 세게 불고 있다.
         ㄴ. 운동장에서 많은 학생들이 놀고 있다.
         ㄷ. 빨래가 다 말라 간다.

ㄹ. 그는 이미 자고 있었다.

ㅁ. 그녀는 얼굴에 웃음을 지으면서 대답하였다.

(22) ㄱ. 영현이는 드디어 초등학교에 가게 된다.

ㄴ. 엄마는 순희에게 집을 보게 했다.

ㄷ. 그는 학교에 가려고 생각했다.

ㄹ. 장을 보러 시장에 갈래?

(20)은 완료상, (21)은 진행상, (22)는 예정상을 보이는 문장들이다. 이런 동작상은 대개 '-(어) 버리다, -(어) 있다 ; -(고) 있다, -(아) 가다 ; -(게) 되다, -(게) 하다'와 같은 보조 용언을 통해서 실현되는 것이 일반적이며, '-고서 ; -으면서 ; -려고, -러'와 같은 연결 어미를 통해서도 실현된다.

동작상 논의에서 유의할 점은 동작상은 발화시에 한정하여 논할 수 없다는 점이다. 만약 발화시를 기준으로 하여 동작상을 논한다면, 진행상을 표현하는 (21ㄹ)의 '자고 있었다'는 '진행'이 아니라 '완료'로 파악해야 할 것이다. 다시 말하면, 동작상은 동작이 일어나는 양상을 표현한 것이기 때문에 비록 과거 시제 선어말 어미 '-었-'이 사용되었다 하더라도 완료상이 아닌 진행상으로 파악해야 할 것이다.[11]

---

11) 현행 학교 문법에서는 진행상과 완료상만을 설정하고 있다. 그러나 본래 상을 완료와 미완료로 구분하는 것이 일반적이기 때문에, 만약 이분법 논리를 유지하고자 한다면 미완료상과 완료상으로 구분하는 게 타당할 것이고, 학교 문법에서처럼 진행상이라는 용어를 상정했다면 상대적인 예정상(豫定相)도 설정하는 것이 보다 논리적일 것이다. 상(相)을 넓게 본다면 반복상(反復相)이라는 것도 더 설정할 수 있다. 동작상에 대한 전반적인 논의는 고영근(2004)를 참조해 볼 수 있다.

⊖ 탐구하기

⊖ 더 살펴보기

김선희(1987), 김차균(1990ㄱ,ㄴ), 김용경(1994), 고영근(1990, 2004), 남기심(1978, 2001), 민현식(1991ㄱ), 신지영 외(2012), 양정석(2002), 왕문용·민현식(1993), 이남순(1990, 1998ㄴ), 이익섭(1978), 이익섭·채완(1999), 이새성(2001), 이시앙(1990), 임칠성(1991), 장경희(1985, 1998), 조민정(2000), 최동주(1995, 1998), 한동완(1996), 허웅(1987), 홍종선(1990, 2008)

➜ 제14장 피동과 사동 표현

동작이나 행위를 누가 하느냐에 따라서 능동과 피동으로 나뉘며, 이것이 문장으로 실현되었을 때 능동문과 피동문으로 나타난다. 또한 동작이나 행위를 주체가 직접 하느냐 아니면 다른 사람한테 하도록 하느냐에 따라서 주동과 사동으로 나뉘며, 이것이 문장으로 실현되었을 때 주동문과 사동문으로 나타난다. 능동문과 주동문이 무표적이기 때문에, 여기서는 유표적인 피동문과 사동문에 대하여 살펴보기로 한다.

14.1. 피동 표현

주어가 동작을 제 힘으로 하는 것을 능동(能動)이라 하고, 주어가 다른 주체에 의해서 동작을 당하게 되는 것을 피동(被動)이라 한다. 능동이 실현되는 문장은 능동문, 피동이 실현되는 문장은 피동문이다. 능동을 나타내는 동사를 능동사, 피동을 나타내는 동사를 피동사라고 한다.

(1) ㄱ. 영현이는 아름다운 가을 경치를 보았다.
　　　→아름다운 가을 경치가 영현이에게 보였다.

ㄴ. 사냥꾼이 토끼를 잡았다. → 토끼가 사냥꾼에게 잡혔다.

ㄷ. 고양이가 쥐를 물었다. → 쥐가 고양이한테 물렸다.

ㄹ. 철수가 편지를 뜯었다. → 편지가 철수한테 뜯겼다.

(1ㄱ~ㄹ)에서 화살표 왼쪽에 있는 것이 능동문이고 오른쪽에 있는 것이 피동문이다. '보다, 잡다, 물다, 뜯다'는 능동사이고, '보이다, 잡히다, 물리다, 뜯기다'는 피동사이다. 이처럼 능동문과 피동문은 밀접한 관계가 있다. 그리하여 피동문 논의에 있어서 능동문과의 관계를 언급하곤 하는 것이다. 몇몇 항목으로 나누어 피동 표현에 대해서 논의해 보고자 한다.

14.1.1. 피동 유형

피동문 논의는 능동문을 전제하고 시작하기 때문에 문장론 차원에서 다루어진다. 의미론적 차원에서 피동을 본다면 크게 세 가지 유형을 상정해 볼 수 있다. 어휘적 피동, 파생적 피동, 통사적 피동이 그것이다.

(2) ㄱ. 누님께서도 피해를 당하셨습니까?

   ← !누군가가 누님에게 피해를 주었다.

ㄴ. 원고가 되는 대로 찾아뵙겠습니다.

   ← !원고를 쓰는 대로 찾아뵙겠습니다.

ㄷ. 개구리가 뱀에게 먹혔어.

   ← 뱀이 개구리를 먹었어.

ㄹ. 야, 그게 너한테 잡아지니?

   ← 야, 네가 그걸 잡니?

첫째, 소위 어휘적 피동은 의미는 피동이지만, 문법적으로는 피동문으로 인정되지 않는다. (2ㄱ)은 어떤 피해를 입었다는 의미를 지닌 '당하다'라는 어휘 때문에, 그리고 (2ㄴ)은 어떤 사물이 생겨나거나 이루어진다는 의미를 지닌 '되다'라는 어휘 때문에 피동 의미가 느껴진다. 이런 어휘적 피동 문장은 그에 대당되는 능동문을 상정할 수가 없다. '당하다, 되다' 자체가 피동 의미를 띠었다. 즉, (2ㄱ)은 '당하다'라는 서술어가 갖는 논항이 실현된 구문일 뿐이며, (2ㄴ)의 '원고가 되는'이라는 관형사절도 그 자체가 서술어 '되다'가 갖는 논항이 실현된 절이라는 것이다. (2ㄱ,ㄴ)의 화살표 오른쪽에 능동사식으로 '주다, 쓰다'를 제시했지만, 이것은 어떤 필연성을 갖고 있는 게 아니다. 따라서 문장론적으로 볼 때 어휘적 피동은 인정하지 않는 게 일반적이다. 즉, 피동문 내지 피동법 논의에 있어서는 문법적 방법에 의한 것만 피동 유형으로 인정한다.

둘째, 파생적 피동, 즉 단형 피동(또는 짧은 피동)은 의미론적으로도 그렇고 문장론적으로도 그렇고 피동법으로 인정된다. (2ㄷ)은 '-히-'라는 파생 접미사가 붙은 단형 피동 문장이다. '먹다'라는 타동사에 '-히-'라는 피동 접미사가 붙어서 피동사 '먹히다'가 파생되었다는 것이다. 일반적으로 인정되고 있는 피동 접미사는 '-이-, -히-, -리-, -기-' 네 가지이다. (1)에서 나온 '보이다, 잡히다, 물리다, 뜯기다'가 바로 능동사 '보다, 잡다, 물다, 뜯다' 어근에 접미사 '-이-, -히-, -리-, -기-'가 붙어서 형성된 피동사이다. 이런 파생적 피동 방법이 피동법으로 인정되고 있는 것은, 전술한 바 이들이 문법적 방법에 의해서 피동문이 되었기 때문이다. 능동사가 피동사로 바뀌고, 결국 능동문이 피동문으로 문법적으로 변화를 하게 되었다는 것이다.

> (3) ㄱ. 나그네가 주인장에게 길을 물었다. →*길이 나그네한테서 주인장
> 에게 묻히었다
> ㄴ. 나는 친구를 만났다. →*친구가 나에게 만나이다.
> ㄷ. 물건을 얻다. →*물건이 얻히다.
> ㄹ. *누군가가 날씨를 많이 풀었어. →날씨가 많이 풀렸어.
> ㅁ. *누군가가 더위를 한풀 꺾었다. →더위가 한풀 꺾였다.

그러나 엄밀하게 말하면 모든 피동문에 능동문이 존재한다고 말할 순 없다. 아무리 문법적 방법으로 파생적 피동이 가능해진다고 해도, 파생 접사라는 것은 어떤 용언에서나 활용하여 나타나는 어미와는 다르기 때문에 기계적으로 적용할 수는 없다. 접사라고 하는 것 자체가 모든 어휘에 붙을 수는 없기 때문이다. (3ㄱ~ㄷ)에서 능동사 '묻다(問), 만나다, 얻다'가 쓰인 능동문은 가능하나, 피동사 '*묻히다, *만나이다, *얻히다'가 쓰인 피동문은 불가능하다. 이와는 반대로 (3ㄹ,ㅁ)에서는 피동사 '풀리다, 꺾이다'는 가능하나, 능동사 '풀다, 꺾다'는 불가능하다.

> (4) 피동사를 가지지 못하는 타동사
> ㄱ. 죽이다, 살리다, 웃기다, 높이다, 좁히다, 밝히다 ; 던지다, 때리다, 지키다, 가지다, 노리다, 가르치다
> ㄴ. 가다, (산에) 오르다, 걷다, 기다, 지나다 ; 만나다, 닮다 ; 얻다, 잃다, 찾다, 받다, 돕다, 주다, 사다, 드리다, 보내다, 바치다 ; 알다, 배우다, 바라다, 느끼다
> ㄷ. 하다, 취하다, 약하다 ; 배꼽을 잡다, 꼬리를 치다

(4)는 타동사들 가운데 대당 피동사를 가지지 못하는 것들이다. (4ㄱ)은 음운론적으로 어간 말에 이미 'ㅣ'를 가진 다음절 어간 동사이다. (4ㄴ)은 의미론적으로 특정이 있는 것들인데, 이동 동사들이거나(예 : 가다, 오르다, 걷다, 기다, 지나다), 대칭 동사들이거나(예 : 만나다, 닮다), 수혜 동사들이거나 (예 : 얻다, 잃다, 찾다, 받다, 돕다, 주다, 사다, 드리다, 보내다, 바치다), 경험 동사들이다(예 : 알다, 배우다, 바라다, 느끼다). 이것들 가운데 '주다, 드리다, 받다' 등은 '에게' 상대 부사어를 요구하는 동사들이다. (4ㄷ)은 '하다' 및 '하다'계 동사들이거나 관용 표현들이다(임홍빈 1998 : 310 참조). 이처럼 모든 타동사가 파생적 피동을 경험하는 게 아니기 때문에, 문법적인 파생적 피동을 당연시할 수는 없는 것이다.

그럼에도 불구하고, 파생적 피동 유형을 피동 표현, 혹은 피동법의 한 종류로 인정하는 것은 '피동, 피동문'이라는 용어 자체가 '능동, 능동문'이라는 용어를 전제하고 있고, 능동문과 피동문의 관계가 어느 정도는 체계적으로 설명될 수 있기 때문이다. 앞에서 나온 (2ㄷ) '개구리가 뱀에게 먹혔어.'가 '뱀이 개구리를 먹었어.'로 바뀐 것을 보면 이를 알 수 있다.

(5) ㄱ. 줄이 {끊겼다. / 끊어졌다. / 끊겨졌다.}
    ㄴ. 파랑새가 지저귀는 소리가 {들렸다. / ²들어졌다. / 들려졌다.}
    ㄷ. 토끼가 사냥꾼에게 {잡혔다. / ²잡아졌다. / 잡혀졌다.}
    ㄹ. 대자보에 학교를 비난하는 글이 {쓰였다. / ²써졌다. / 쓰여졌다.}
       공책에 {쓴 / ²써진 / 씌어진} 글씨가 너무 작아 잘 안 보인다.

셋째, 통사적 피동도 의미론적 및 문장론적 차원에서 피동법으로 인정된다. (2ㄹ) '야, 그게 너한테 잡아지니?'는 '-어지다'를 통해서 형성된 장형 피동 문장이다. '잡다'라는 타동사 어간에 '-어지다'를 붙여서 '잡아지다'라는 피동 표현이 만들어진 것이다. (5ㄱ~ㄹ)에서 보면 피동사 '끊기다, 들리다, 잡히다, 쓰이다/씌다'가 사용되고, 또한 장형 피동 표현인 '끊어지다, 들어지다, 잡아지다, 써지다'가 사용되고, 더불어 단형 피동과 장형 피동이 합쳐진 '끊겨지다, 들려지다, 잡혀지다, 쓰여지다/씌어지다'도 사용되는 것을 볼 수 있다.[1]

(5)에 제시된 피동사 '끊기다, 들리다, 잡히다'의 대당 능동사인 '끊다,

[1] 한글 맞춤법 제38항을 보면 "'ㅏ, ㅗ, ㅜ, ㅡ' 뒤에 '-이어'가 어울려 줄어질 때에는 준대로 적는다."라는 규정이 있으며, 이에 따라 본막 '쓰이어'는 물론이고, 주막 '씌어, 쓰여'도 가능한 걸로 제시되어 있다. 한편, '끊겨지다, 들려지다, 잡혀지다, 쓰여지다/씌어지다'와 같이 피동 접사와 '-어지다'가 함께 나타난 것들에 대해서는 한글 맞춤법에는 아무런 언급이 없으나, 중등학교 국어 교과서에서는 좋지 않은 표현으로 보고 있다. 그러나 (5)에서 보듯이 '들어지다, 잡아지다, 써지다'가 부자연스럽고 아예 '들려지다, 잡혀지다, 쓰여지다/씌어지다'가 자연스럽게 여겨진다. 필자는 이런 이중 피동 표현을 현실적 국어 생활에서 용납해야 한다고 본다.

듣다, 잡다'는 모두 타동사이다. 즉, 피동사가 가능하려면 해당 능동사가
타동사여야 한다는 것이다. 물론 '주다' 같이 타동사인데도 대당 피동사가
존재하지 않는 경우가 있긴 하다.

> (6) ㄱ. 꽃이 예쁘다. → 꽃이 {*예쁘히다. / 예뻐지다.}
> ㄴ. 꽃이 피었다. → 꽃이 {*피었다. / 피어졌다.}
> ㄷ. 석재는 학생이다. → 석재는 {*학생이히다. / *학생여지다.}

(6ㄱ~ㄷ)을 보면, '예쁘다 ; 피다 ; 학생이다' 같은 형용사나 자동사나
서술격 조사에는 피동 접사가 붙지 않기 때문에 단형 피동이 불가능하다.
그런데, (6ㄱ,ㄴ)에서 보듯이 장형 피동 같은 경우는 형용사와 자동사에서
나온 '예뻐지다, 피어지다'가 가능한 것을 볼 수 있다. 서술격 조사가 붙
은 서술어인 '학생이다'는 단형인 '*학생이히다'에 이어, 장형인 '*학생여
지다'도 불가능하다.[2]

그런데 자세히 보면 '예뻐지다, 피어지다'를 과연 피동 표현이라고 할
수 있을지 의문이다. '예쁘-, 피-'에 '-어지다'가 붙은 형태인 것은 분명
하나, 그 의미가 과연 '피동'인지는 재고가 필요하다. 그 의미가 '상태 변
화'라고 보이기 때문이다. (6ㄱ,ㄴ)의 소위 '-어지다' 표현은 (5ㄱ~ㄷ)의
'-어지다' 피동 표현과는 의미상 차이가 나 보인다. 뒤(14.1.2)에서 살펴보
겠지만, 능동문에서 '-어지다' 문장으로 변화하는 과정도 차이가 있다는
것이다.

---

2) 어휘의 특성상 주의를 요할 것이 있다. 형용사 '밝다'와 관련해서 (ㄱ)에서처럼 '*밝히다'
는 불가능하고, '밝아지다'는 가능하다. 그러나 (ㄴ)에서는 주어가 '빛'이 아닌 '사실'이기
때문에 의미상 호응이 되지 않는다. (ㄷ)처럼 아예 능동사(또는 사동사) '밝히-'에 '-어지
다'가 붙은 '밝혀지다'가 가능한데, 이는 '드러나다'의 뜻이지 '빛이 밝다'는 의미와는 다
르다.
　(ㄱ) 빛이 {*밝힌다. / 밝아진다}.
　(ㄴ) 새로운 사실이 {*밝혔다. / *밝아졌다.}
　(ㄷ) 새로운 사실을 밝혔다. → 새로운 사실이 밝혀졌다.

14.1.2. 문법적 변화

파생적 피동과 통사적 피동 유형만을 피동 표현으로 인정하는 것은 이들만이 문법적 방법에 의해서 능동문이 피동문으로 변한다고 본 까닭이다. 물론 모든 피동문이 능동문과 일대일 대응하는 건 아니지만 대체적으로 이 둘의 관련성을 인정한다는 것이다. 그렇다면 능동문에서 피동문으로 바뀔 때 어떤 문법적 변화가 일어나는가?

(7) ㄱ. 사냥꾼이 토끼를 잡았다.
　　　→토끼가 사냥꾼에게 {잡혔다 / ?잡아졌다 / 잡혀졌다}.
　　ㄴ. 고양이가 쥐를 물었다.
　　　→쥐가 고양이에게 {물렸다 / ?물어졌다. / 물려졌다.}
　　ㄷ. 자동차가 고양이를 쳤다.
　　　→고양이가 자동차에 {치였다. / ?치어졌다. / 치여졌다.}

(7)을 보면 능동문에서 피동문으로 변할 때 어떤 문법적 변화가 일어나는지 알 수 있다. 첫째, 능동문의 목적어가 피동문의 주어로 변한다. '토끼를, 쥐를, 고양이를'이 각각 '토끼가, 쥐가, 고양이가'로 변하고 있다. 둘째, 능동문의 주어가 피동문의 상대 부사어로 변한다. '사냥꾼이, 고양이가'가 '사냥꾼에게, 고양이에게'로 변하고 있다. '에게' 대신에 '한테'가 구어체에서 많이 쓰이기도 하고 '에 의해서'가 쓰이기도 한다. 능동문의 주어가 무생물이면 '에'가 사용되기도 한다(7ㄷ). 셋째, 당연한 말이겠으나 능동사가 피동사로 변한다. 능동사 '잡다, 물다'가 피동사 '잡히다, 물리다'로 변하고 있다. 물론 장형 피동일 경우는 '-어지다' 형으로 변하게 된다. 앞에서 살핀 것처럼 단형 피동이 가능하면 장형 피동도 가능하고, 나아가 단형과 장형이 합해진 중첩 피동 표현두 가능하다.3) 이런 세 가지 문법적

---

3) 주1)에서도 언급했지만, '잊혀진 계절'이라는 노래를 보면 이를 확실히 알 수 있다. '?잊

변화는 (7ㄱ~ㄷ) 능동사가 타동사인 경우에 해당한다.

> (8) ㄱ. 가을 경치가 아름답다. →²가을 경치가 아름다워진다.
> ㄴ. 비행기가 난다. →²비행기가 날아진다.

그런데, 이런 문법적 변화가 능동문(?)의 서술어가 형용사나 자동사일 경우엔 나타나지 않는다. 엄밀히 말하면 능동문이라고 말할 수도 없다. 서술어가 형용사인 것은 형용사문일 뿐이다. (8ㄱ,ㄴ)을 보면 주어의 변화도, 목적어의 변화도, 그리고 피동사도 나타나지 않는다. 단지 소위 통사적 피동(장형 피동)을 이루는 '-어지다'만 '아름다워지다, 날아지다'로 나타난다. 이들 '아름다워지다, 날아지다'는 진정 피동 표현인가? 일단 주어와 목적어의 변화라는 기본적인 문법적 변화를 일으키지 않았기 때문에 피동 표현으로서의 자격에 의심을 갖게 된다. 더욱이 이들이 의미론적으로 진정 '피동' 의미를 띠고 있는지 궁금하다. 이들은 단지 '상태 변화' 의미만을 띠고 있다는 것이다. 그나마, '-어지다' 형은 (7), (8) 전체 예문을 보더라도 그리 자연스럽게 느껴지지 않는다.

> (9) ㄱ. 곧 사실이 드러나게 된다. ← 곧 사실이 드러난다.
> ㄴ. 제가 가게 되었어요. ← 제가 가요.
> ㄷ. 우연히 그를 만나게 되었어요. ← 우연히 그를 만났어요.
> ㄹ. 이것은 저것과 관련된다. ← 이것은 저것과 관련이 된다.
> ㅁ. 마음이 진정되었다. ← 마음이 진정이 되었다.

능동문에서 피동문으로 바뀔 때 문법적 변화가 일어나야 한다는 조건은 피동 표현을 문장론 차원에서 다루는 중요한 근거가 된다. 학교 문법(7차)에서는 (9)에 제시된 것들을 피동 표현으로 보기도 하나 이 역시 문법

힌 계절, ²²잊어진 계절'보다는 '잊혀진 계절'이라는 표현이 훨씬 감칠맛이 난다.

적 변화라는 기준을 적용해 볼 때 그 타당성은 의심받을 수밖에 없다.

(9ㄱ~ㄷ)은 '-게 되다'가 붙어서 형성된 문장이다. 역시 주어와 목적어의 변화가 일어나지 않는다. 하긴 '드러나다, 가다'는 자동사이기 때문에 능동사가 지녀야 할 타동사 조건도 만족시키고 있지 못하다. (9ㄷ)의 '만나다'는 타동사이긴 하나 '그를'이라는 목적어가 아무런 문법 변화를 겪지 않고 있다. (7ㄱ~ㄷ)의 '-어지다' 피동 표현과는 사뭇 차이가 난다. (9ㄹ,ㅁ)은 '-되-'가 피동 접사로서 '관련되다, 진정되다'를 형성한다고 하는데, 그러나 이것들 역시 '관련이 되다, 진정이 되다'라는 구(句)가 합해져서 만들어진 것일 뿐이다. 즉, '되다'는 본래부터 '피동' 의미를 가진 어휘이다. 사실 (9ㄱ~ㄷ) '-게 되다'의 '되다'도 마찬가지로 어휘인 것이다. '-되-'를 굳이 피동 접미사로 처리할 필요가 없으며, '관련되다, 진정되다'는 모두 체언과 용언이 합해진 합성어로 파악될 뿐이다. 이것들 역시 주어와 목적어의 문법적 변화라는 피동 표현 기준을 만족시켜 주지 못하기 때문에 피동법 차원의 피동 표현으로 인정하기가 어렵다.[4]

14.1.3. 피동 표현의 의미

파생적 피동(단형 피동)과 통사적 피동(장형 피동)의 의미는 과연 같을까 다를까? 또 피동문이 능동문에서 변형되었다고 하는데 과연 이 둘은 의미가 같을까 다를까?

> (10) ㄱ. 파랑새가 지저귀는 소리가 나에게 {들렸다. / ²들어졌다. / 들려졌다.}
> ㄴ. 엄마가 아기를 안았다. → 아기가 엄마에게 {안겼다. / ²안아졌다. / 안겨졌다.}

4) 학교 문법에서 '-되-'와 '-게 되다'를 피동 표현으로 설정한 것은 마지막 국정 문법 교과서(7차, 2002년)에서이다. 그 전에는 피동 표현으로 '이, 히, 리, 기' 단형과 '-어지다' 장형만을 설정했었다.

  단형 피동과 장형 피동은 의미의 진리치에 있어서 변화가 없다는 것이 일반적인 견해이다. (10ㄱ)을 보면 느낌상의 차이는 있지만 절대 진리치에 있어서는 차이가 없다는 것을 알 수 있다. 그러나 미세하게나마 의미 차이를 발견할 수는 있다. 단형 피동, 즉 '들리다'는 어떤 직접적인 작용으로 소리가 내 귀에 들린 것을 뜻하고, '들어지다, 들려지다'는 간접적인 작용으로 인해서 소리가 나에게 들려진 것을 뜻한다. (10ㄴ)을 보면 '안기다'는 주체인 아기의 직접적인 의지가 느껴지고 있으며, '안아지다, 안겨지다'는 주체인 아기의 직접적인 의지는 느껴지지 않고 어떤 매개체를 통해서 간접적으로 그렇게 되었다는 의미로 파악된다. 즉, 단형 피동은 주체가 직접 뭔가를 하는 직접적 의미가 파악되며, 장형 피동은 그렇지 않은 간접적 의미를 갖고 있는 것처럼 여겨진다.

  능동문과 피동문의 의미 차이가 있는지 하는 것은 오랜 논란거리였다. (10ㄴ)에는 능동문과 피동문이 함께 제시되어 있는데, 그리 큰 의미 차이가 느껴지진 않는다. 물론 능동문에서는 주어(엄마)가 목적어(아기)에 대해 단순히 어떤 행동을 하였다는 의미를 띠고, 피동문에서는 행동에 주어(아기)의 의지가 반영될 수도 있다는 차이가 있긴 하다. 즉 대개의 능동문, 피동문 간에는 큰 진리치 차이를 보이진 않는다는 것이다.

  (11) ㄱ. 포수 열 명이 토끼 한 마리를 잡았다. → 토끼 한 마리가 포수 열 명에게 잡혔다.
      ㄴ. 우리가 그걸 먹을 수 없다. → 우리에게 그것이 먹힐 수 없다.

  그러나 (11ㄱ,ㄴ)에서는 능동문과 피동문이 큰 의미 차이를 보이고 있다. 수량사 표현과 부정 어휘 표현이 왔을 때는 능동문과 피동문이 진리치 의미를 달리한다는 것이다. (11ㄱ)에서 능동문은 포수 열 명이 각각 토끼 한 마리씩을 잡을 수도 있고, 모두 합해서 한 마리만을 잡을 수도 있다는 의미로 해석되지만, 피동문에서는 포수 열 명이 잡은 토끼가 모두 합해서 한 마리뿐이라는 의미로만 해석된다. 또한 부정 어휘 표현을 피동화한 (11ㄴ)에서는 능동문이 능력 부정, 혹은 의지 부정 의미를 가짐에 비해서 피동문은 가능성이 없다는 가능성 부정 의미를 띠고 있어서, 결국 진리치 의미가 다르다고 할 수 있다.

14.1.4. '-어지다'의 성격

피동 표현 가운데 대부분의 타동사에 적용되는 '-어지다' 피동 표현은 그 문법적 성격이 무엇이냐에 대해 많은 논란이 있어 왔다.

> (12) ㄱ. 새로운 말이 만들어졌다.
> ㄴ. 그 사람의 말이 사실인 것처럼 믿어진다.

첫째로 학교 문법에서는 '지다'를 피동 보조 용언으로 보고 있으며 '-어'를 항상 붙여 쓰고 있다. 그러나 왜 붙여 쓰는지에 대한 설명이 있어야 할 터인데, 현재로선 없다. 둘째로 항상 붙여 쓰는 용법에 기대어, 예컨대 '만들어지다' 자체를 합성 용언으로 보는 견해도 있다. 이것은 실제로 '-어지다'를 붙여 쓰는 데 착안한 것이나 거의 모든 타동사에 '-어지다'가 붙을 수 있어서 합성어로 보기에는 적절하지 않아 보인다.

셋째로 역시 항상 붙여 쓰는 데 착안하여 '-어지-'를 피동 접미사로 보는 견해도 있다. 이것은 예컨대 '떨어뜨리다' 같은 용언이 본래는 '떨다'와 '뜨리다'와 같이 각기 다른 용언이었으나 화석화되어 후자가 접미사가 되었다는 논리로 설명하는 것이다. 그러나 이것 역시 접미사가 붙어서 사용되려면 한정된 용언에서만 나와야 하나, '-어지다'는 대다수의 타동사에 붙을 수 있다는 것이 문제다.

넷째로 '지다'를 하나의 온전한 용언으로 보는 것이다. 피동 의미를 갖고 있는 순수한 어휘로 본다는 것이다. 이는 능동문에서 피동문이 나왔다는 소위 문법적 변화를 인정하는 입장에서 볼 때 그럴 듯해 보이기는 하다. 그러나 이것 역시 더 이상 붙여 쓰지 말고 반드시 띄어 써야 한다는 단서를 붙여야 한다. 이 네 가지 방법 가운데 넷째 방법이 타당하지 않나 생각한다. 왜냐하면 띄어쓰기는 문법적 설명 내용이 아니고, 맞춤법 차원의 문제라는 것이다. 즉, 문법적 설명 내용과 맞춤법 규정은 분명 차이가 있다는 것이다.

그렇다면 '-어지다'의 '-어'는 무엇인가? 첫째 '지다'를 보조 용언으로 보는 견해에서는 보조적 연결 어미가 될 것이고, 둘째 전체를 합성어로 보는 견해에서는 연결 어미로서의 성격을 상실하게 되어, 그냥 합성어를 이루는 형태일 뿐이다. 셋째 '-어지-'를 피동 접미사로 보는 견해에서도 역시 파생어를 이루는 한 형태로 볼 뿐이다. 둘째와 셋째 입장에서 결과론적 '-어-'의 문법적 성격은 거의 논의되지 않고 있다. 넷째 '지다'를 본용언으로 보는 입장에서는 역시 연결 어미가 될 것이다. 종속적 연결 어미를 부사형 전성 어미로 보는 견해를 따른다면 물론 전성 어미로 보아야 할 것이다.

14.2. 사동 표현

문장은 주어가 동작이나 행동을 직접 하느냐 아니면 다른 사람에게 하도록 하느냐에 따라 주동문과 사동문으로 나뉜다. 주어가 동작을 직접 하는 것을 주동(主動)이라 하고, 주어가 남에게 동작을 하도록 시키는 것을 사동(使動)이라 한다. 또한 주동을 나타내는 동사는 주동사, 사동을 나타내는 동사는 사동사라고 한다.

(13) ㄱ. 철수가 옷을 입었다. → 어머니가 철수에게 옷을 입혔다.

ㄴ. 아이들이 일찍 잔다. → 아이들을 일찍 재운다.

ㄷ. 길이 넓다. → 사람들이 길을 넓힌다.

ㄹ. 생각을 넓혀 주는 독서법

(13ㄱ,ㄴ)에서 '입다, 자다'가 주동사이고, '입히다, 재우다'가 사동사이다. 그런데 (13ㄷ,ㄹ)에서는 '넓히다'가 사동사인 것은 분명한데, 상대적인 '넓다'는 동사는 아니기 때문에 엄밀히는 주동사라고 말하기 어렵다. 따라서 사동사와 상대적인 주동사를 운운하는 것은 동사일 때에만 한한다는 것을 알 수 있다. 만약 사동 용언과 주동 용언식으로 표현한다면 둘을 포괄할 수 있다는 이점이 있을 것이며, 아니면 '동사'라는 용어를 넓은 의미로 보아 협의의 동사와 형용사를 포괄하여도 좋을 것이다. 몇몇 항목으로 나누어 사동 표현에 대해서 살펴보도록 한다.

14.2.1. 사동 유형

본래 사동문은 문장론적인 용어이고 사동 표현이라고 하면 의미론적인 말로 인식된다. 그러나 일반적으로 사동 표현이라는 말로 사동문을 나타내곤 하며, 문장론 차원에서 다루곤 한다. 형용사문을 포함한 주동문에서 사동문이 어떤 문법적 변화를 겪는지 살피곤 한다는 것이다.

의미론 차원에서 사동문을 본다면 크게 세 가지 유형으로 나눌 수 있을 것이다. 어휘적 사동, 파생적 사동, 통사적 사동이 그것이다. 결론적으로 말하면, 어휘적 사동은 문법적 변화가 없다 하여 사동법에서는 제외하고, 뒤의 두 가지 유형만 사동 유형으로 인정한다. 파생적 사동은 짧은 사동이라 하여 단형 사동, 통사적 사동은 긴 사동이라 하여 장형 사동으로 불리곤 한다.

(14) ㄱ. 나는 이제 그가 시키는 일이라면 무엇이든 따를 수밖에 없었다.

ㄴ. 중대장은 중대원들에게 후퇴를 명령했다.

ㄷ. 난롯불이 얼음을 녹인다. ← 얼음이 녹는다.

ㄹ. 차를 정지하게 했다. ← 차가 정지했다.

첫째, 소위 어휘적 사동은 의미는 사동이지만, 문법적으로는 사동 표현으로 인정되지 않는다. (14ㄱ)에는 '(남에게 어떠한 일을) 하게 하다'라는 의미를 띠고 있는 '시키다'라는 동사가 쓰였고, (14ㄴ)은 '어떤 일이나 행동을 하라고 시키거나 지시하다'라는 의미를 띠고 있는 '명령하다'라는 동사가 쓰였기 때문에 사동 의미가 느껴지는 것이다. 이런 사동 문장은 그에 대당되는 주동문을 설정할 수가 없다. '시키다, 명령하다' 자체가 사동 의미를 띠고 있기 때문이다. 즉, (14ㄱ)의 '그가 (일을) 시키는'이라는 관형사절 안에 '시키다'가 주어와 목적어를 요구하고 있으며, (14ㄴ)에서는 전체 문장에서 '명령하다'가 주어-목적어-보어(상대 부사어)를 요구하고 있어서, 이들 자체가 사동문 성격을 띠고 있다는 것이다. '시키다, 명령하다'는 따로 주동문을 설정할 수 없기 때문에 문법적 변화라고 하는 사동법을 겪지 않고 있다. 그런 의미에서 문법적 차원에서 어휘적 사동은 인정하지 않는 것이 학교 문법 입장이다.

(15) ㄱ. 여보, 당신은 왜 나를 속였소?

ㄴ. 인간은 불을 이용할 줄 알게 되자, 날것을 익혀 먹게 되었다.

ㄷ. 나는 사무실 동료에게 외출한다는 것을 알리고서 시험장을 나섰다.

ㄹ. 열쇠는 관리실에 맡겨 놓지 않고 제가 갖고 가겠어요.

ㅁ. 어떻게 나한테 이런 무거운 짐을 지울 수가 있을까?

ㅂ. 안경 도수를 돋구면 처음에는 좀 어지럽다.

ㅅ. 그는 목소리를 더욱 낮춰 그 간의 경위를 이야기했다.

ㅇ. 친구가 물을 유리잔에 가득 채웠다.

ㅈ. 그는 나무를 베어 와 기둥을 세우고 서까래를 올렸다.

ㅊ. 그녀는 아이를 포근한 자기의 품에서 재웠다.

둘째, 파생적 사동, 즉 단형 사동은 의미론적으로는 물론 문장론적으로도 사동 표현으로 인정된다. (14ㄷ)은 '-이-'라는 사동 접미사가 붙은 단형 사동문이다. '녹다'라는 자동사에 '-이-'라는 사동 접미사가 붙어서 사동사 '녹이다'가 파생되었다는 것이다. 일반적으로 인정되고 있는 사동 접미사는 '-이-, -히-, -리-, -기-, -우-, -구-, -추-' 일곱 가지이다. 이 접미사들은 (15ㄱ~ㅅ)에서 사용된 사동사 '속이다, 익히다, 알리다, 맡기다, 지우다, 돋구다, 낮추다'에서 그 모습을 확인할 수 있다. 이것들은 모두 '~게 하다' 의미를 띠고, '속다, 익다, 알다, 맡다, 지다, 돋다, 낮다'라는 주동사(엄밀히는 주동 용언) 어근에 사동 접미사로 붙은 것이라 파악되므로 사동법이 적용되고 있다고 말할 수 있는 것이다.

(15ㅇ~ㅊ)에서는 '채우다, 세우다, 재우다'가 사동사로 쓰이고 있는 걸 볼 수 있는데, 이들은 '차다, 서다, 자다'라는 주동사에서 파생된 것들로, 특이하게 '-이우-'가 붙어 있다. 이것을 하나의 사동 접미사로 볼지 아니면 '-이-'와 '-우-' 별개의 접미사가 붙어서 이루어진 것으로 볼지 판단해야 한다. 여기서는 '-이-'와 '-우-'가 일곱 가지 사동 접미사 형태에 모두 들어 있으므로, 따로 설정하지 않고 두 개가 겹쳐서 나타난 것으로 보고자 한다. '채우다, 세우다, 재우다'는 사동 접미사 '-이-'만 붙인 '???채다, ???세다, ???재다'가 아주 불완전하기 때문에 '-우-'를 덧붙인 것으로 이해된다.

(16) ㄱ. 서로 믿고 사는 사회를 만들기 위해 모두 철조망이나 담장부터 없애자.
　　 ㄴ. 그가 날 일으켜 세웠다.
　　 ㄷʹ. 세제를 물에 풀자 이내 거품이 일었다.
　　 ㄷ. 그가 고개를 돌이키며 얼른 그녀의 눈치를 살폈다.

한편, 사동 의미를 나타내는 접미사로 (15)의 '-이-, -히-, -리-, -기-,

-우-, -구-, -추-' 일곱 가지만 있는 건 아니다. (16)에서 '없애다, 일으키다, 돌이키다'도 역시 '~게 하다'라는 사동 의미를 띠고 있다. 이들도 상대적인 '없다, 일다, 돌다'라는 주동 용언을 갖고 있기 때문에 단형 사동 표현이라고 하지 않을 수 없다. 물론 '-애-, -으키-, -이키-' 접미사가 일반적으로 많이 사용되지는 않지만, 이런 이유 때문에서라도 이들 접사는 사동 접미사로 인정되어야 한다고 본다. '없애다, 일으키다, 돌이키다'를 형태소 분석해 본다면, 역시나 '-애-, -으키-, -이키-'는 사동 접미사로 분석할 수밖에 없는 것이다. 결국 사동 접미사로 '-이-, -히-, -리-, -기-, -우-, -구-, 추-' 일곱 가지 이외에, '-애-, -으키-, -이키-' 세 가지를 추가로 인정한 셈이 되었다. 이들은 주동사(엄밀히는 주동 용언)가 있고, 주동사 어근에 붙어서 함께 어간을 형성하게 된다. 어미 활용 시 이들 사동 접미사는 변화가 없기 때문이다.

> (17) ㄱ. 이삿짐을 옮기다. 진실을 숨기다.
>   ← "이삿짐이 옮다. "진실이 숨다.
>   ㄴ. 칭찬을 듣고 낯을 붉혔다. 옷에 풀을 먹이다. 파리를 날리다.
>   ← "낯이 붉다. "풀이 먹다. "파리가 날다.

사동 표현 가운데 특이한 것들이 있다. (17ㄱ,ㄴ)은 분명히 사동 접미사가 사용된 사동 표현이다. 그런데 상대적인 주동 용언 '옮다, 숨다 ; 붉다, 먹다, 날다'를 사용하면 매우 어색한 주동 표현이 된다. (17ㄱ)은 체언이 무정 명사거나 추상 명사인 경우이고, (17ㄴ)은 관용 표현인 경우이다. 주동문으로는 아주 어색한 문장이 될지 몰라도 사동 접미사를 통한 사동 표현임은 분명하다. 따라서 이들도 사동 표현으로 인정될 수 있다고 본다.

> (18) 사동사를 가지지 못하는 용언
>   ㄱ. 던지다, 때리다, 지키다, 가지다, 노리다, 가르치다

ㄴ. 주다, 드리다, 보내다, 바치다

ㄷ. 만나다, 닮다

ㄹ. 하다, 취하다, 약하다

사동 접미사도 접사이기 때문에 모든 용언에서 가능한 것은 아니다. (18)은 사동사가 될 수 없는 용언들을 간략히 제시해 본 것이다. (18ㄱ)은 음운론적으로 용언 어근이 'ㅣ'로 끝난 다음절 용언들이다. (18ㄴ)은 '에게' 상대 부사어를 요구하는 수여 동사들이고, (18ㄷ)은 대칭 동사들이고, 또 (18ㄹ)은 '하다' 및 '하다' 계 동사들이다. 이것들은 앞의 (4)에 제시된 피동사를 가지지 못하는 용언들 가운데 일부이다.

(19) ㄱ. 난롯불이 얼음을 {녹인다 / 녹게 한다}.

    ㄴ. 아저씨가 담을 {높였다 / 높게 하였다}.→아저씨가 직접 담을 높게 했다.

    ㄷ. 아버지가 철수에게 짐을 {지웠다 / 지게 했다}.

    ㄹ. 던지게 하다, 주게 하다, 만나게 하다, 하게 하다

    ㅁ. ^{???}그를 학생이게 했다. / ^{??}나를 '나'이게 하는 것이 무엇이냐?

셋째, 통사적 사동, 즉 장형 사동 표현도 의미론적 및 문장론적으로 사동 표현으로 인정된다. (14ㄹ)은 '-게 하다'를 통해서 형성된 장형 사동 문장이다. '정지하다'라는 자동사 어간에 '-게 하다'를 붙여서 '정지하게 하다'라는 사동 표현이 만들어진 것이다. (19ㄱ~ㄷ)에서 자동사 '녹다', 형용사 '높다', 타동사 '지다'라는 주동 용언 어근에 사동 접미사 '-이-, -우-'가 붙어서 사동사 '녹이다, 높이다, 지우다'가 형성되었으며, 또한 같은 주동 용언 어근(혹은 어간)에 '-게 하다'라는 장형 사동 표현이 붙어서 사동문이 형성되었다. 단형 사동은 (18)에서 보듯이 제약이 있으나, '-게 하다' 장형 사동은 (19ㄹ)에서 보듯이 제약이 거의 없다. 그런데 (19ㅁ)에

서 보듯이 서술격 조사가 붙은 '학생이게 하다'는 매우 어색하다. '나를 나이게 하는'이라는 표현은 가능한 것 같지만 역시 어색하다. '이다'가 형용사적인 특성을 갖고 있는 건 분명하지만 완전한 용언이라고 하기는 어려운 이유를 여기서 발견할 수 있다.

> (20) ㄱ. 난롯불이 얼음을 녹이게 한다.
> ㄴ. 아저씨가 담을 높이게 하였다. → 아저씨가 철수에게 담을 높이
> 라고 명령했다.
> ㄷ. 아버지가 철수에게 짐을 지우게 하였다.

한편, 단형 사동과 장형 사동이 함께 나타나는 것도 자연스럽다. (20 ㄱ~ㄷ)에서 보듯이 '녹이게 하다, 높이게 하다, 지우게 하다'가 모두 자연스럽다. 그러나 이 유형은 의미가 다르다. (19)에 나타난 것들은 한 번만 사동 의미를 띠고 있음에 비하여 (20)에 제시된 이중 사동 표현은 사동화된 것을 다시 한 번 사동화 하고 있어 차이가 있다. 한 번만 사동화 한 (19ㄴ)은 '아저씨가 직접 담을 높게 했다'는 의미임에 비해서 두 번 사동화한 (20ㄴ)은 '아저씨가 누군가에게 담을 높이라고 명령했다'는 식의 의미가 파악된다는 것이다. 이것은 사동법과 피동법을 가르는 중요한 기준이 되고 있다. 즉 단형 피동법과 장형 피동법을 동시에 적용한 이중 피동문은 피동 의미를 강조하는 효과를 갖고 있으나, 단형 사동법과 장형 사동법을 동시에 적용한 이중 사동문은 사동 의미 강조가 아닌 사동화 한 것을 재차 사동화 하는 전혀 다른 의미로 해석된다.

14.2.2. 문법적 변화

파생적 사동과 통사적 사동, 즉 단형 사동과 장형 사동만을 사동 표현으로 인정하는 것은 이들만이 문법적 방법에 의해서 주동문이 사동문으

로 변하기 때문이다. 그렇다면 주동문이 사동문으로 바뀔 때 어떤 문법적 변화가 일어나는가? 기본적으로 능동문에서 피동문으로 변할 때보다 더 복잡한 양상을 띤다.

> (21) ㄱ. 얼음이 녹는다. →(난롯불이) 얼음을 {녹인다. / 녹게 한다.}
> ㄴ. 담이 높다. →(아저씨가) 담을 {높인다. / 높게 한다.}
> ㄷ. 영희가 옷을 입었다. →(어머니가) 영희에게 옷을 {입혔다. / 입
> 게 했다.}
> ㄹ. 철수가 선물을 순희에게 주었다. →(아버지는) 철수{가 / 한테 /
> 로 하여금} 선물을 순희에게 {*주혔다. / 주게 했다.}

(21)을 통해서 주동문이 사동문으로 변할 때 문법적 변화의 양상을 알 수 있다. 첫째, 주동문에 없던 주어가 사동문에서 새로이 나타난다. 이건 (21)에서 보듯이 모든 사동문에서 확인할 수 있다. 둘째, 당연한 말이겠으나 주동사가 사동사나 '-게 하다'로 변한다. 이것도 (21) 모두에서 발견할 수 있는 현상이다. (21ㄹ)에서 사동사가 불가능한 것은 '주다'에 사동사 제약이 있기 때문이다(18 참조). 셋째, 주동사가 자동사나 형용사이면 주동 문의 주어가 사동문의 목적어로 바뀐다(21ㄱ,ㄴ). 넷째, (21ㄷ)처럼 두 자리 서술어로 타동사가 오는 주동문의 주어는 '영희에게'처럼 상대 부사어로 변한다. 이때 '에게' 대신 '한테, 에, 로 하여금'이 올 수도 있다. 장형 사 동에서는 주격 조사 '이/가'가 오기도 한다.

주동문이 사동문으로 바뀐다고 할 때 문법적 변화가 일어난다는 조건 은 사동법을 문장론에서 다루는 중요한 근거가 된다. 단형 사동은 사동 집미사가 용언 어근에 붙이서 형싱되고, 징형 사동은 '-게 히디'기 용언 어간에 붙어서 형성된다. 그리고 앞서 말한 대로 '시키다, 명령하다' 같은 어휘적 사동은 문법적 사동 표현이 아니기 때문에 제외가 된다.

(22) ㄱ. 차를 정지시켰다.

　　　ㄴ. 차를 정지를 시키다.

　그런데 학교 문법(7차)에서는 (22ㄱ)에 제시된 것을 사동 표현으로 보아 이런 기본적인 조건에 예외를 인정하고 있다. 사실 '차를 정지'라고만 표현해도 (22ㄱ) 의미가 파악된다. 문법적으로 말한다면 본래 (22ㄴ)과 같은 문장 구조를 갖고 있는 것이었겠으나, 목적격 조사 '를'을 생략하고 '정지시키다'라는 합성어를 형성케 한 것일 뿐이라는 것이다. (22ㄴ)에서 (22ㄱ)으로 바꾸었다고 해서 의미가 변하거나 문법적 변화가 생기는 건 아니다. 다시 말하면 (22ㄱ)은 그에 상대적인 주동문이 없는 문장이라는 것이다.[5] 따라서 '정지시키다'와 같은 표현은 사동법으로 받아들이기 어렵다. 단순히 '정지'라는 체언과 '시키다'라는 용언이 합해져서 형성된 합성어로 보는 게 타당할 것이다.

　한편, 학교 문법(7차)에서는 (22ㄱ)의 '-시키-'를 접미사로 보는 입장을 취하고 있으나 '시키다'라는 하나의 용언이 '정지'와 결합하여 (22ㄴ)의 '정지시키다'라는 합성어로 되었다고 보는 게 설명적 타당성이 더 있으리라 본다. 이는 (22ㄴ)에서 보듯이 '시키다'가 독립적인 하나의 용언으로 의미 변화 없이 쓰이는 것을 통해서도 알 수 있다.

14.2.3. 단형 사동과 장형 사동의 차이

　문법적 변화의 다양성만큼이나 사동 표현은 피동 표현에 비해서 다양한 특징을 띠고 있다. 통사적인 특징과 의미적인 특징을 살피고자 한다.

---

5) (22ㄱ)의 주동문으로 '차가 정지했다.'를 설정할 수 있지 않으냐 하고 의문을 제기할지도 모른다. 그러나 '정지하다'와 '정지시키다'는 접미사 사동 차원이 아니라 어휘적 사동 차원으로 그 관계를 봐야 할 것이다. 단순히 '-시키-'라는 접미사를 덧붙이는 것이 아니기 때문이다.

(23) ㄱ. 아버지가 {담을 / *담이} 높인다.

  ㄴ. 아버지가 {담을 / 담이} 높게 하신다.

  ㄷ. 어머니가 딸에게 옷을 빨리 입혔다.

  ㄹ. 어머니가 {딸에게 / 딸이} 옷을 빨리 입게 했다.

  ㅁ. 교장 선생님께서 3학년 형에게 책을 읽히셨다.

  ㅂ. 교장 선생님께서 {3학년 형에게 / 3학년 형이} 책을 읽으시게 하셨다.

  단형 사동과 장형 사동은 여러 가지 차이를 보인다. 첫째, (23ㄱ)에서 보듯이 단형 사동문에서는 '담을' 같은 목적어 표현만 가능하고 '담이'와 같은 주격 조사 표현은 불가능하지만, 장형 사동문에서는 (23ㄴ)에서처럼 둘 다 가능하다. 이런 점에서 '-게 하다' 문장, 즉 장형 사동문은 겹문장이고, 단형 사동문은 홑문장이라고 주장하는 견해도 있다. '(-게) 하다'를 사동 보조 용언으로 보는 학교 문법에서는 모두 홑문장으로 본다. 둘째, 단형 사동과 장형 사동은 부사의 수식 범위가 다르다. 단형 사동에서는 (23ㄷ)에서 보듯이 '빨리'의 주체가 전체 주어인 '어머니'임에 비해서, 장형 사동에서는 '빨리'의 주체가 시킴을 받은 '딸'이 되고 있다는 것이다. 즉, 단형에서는 전체 문장의 주어가 주체가 되나, 장형에서는 시킴을 받는 대상이 주체가 되는 차이를 보인다는 것이다.

  셋째, 주체 높임 선어말 어미 '-으시-'가 쓰일 수 있는 자리가 단형 사동에서는 한 군데, 장형 사동에서는 두 군데인 차이가 있다(23ㅁ,ㅂ). 이것은 단형에서는 사동사 하나가 나오고, 장형에서는 '읽으시게 하셨다'에서 보듯이 서술어가 두 개 나오기 때문이다. 넷째, 사동 표현이 이중으로 나오는 경우가 있는데, 반드시 단형 사동이 앞에 나오고 장형 사동이 뒤에 나온다. (24ㄱ)에서 보듯이 '먹이게 하였다' 순서로 나오지, '*먹게 하이었다'로 되지는 않는다.

(24) ㄱ. 내가 철수에게 토끼한테 풀을 먹이게 하였다.

　　ㄴ. 엄마가 순희에게 우유를 먹였다.

　　ㄷ. 엄마가 순희에게 우유를 먹게 하였다.

　　ㄹ. 선생님께서 철수에게 책을 읽히셨다.

　　ㅁ. 선생님께서 철수에게 책을 읽게 하셨다.

　　ㅂ. 내가 아이를 죽였구료.

　　ㅅ. 내가 아이를 죽게 하였구료.

　앞에서도 언급했지만, 사동 표현은 피동 표현과 이중 표현에 있어서 차이를 보인다. 피동 표현은 이중 피동에서 그 의미가 변하지 않았으나, 사동 표현은 이중 사동에서 그 의미가 완연히 달라진다. 이중 사동 표현이라 해도 반드시 단형과 장형이 어우러져서만 가능한데, (24ㄱ)에서 보듯이 그 의미는 사동 의미를 다시 한 번 사동화한 것이라 할 수 있다. 이에 대해서는 이미 (20)을 통해서도 살핀 바 있다.

　한편, 흔히 단형 사동은 직접적 의미를, 장형 사동은 간접적 의미를 띠고 있다고 한다. (24ㄴ,ㄷ)을 보면 단형 사동에서는 엄마가 직접 우유를 먹이는 것으로 느껴지고, 장형 사동에서는 엄마가 순희가 직접 우유를 먹도록 간접적으로 시킨다는 의미로 파악된다는 것이다. 그러나 (24ㄹ,ㅁ)을 보면 단형이나 장형이나 모두 직접 책을 읽는 주체는 '철수'이지 선생님은 아닌 것으로 파악된다. 즉, 선생님은 항상 간접적으로만 영향력을 행사한다는 것이다. 결국 단형은 직접적, 장형은 간접적이라는 도식적 해석보다는 그 문장에서 사용되는 단어들이 어떤 것인지, 또 어떤 상황을 나타낸 것인지가 더 중요하다는 것이다.

　(24ㅂ,ㅅ)에서 보듯이 관용 표현일 경우에, 단형 사동이든 장형 사동이든 의미 차이가 느껴지지 않는다. 둘 다 내가 아이를 직접 죽였다는 표현이 아니고, 간접적으로 그렇게 되었다는 자책의 의미가 있는 것이다. 물론 (24ㅂ)이 관용 표현이 아니라면 직접적 해석과 간접적 해석이 모두 다 되

는 중의적 표현이라 할 것이다.

14.2.4. '-게 하다'의 성격 및 기타

사동 접미사가 붙은 사동사는 하나의 파생어로 그대로 사전에 등재될 수 있을 것이다. 그러나 장형 사동 표현인 '-게 하다'는 두 가지 문법적 해석이 가능하다. 학교 문법(7차)에서는 '하다'를 보조 용언으로 보고 있고, 이에 따라 '-게'를 보조적 연결 어미로 보고 있다. '-게 하다'는 항상 띄어서 쓰기 때문에 접미사로 볼 수 있는 여지가 결코 없다. 그러나 '하다'는 화자의 심리적 상태를 나타내는 보조 용언이라고 보기가 어렵다. 만약 '하다'를 '명령하다, 시키다' 등 사동 의미를 띠는 동사를 대신 받는 대형(代形) 표현이라고 본다면, 이 '하다'는 심리적 상태가 아닌 사동 의미를 띤 대동사가 된다. 즉, '하다'는 본용언이라는 것이다. 이렇게 볼 경우 '-게'는 부사형 어미로 설정이 될 수 있을 것이다.

> (25) ㄱ. 아기가 엄마에게 안겼다.
> ㄴ. 엄마가 순희한테 아기를 안겼다.
> ㄷ. 저 멀리 남산이 보인다.
> ㄹ. 엄마가 아기에게 그림책을 보인다.
> ㅁ. 밤새도록 모기에게 뜯겼다.
> ㅂ. 소에게 풀을 뜯겼다.

단형 사동, 즉 사동사 표현에 있어서 설명이 어려운 것이 있다. 피동사와 사동사가 농일한 형태인 것들이 있다는 것이나. (25 ㄱ,ㄴ,ㄷ)의 '안기다, 보이다, 뜯기다'는 피동사이고, (25ㄴ,ㄹ,ㅂ)의 '안기다, 보이다, 뜯기다'는 사동사이다. 이들은 동음 이의어인가, 다의어인가? 가장 이해하기 쉬운 것은 이들이 동음 이의어로서 각기 다른 것들이라고 보는 것이다. 다의어라고 하기에는 피동과 사동 의미 차이가 매우 크다.

이론적인 측면에서 일단 피동사를 기본형으로 삼고 여기에 사동 영형태소가 붙어서 사동사로 변했다고 설명하는 방식이 있다. 그러나 영형태소를 인정하는 견해는 교육적 설명 방법으로 적절치 못한 점이 있다. 즉 눈에 보이지 않는 영형태소를 문법 단위로 설정하게 되면 생략이라고 하는 것과의 차이를 교육적으로 설명하기가 쉽지 않다는 것이다. 따라서 학교 문법(7차)에서 품사의 통용으로 설명하는 방식에 따라 그냥 '안기다'가 피동사로도 쓰이고 사동사로도 쓰인다고 기술하는 게 편한 방식일 것 같다. 이 방법은 결국은 동음 이의어로 이들을 보는 입장이다.

→ 더 살펴보기

고정의(1990), 김흥수(1998), 박양규(1975, 1990), 배희임(1988), 양정석(1995),
우인혜(1997), 김형배(1997), 송석중(1978), 서정수(1994), 성광수(1999ㄴ),
신지영 외(2012), 이정택(2001ㄱ, 2004), 임홍빈(1983), 홍송선 외(2015)

제15장 부정과 지시 표현

일반적으로는 긍정적인 생각을 표현하는 게 많지만, 부정적인 생각을 표현하는 경우도 있다. 이때 부정 표현이 사용된다. 흔히, '내가 말이야, 못 하는 게 아니라 안 하는 거란 말이야.'처럼 부정 표현은 우리 주변에서 많이 사용된다. 문장 차원만이 아니라 상황 차원에서 부정 표현의 의미를 정확히 파악해야 하는 경우가 종종 발생한다. 상황을 염두에 두어야 하는 우리말 표현으로는 대표적으로 지시 표현을 들 수 있다. '이, 그, 저'로 대표되는 지시 표현은 화자와 청자 그리고 상황을 고려해서 의미를 전달하고 파악해야 하는 것이다. 이는 문법론 문제가 이제는 문장 이상 단위에서도 다루어져야 한다는 것을 암시한다고 하겠다. 이 장에서는 문장과 담화를 연계한다는 측면에서 부정 표현과 지시 표현을 살펴보도록 한다.

15.1. 부정 표현

부정 표현은 부정문을 통해서 나타난다. 부정문 하면 언뜻 상대적인 긍정문이 떠오른다. 긍정문에 부정 의미를 나타내는 '안'이나 '못' 같은 부정 표현을 사용하여 부정문을 만들게 된다. 곧 긍정문이 무표적이고, 부정문은 유표적이라는 것이다.

15.1.1. 부정의 종류

긍정문을 부정문으로 만드는 대표적인 방법으로 부정 부사 '안, 못'과
부정 용언 '아니하다, 못하다'를 들곤 한다. 전자는 짧은 부정[短形否定], 후
자는 긴 부정[長形否定]이라 하고, 그렇게 해서 만들어진 문장을 각각 짧은
부정문, 긴 부정문이라 한다. 이것은 형태상 분류이고, 의미상으로 나눈다
면 '못, 못하다'는 능력 부정, '안, 아니하다'는 의지 부정을 나타낸다. (1
ㄱ)은 능력 부정, (1ㄴ)은 의지 부정을 나타낸다. (1ㄷ)에는 '하지 않는, 하
지 않아서'와 같은 의지 부정 표현과 '못해서, 못하는'과 같은 능력 부정
표현이 나타나고 있다.

> (1) ㄱ. 나는 그를 못 만났다. / 나는 그를 만나지 못했다.
> ㄴ. 나는 그를 안 만났다. / 나는 그를 만나지 {아니했다. / 않았다.}
> ㄷ. 세상에는 하지 않는 것과 할 수 없는 것이 있다. 못해서 할 수
> 없는 것이 아니라 하지 않아서 못하는 것이다.
> ㄹ. 이 약은 효험이 없어. / 이 약은 효험이 있어.
> ㅁ. 나는 그 사람 잘 몰라. / 나는 그 사람 잘 알아.
> ㅂ. 그는 학생이 아니다. / 그는 학생이다.
> ㅅ. 그것은 아주 비현실적(非現實的)이야.
> ㅇ. 그 놈들은 아주 몰지각(沒知覺)해.
> ㅈ. 대원이는 아직 미혼이고 과연 결혼할 수 있을지도 불확실해.
> ㅊ. 석재는 군대에 안 가지 않았어.

그런데 (1ㄷ)에는 '할 수 없는'이라 해서 능력 부정을 나타내는 표현이
사용되고 있음을 보게 된다. 즉 형용사인 '없다'가 사용된 것도 일종의 부
정 표현으로 쓰이고 있다는 것이다. (1ㄹ,ㅁ)에서 사용된 '없다, 모르다'와

같은 용언들도 사실 의미상으로 보면 부정 표현이라 할 수 있다. 각각 '있다, 알다'라는 용언의 의미를 부정하고 있다는 말이다. 사실 (1ㅂ)의 '아니다'도 서술격 조사 '이다'를 부정하는 용언이라 할 수 있다. 그러나 문장론에서는 이들을 부정 표현 문법 요소로 취급하지는 않는다. 즉, 어휘 차원과 문장 차원을 구분한다는 것이다. 학교 문법에서도 그런 의미에서 '못, 안' 류만을 다루는 게 보통이다.

어떤 의미에서는 (1ㅅ, ㅇ)에 쓰인 '비(非)-, 몰(沒)-'과 같은 부정 접두사도 부정 표현이라고 할 수도 있다. (1ㅈ)의 '미혼(未婚), 불확실(不確實)' 같은 어휘에서도 '미(未)-, 불(不)-'과 같은 부정 접두사를 발견할 수 있다. 그러나 이들 역시 어휘 차원에서만 부정일 뿐 문장 차원에서는 부정 표현으로 인정하지 않는다. 이에 비해 (1ㅊ)은 이중 부정이 되어 있어서 의미상으로는 부정의 부정, 즉 긍정으로 해석된다. 그러나 '안'이나 '아니하다'가 사용되어 부정 표현으로 인정된다.

(2) ㄱ. *그를 못 만나라. / *그를 만나지 못해라.
　　ㄴ. *그를 안 만나라. / *그를 만나지 않아라.
　　ㄷ. *그를 못 만나자. / *그를 만나지 못하자.
　　ㄹ. *그를 안 만나자. / *그를 만나지 않자.
　　ㅁ. 그를 만나지 {마라. / 말아라. / 마. / 마요. / 말아요. / *마라요.}
　　ㅂ. 그를 만나지 말라. / 그는 나에게 떠들지 말라고 말했다.
　　ㅅ. 그를 만나지 말자.

부정 표현 '못, 안 ; 못하다, 아니하다'가 모든 긍정 문장을 부정하지는 못한다. (2ㄱ~ㄹ)에서 보듯이 명령문과 청유문에서는 이들 부정 표현이 사용되지 않는다는 것이다. 명령문과 청유문을 부정 표현으로 나타내려면 (2ㅁ, ㅅ)에서 보는 바와 같이 '말다'라는 용언을 사용한다. '마라 ; 말자'를 사용한다는 것이다. 최근에는 '마라' 대신 '말아라'가 사용되기도 한다.[1]

'마라'는 해라체 명령형이며, 해체로는 '마'가 쓰인다. '마'에 보조사 '요'를 붙인 '마요'는 해요체인데, 해요체로는 '마라'에 '요'를 붙인 '마라요'가 쓰이지 않고 '말아요'가 쓰이는 특이성을 보인다(2ㅁ). 한편, '말라'는 간접 명령형인데 (2ㅂ)에서처럼 사용되는 것은 구호를 외치거나 신문 표제어와 같이 간접적으로 표현할 때 사용되곤 한다. 물론 (2ㅂ)에서처럼 간접 인용절로 쓰일 때 '말라'로 되는 것은 당연하다.

(3) ㄱ. 장미가 안 예뻐. / 장미가 예쁘지 않아.

　ㄴ. *장미가 못 예뻐. / *장미가 예쁘지 못해.

　ㄷ. *철수는 안 학생이야. / *철수는 학생이지 않아. / 철수는 학생이
　　　아니야.

　ㄹ. *철수는 못 학생이야. / *철수는 학생이지 못해.

　ㅁ. 해가 안 솟는다. / 해가 솟지 않는다.

　ㅂ. *???해가 못 솟는다. / *???솟지 못한다.

　ㅅ. *예쁘지 마라. / *예쁘지 말자.

　ㅇ. *???솟지 마라. / *솟지 말자.

(1), (2)에서 '못, 안 ; 못하다, 아니하다'가 사용된 환경은 동사이다. 사실 능력 부정이니 의지 부정이니 하는 말이 동사, 그 가운데서도 의지적으로 할 수 있는 동작 동사에서만 부정 표현 운운할 수 있다는 것이었다. 형용사 '예쁘다'에 능력 부정의 '못, 못하다'가 사용된 (3ㄴ)은 성립되지 않는 것을 볼 수 있다. (3ㄱ)에서 '안, 아니하다' 부정 표현이 사용되고 있으나 이것은 결코 의지 부정 표현이 아니다. '장미가 예쁘다.'라는 상태를 부정하고 있을 뿐이다. 이를 상태 부정이라고 할 수 있을 것이다. 보통 형

---

1) 한글 맞춤법 제18항에서는 '말아라'가 구어체에서 사용되지 않는다고 말하고 있다. 그러나 "너는 집에 가지 말아라."(남기심 2001 : 322)라는 표현이 자연스럽게 사용되는 걸 볼 수 있어, '마라, 말아라' 모두 인정해야 되리라 생각한다(이관규 2012 참조). 실제로 2015년 12월에 문화관광부 국어심의회를 통해서 '말아라'는 표준어로 인정되었다.

용사 특성을 많이 보이는 서술격 조사 '이다'도 (3ㄷ)에서 보듯이 짧은 부정 '안'이나 '아니하다'가 사용되지 않는다. 단지 '아니다'라는 부정 어휘를 통해서 부정될 뿐이다. 그나마 (3ㄹ)에서 확인할 수 있듯이 '못, 못하다'는 둘 다 쓰이지 않는다.

(3ㅁ)은 '솟다'라는 작용 동사가 쓰인 부정 문장이다. 작용 동사 역시 인간의 의지대로 할 수 있는 게 아니기 때문에 '안, 아니하다'가 쓰였다고 해서 의지 부정을 나타낸다고 할 수 없다. 상태 부정 표현이라는 것이다. (3ㅂ)에서 보듯이 능력 부정 표현이 불가능한 것은 물론이다. 혹시 (3ㅂ)이 가능한 것처럼 느껴지는 것은 그것이 문학적인 표현으로 쓰일 때이다. 한편, (3ㅅ, ㅇ)에서 보듯이 형용사든 작용 동사든 명령형과 청유형에는 사용될 수 없다. '마라, 말자' 보충법 표현을 사용하여도 불가능하다. 이는 형용사나 작용 동사가 주어의 의지대로 될 수 있는 것이 아니기 때문이다.[2]

지금까지 살핀 국어 문장의 부정 표현은 (4)와 같이 의지 부정, 능력 부정, 상태 부정 세 가지로 정리해 볼 수 있다.

---

[2] '말다' 부정 표현이 문장 종결 표현으로서가 아니라 안긴 절 차원에서 쓰일 때에는 특수한 방식으로 나타나곤 한다. (ㄱ)~(ㄷ)에서 보듯이 화자의 소원이나 기원을 나타내는 서술어 앞에서 '-지 말다'가 사용된다. 소원, 기원을 나타내기 때문에 능력을 부정하는 '못하다'는 쓰이지 않으며, 상태 부정을 나타내는 '아니하다/않다'는 사용된다. (ㄷ)에서 '예쁘지 않으면'은 자연스러우나 '예쁘지 말면'은 어색하게 느껴지는 것은 '아니하다, 말다' 둘 다 상태 부정 의미로 파악되지만, 후자 즉 '말다' 부정에 화자의 의지가 어느 정도 작용하기 때문으로 파악된다. 또한 (ㄹ)과 같이 '오든지'처럼 '-든지'가 선행한 '말든지'가 사용되는 경우도 있는데, 엄밀하게 말하면, '오지 말든지'의 '오지'가 생략된 '말든지' 표현에서 나온 것으로 이해된다. 한편, (ㅁ)의 '말고'는 '밖에'와 같은 일종의 조사로 화석화된 특수한 표현이라 할 수 있다.
　(ㄱ) 우정이 영원히 변하지 {말기를 / 않기를 / *못하기를} 바란다.
　(ㄴ) 제발 가지 {말면 / 않으면 / *못하면} 좋겠어.
　(ㄷ) 오늘 만날 여자가 예쁘지 {??말면, 않으면, *못하면} 좋겠어.
　(ㄹ) 네가 오든지 말든지 상관 안 해.
　(ㅁ) 너 말고 그 옆 사람 나와.

(4) 부정 표현의 종류

형태 의미	짧은 부정	긴 부정 (평서문, 의문문, 감탄문)	긴 부정 (명령문, 청유문)	사용 환경
능력 부정	못	-지 못하다, 못하느냐, 못하는구나	없음	동작 동사
의지 부정	안	-지 아니하다, 아니하느 냐, 아니하는구나	-지 마라, 말자	동작 동사
상태 부정	안	-지 아니하다, 아니하느 냐, 아니하는구나	없음	형용사, 작용 동사

15.1.2. 부정의 제약

부정 표현 양상을 (4)와 같이 제시했지만, 이것은 어디까지나 원칙적이고 개략적인 부정 표현 모습이다. 앞뒤 상황에 따라, 또는 특정한 의미나 형태를 지니고 있는 단어들에 따라 약간의 제약이 있기도 하다.

> (5) ㄱ. 나 절대 {못 가. / 가지 못해.}
> ㄴ. 바닥이 높아져서 강물이 잘 흐르지 못하고 있어.
> ㄷ. 절대적으로 시간이 모자라 그 문제를 풀지 못했어. 이건 능력과
> 는 별개 문제야.
> ㄹ. 그 사람은 아직 가지 않고 있어.
> ㅁ. 지금 여기 안 계셔.
> ㅂ. 죄송하지만, 이번에는 {못 하겠어요. / 안 하겠어요.}

(5)에서 쓰인 '못, 못하다 ; 안, 아니하다'는 본래 의미인 능력 부정, 의지 부정과는 다른 의미로 사용된 것들이다. (5ㄱ)에는 '못'이 쓰였지만, 능력 부정보다 강력한 의지 부정으로 해석된다. (5ㄴ)에서도 '못하다'가 쓰였지만, 의미는 상태 부정으로 파악되며, (5ㄷ)에서도 '못하다'가 쓰였지만 역시 상태 부정으로 파악된다. 한편, (5ㄹ)의 '않다'는 의지 부정이 아닌

상태 부정으로 해석될 수 있는데, 어떤 문맥에서는 의지 부정 해석도 가능하다. (5ㅁ)에 쓰인 '안'은 결코 의지 부정이 아닌 상태 부정으로 해석된다.

이들을 전체적으로 보면 (5ㅁ) 같은 경우는 '계시다'라는 특이한 동사의 성격으로 말미암아 상태 부정으로 해석되는데, 나머지 (5ㄱ~ㄹ)에 쓰인 부정 표현은 앞뒤에 나온 단어들이나 전체 담화 상황에 따라 주로 상태 부정, 또는 의지 부정으로 해석되곤 한다. (5ㅂ)에서는 '못, 안'이 함께 쓰였는데, '못 하겠어요'는 능력 부정과 상태 부정, 심지어는 의지 부정으로까지 파악되며, '안 하겠어요'는 의지 부정이 파악된다. 결국 상황이나 주체의 능력 혹은 화자의 의지가 매우 중요한 해석 변수가 된다고 하겠다.

(6) ㄱ. 그는 그 사실을 {*알지 않는다. / *안 안다. / 알지 못한다. / *못 안다.}

　　ㄴ. 그런 일을 {*견디지 않는다. / *안 견딘다. / 견디지 못한다. / 못 견딘다.}

　　ㄷ. 그 일을 {*안 걱정하고 / 걱정하지 않고 / *못 걱정하고 / *걱정하지 못하고} 있어.

　　ㄹ. 나는 그곳에 {안 가려고 / 가지 않으려고 / *못 가려고 / *가지 못하려고} 해.

　　ㅁ. 그는 고향에 {안 가고 싶다. / 가고 싶지 않다. / *못 가고 싶다. / *가고 싶지 못하다.}

　　ㅂ. 그런 말을 하면 {*안 써요. / *쓰지 않아요 / 못써요. / *쓰지 못해요}

　　ㅅ. 엎친 데 덮친 격이라, {*안 죽어 / *죽지 않아 / *못 죽어 / 죽지 못해} 사다오.

(6)은 특이한 용언에서 '안, 아니하다, 못, 못하다'가 (4)의 일반 법칙과 다르게 사용되는 용법을 보인 것이다. (6ㄱ)은 '알다'라는 지각 동사에서

의지 부정의 '안, 아니하다'가 사용되지 못하는 모습을 보인다. 이는 어떤 사실이나 대상이 일단 화자의 감각이나 지각에 포착되면 따로 의도하지 않아도 저절로 인지되기 때문이 아닌가 한다. 이런 지각 동사에는 '알다' 외에 '깨닫다, 지각하다, 인식하다' 등이 더 있다. (6ㄴ)에서도 '안, 않다' 의지 부정이 사용되지 못한다는 것을 보인다. '견디다'는 본래 어떤 일을 감당할 능력이 있는지를 표현하는 단어이기 때문에 '안, 아니하다' 같은 의지 부정 표현은 사용되지 못하고 '못, 못하다'와 같은 능력 부정 표현이 사용된다고 할 수 있다.

이에 비하여 (6ㄷ,ㄹ)에서는 능력 부정의 '못, 못하다'가 사용될 수 없는 모습을 보여 준다. '걱정하다'는 능력이 있으면 걱정할 필요가 없기 때문에 능력이 없음을 나타내는 능력 부정의 '못, 못하다'와 어울릴 수 없다는 것이다. 이런 류의 동사는 '실패하다, 굶주리다, 헐벗다, 망하다, 잃다, 염려하다, 고민하다, 실직하다, 후회하다' 등 다양하다. (6ㄹ)에서는 의도를 나타내는 '-려고' 어말 어미와 능력 부정의 '못, 못하다'가 어울릴 수 없는 모습을 보인 것이다. 본래 '못, 못하다'가 의도는 있지만 상황이 맞지 않거나 능력이 없어서 이루어지지 않는 일에 쓰이기 때문에 '-려고, -고자, -고 싶다'와 같은 의도를 뜻하는 표현들과는 어울릴 수 없다.

한편, 어떤 언어에서나 그렇지만 관용 표현으로 쓰일 때에는 해당 표현 밖에 사용되지 않는다. (6ㅂ)에서는 '못써요'가, (6ㅅ)에서는 '죽지 못해'가 관용 표현으로 사용된 것이다. '못쓰다'는 '바르지 않다', '죽지 못해'는 '어쩔 수 없이' 정도의 관용 의미를 갖고 있다.

    (7) ㄱ. 이 옷은 {*안 값싸다. / 값싸지 않다.}

        ㄴ. 그런 {*안 신사다운 / 신사답지 않은 / *못 신사다운 / 신사답지 못한} 행위를 하다니.

        ㄷ. 이 벽돌은 아주 단단해서 여간해서는 {안 부스러진다. / 부스러지지 않는다.}

ㄹ. 나는 그 여자와는 안 살아.
ㅁ. 나는 그 여자와는 살지 않아.

부정 표현은 앞에서도 살핀 바와 같이 짧은 부정과 긴 부정 표현으로 나뉜다. 이들은 단순히 표현의 길이로만 구분한 것이나, 특성에 있어서 약간의 차이를 보이는 경우가 있다. (7ㄱ)에서 보듯이 단형 부정 표현이 사용되지 않는 곳에서 장형 부정 표현이 사용되는 경향이 있다. 하긴 이런 현상은 앞의 (6ㄱ,ㄷ)에서도 발견할 수 있다. 다시 말하면 장형 부정 표현이 일반적인 유형이라는 것이다. (7ㄴ)에서도 그런 현상을 발견할 수 있다. 서술어가 합성어이거나 파생어일 때 단형 부정 표현은 불가능하고 장형 부정 표현은 가능한 경우가 발견된다는 것이다. 물론 (7ㄷ)의 '안 부스러진다, 부스러지지 않는다'처럼 양쪽이 모두 나타나는 경우가 있긴 하다.

한편, 단형 부정과 장형 부정이 의미 차이를 보이는 경우도 있다. '안'은 직접적, '아니하다'는 간접적인 의미 특성을 보이곤 한다. (7ㄹ)의 '안 살아'는 '안 살겠다'는 의지 부정 의미가, (7ㅁ)의 '살지 않아'는 '살고 있지 않다'는 상태 부정 의미가 파악되어, 차이점을 느낄 수 있다. 그러나 이런 의미 차이는 절대적이기보다는 담화 상황에 따를 경우가 많다.

15.1.3. 부정 아닌 부정 표현

분명히 부정 표현이지만 의미상으로는 부정이 아닌 표현, 즉 부정 아닌 부정 표현이 있다. (8ㄱ)은 앞에서도 살펴본바 '안, 않다'라는 부정 표현 두 개, 즉 이중 부정 표현으로 의미는 결국 긍정이 된 문장이다. 능력 부정 표현인 '못, 못하다'는 이중 부정 표현으로 가능하지 않고, '안, 아니하다' 이중 부정 표현만이 가능한데, 이는 능력이나 의지 부정 자원은 이중 부정이 가능하지 않고, 단지 상태 부정 의미일 경우에만 이중 부정 표현이 가능함을 보인 것이다. 문장론 차원에서는 물론 부정 표현이다.

> (8) ㄱ. 그는 집에 {안 가지 않았어. / *못 가지 못했어.}
> ㄴ. 그가 가지 {않았을까 / 못했을까} 염려돼.
> ㄷ. 그가 가지 {않을까 / 못할까} 염려돼.

(8ㄴ,ㄷ)도 부정 표현이지만 의미상으로는 부정이 아니다. '않다'가 의문형 어미를 취하고 뒤에 '염려하다, 걱정하다, 무섭다' 등 의미를 가지는 용언이 오면, 앞에 오는 '-지 않았을까, -지 못했을까' 표현은 부정 의미를 상실한다. 이는 '않다, 못하다'라는 부정 의미와 '염려하다' 등 부정적인 표현의 의미가 상쇄되기 때문이 아닌가 한다.

> (9) ㄱ. 정현이가 갔지 {않니? / *못하니?}
> ㄴ. 정현이가 갔지 {않았니? / *못했니?}
> ㄷ. 정현이가 가지 {않니? / 못하니?}
> ㄹ. 정현이가 가지 {않았니? / 못했니?}

한편 (9ㄱ,ㄴ)과 같은 수사 의문문에서도 부정 의미가 파악되지 않는다. 이는 선행 용언인 '갔지'에 과거 시제 선어말 어미가 있어서 '가다'가 이미 과거에 실현된 것으로 표현됐기 때문으로 보인다. 즉 이미 사건이 종결되고 이어서 다시 한 번 확인한다는 표현이라는 것이다. 이에 비하여 (9ㄷ,ㄹ)과 같이 '가지'로 선행 용언이 실현되어 있는 것은 수사 의문문으로 파악되지 않기 때문에 부정 의미를 간직하고 있는 것으로 보인다.[3] 또한 (9ㄱ,ㄴ)에서 '못하다'가 실현되지 못하는 것은 역시 능력 의미 표현이 아

---

[3] (9ㄷ)은 일정한 맥락이 주어지면 부정 의미로 해석되는 경우가 있는 듯하다. 정현이가 간다는 것이 화자의 뇌리에 이미 전제되어 있을 경우라면, 그 의미가 부정이라는 것이다. 결국 같은 표현이라 하더라도 특정한 맥락에서는 부정 아닌 부정 혹은 부정 표현으로 인식될 수 있다는 것이다.

니기 때문이다. (9ㄷ,ㄹ)에서는 '않다'가 쓰이면 의지 부정과 상태 부정 양 쪽으로 해석이 가능하고, '못하다'가 쓰이면 능력 부정으로 해석된다. 이 런 이유로 (9ㄷ,ㄹ)이 '않다'든 '못하다'든 가능하다고 본다.

요컨대 (8)과 (9ㄱ,ㄴ)은 문장론적으로는 부정 표현이지만 의미론적으로 는 부정 표현이 아니라고 할 수 있으며, (9ㄷ,ㄹ)은 문장론으로도 그렇고 의미론적으로도 그렇고 모두 부정 표현이라고 할 수 있다.

(10) ㄱ. 철수가 책을 안 읽었다.
　　 ㄴ. 철수가 책을 읽지 않았다.
　　 ㄷ. 철수는 책을 안 읽었다. / 철수가 책은 안 읽었다. / 철수가 책을 읽지는 않았다.
　　 ㄹ. '철수가 책을 안 읽었다. / 철수가 '책을 안 읽었다. / 철수가 책을 안 '읽었다.
　　 ㅁ. 철수가 책을 안 읽었다. 철수가 뭘 안 읽었다고?

한편, 부정문에서 부정 표현이 힘을 발휘하는 부정의 범위는 어디까지 인지도 논란거리다. (10ㄱ,ㄴ)에서 부정 표현 '안, 아니하다'가 부정하는 내용은 '철수'가 될 수도 있고, '책'이 될 수도 있고, '읽다'가 될 수도 있 다. 그러나 부정문에서 부정되는 것은 반드시 하나여야 한다. 두 가지가 한꺼번에 부정된다면 그것은 더 이상 부정문이 아니다.[4]

이런 것은 결국 부정문이 본질적으로 중의성을 갖고 있는 문장이라는 것을 뜻한다. 부정문의 중의성을 해소하는 방법은 세 가지가 있다. 첫째 문장론적 차원의 기제로 (10ㄷ)에서처럼 부정하고자 하는 성분 뒤에 보조 사를 넣는 방법이 있다. 보조사 '은/는, 도, 만' 등이 그것들이다. 둘째, 음

---

4) 예컨대, '아빠'의 반대말은 '엄마'이지 '어머니'가 아니라는 말이다. 성(性)이라는 기준에 의해서 남성의 반대인 여성이 선택된다. '아빠'가 비격식체 남성 표현임에 비해서 '어머 니'는 격식체 여성이라는 차이가 또 있어서, 둘은 서로 반대말이라고 말할 수 없다는 것 이다. 이런 원리는 부정문 선택에서도 똑같이 적용된다.

성학적인 차원에서 강세를 두는 방법이 있다. (10ㄹ)에서처럼 '철수, 책, 읽다' 가운데 하나에 강세를 두는 방식이다. 셋째, 어쩌면 가장 확실한 방법일 텐데 화용론적 차원의 방법으로 담화 상황, 즉 문맥을 통해서 알 수 있는 방법이다. (10ㅁ)에서 해당 부정문 바로 뒤 문장을 통해서 부정하는 성분이 무엇인지 금방 알 수 있게 된다. 이 세 가지 방법 가운데 문장론 차원의 기제는 역시 보조사를 넣는 방법이라 하겠다.

15.2. 지시 표현

지시 표현은 사물이나 사람, 사건을 지시하는 표현이다. 본래 지시란 언어 기호가 언어 외적 현실의 대상체를 가리키는 기능을 뜻하는데, 다시 말하면 언어 기호와 그것이 나타내는 대상체를 연관지어 주는 것이라 할 수 있다. 지시 대상을 지시체(指示體)라고 하며, 지시를 나타내는 표현을 지시 표현(指示表現)이라고 한다.

15.2.1. 지시 체언·수식언

일반적으로 지시 표현이라 하면 지시 대명사, 지시 관형사, 지시 부사, 지시 형용사 등을 생각할 수 있고, 넓은 의미로 본다면 고유 명사나 한정 명사구도 지시 표현에 포함할 수 있다.

(11) ㄱ. 이것, 그것, 저것, 여기, 거기, 저기
     ㄴ. 이, 그, 저
     ㄷ. 이리, 그리, 저리
     ㄹ. 이렇다, 그렇다, 저렇다
     ㅁ. 이순신, 세종 대왕 이도(李祹)

(11ㄱ)은 지시 대명사, (11ㄴ)은 지시 관형사, (11ㄷ)은 지시 부사, (11ㄹ)은 지시 형용사이고, (11ㅁ)에서 '이순신'은 고유 명사, '세종 대왕'은 후행하는 이름 '이도'를 지시 하는 한정 명사구가 된다. (11ㅁ) 같은 표현도 일정하게 가리키는 대상이 존재한다는 것이다. 그러나 만약 이런 것도 지시 표현이라 한다면, 거의 모든 체언들도 그렇다고 할 수 있으며, 심지어는 과정이나 상태를 나타내는 용언들도 그 범주에 포함해야 할지도 모른다. 따라서 일반적으로 지시 표현이라 하면 (11ㄱ~ㄹ)과 같은 것들을 가리키곤 한다.

(12) ㄱ. 현지 : 난 그것보다 이것이 더 맘에 들어.
　　　　태호 : 쟤는 이것보다 저것이 더 맘에 든대.
　　　　진숙 : 난 그것보다 저것이 더 맘에 들어.
　　ㄴ. 영호 : ①이 책은 너무 따분해. ②그 책 다 읽었니?
　　　　순이 : ②이 책 읽으려면 아직 멀었어. ①그 책 재미없으면 ③저
　　　　　　　　책을 읽어 봐.
　　　　영호 : ③저 책은 이미 봤어.

지시 표현은 장면이 고려되어야 그 의미를 정확히 해석할 수 있다. (12)에서 화자와 청자가 대화를 나누는 시간적, 공간적 장면이 있어야만 발화(문장)의 의미를 정확히 파악할 수 있다. 만약 (12)에서 대화하는 장소가 서점이라면 지시하는 것은 아마도 책일 것이고, 옷 가게라면 옷일 것이다.[5] 지시 표현의 기본 형태는 '이, 그, 저'이다. (12)에서처럼 이것들 뒤에 '것'이 붙어서 '이것, 그것, 저것'이라는 합성어로서의 지시 대명사가 만들어진 것이다. 이것들은 화자와 청자의 거리에 따라 선택된다. '이것'은 화자

---

[5] 사실 지시 표현은 문장 이상의 단위인 '이야기'에서 다루어져야 할 것이다. 이야기의 구성 요소는 크게 네 가지를 드는데, 말하는 이, 듣는 이, 장면, 발화(문장)가 그것들이다. 여기서의 '발화'는 문자 언어로서의 '문장'이 음성 언어 상황에서 실현될 때 바로 그것을 가리킨다. 물론 지시 표현은 문장 내에 있는 어떤 것을 지칭할 수 있다.

에게 좀 더 가까운 물건을, '그것'은 화자에게서는 멀지만 청자에게는 가까운 물건을, 그리고 '저것'은 화자와 청자 모두에게서 멀리 떨어져 있는 물건을 각각 가리킬 때 사용한다.

지시 표현 논의는 사실 문장 차원이라기보다는 이야기 차원에서 다루어져야 할 것이다. 화자와 청자 그리고 장면이 매우 중요한 기능을 한다는 것이다. (12ㄴ)에 보면, 지시 표현 '이, 그, 저'가 다양하게 사용되고 있는데, 누가 말한 것이냐에 따라 '이, 그, 저' 지시 표현은 가리키는 대상이 다르다. (12ㄴ)은 그 같고 다름을 번호로 나타낸 것이다. 기본적으로는 화자와 가까이 있으면 '이', 청자와 가까이 있으면 '그', 그리고 화자와 청자 모두에게 멀리 떨어져 있으면 '저'를 사용하고 있다.

(13) ㄱ. 용호가 회사에 취직이 되었대. {이것, 그것, *저것}은 참으로 잘된 일이야.

ㄴ. 자네는 틀림없이 성공할 거야. {이, 그, *저} 희망을 버리지 말게.

ㄷ. 철이 : 영호 못 봤니?
영희 : 못 봤어.
철이 : 내 어디 {이, 그, *저} 놈을 잡기만 해 봐라.

ㄹ. 제군들, {이걸, 그걸, *저걸} 알아야 해. 정의는 반드시 승리한다는 거 말야.

ㅁ. 귀촉도를 아세요? {이, 그, ?저} 새는 전설 속에 자주 나와요.

ㅂ. 우리 나라 말이 중국과 달라 한자와는 서로 통하지 아니한다. 이런 까닭으로 백성이 말하고자 하는 바가 있어도 마침내 제 뜻을 펴지 못하는 사람이 많다. 내가 {이것을, 이를} 가엾게 생각하여 새로 스물여덟 글자를 만든다. 모든 사람들로 하여금 쉽게 익혀서 날마다 쓰는 데 편하게 하고자 할 따름이다.6)

---

6) (13ㅂ)은 훈민정음 예의 부분에 나온 것을 몇 개 문장으로 재구성한 것임을 밝혀 둔다. 본문은 아래와 같다. 물론 이것도 띄어쓰기를 새로이 했으며, 방점 표시는 생략한 것이다.
　나랏말ᄊᆞ미 中國과 달아 文字와로 서르 ᄉᆞᄆᆞᆮ디 아니홀ᄊᆡ 이런 젼ᄎᆞ로 어린 빅셩이

(13)은 일정한 상황 속에서 가장 적절한 지시 표현이 무엇인지 보여 주는 예이다. (13ㄱ)은 앞 문장을 지시 대명사로 나타낸 예이다. '이것, 그것, 저것' 가운데 '이것'이 가장 자연스럽다. 화자가 말하면서 자기 입장에서 가장 가까운 심리적 거리를 표현한 것이 자연스럽다는 것이다. 물론 '그것'도 가능하다. '그것'이 화자의 기억 속에 있는, 즉 용호가 취직되었다는 사실을 받아 말하는 표현이며, 또한 청자를 고려하여 그 사실을 어느 정도 객관화한 표현이라 할 수 있다. 그러나 '저것'은 불가능한데, 이는 화자의 기억 속에 있는 사실을 마치 자기와 관련 없는 듯이 표현하는 건 바람직하지 않다는 것을 뜻한다.

(13ㄴ)은 지시 관형사 '이, 그, 저'를 사용한 예이다. '이, 그'는 가능하나 '저'는 불가능한 것을 볼 수 있다. '이'는 화자 입장에서 표현한 것이고, '그'는 청자 입장에서 표현한 것이다. 그런데, '저'는 화자와 청자 모두와 관련 없는 듯이 나타낸 표현이기 때문에 불가능하다. (13ㄷ)에서도 '저'만 불가능하다. 이때 '저'가 사용되기 위해서는 지시 대상인 영호가 이야기를 나누고 있는 공간에 있어야만 한다. 최소한 가시거리에 영호가 존재해서, 그를 보면서 말해야만 된다. 이런 상황은 (13ㄹ)에서도 파악할 수 있다. 여기서도 '이것, 그것'은 가능하나 '저것'은 불가능하다. 화자 입장에서 뒤에 나오는 내용에 확신을 갖고 있기 때문에 '이것'을 사용하는 것이 가장 자연스럽다. 청자도 충분히 공감할 수 있다는 상황일 때는 '그것'도 가능하다. 그러나 '저것'은 화자와 청자와 모두 거리감이 있는 표현이기 때문에 나타날 수 없는 것이다.

한편 (13ㅁ)에서는 '이, 그, 저' 모두 가능하다. '이'는 화자 입장에서, '그'는 청자 입장에서 귀촉도를 지시할 때 사용된다. 그런데, '저'는 일반적으

니르고져 홇배 이셔도 ᄆᆞᄎᆞᆷ내 제 ᄠᅳ들 시러 펴디 몯ᄒᆞᇙ 노미 하니라 내 이ᄅᆞᆯ 爲ᄒᆞ야 어엿비 너겨 새로 스믈여듧 字ᄅᆞᆯ ᄆᆡᇰᄀᆞ노니 사ᄅᆞᆷ마다 ᄒᆡᅇᅧ 수ᄫᅵ 니겨 날로 ᄡᅮ메 便安킈 ᄒᆞ고져 ᄒᆞᇙ ᄯᆞᄅᆞ미니라

로는 어색하지만, 특수한 상황이 주어지면 사용될 수도 있다. 예컨대 두 사람이 귀촉도가 보이는 곳에서 서로 이야기를 나누고 있는데 한 사람은 귀촉도라는 새를 알고 있고 다른 한 사람은 모르는 경우, 한 사람이 '귀촉도를 아세요?'라고 물은 뒤, 새를 손으로 가리키면서 '저 새는 전설 속에 자주 나와요.'라고 말할 수 있다는 것이다.

다른 말이긴 하지만, 지시 표현은 (13ㄷ, ㅁ)에서처럼 일정한 단어 표현을 지시하는 경우도 있고, 또는 (13ㄱ, ㄴ, ㄹ)에서처럼 하나의 문장을 지시할 수도 있고, 나아가 (13ㅂ)에서처럼 문단 내용을 모두 지시할 수도 있다. (13ㅂ)에서 밑줄 친 지시 표현은 '이것, 이' 둘 다 가능하다. 흔히들 지시 대명사라고 말하는데, 대명사가 명사를 지시하는 게 아니라 앞에 오든 뒤에 오든 일정한 한 단어나 문장이나 단락을 지시하는 것으로 이해해야 할 것이다. 즉 결과론적 품사가 대명사라는 것이다.

15.2.2. 지시 용언

지시 표현으로 많이 사용되는 것으로 지시 용언이 있다. 지시 용언은 흔히 대용 용언, 대용언 등으로 불리기도 하는데, 역시 '이, 그, 저'를 이용한 '이러하다, 그러하다, 저러하다'가 대표형으로 사용되곤 한다. 이것들도 화자와 청자와의 물리적, 심리적 거리에 따라 구분되어 사용되곤 한다. 여기서는 지시 용언의 형태적 구조에 관한 문제와 지시하는 범위 문제, 그리고 품사 설정의 문제를 간략히 살펴보도록 한다.

먼저 형태적 구조에 대한 인식을 '그러하다'를 대표로 하여 살펴보기로 하자. 형태적 구조 문제에서의 핵심은 '러'를 어떻게 볼 것이냐, 그리고 '하-'의 성격은 무엇이냐 하는 것이다.

(14) ㄱ. [그+러]+하+다
　　 ㄴ. 그+러하+다
　　 ㄷ. 그러+하+다
　　 ㄹ. 그렇+다

(14ㄱ)은 '러'를 독립적인 형태소로 보는 입장인데, 즉 '-러-'를 접미사로 보는 견해를 반영한다. (14ㄴ)은 '그'만 지시 표현으로 보고, '-러하-'는 대용사로 보는 견해를, (14ㄷ)은 '그러-'를 불구 어근인 하나의 형태소로 보는 입장을 반영한다. 이들 견해에서 분명한 것은 '그러-'가 '하-'와 분리된다는 것과 이 지시 용언이 '이, 그, 저'와 관련을 맺고 있다는 점이다. 그러나 '러'가 다른 표현들과 맺는 계열 관계를 확인할 수 없다는 난점이 있다(신지연 1998 : 677). 교육용 학교 문법 차원에서는 일단 확실한 표현으로서의 '그러-'와 '하-'를 인정하는 게 일반적이다.[7] 흔히 (14ㄹ)처럼 '그렇-'이 어근 내지 어간인 것으로 보기도 하는데, 이는 '그러하-'가 축약된 것으로 이해된다. 결국 '그러하다'를 형태소 분석한다면 '그러+하+다'로 될 것이다.

(15) ㄱ. 그 사람이 운동을 한다.
　　 ㄴ. 운동한다. 공부한다.
　　 ㄷ. 아낙네가 밥을 한다.
　　 ㄹ. 그가 아이에게 집에 가게 한다.
　　 ㅁ. 여우가 그 소년이 멀리 떠났다고 했다.
　　 ㅂ. 그 아이가 하느님을 믿기는 한다.

본래 '하-'가 독립적으로 쓰일 때는 하나의 떳떳한 용언으로 본다. 이는 당연하다. (15ㄱ,ㄴ)을 보면, '운동을 하다'에서는 '하다'가 용언이지만,

---

7) (13ㄱ)은 도수희(1965 : 17), 우형식(1986 : 94), (13ㄴ)은 김일웅(1982 : 79), (13ㄷ)은 서정수(1975 : 136), 양명희(1996 : 81) 등에서 주장하고 있다. 신지연(1998 : 677) 참조.

'운동하다, 공부하다'에서는 합성 용언의 후행 성분일 뿐이다. 곧 '하-'는 하나의 어근으로 역할을 한다는 것이다. (14ㄷ)에서 사용된 '하-'도 마찬가지로 어근으로 인정된다. 학교 문법(7차)에서 '공부하다'의 '하-'를 접미사로 보는 태도는 재고될 만하다.

'하다'는 흔히 그 쓰임에 따라 형식 동사와 대동사로 나뉘곤 한다. 둘 다 용언이라는 점은 틀림없지만, 앞에 오는 표현이 '운동, 공부'처럼 서술성을 갖고 있으면 '하다'가 단지 형식적으로 쓰이는 형식 동사라는 것이고, 앞에 오는 표현이 '밥'처럼 서술성이 없으면 그것으로 하여금 서술성을 갖게 하는 대동사로서 기능을 한다는 것이다(서정수 1975 참조). (15ㄷ~ㅂ)에 있는 '밥을 하다, 가게 한다, 떠났다고 한다, 믿기는 한다'에 쓰인 '하다'는 각각 '짓다, 시키다, 말하다, 믿다'라는 의미를 갖는 대동사로 파악된다. 사실 후자의 '하다'는 어떤 서술어를 대신 받는다는 점에서 볼 때 모두 지시 표현이라고 말할 수 있을 것이다(양명희 1996 : 138 참조). 넓게 본다면 (15ㄱ,ㄴ)에 쓰인 '하다'도 형식적이긴 하지만 뭔가를 대신 나타낸 대용언의 범주로 묶을 수 있는 가능성도 배제하지 못한다. 이렇게 생각해 보면 (14ㄷ)의 '그러하다'의 '하다'도 마찬가지로 대용언으로 처리할 가능성도 있을 것이다(이기갑 1994 참조).

지시 용언 '그러하다'가 지시하는 범위는 얼마나 될까? 이 문제는 사실 앞(15.2.1.)에서 살핀 '이, 그, 저'가 지시하는 범위 문제와 밀접하게 관련되어 있다. 여기서는 이를 바탕으로 하여 무엇을 지시하는지 그 범위를 살피고자 한다.

(16) ㄱ. 참새가 지저귀. 나비도 그러는 것 같지?
　　 ㄴ. 나 아주 아파. 나도 그런데.
　　 ㄷ. 나 기분이 좋아. 나도 그래.
　　 ㄹ. 봄이면 앞산에 진달래꽃이 피고, 가을이면 들에 오곡이 누렇지요. 그렇지요.

ㅁ. 영철 : 저것 봐, 진달래가 활짝 폈어. 어어, 저기도 봐. 개나리는
  또 어떻고.
  순희 : 와~, 그렇구나.

(16)은 '그러하다'라는 지시 용언이 가리키는 것이 무엇인지 용례를 보인 것이다. (16ㄱ)에서는 단어인 '지저귀', (16ㄴ)에서는 구인 '아주 아파', (16ㄷ)에서는 '기분이 좋아', (16ㄹ)에서는 선행 겹문장 전부, (16ㅁ)에서는 영철이가 말한 단락 모두를 가리키고 있다. 이처럼 지시 용언 '그러하다'는 기본적으로 모든 표현들을 받을 수 있다.

(17) ㄱ. 행복이란 이런 거야.
  ㄴ. 우리는 이런저런 일로 무척 지쳤다.
  ㄷ. 그는 이렇게 30년을 살아왔다.
  ㄹ. 이리 바쁘니 어떻게 하면 좋으냐?

(17)은 지시 용언 '이리하다'와 관련된 표현들의 용례를 보인 것이다. '이런'은 관형사, '이런저런'도 관형사, '이렇게'와 '이리'는 부사로 받아들여지고 있다. '이런저런'과 '이리'는 관습적으로 많이 쓰이고 있으니, 각각 관형사와 부사로 인정된다고 해도, '이런, 이렇게'는 선뜻 관형사, 부사라는 것이 받아들여지기 쉽지 않다. '이런'은 다른 관형사형 표현인 '²이럴, ²이러던'이 어색하다 하여 관형사로 인식되고 있다. 그러나 '이렇게'는 형용사로 보는 게 타당하다고 생각된다. '이러니까, 이러면, 이래서' 등 활용형이 제한이 거의 없기 때문이다.

⊖ 더 살펴보기

고영근·남기심 공편(1983), 고성환(2001), 김동식(1990), 김인숙(1998), 박정규(1996), 서정수(1994), 송석중(1981), 시정곤(1997), 신지연(1998), 이관규(2012), 이기용(1979), 이익섭·채완(1999), 이정민(1977), 이태욱(2001), 임홍빈(1998), 장경희(1990), 전병쾌(1984), 허재영(2002)

→제16장 인용 표현

인용은 의미를 명확하게 하거나 인용되는 글의 주장을 뒷받침할 때, 또는 인용되는 글에 대한 직접적인 정보를 제공하는 경우에 사용한다. 즉 자신의 말이나 글에 힘을 더하거나 일정한 내용을 전달하고자 할 때 인용 표현을 사용한다. 흔히 직접 인용절과 간접 인용절을 말하지만 인용 표현은 매우 다양하다.

이 장에서는 다양한 양상을 보이는 인용 표현에 대해서 살펴보도록 한다. 특히 현행 학교 문법에서 설정하고 있는 직접 인용절과 간접 인용절에 대해서 문법 범주 차원에서 좀 더 자세히 살펴보고, 뒤에 용언이 오는 인용절과 체언이 오는 인용절로 나누어서도 검토해 보도록 한다.

16.1. 인용 표현의 개념과 양상

사전적 정의에 따르면 인용 표현은 남의 말이나 글에서 직접 혹은 간접으로 따온 표현을 일컫는다. 학교 문법에서 흔히 직접 인용절 혹은 간접 인용절이라고 부르는 것들을 떠올릴 수 있다.

(1) ㄱ. 네가 잘했다고 말했니?

　　ㄴ. "당신이 잘했어요?"라고 말했니?

　　ㄷ. 사장이 하겠다는 말에 다들 놀랐다.

　　ㄹ. "내가 하겠어."라는 사장의 말에 다들 놀랐다.

　학교 문법 입장에서 보면, (1ㄱ)은 '고'라고 하는 간접 인용 부사격 조사가 붙어서 이루어진 간접 인용절을 안은 겹문장이고, (1ㄴ)은 '라고'라고 하는 직접 인용 부사격 조사가 붙어서 이루어진 직접 인용절을 안은 겹문장이다. 이와 동일하게 (1ㄷ,ㄹ)을 보면, (1ㄷ)의 '는'은 간접 인용 관형격 조사, (1ㄹ)의 '라는'은 직접 인용 관형격 조사라고 해야 할 것이다. 그런데 국어사전에 따르면 (1ㄷ)의 '다는'은 '다고 하는'의 준말이라고 하여 조사가 아닌 어미이다.

　본 장에서는 인용 표현을 이루는 '고', '라고'와 이것들과 계열을 이루는 '는', '라는'에 대하여 그 특성을 살피기로 한다.

　한편 인용 표현은 꼭 절(節)로 나타날 필요는 없는 것 같다. 특히 직접 인용 표현의 경우는 단어 하나가 인용될 수도 있고 구나 절, 나아가 단락도 인용될 수 있다. 따라서 인용되는 것을 인용절이라는 용어보다 그냥 인용 표현이라고 부르는 게 타당하다.

(2) 인용 표현의 양상

　　ㄱ. 용이는 "응."이라고 대답했다.

　　ㄴ. 강청댁은 "안 자요?"라고 묻는다.

　　ㄷ. 윤보는 "니 머하로 오노?"라며 소리쳤다.

　　ㄹ. "1897년의 한가위. 까치들이 울타리 안 감나무에 와서 아침 인사를 하기도 전에, 무색옷에 댕기꼬리를 늘인 아이들은 송편을 입에 물고 마을길을 쏘다니며 기뻐서 날뛴다. 어른들은 해가 중천에서 좀 기울어질 무렵 이래야, 차례를 치러야 했고 성묘를 해야

<u>했고 이웃끼리 음식을 나누다 보면 한나절은 넘는다.</u>"라는 표현
으로 박경리의 토지는 제1부가 시작된다.

(2)에 있는 밑줄 친 부분은 모두 직접 인용 표현이다. (2ㄱ)에는 단어, (2
ㄴ)에는 구, (2ㄷ)에는 문장, (2ㄹ)에는 단락이 들어가 있다. 사실 직접 인
용 표현이라 하면 단락을 넘어 주제가 있는 하나의 완성된 글까지도 포함
될 수 있다.

직접 인용 표지로는 대개 (1)에서처럼 '라고'가 알려져 있다. 그런데 엄
밀히 말하면 '이라고' 해야 맞다. 완성형이 '이라고'이고 모음 뒤에서 '라
고'로 실현된다는 것이다. 그런데 (2ㄷ)의 '라며'처럼 형태가 변해서 나타
날 수도 있으며, 뒤에 오는 것이 체언일 경우는 (2ㄹ)에서처럼 '라는' 형태
가 나타날 수도 있다.[1] 그리하여 이 표지들이 정녕 조사인지 아니면 어미
의 일부인지 따져볼 필요도 있다. 또 '라는' 같은 경우는 뒤에 체언이 오
기 때문에 관형어를 만드는 역할을 한다.

(3) 나는 비슬비슬 일어나며 소맷자락으로 눈을 가리고는, 얼김에 "엉"
　　하고 울음을 놓았다. 그러나 점순이가 앞으로 다가와서,
　　　"그럼 너 이담부텀 안 그럴 테냐?"
　　하고 물을 때에야 비로소 살길을 찾은 듯싶었다. 나는 눈물을 우선
　　씻고 뭘 안 그러는지 명색도 모르건만,
　　　"그래!"
　　하고 무턱대고 대답하였다.
　　　"닭 죽은 건 염려 마라. 내 안 이를 테니."
　　하고 뭣에 떠다밀렸는지 나의 어깨를 짚은 채 그대로 퍽 쓰러진다.
　　그 바람에 나의 몸뚱이도 겹쳐서 쓰러지며, 한창 피어 퍼드러진 노

---

1) (2ㄷ)의 직접 인용 표지로 '라며'가 오고 있음을 볼 때, '아이들이 아빠한테 소풍을 가자
　며 떼를 쓴다.'라는 문장을 보면, '고' 대신에 '며'로 바꾸어서 사용할 수도 있다. 그렇게
　되면 종전의 간접 인용 조사 '고'뿐만 아니라 '며'도 설정될 수 있는 가능성이 있다.

란 동백꽃 속으로 폭 파묻혀 버렸다.

— 김유정, 동백꽃

(3)의 밑줄 친 것들도 직접 인용 표현인데, 단어, 문장, 문장 두 개 등 여러 가지임을 알 수 있다. 그런데 (3)에서는 '라고'라는 인용 표지가 오지를 않고 일괄적으로 '하고'라는 표지가 오고 있다. 학교 문법에서는 (2)에서 나오는 '라고'에 대해서는 직접 인용 부사격 조사라고 하면서, (3)의 '하고'에 대해서는 앞 인용 표현과 띄어쓰기를 하며 용언으로 처리를 하고 있다. 즉 '하-'라는 용언 어간에 어미 '고'가 붙었다고 보는 셈이다. 하긴 경우에 따라서는 '하고, 하며, 하면서' 등 다양한 활용 양상을 보이고 있다.

요컨대 인용 표현을 논할 때에, 간접 인용과 직접 인용, 인용 표현, 또 인용 표현을 만드는 표지 등 다양한 탐구거리를 상정해 볼 수 있다. 먼저 결론을 말하면, 필자는 간접 인용 표현을 이루게 하는 '-다고'와 '-다는'은 통합형 어미로 보고, 직접 인용 표현을 이루게 하는 '라고'와 '라는'은 통합형 조사로 보는 입장을 취하도록 한다. 이 장에서는 특히 관형사형 어미 '다는'과 관형격 조사 '라는'에 대하여 자세히 살피도록 한다.

16.2. 관형사형 어미 '다는'

16.2.1. '다고'와 '다는'의 同과 異

학교 문법(7차)에서 인용 표현 하면 흔히 아래 (4)의 밑줄 친 부분, 즉 인용절을 가리키곤 한다.

(4) ㄱ. 우리는 <u>인간이 누구나 존귀하다고</u> 믿는다.
　　ㄴ. 기환은 당황한 어조로 <u>"무슨 일이지?"라고</u> 말하였다.

(4ㄱ)의 밑줄 친 부분은 간접 인용절, (4ㄴ)의 밑줄 친 부분은 직접 인용절이라고 흔히 부른다. 학교 문법(7차)에서는 각각 '고'라는 간접 인용 부사격 조사, '라고'라는 직접 인용 부사격 조사가 붙는다고 설명한다.

그런데 여기에는 설명 방식에서 두 가지 문제가 도사리고 있다. 하나는 '고'와 '라고'가 조사라는 것은 밑줄 친 부분이 명사구라는 것을 뜻한다. 즉 명사구에 부사격 조사가 붙어서 부사어가 되며 그것이 후행하는 서술어를 수식한다는 것이다. 그런데 과연 밑줄 친 절이 모두 명사구라고 볼 수 있을까? 우리는 간접 인용 표현과 직접 인용 표현을 각각 나누어서 살펴보기로 한다.

(5) ㄱ. 우리는 <u>인간이 누구나 존귀하다고</u> 믿는다.
　　ㄴ. 아직도 <u>네가 잘했다고</u> 생각하느냐?
　　ㄷ. 그는 나한테 <u>빨리 가라고</u> 말했다.
　　ㄹ. 아내는 나더러 <u>낙엽 밟는 소리가 좋으냐고</u> 물었다.
　　ㅁ. 아이들이 <u>소풍을 가자고</u> 떼를 쓴다.

(5)에서는 '고'까지 포함하여 밑줄을 치고 있다. 이는 밑줄 친 부분을 부사절로 보는 입장을 보인 것이다. 즉 '-다고', '-라고', '-으냐고', '-자고'리는 통합 형태를 한꺼번에 부사형 어미로 보는 입장이다. 이것들은 《정보 전달》이라는 공통 의미를 띠면서 후행하는 서술어를 수식하는 기능을 하고 있다. 그뿐만 아니라 (5)의 밑줄 친 부분들은 모두 '이렇게, 그렇게, 저렇게'와 같은 대용 표현으로 받을 수 있어서 부사어가 되고 부사절

로서 역할을 한다(유현경 2001, 2002 참조). 본래 직접 인용 표현을 간접 인용
표현으로 바꿀 때에는 인칭이나 지시나 시제 등 표현이 전체 문장에 맞추
어 변화를 하게 된다.2) 따라서 인용 표지 '고'도 인용 내용의 어말 어미의
한 부분을 이룬다고 볼 수 있다. 그리하여, '-다고, -(느)냐고, -으라고,
-자고'는 전체가 후행하는 서술어(주로 사유동사, 단언동사)를 한정하는 기능
을 하게 된다. 이 인용절이 부사어, 부사절로 문법 범주 위치를 갖는 것은
물론이다(이관규 2002).3)

　　그렇다면, 그동안 왜 학교 문법에서는 간접 인용의 '고'를 인용 부사격
조사라고 했을까? 일찍이 최현배(1937, 1956 : 631)에서 직접 인용과 간접 인
용을 나타내는 표지를 "따옴 자리 토(인용격 조사)"라고 명명했고, 이런 입
장은 현행 국정 문법서인 교육인적자원부(2002 : 165)에서도 받아들여지고
있다. '고'를 격조사로 보는 주된 근거는 '고'가 탈락가능하다는 데 있다.
만약 '고'를 어말 어미로 본다면, 어말 어미가 탈락한다고 기술해야 하는
데, 이는 국어 문법 체계 내에서 수용하기 어렵기 때문이라는 것이다(임동
훈 1995 : 115). 그러나 역사적으로 볼 때 우리말 인용절에서 등장하는 '고'

---

2) 다음 예를 보면 직접 인용 표현을 간접 인용 표현으로 바꿀 때 인칭, 지시, 시제가 변하
　는 것을 확인할 수 있다.
　ㄱ. 순애는 수일에게 "나도 내일 당신을 따라 갈래요."라고 어제 말했다.
　ㄴ. 순이i는 수일j에게 자기i도 오늘 그j를 따라 가겠다고 말했다.(이필영 1993 : 14 참조)
3) 인용 표지 '고'와 '라고'를 어떤 문법 범주로 보는지 다음 세 가지로 유형화해 볼 수 있
　다. 해당 표지만을 대상으로 하는 경우(ㄱ, ㄴ), 앞에 오는 종결 표지와 함께 검토하는 경
　우(ㄴ, ㄷ)로 나누어 볼 수도 있다.
　ㄱ. 조사로 보는 견해 : <인용절을 명사구로 보는 견해>
　　　주시경(1910), 최현배(1937), Lee(1970), 양인석(1972), 박병수(1974), 남기심·고영근
　　　(1985, 1993), 임동훈(1995), Jeong(1999), 남기심(2001), 교육인적자원부(2002)
　ㄴ. 어미로 보는 견해 : <인용절을 부사절로 보는 견해>
　　　남기심(1973), 강범모(1983), 권재일(1985), 이현희(1986), 엄정호(1989), 이관규(1992),
　　　안명철(1992, 1998), 유현경(2001)
　ㄷ. 조사와 어미로 나누어 보는 견해 : <직접 인용절과 간접 인용절을 각각 명사구와 부
　　　사절로 보는 견해>
　　　이필영(1993), 이관규(2008)

는 생략되어 나타나는 게 일반적이었다. 따라서 간접 인용절에서 나오는 '다고'나 '다'는 형태만 다를 뿐 동일한 기능을 한다고 본다면 '고'만을 따로 떼어서 조사로 볼 필요는 없다고 본다. 그뿐만 아니라 앞에서도 언급한바 '고'가 등장하는 소위 간접 인용절에서는 인칭, 시제, 지시 표현이 전체 문장의 지배를 받는다. 결국 굳이 '고'를 조사로 보아서 그 앞에 나오는 절 표현을 명사구(NP)로 볼 필요는 없게 된다.

> (6) ㄱ. 우리는 <u>인간이 존귀하다고</u> 믿는다.
> ㄴ. 우리는 <u>인간이 존귀하다는</u> 사실을 잘 알고 있다.

(6ㄱ)에 간접 인용절이 있다고 한다면 (6ㄴ)에도 마찬가지라고 할 수 있다. 학교 문법에서 (6ㄱ)의 '고'를 부사격 조사라고 한다면 마찬가지로 (6ㄴ)의 '는'도 관형격 조사라고 해야 할 것이다. 그런데 체언을 수식하는 (6ㄴ) 밑줄 친 부분은 결국 관형사절 아닌가? 그렇다면 (6ㄱ)의 '-다고'를 부사형 어미로 보듯이 (6ㄴ)의 '-다는'도 관형사형 어미로 볼 수 있지 않을까?

16.2.2. '다는'의 문법 범주

여기에서는 '다는' 전체를 하나의 관형사형 어미로 보는 견해를 집중적으로 피력해 보도록 한다. 더불어 '다는'을 통합형 관형사형 어미로 보는 입장에서 그와 유사한 형태의 관형사형 어미, 곧 '자는, 느냐는/냐는, 으라는'과 '잔, 느냔/냔, 오란'도 함께 살펴보도록 하겠다. 이것들은 '자, 느냐/냐, 으라'라는 종결 어미 표기에다가 '는'이나 'ㄹ, ㄴ'이 붙어서 형성된 것들이다.

문장을 구성하는 문법 단위를 나눌 때 전체를 고려할 것인지 해당 부분

만 고려할 것인지에 따라서 '다는'을 하나로 볼 것인지 '다'와 '는'으로 나
눌 것인지가 결정된다. '다는'을 하나로 본다는 것은 전체를 어미로 본다
는 것이고, '다'와 '는'으로 나눈다는 것은 '다'는 종결 어미로 보고, '는'
은 단독적으로 조사로 보거나 어미로 본다는 뜻이다.

(7) ㄱ. 아버지의 초상화 / 그림 그리기의 달인
  ㄴ. 아니, 집에 간다{는/*의} 사람이 아직도 안 갔어?
  ㄷ. 집에 간다{*에/*으로}

첫째, '다는'의 '는'을 조사로 보는 방법을 생각해 보자. 이 경우 '는'은
관형격 조사로 문법 범주 성격을 갖게 되는데, 그러면 종래의 관형격 조
사 '의'와 성격이 어떻게 다른지 문제가 될 수 있다. 일반적으로 조사, 특
히 격조사라 하면 체언이나 체언형에 붙을 수가 있다. 관형격 조사 '의'가
그런 성격을 갖고 있는 것은 물론이다(7ㄱ). 그런데 (7ㄴ)의 '집에 간다'에
는 '의'가 붙을 수 없다. '집에 간다'가 체언이나 체언형 표현이 아니기 때
문이다. 이것은 (7ㄷ)에서 다른 격조사 '에, 으로' 같은 것이 '집에 간다'에
붙지 못하는 데서도 확인할 수 있다. 이는 곧 '는' 앞에 오는 '집에 간다'
가 체언이나 체언형이 아니라는 증거이고, 거꾸로 말하면 '는'이 관형격
조사로 인정받기가 쉽지 않음을 뜻하는 것이기도 하다.

(8) ㄱ. 간다는 사람을 왜 잡니?
  ㄴ. ^{??}간다고 하는 사람을 왜 잡니?

(9) ㄱ. 조용히 하라는 소리 못 들었어?
  ㄴ. [*]조용히 하라고 하는 소리 못 들었어?

둘째, '다는'을 '다고 하는'의 축약형으로 보아 '는'을 관형사형 어미로

보는 견해를 생각해 보자. 그러나 이 방법은 적절하지 않다고 본다. 왜냐하면 여기서 '다는'의 문법 범주를 살핀다는 것은 기원적인 측면이 아니라 공시적인 측면에서 그 성격을 밝히는 것을 뜻하기 때문이다. 그뿐만아니라 종결 어미 '다' 뒤에 관형사형 어미 '는'이 온다는 것은 일반적인우리말의 단어 구성 방법에도 어긋나기도 하다. 용언 어간 뒤에 어말 어미가 오거나, 선어말 어미 뒤에 어말 어미가 온다고 해야 일반적 용법에맞는다.

또한 '다는'이 '다고 하는'에서 온 것이라 하더라도, 이 두 형태는 동일한 의미를 띠고 있다고 말하기 어렵다. (8), (9)에서 보듯이 '다는'과 '다고하는'은 의미가 같지 않다. '-고 하-'의 '하다'는 '말하다, 주장하다' 등의용언을 대신 받은 대용언 정도로 파악이 된다.[4]

> (10) ㄱ. 아니, 집에 간다는 사람이 아직도 안 갔어?
> ㄴ. 벌써 가자는 말이니?
> ㄷ. 어느 산이 높으냐는 질문에 대답을 못했다. / 집에 가느냐는 소리가 들렸다.
> ㄹ. 조용히 하라는 소리 못 들었어?

셋째, '다는'을 따로 떼지 않고 하나의 관형사형 어미로 보는 방법이 있다. '다는'의 '는'은 (10ㄱ~ㄹ)에서 보듯이 간접 인용의 평서형 '다', 청유형 '자', 의문형 '으냐/느냐', 명령형 '으라' 뒤에서만 나타난다. 이는 곧'는'이 간접 인용 종결 어미 뒤에서만 나타나는 것임을 보여 주는데, 이것들에 '는'이 묶인 '다는, 자는, 으냐는/느냐는, 으라는'을 하나의 관형사형어미로 한꺼번에 통합형으로 본다는 것이다. 이렇게 보면, 이미기 용언 서

---

4) '고 하다'의 '하다'에 대해서 학자들마다 다른 주장을 펼치고 있다. 이맹성(1968 : 16~18)에서는 '말하다'가 줄어진 것으로 보고 있으며, 남기심(1973 : 99)에서는 단순한 형식 요소로 보고 있다.

간 뒤에 나타난다는 일반적 용법을 준수하게 된다.

요컨대 문법 범주 설명의 일관성을 유지하고자 한다면 '다는'을 하나의 통합형 관형사형 어미로 보는 게 좋다는 것을 피력했다. 그렇다고 해서 단일형 관형사형 어미 '는'과 통합형 관형사형 어미 '다는'이 의미까지 같으냐 하면 결코 그렇지는 않다. 관형사형 기능, 즉 관형어 기능이라는 점에서 공통점이 있을 뿐이지 근본적인 의미까지 같지는 않다. '다는'은 종결적 의미와 수식의 의미를 모두 갖고 있음에 비해서 '는'은 종결적 의미는 갖고 있지 못하다는 차이점이 있다.

16.2.3. '다는'과 '다고'의 유사점과 차이점

지금까지 '다는'이 간접 인용절을 이끌어서 체언을 수식하게 하는 관형사형 어미라는 주장을 펼쳐보였다. 그렇게 보았을 경우 문법적 설명력에서 어떤 유익점이 있을까? 역시 간접 인용절을 이끌어서 용언을 수식하게 하는 '다고'와의 비교를 통해서 살펴보고자 한다.

먼저 '다는'과 '다고'의 유사점을 살펴보도록 하자.

첫째, '다는'을 어미로 보게 되면 '다고'를 어미로 보는 입장과 동일하게 되어 인용절 설명의 일관성을 유지할 수 있게 된다. '다고'에 대해서 부사형 어미로 보는 입장을 받아들인다고 할 때, '다는'도 체언을 수식하는 관형사형 어미로 보아, 논리적 설명력에 일관성을 유지할 수 있을 것이다.[5] 즉 '다고'로 이끌어지는 절은 부사절이 될 것이고 '다는'으로 이끌어지는 절은 관형사절이 될 것이다.

    (11) ㄱ. 그는 <u>우리가 돌아왔다는</u> 사실을 모르고 있었다.

---

5) '다고'에 대해서 권재일(1992), 유현경(2002), 이관규(2002) 등에서 어미로 보고 있다.

ㄴ. 우리는 <u>인간이 누구나 존귀하다고</u> 믿는다.

둘째, '다고'와 '다는'을 동일한 선상에서 보아야 한다는 것은 일견 당연한 것이기도 하다. (11ㄱ)에서 '우리가 돌아왔다'만 따로 인용절이라고 하는 것보다는 '우리가 돌아왔다는' 전체가 후행하는 체언 '사실'을 수식하는 구조라고 설명하는 것이 전체적 설명력을 얻을 수 있다. 마찬가지로 (11ㄴ)에서 '인간이 누구나 존귀하다'만 따로 인용절이라고 하기보다는 '인간이 누구나 존귀하다고' 전체가 후행하는 서술어를 수식한다고 보는 것이 더 설명력이 있다고 할 수 있다. 겹문장에서 안긴 절은 독자적으로 존재하는 게 아니라 전체 구조 속에서 의미가 있다는 것이다.

(12) ㄱ. 동생이 자기도 같이 가겠다고 말한다.
ㄴ. 그는 내일이면 떠난다고 내게 말했다.
ㄷ. 자기는 절대 범인이 아니라고 주장한다.

(13) ㄱ. 할 일이 있다고 자네보고 먼저 가라고 했네.
ㄴ. 그는 나에게 그 일을 함께 하자고 말했다.
ㄷ. 철수에게 어디 가느냐고 물어보아라.
ㄹ. 어디가 아프냐고 물어도 대답이 없다.

셋째, 실제로 '다는' 어미가 '자는, 느냐는/냐는, 라는'에서처럼 다양한 통합형을 가지고 있는 것처럼, '다고'도 '자고, 느냐고/냐고, 라고'와 같은 통합형을 지니고 있다. (12ㄱ,ㄴ)에서 '다고'를 볼 수 있고, (12ㄷ)에서는 '라고' 형태가 나타남을 볼 수 있다.[6] (13)에서 보면 '라고, 자고, 느냐고/

---

6) 한편, 특이한 형태로 '마고'라는 형태가 나타나기도 한다. "꼭 {가마고/간다고} 약속했는데 그만 지키지 못했다."를 보면 '다고'라는 형태 외에 '가마고' 해서 약속형 어미가 인용절에 나타나는 것을 볼 수 있다. 이때는 '간마고'가 안 되고 '가마고'로 나타나서 독특한 특성을 보인다. '다는' 형에서는 *'가마는'이 성립되지 않는다.

냐고, 라고'가 역시 사용되고 있음을 확인할 수 있다. 결국 평서형, 청유형, 의문형, 명령형의 종결 어미 뒤에 '는'과 '고'가 공통적으로 나타남을 확인할 수 있다.

> (14) ㄱ. 그는 <u>우리가 돌아왔다는</u> 사실을 모르고 있었다.
> ㄴ. !그는 <u>우리가 돌아왔다고 하는</u> 사실을 모르고 있었다.
> ㄷ. !그는 <u>우리가 돌아왔다고 그러는</u> 사실을 모르고 있었다.

다음으로 '다는'과 '다고'의 차이점은 무엇인지 알아보도록 하자. 차이점이라고 하면 당연히 '다는'은 관형사형 어미이고 '다고'는 부사형 어미라고 할 수 있다. 문제는 '다고'에 비해서 '다는'은 '다고 하는'의 생략형이라고 보는 견해가 있는데, 이는 (14ㄱ)과 (14ㄴ)이 동일한 의미를 지니고 있다는 것을 전제했을 때의 견해이다. 그렇지만 이 둘은 분명히 다른 의미를 갖고 있는 다른 구조라고 할 수 있다. '하는'을 '그러는'으로 대형화시킨 (14ㄷ)을 보면 이를 분명히 알 수 있다. '하는'은 '우리가 돌아왔다는'을 다시 한 번 되풀이한 표현일 뿐이라는 것이다.

만약 (14ㄱ)과 (14ㄴ)을 동일한 것이라 한다면 '다는'과 '다고'가 대응하는 통합형 어미로 기능하는 게 아니라 '다고' 구성이 '다는' 구성의 일부라는 이상한 결론이 나오게 된다. 결국 의미적으로도 그렇고 구조적으로도 그렇고 (14ㄱ)과 (14ㄴ)은 차이가 있는 것이 명백하다.

16.2.4. 소결 : 관형사형 어미 '다는'

지금까지 체언을 수식하는 관형사절 가운데 소위 완형 보문이라고 하는 간접 인용절을 표상하는 '다는'에 대하여 문법 범주와 그 종류 및 특성에 대하여 알아보았다. 기본적으로 또 다른 관형사절을 이루는 불구 보문에서 사용된 '는'과 마찬가지로 '다는'도 관형사형 어미로 보아야 한다는 입장을 밝혔다. '는'이 단일형 관형사형 어미임에 비해, '다는'은 통합형 관형사형 어미라는 것을 주장했다.

이러한 견해는 형태 하나하나를 따지는 분석적 태도를 벗어나 동일한 기능을 하는 요소를 통합적으로 보는 입장을 견지한 것이다. 흔히들 형태냐 의미냐 구분하고 있는데, 여기서는 전체적 기능을 강조했으니 굳이 이분법화한다면 '의미' 쪽을 취한 셈이다. 보다 정확히 말한다면 '의미 기능' 입장을 띠었다고 해야 할 것 같다. 사실 기능 입장에서 문법 요소들을 보게 되면 많은 이점이 있다. 예컨대, '기 때문에', '는 가운데' 같은 표현들은 전체 문장에서 따로 '기, 때문, 에', '는, 가운데' 이렇게 하나하나 분석해서 설명하기보다는 전체를 하나의 기능, 곧 부사어 기능을 하게 한다는 점에서 묶어서 바라본다는 것이다.

이렇게 기능을 기준으로 하여 문장 요소를 바라보는 태도는 자칫 원인보다 결과만을 본다는 비판이 있을 수 있다. 그러나 그건 기우라고 본다. 왜냐하면 전체적 기능을 살핀다고 할 때, 그 다음으로 수반되는 작업은 그 전체가 가지는 의미를 정확하게 밝히기 위하여 그 전체 요소를 하나하나 형태 의미적으로 보는 건 당연하기 때문이다. '다는' 같은 경우 전체적으로 통합형 관형사형 어미라고 했지만, '라는, 자는, 느냐는/냐는' 등 다양한 형태들이 있으니 세부적인 의미 변별 차원에서는 개별 형태들을 염두에 둘 수도 있을 것이다.

한 가지 본고에서 다루지 못한 것은 직접 인용절을 이끄는 '라는'과 '라고'이다. 이것들은 각각 '다는, 다고'와 동일하게 어미로 볼 수 있는 가능성이 있다. '라는, 라고'로 나타나는 것은 그 앞에 직접 인용의 'X' 다음에 '이다'의 '이'가 있기 때문이다. 구체적으로는 X가 모음으로 끝나면 '라는, 라고', 자음으로 끝나면 '이라는, 이라고'로 외현된다. 이 직접 인용절 뒤에 나오는 '라는, 라고'에 대하여 필자로서는 '다는, 다고'와 마찬가지로 통합형으로 보는 입장을 취한다. 이에 대해서는 좀 더 논의가 필요할 듯하다.

16.3. 관형격 조사 '라는'

16.3.1. 체언 수식 방법

일반적으로 체언을 수식하는 방법으로는 관형사, 영형태, 관형격 조사 '의', 관형사형 어미 '는, 은, 을'이 알려져 있다.

> (15) ㄱ. 저 사람은 누구야?
> ㄴ. {인권 존중/인권의 존중}이 얼마나 중요한지 아니?
> ㄷ. {*그 가방/그의 가방}은 어느 것이니?
> {*?²승리 길/승리의 길}은 과연 무엇일까?
> ㄹ. 그는 종일 <u>하늘에 떠가는</u> 구름만 보고 있었다.

(15ㄱ)의 '저 사람'에서처럼 관형사('저') 홀로 체언을 수식하는 것이 가장 기본적인 방법이다. 또한 (15ㄴ)에서 '인권'이라는 체언이 '존중'이라는 체언을 수식할 때 그냥 체언 자체만 사용되어 후행 체언을 수식하고 있고 (소위 '영형태'),[7] (15ㄷ)에서는 대표적인 관형격 조사 '의'가 사용되고 있다. 물론 (15ㄹ)의 '하늘에 떠가는'에서는 관형사형 어미 '는'이 사용되어 후행 체언을 수식하고 있는데, '은, 을'도 관형사형 어미로 많이 사용되고 있다.

---

7) 물론 '인권 존중'을 파악할 때 영형태의 관형격 조사가 있다고 말할 수도 있고, 단순히 '의'가 생략되어 있다고 말할 수도 있다. 그러나 본질적으로 있음과 없음은 형태의 유무만큼이나 의미의 차이도 나는 것이기에 간단히 결론을 얘기하기는 쉽지 않다. 여기서는 단순히 아무 표지도 없음 정도로 영형태라는 용어를 사용하고자 한다.

(16) ㄱ. 나는 아버지가 쓰러지셨다는 마당가 바로 그 자리에 서 있었다.
　　　ㄴ. "눈은 마음의 창이야."라는 말을 들어본 적 있니?

　일반적으로 체언을 수식하게 하는 관형격 조사로는 '의' 하나만이 인정
되어 왔다. 그러나 (16ㄱ)의 '는'과 (16ㄴ)의 '라는'은 어미인지 조사인지
불확실하다. 본 연구에서는 (16ㄱ)의 '는'은 선행의 '다'와 함께, 즉 '다는'
자체가 하나의 어미, 즉 관형사형 어미이고, (16ㄴ)의 '라는'은 하나의 조
사, 즉 관형격 조사임을 밝히고자 한다. 그리하여 한국어에는 관형격 조사
로 '의'와 '라는'을 인정할 수 있다는 것과, 이것들의 사용상 차이는 무엇
인지 밝히고자 한다.8)

16.3.2. '의'의 분포 양상

　통사론적 차원에서 관형격 조사 '의'를 살피다 보면, 대개 '의'의 전후
에 체언이나 체언구가 오는 경우를 다루곤 한다. 그리하여 흔히 'N의 N'
(예 : 나의 친구), 혹은 'NP의 NP'(예 : 그 선생님의 둘째 아들)인 예들을 다루는
것이 일반적이다. 그러나 다음의 예들은 어떻게 바라보아야 하는가?

(17) ㄱ. 나의 살던 고향 / 학생의 할 도리를 다 했어.
　　　ㄴ. 구속에서의 탈출 / 저자와의 대화 / 서울에서부터의 전화
　　　ㄷ. "저승길이 대문 밖이다."의 뜻이 뭐지?

　(17ㄱ)의 '나의 살던 고향'은 '[나의 살던] 고향'으로 분석해야 하는가

---

8) 먼저 용어에 대한 정리를 하도록 한다. '의'에 대해서 관형격 조사와 속격 조사가 흔히 사
　용된다. 관형격 조사는 체언 뒤에 그것이 붙어서 뒤 체언을 수식한다는 뜻을 지닌 통사
　론적 용어임에 비해서, 속격 조사는 앞 성분이 후행 체언에 속해 있다는 의미를 지닌 의
　미론적 용어이다. 본고에서 다루는 관형격 조사 논의는 의미론적 연구가 아니라 통사론
　적 논의이기 때문에 관형격 조사라는 용어를 사용한다.

아니면 '나의 [살던 고향]'으로 분석해야 하는가? 흔히들 이때의 '의'를 의미상 주격 운운하고 있지만 이는 재고가 필요하다.9) 즉 통사론적 차원에서 볼 때 '의'는 단순히 뒤에 오는 체언을 수식해 주는 매개체, 즉 관형격 조사이기 때문에 '나의'가 '고향'을 수식해 주는 것으로 보아야 한다.

문제가 되는 것은 (17ㄴ, ㄷ)이다. (17ㄴ)의 '구속에서', '저자와', '서울에서부터'와 (17ㄷ)의 속담 '저승길이 대문 밖이다'는 체언구(NP)로 보기가 쉽지 않아 보인다. 한국어는 SOV 언어로 핵(HEAD)이 뒤에 오기 때문에, '구속에서, 저자와, 서울에서부터'는 후치사구(PP)라고 할 수 있으며, 더구나 (17ㄷ)의 '저승길이 대문 밖이다.'라는 표현은 전체가 하나의 속담, 곧 문장(S, 혹은 절)으로 되어 있어서 체언구라고 하기가 더 어려워 보인다.

그렇다면 '의'는 관형격 조사가 아닌 경우로도 사용 가능하다는 말인가? 그러나 이는 결코 그렇지 않다. 관형격 조사라고 하는 것이 단순히 앞의 요소들로 하여금 후행하는 체언을 수식하게 하는 역할을 한다는 것을 염두에 둔다면, (17ㄴ, ㄷ)에 있는 '의' 선행 요소들은 '의'를 통하여 후행 체언을 수식하고 있기 때문에, '의'가 분명히 관형격 조사라는 것을 알 수가 있다.

이럴 경우 결국 후치사구(PP)든 문장(S, 혹은 절)이든 이들은 모두 일단 XP라고 뭉뚱그려서 파악하는 방법을 모색해 볼 수가 있다. 즉 관형격 조사 '의' 앞에 오는 것은 어떤 것이든 상관이 없으며, '의'를 통하여 선행 요소들은 일종의 체언 성격을 갖게 되는 것으로 이해할 수가 있다.

---

9) 물론 '나의 살던 고향'에서 '의'를 의미상 주격이라고 계속 주장할 수는 있다. 그러나 그럴 경우 '내가 살던 고향'이라는 의미로 파악하게 되는 것인데, 그것은 의미론적으로 '의'를 바라보는 입장이기 때문에 본고에서의 논의 방향과 다르게 된다. 더구나 확대해서 해석하면 '의'가 주격 조사 의미 기능이 있다고 주장하는 입장도 될 수 있기 때문에 '나의 [살던 고향]'으로 구조를 파악해서 '의'를 관형격 조사로만 처리하는 것이 나을 듯하다.

16.3.3. '라는'의 문법 범주

국어에서 후행 체언을 수식하게 하는 관형어 기능을 하는 것은 비단 '의'만이 있는 게 아니다. 종래 많이 주목되지는 않았지만, '는', '라는' 같은 것들도 체언을 수식하게 하는 역할을 하고 있다. 다음 예를 먼저 보도록 하자.

(18) ㄱ. 사장이 그것을 하겠다는 말에 모두들 놀랐다.
　　 ㄴ. 그건 그의 잘못이 아니라는 것을 아무도 인정하려고 하지 않았다.

(18ㄱ,ㄴ)에 사용된 '는'은 흔히 사용되는 관형사형 어미 '는'(예 : '학교 가는 학생')과는 성격이 달라 보인다. (18ㄱ)에서는 '사장이 그것을 하겠다' 전체에 '는'이 붙어 있고, (18ㄴ)에서는 '그의 잘못이 아니라'에 '는'이 붙어 있는 형국이다.[10] 이때의 '는'은 소위 관형격 조사라고 할 수도 있지 않겠느냐는 것이다. 이때의 '는'을 조사로 볼 것인가 어미의 일부로 볼 것인가 하는 문제는 앞의 '사장이 그것을 하겠다'를 전체 문장과는 완전히 단절된 것, 곧 일종의 체언구(NP)로 보는 입장을 전제한다.

그러나 이러한 소위 간접 인용절은 전체 문장과 밀접한 관련을 맺고 있어서 '는'을 조사로 보는 견해는 받아들이기가 쉽지 않다. (18ㄱ)을 직접 인용절이 있는 문장으로 바꾸어 보면, '"사장인 내가 이것을 하지요"라는 말에 모두들 놀랐다.' 정도가 될 텐데, 이렇게 되면 간접 인용절에 있는 인칭, 대명사, 시제 등이 직접 인용절에 있는 것들과 다르게 된다. 그러므로 단순히 '사장이 그것을 하겠다'에 '는'이 붙었다고 말하긴 어렵다. 따라서 '사장이 그것을 하겠-'에 '다는'이라고 하는 관형사형 어미가 붙었다고 보는 견해가 성립할 수 있다. 관형사형 어미 '는'과 달리 '다는'은 일

10) '아니라'는 본래 '아니다'이지만 '다'가 'ㅣ' 뒤에서 '라'로 바뀐 것으로 보는 것이 일반적이다.

종의 통합형 관형사형 어미로서의 자격을 가진다고 볼 수 있다.

> (19) ㄱ. 저, 철수<u>라는</u> 사람을 찾는데요. / 저는 철수라고 해요.
> ㄴ. "로마가 하루아침에 만들어지지 않는다."<u>라는</u> 말을 누가 했어?
> ㄷ. "누가 일을 이렇게 그르쳐 놨군."<u>이라는</u> 소리가 들려왔다.

이에 비해서 소위 직접 인용절에 붙는 '라는'은 다른 양상을 보인다. (19ㄱ)의 '철수라는'에서처럼, (19ㄴ)에서 직접 인용절로 들어간 '로마가 하루아침에 만들어지지 않는다.'에 '라는'이라는 관형격 조사가 들어가서 후행 체언인 '말'을 수식한다고 볼 수 있다. 이는 직접 인용된 표현이 일종의 체언구(NP)에 해당하기 때문이다. 직접 인용되어 있는 표현의 주어, 시제 등이 전체 문장과는 별개로 독립적으로 존재하기 때문에 그 자체가 하나의 체언구(NP)를 구성하게 된다. 이로 인해서 '라는'은 관형사형 어미라기보다는 관형격 조사라고 보는 것이 온당해 보인다.

한편 (19ㄷ)에서는 직접 인용절 뒤에 '라는'이 아니라 '이라는'이 들어가 있다. 이것은 두 가지 중요한 의미를 가진다. 기본적으로는 선행 직접 인용 표현의 마지막이 자음으로 끝나 있기 때문에 '이'가 들어가 있다. 또한 더욱 중요한 사실은, 선행 표현이 자음으로 끝나 있는지 모음으로 끝나 있는지에 따라서 '이'가 있고 없고 하는 것은, 선행 직접 인용 표현이 체언 성격을 가진 것이냐 용언 성격을 가진 것이냐를 결정하는 중요한 기준이 될 수 있다는 것이다.

> (20) ㄱ. 잔칫상에는 배<u>며</u> 대추<u>며</u> 사과<u>며</u> 여러 가지 과일이 차려져 있었다.
> ㄴ. 남편은 친절하<u>며</u> 부인은 인정이 많다.
> ㄷ. 옷이<u>며</u> 신이<u>며</u> 죄다 흩어져 있었다.
> ㄹ. 손님으로 누가 왔<u>으며</u> 얼마나 많이 왔는지 알아보아라.

(20ㄱ)에는 접속 조사 '며'가 사용되고 있고, (20ㄴ)에는 접속 어미 '며'가 사용되고 있다. 겉으로 볼 때는 똑같이 '며'로 나타나고 있지만, 기능은 분명히 다르다. 조사와 어미라는 기능의 차이는 (20ㄷ)과 (20ㄹ)을 보면 분명하게 드러난다. 모음 뒤에서는 외형상 '며'로 똑같았으나, 자음 뒤에서는 접속 조사일 때는 '이며'로 나타나고 접속 어미일 때는 '으며'로 나타난다. 즉 (20ㄷ)의 '옷이며 신이며'에서는 '이며'가 접속 조사이며, (20ㄹ)의 '손님으로 누가 왔으며'에서는 '으며'가 접속 어미로 사용되고 있다는 것이다.

요컨대 직접 인용 표현 뒤에 오는 (19ㄴ)의 '라는'과 (19ㄷ)의 '이라는'은 후행하는 체언을 수식하게 하는 역할을 하는 관형격 조사라고 말할 수 있다.

16.3.4. 관형격 조사 '의'와 '라는'의 차이

앞에서 관형격 조사로 기존의 '의' 이외에 '라는'을 추가할 필요가 있음을 살펴보았다. 그렇다면 이들은 각각 어떤 특성을 변별적으로 갖고 있을까?

(21) ㄱ. 저, 철수{라는/*의} 사람을 찾는데요.
  ㄴ. "조용히 해!"{라는/*의} 소리 못 들었어?
  ㄷ. "어서 밥 먹으렴."{이라는/*의} 소리 못 들었어?

이때 사용되는 '라는'은 선행 체언구와 후행 체언(혹은 체언구)의 내용이 동일하다는 것을 나타내 준다. (21ㄱ)의 '철수라는 사람'에서 '라는'은 선행 '철수'와 후행 '사람'이 동일한 대상임을 나타내 준다. 마찬가지로 (21ㄴ)에서 선행 표현, 곧 "조용히 해!"라는 일종의 체언구(NP)가 후행 '소리'

의 내용을 보여 주고 있다. 사실 이것은 '라는'이라고 하는 것이 어원적으로 소위 서술격 조사 '이다'에서 왔기 때문이다. (21ㄷ)에서처럼 '라는'이 선행 표현이 자음으로 끝났을 때 '이라는'으로 나타나는 것도 기실 이런 이유 때문이다.

'라는'이 '이다'에서 왔기 때문인지는 몰라도, '철수라는 사람'에서 보다시피 '라는'은 선행 체언과 후행 체언을 직접적이고 구체적으로 이어준다. 즉, 'A는 B이다'에서 'B인 A'가 나온 이치와 동일하다. 이것은 '라는'이 '의'와의 차이를 보여 주는 중요한 변별 특성이다. (21)에서 관형격 조사 '의'가 가능하지 않은 것은 바로 이런 이유 때문이다. 즉 '의'는 선행 체언과 후행 체언의 관계를 간접적으로 이어 주기 때문에 (21)에서 불가능하고, 직접적으로 이어 주는 '라는'은 가능하다는 것이다.

요컨대 '라는'은 통사론적으로 후행 체언을 수식하게 해 주는 관형격 조사이고, 의미론적으로는 후행 체언의 의미를 선행 체언을 통해서 알 수 있게 해 주는, 다시 말하면 선행 체언구와 후행 체언의 의미가 동일하다는 것을 직접적으로 나타내 주는 역할을 한다.

> (22) ㄱ. 우리는 인권{*이라는/의} 존중이 얼마나 중요한지 잘 알고 있어요.
> ㄴ. 지금은 국민{*이라는/의} 단결이 절실히 필요한 때입니다.
> ㄷ. 너, 질투{??라는/의} 감정을 느껴 본 적 있니?

사실 '의'는 다양한 의미 기능을 수행한다. (22ㄱ)의 '인권의 존중'에서처럼 '행동의 대상'을 나타내 주기도 하고 (22ㄴ)의 '국민의 단결'에서처럼 '행동의 주체'를 나타내기도 한다. 이외에도 '의'는 매우 많은 의미 기능을 한다고 알려져 있다.[11] 물론 '의'가 (22ㄷ)에서처럼 동격의 의미를 나

---

11) 『표준국어대사전』(1999)에서는 관형격 조사 '의'의 용법을 21가지나 제시하고 있다. 선행 체언과 후행 체언의 관계를 나타내는 데 있어서, 소유(예 : 나의 얼굴), 작용 주체(예 : 나라의 발전), 과정이나 목표의 대상(예 : 승리의 길) 등 다양하게 제시되어 있다.

타내기도 한다. 이는 '라는'은 직접적 연결 매개체이고 '의'는 간접적 연결 매개체이기 때문으로 구분할 수가 있다. (22ㄷ)에서 '질투{²²라는} 감정'이 약간 이상하게 느껴지는 것은 '질투'와 '감정'이라는 체언들이 갖고 있는 의미의 간접성 때문으로 볼 수 있다. 즉 '라는'은 선행 체언과 후행 체언을 군더더기 없이 바로 의미를 이어 주지만, '의'는 일정한 의미의 단계 차이를 동반하여 간접적으로 연결을 시켜 준다는 것이다.

16.3.5. 소결 : 관형격 조사 '라는'

지금까지 국어에서 체언을 수식하는 방법과 특히 선행 체언 혹은 체언 구가 후행 체언을 수식하는 방법을 그 종류와 특성에 대해서 살펴보았다. 관형사, 영형태, 관형격 조사 '의', 관형사형 어미 '는/은/을' 등의 매개체를 통해서 체언을 수식하곤 하며, 특히 앞에 체언이 와서 후행 체언을 수식할 때에는 외현적으로 볼 때 관형격 조사 '의'가 그 역할을 하는 것으로 대개 알려져 왔다.

그러나 관형격 조사로는 '의' 이외에도 '라는'이라고 하는 직접 인용 표지도 설정해 볼 수 있다. 이는 관형격 조사 '의'가 실현되는 양상이 '서울에서부터의 편지'에서와 같이 체언 아닌 XP에도 '의'가 붙어서 관형격 조사 역할을 하는 것을 생각해 볼 때 충분히 가능하다. 예컨대 '철수는 "내가 이 나이에 그걸 하리?"라는 말을 자주 하곤 한다.'에서 볼 때 '라는' 앞에 오는 직접 인용 표현이 XP로 묶일 수 있기 때문이다.[12]

관형격 조사 '의'는 다양한 의미 기능을 함에 비해서 '라는'은 선행 체언구(NP)와 후행 체언이 동일한 의미, 즉 동격 의미라는 것을 나타내 주는 역할만을 하여 차이를 보인다. 물론 '의'도 동격 의미를 나타낼 경우가 있

---

[12] 직접 인용 표현을 XP로 묶어 놓기는 했지만, XP는 결국 체언 특성을 가진 것으로 볼 수 있다. 왜냐하면 XP 뒤에 나오는 "라는"이 결국 관형격 조사일 수밖에 없기 때문이다.

긴 하지만, 그것은 '질투의 감정'에서처럼 간접적이고 추상적인 동격 의미를 나타내어, '라는'이 갖는 직접적인 동격 의미 역할과는 차이를 보인다.

선행 체언이 자음으로 끝나면, '라고', '라는'이 '이라고', '이라는'으로 실현되는데, 이는 본고에서 주목하는 '라는'이 관형격 조사라는 주장을 뒷받침해 준다. 즉, 직접 인용 표현이 자음으로 끝났을 경우, '라는'은 '이라는'으로 실현되는데, 대개는 소위 매개 모음 '으'가 들어가지만, 자음으로 끝나는 체언 뒤에서는 '이'가 등장하게 된다는 것이다. 이는 '라는' 혹은 '이라는'이 관형격 조사라는 중요한 근거가 된다.

⊖ 탐구하기

⊖ 더 살펴보기

고영근(1981), 김수태(2001), 남기심(1973), 신지영(2015), 안명철(1992, 1999),
엄정호(1990, 1999), 유현경(2001, 2002, 2004, 2005), 이관규(2002, 2008),
이필영(1993, 1995), 이홍배(1968), 이홍식(1999), 이희자(1990), 임동훈(1995),
정희창(1994), 최동주(2002), 홍종선 외(2015)

제6부

앞으로의 과제

제17장 국어 교육을 위한 국어 문법론의 연구와 과제

1980년대 후반 일반대학원(서울대, 한국교원대)에 국어교육학과가 설치됨에 따라 실천적 성격을 갖고 있는 '국어 교육'을 이론적으로 연구할 수 있는 계기가 마련되었다. 특히 듣기, 말하기, 읽기, 쓰기와 같은 국어 기능 분야는 경험 중심 주의라는 학문적 사조와 맞물려 그 동안 이론적 발전을 많이 해 왔다. 그러나 전통적으로 지식 영역으로 다루어져 온 국어 지식 분야, 곧 문법 분야는 이전 학문 중심 주의 사조 하의 이론이 거의 그대로 받아들여져 온 감이 있다. 1990년대 후반에 들어와서야 비로소 국어 교육학 차원에서의 국어 지식 분야가 학문적 자리 매김을 조금씩 하고 있는 중이라 할 수 있다.

제17장에서는 최근 10여 년 간에 걸친 국어 지식 영역, 특히 문법론 분야가 어떤 양상을 띠어 왔는지 살펴보면서, 앞으로 국어 교육을 위한 국어 문법론이 다루어야 할 과제들은 무엇인지 제시해 보기로 한다.

17.1. 국어 교육을 위한 국어 문법론의 연구 경향

전통적으로 이론 국어학에서는 음운론, 문법론, 의미론이 3대 영역으로 정립되어 왔으며, 그 중에서도 국어 문법론은 핵심적인 영역으로 인식되어 왔다. 이런 경향은 최근의 국어 교육학 차원에서의 문법론에서도 예외는 아니라고 할 수 있다. 다음 (1)은 연구 대상에 따른 국어 지식 연구물들의 경향을 제시한 것이다. 1992년부터 살핀 것은 이때 최초로 국어 교육학 차원의 국어 지식 관련 박사논문이 출간됨으로 해서, 국어 교육학이 비로소 학문적 단계에 진입했다는 증거로 파악되기 때문이다.[1]

(1) 연구 대상에 따른 국어 지식 전체 논저의 경향(이관규 2002ㄷ : 94)

영역＼연도	1992	1993	1994	1995	1996	1997	1998	1999	2000	2001	합계	백분율
음운	2	0	1	3	3	2	0	3	4	3	21	4.7
단어	4	4	1	1	2	3	1	4	3	2	25	5.6
문장	4	7	7	3	3	3	8	2	7	6	50	11.1
의미	0	2	3	0	1	5	1	3	5	1	21	4.7
담화	0	2	4	4	2	2	4	3	5	2	28	6.2
어휘	9	6	6	6	6	6	16	12	17	23	107	23.8
어문규범	7	0	4	1	1	1	2	4	2	15	34	7.5
태도	0	0	1	1	0	1	0	3	1	3	9	2.2
종합	12	10	11	15	7	23	15	24	19	19	155	34.4
합계	34	31	38	33	26	46	47	58	63	74	450	100.0

(1)을 통해서 볼 때, 국어 지식 분야가 아직 세부적인 영역에서 연구되지 못하고 있다는 것을 알 수 있다. 세부 영역을 나누지 않은 종합적인 내용을 담은 논저가 많다는 것(34.4%)과 어휘 영역을 다룬 연구물이 많다는 것(23.8%)은 국어 교육학적 국어 지식 연구 분야가 아직 초창기에 머물러

---

1) (1)에 제시된 논저 숫자는 박사논문 15편, 석사논문 168편, 일반논문 235편, 단행본 32권 모두 합해서 450개이다. (1)은 그것들을 모두 합해서 도표로 나타낸 것이다. 전체적으로 볼 때 양적으로는 점차 연구물이 늘어나고 있는 추세이기는 하지만, 이관규(2002ㄷ)에서 지적한 바, 연구 질의 꽃이라 할 수 있는 박사논문이 점차 줄어들고 있다는 것은 결코 낙관적으로만 볼 수 없다는 것을 의미한다.

있다는 걸 의미한다. 어휘 영역은 단어를 집합 차원에서 다룬 것으로 이론적 접근보다는 국어 생활적인 측면에서 실용적으로 다루는 분야이다. 문법론에 해당하는 단어와 문장 영역을 다룬 것은 각각 5.6%와 11.1%를 차지하고 있다. 그나마 다른 영역에 비해서 문법론 분야가 국어 교육학 차원에서 중요하게 다루어지고 있다. 앞(1.2.3)에서 문법 교과서(7차)에서 문법론 영역의 시수가 전체 36.8%(단어 16.2%, 문장 20.6%)를 차지하고 있었던 것에 비하면, 문법론 연구는 상대적으로 부족하다고 말할 수 있다.2)

한편, 필자가 조사한 바, 국어 교육 현장에서는 단어와 문장에 대한 교육적 필요성을 많이 느끼고 있었다. 다음 (2)는 필자가 2004년 여름에 중등학교 국어과 교사들을 대상으로 하여 설문 조사한 내용이다. (2)에는 어휘 영역에 대한 질문 항목은 없으나 문법론 분야에 대한 국어과 교사들의 의견을 파악하기에는 충분하다고 본다.3)

(2) 국어 지식 과목에서 강조해서 다루기를 바라는 영역
　ㄱ. 고등학교 국어 교사

항목	말소리	단어	문장	이야기	어문 규정	합계
교사 수	21	31	59	49	70	232명
백분율	9.1	13.4	25.4	21.1	31.0	100%

---

2) 1992년부터 2001년까지의 국어 지식 분야 박사논문은 전체 15편이 나왔는데, 그 중 문법론 분야 논문은 단 2편이었다. 1992년에 나온 '국어 대명사의 담화분석적 연구'(주경희), '한국어 호응관계에 대한 국어교육적 연구'(송현정)가 그것이다. 전자는 담화 영역과 걸친 것으로 이해된다. 2002년 이후에 나온 국어 지식 분야 박사 논문은 '고등학교 공통 필수 교과 어휘 분석 연구'(성숙자)가 있지만 문법론과는 무관하다.

3) 필자는 2004년 7월 21일과 8월 9일에 1정 중등 교사 연수를 받고 있는 고등학교 국어 교사 116명과 중학교 국어 교사 76명을 대상으로 현행 중등학교에서의 문법 교육의 실태에 대해서 설문 조사를 하였다. 그 대부분의 결과는 『새국어생활』 제14권 3호에 보고되어 있다. (2)의 내용은 거기에 보고하지 않은 것인데, 교사들이 국어 지식 영역에서 강조하길 원하는 두 가지 영역을 표시한 것이다.

ㄴ. 중학교 국어 교사

항목	말소리	단어	문장	이야기	어문 규정	합계
숫자	6	23	44	43	36	152명
비율	4.0	15.1	28.9	28.3	23.7	100%

(2)에서 보다시피 국어 교육 현장에서는 국어 지식 분야 가운데 문법론 내용을 교수 학습해야 한다고 보는 입장이 고등학교가 38.8%(단어 13.4%, 문장 25.4%), 중학교가 44.0%(단어 15.1%, 문장 28.9%)나 된다. 이 수치는 (1)의 문법론 연구물 16.7%보다 훨씬 높고, 문법 교과서에서의 문법론 비중 (36.8%)보다도 높다.4)

요컨대, 국어 교육 현장에서는 단어, 특히 문장에 대한 교육적 필요성이 절실하다는 것을 알 수 있고, 또한 그에 따라 국어 문법론 영역에 대한 연구의 필요성도 높다고 말할 수 있다.

17.2. 국어 교육을 위한 국어 문법론의 과제

국어 교육학 내에서 국어 지식, 즉 문법 영역이 갖고 있는 위상이 흔히 15.4%라고 말하고 있으나(이관규 2000), 실제 국어 교육 현장에서는 그만큼 되지 못하는 게 현실이다. 듣기, 말하기, 읽기, 쓰기, 문학 등 다른 영역의 '기초적 지식'으로서 그 필요성을 인정하면서도 정작 국어 교육 현장에서는 무시되고 있다는 것이다. 이런 상황이니 국어 지식 영역의 세부 분야에서도 교육이나 연구가 제대로 이루어질 리 없었다. 그나마 국어과 교사들이 단어와 문장과 같은 국어 문법론 분야에 대한 교육의 필요성을 많이

---

4) 물론 (1)의 영역은 9개이고 (2)의 영역은 5개이기 때문에 단순하게 백분율로 비교하는 것은 문제가 있을 수 있다. 그러나 그 차이가 워낙 커서 유의하다고 볼 수 있다.

제기해 준 것은 문법론 분야에 대한 연구의 가능성과 필요성을 보여 준 것이라 하겠다. 여기서는 (1)과 (2)에 나타난 내용들을 세밀히 분석하면서 앞으로의 국어 교육을 위한 국어 문법론의 방향을 앞으로의 과제라는 차원에서 제시해 보고자 한다.

첫째, 문법론 가운데서도 특히 문장에 대한 교육적 연구 필요성이 훨씬 높게 나타났다는 것이다. 이것은 사고를 표현하는 완전한 단위로서의 문장의 특성을 잘 드러내는 것이라 할 수 있다. (1)에서도 보이지만 문장 분야에 대한 연구가 단어 분야보다 배는 더 높게 나타난다(11.1% 대 5.6%). 물론 국어과 교사들이 제시한 교육적 비중에서도 문장 분야가 단어 분야보다 거의 배나 된다(고교 25.4% 대 13.4% ; 중학교 28.9% 대 15.1%). 따라서 교육적 실천면에서도 그렇고 이를 뒷받침하는 문법 이론면에서도 그렇고 문장에 대한 연구가 보다 절실하다고 하겠다.

둘째, 어문 규정에 대한 교육과 연구가 중요하다는 것을 (1)과 (2)를 통해서 또한 확인할 수 있다. 현재 어문 규정에 대한 연구물이 7.5%로 단어 분야보다 훨씬 높으며, 국어과 교사들이 교육적으로 필요하다고 인식하는 것도 매우 높다는 것이다(고교 31.0%, 중학교 23.7%). 이것은 그 동안 이론적인 국어학 내용이 국어 교육 현장에서 별로 직접적으로 다가가지 못했다는 것을 반영한다. 즉 교육적 차원의 국어 지식 분야가 실제 국어 생활에 이바지하는 방향으로 연구되고 교육되어야 한다는 것을 뜻한다(이관규 2004ㄴ 참조). 이것은 교육적 차원의 문법론 분야에서도 마찬가지다. 자립적 단위로서의 단어와 완전한 사고 표현 단위로서의 문장이 국어 생활에서 유용하게 이바지할 수 있어야 한다는 것이다. 곧 바른 단어, 바른 문장을 통해서 바른 국어 생활이 이루어질 수 있다는 것을 강하게 암시하는 것이라 하겠다.

셋째, (1)에 나타난 통계를 통해서 담화(혹은 이야기) 분야에 대한 연구 결과가 6.2%로 단어 분야(5.6%)보다 높게 나타난다. 실제로 박사논문 가운데

1992년부터 2001년까지 전체 15편 박사논문 가운데 담화를 다룬 것이 8편으로 53.4%나 된다. 이것은 국어과 교사들이 교육적으로 필요하다고 느끼는 내용을 통해서도 잘 알 수 있다. (2)를 보면 고등 학교나 중학교나 국어과 교사들은 담화, 곧 이야기 부분을 문장 분야 정도로 현장에서 다루어야 한다고 보고 있다(고교 21.1%, 중학교 28.3%). 결국 문장과 어문 규범 내용만큼 담화 분야도 교육 현장에서 필요하다는 것을 보여 주는 것이라 하겠다. 담화 분야를 교육 및 연구에서 강조해야 한다는 것은 곧 국어 문법론이 이론적으로만 머물지 않고 실천적으로 국어 교육, 국어 생활에 이바지해야 한다는 것을 보여 주는 것이라 하겠다.

넷째, 이런 맥락과 함께 국어 교육을 위한 국어 문법론에서는 연구 대상 자료를 살아 있는 국어 자료로 해야 한다는 것도 매우 중요한 일이다. 연구자의 머릿속에서 나온 국어 자료가 아니라 실제 국어 생활 속에서 쓰이는 국어 자료를 제대로 파악해야만 듣기, 말하기, 읽기, 쓰기, 문학과 같은 다른 영역에 국어 지식, 국어 문법 지식이 이바지할 수 있다는 것이다. 진정으로 다른 영역의 '기초적 지식'으로서 단어와 문장의 지식이 그 역할을 잘 수행할 수 있다는 것이다.

다섯째, 이런 입장에서 국어 문법론을 연구하다 보면, 결국 국어 지식 분야가 국어 교육의 다른 영역들과 통합적으로 교수 학습될 가능성을 매우 높이 갖는다는 것을 알 수 있다. 이는 곧 문법론 연구에 있어서도 단어 및 문장만 바라보는 게 아니라 그것이 사용되는 맥락을 생각하게 되고, 결국은 국어 지식과 국어 교육의 다른 영역들이 통합적으로 교수 학습되고 또한 연구될 수 있게 되는 것이다.

여섯째, 국어 교육을 위한 국어 문법론에서는 가르치는 사람 중심이 아니라 학습자 중심, 곧 사용자 중심의 연구가 필요하다. 학습자가 사용하는 국어 자료, 상황에 따라 달라질 수 있는 국어 자료, 교수 학습 과정에서 또 국어 생활 과정에서 얼마든지 응용 및 변환이 가능한 국어 자료가 문법론의 연구 대상이 된다는 것이다. 좀더 욕심을 부린다면 학습자의 발달 단계까지도 고려하는 국어 문법론 연구가 이루어지면 더 좋을 것이다. 곧 학습자의 창의성 개발에까지도 이바지할 수 있는 문법 교육, 문법 연구가 이루어지면 정말 금상첨화일 것이다.

➔ 탐구하기

1. 국어 지식 영역의 연구 경향
2. 교육적 국어 문법론의 연구 경향
3. 국어 교육 현장에서의 국어 지식 영역에 대한 기대치
4. 국어 교육을 위한 국어 문법론의 과제

➔ 더 살펴보기

김광해(1997, 2000), 김봉순(2002), 민현식(2003), 이관규(2002ㄷ, 2004ㄴ),
이삼형 외(2003), 이은희(2000), 이충우(2004)

참고문헌

강명순(2001). "국어 사·피동법의 역사적 변화 방향 및 그 원인에 관한 새로운 고찰." 『한글』 254.

강명윤(2001). "DP와 국어의 명사구." 『한국어학』 13.

강소영(2004). 『명사구 보문 구성의 문법화』. 한국문화사.

강우원(1996). 『국어 이음말의 문법』. 인제대학교출판부.

강현화(1995). "동사 연결 구성의 다단계성에 관한 연구." 연세대 박사논문.

강현화(1999). "부사의 사전적 처리." 『이중언어학』 17.

고경태(1999). "국어 조사 '에'와 '로'의 의미연구." 고려대 석사논문.

고광모(2000). "상대 높임의 조사 '-요'와 '-(이)ㅂ쇼'의 기원과 형성 과정." 『국어학』 36.

고광모(2002). "'-겠-'의 형성 과정과 그 의미의 발달." 『국어학』 39.

고광주(1999). "대등 접속문에 대한 검토." 『한국어학』 9.

고광주(2000). "'명사＋동사＋접사'형 파생명사의 형성과정." 『한국어학』 12.

고광주(2001). 『국어의 능격성 연구』. 월인.

고광주(2002). "국어의 '어렵다'류 구문 연구." 『한국어학』 15.

고광주(2003). "국어의 격교체 구문 연구." 『한국어학』 18.

고석주(2003). "조사 '가'의 의미." 『국어학』 41.

고성환(1998). "문장의 종류." 『문법 연구와 자료』. 태학사.

고성환(2001). "응결장치와 텍스트 경계." 『문법과 텍스트』. 서울대학교 출판부.

고성환(2003). 『국어 명령문에 대한 연구』. 역락.

고영근 밖에(2002). 『문법과 텍스트』. 서울대학교 출판부.

고영근(1972). "현대국어의 접미사에 대한 구조적 연구." 『논문집』. 인문사회과학.

고영근(1974). "현대국어의 종결어미에 대한 구조적 연구." 『어학연구』 10-1.

고영근(1976). "현대국어 문체법에 대한 연구." 『어학연구』. 12-1.

고영근(1981). 『중세 국어의 시상과 서법』. 탑출판사.

고영근(1989). 『국어 형태론 연구』. 서울대 출판부.

고영근(1990). "시제." 『국어연구 어디까지 왔나』. 동아출판사.

고영근(1995). 『단어 문장 텍스트』. 한국문화사.

고영근(2004ㄱ). 『한국어의 시제 서법 동작상』. 태학사.

고영근(2004ㄴ). "국어문법교육의 방향 탐색." 『우리말연구』 15.

고영근(2011). "현행 학교 문법의 "높임법"에 대한 비판과 그 대안." 『형태론』 13-1.

고영근·구본관(2008). 『우리말 문법론』. 태학사.

고영근·남기심 공편(1983). 『국어의 통사·의미론』. 탑출판사.

고영근·이현희 교주(1986). 『주시경, 국어문법』. 탑출판사.

고정의(1990). "사동법." 『국어연구 어디까지 왔나』. 동아출판사.

고창수(1986). "어간형성접미사의 설정에 대하여." 고려대 석사논문.

고창수(1992). "국어의 통사적 어형성." 『국어학』 22.

교육부(1988, 2001). 『국어 어문 규정집』. 대한교과서 주식회사.

교육인적자원부(2002ㄱ). 『고등 학교 문법』. 서울대학교 국어교육연구소.

교육인적자원부(2002ㄴ). 『고등 학교 문법 교사용지도서』. 서울대학교 국어교육연구소.

구본관(1998). 『15세기 국어 파생법에 대한 연구』. 태학사.

구본관(1999). "축소 접미사에 대한 연구." 『국어학』 34.

구본관(2001). "'동사어간+아/어+동사어간' 합성동사 형성의 원리." 『문법과 텍스트』. 서울대학교 출판부.

구본관(2002). "파생어 형성과 의미." 『국어학』 39.

구본관(2003ㄱ). "서양의 전통문법과 한국어의 품사 분류." 『이중언어학』 22.

구본관(2003ㄴ). "형태론의 연구사." 『한국어 문법론의 연구 형황과 과제』. 박이정.

구본관·박재연·이선웅·이진호·황선엽(2015). 『한국어 문법 총론 Ⅰ』. 집문당.

구현정(2000). "유머 담화의 구조와 생성 기제." 『한글』 248.

국립국어연구원(1999). 『표준국어대사전』. 두산동아.

국어연구소(1984). "학교 문법 교과서의 변천 과정." 『국어생활』 창간호.

권재일(1985). 『국어의 복합문 구성 연구』. 집문당.

권재일(1992). 『한국어 통사론』. 민음사.

권재일(1995). "국어학적 관점에서 본 언어 지식 영역 지도 내용." 『국어교육연구』 2.

권재일(1998). "한국어 인용 구문 유형의 변화와 인용 표지의 생성." 『언어학』 22.

권재일(2002). "한국어 의문문의 실현 방법과 그 언어 유형론적 특성." 『한글』 257.

김건일(2011). "시간 관련 범주(시제, 상, 양태)의 문법 교육." 『한글』 294.

김경훈(1990). "부사 및 부사화." 『국어연구 어디까지 왔나』. 동아출판사.

김경훈(1996). "현대 국어 부사어 연구." 서울대 박사논문.

김계곤(1996). 『현대 국어의 조어법 연구』. 박이정.

김광해(1984). "{-의}의 의미." 『문법연구』 5.

김광해(1990). "양화표현." 『국어연구 어디까지 왔나』. 동아출판사.

김광해(1993). 『국어 어휘론 개설』. 집문당.

김광해(1997). 『국어지식 교육론』. 서울대 출판부.

김광해(2000). "21세기의 문법."『새국어생활』 10-2.

김광해(2003).『등급별 국어교육용 어휘』. 박이정.

김광해・권재일・임지룡・김무림・임칠성(1999).『국어지식탐구』. 박이정.

김광희(1997).『국어 변항범주 연구』. 한국문화사.

김광희(2011). "대용 표현."『국어학』 60.

김귀화(1994).『국어의 격 연구』. 한국문화사.

김기혁(1995).『국어 문법 연구』. 박이정.

김기혁(2001).『국어학』. 박이정.

김기혁(2002). "국어 문법에서 격과 의미역할."『한국어학』 17.

김대복(2001). "국어의 구조격 점검 연구." 서강대 박사논문.

김대행(1995).『국어교과학의 지평』. 서울대학교 출판부.

김동식(1981). "부정 아닌 부정."『언어』 6-2.

김동식(1990). "부정법."『국어연구 어디까지 왔나』. 동아출판사.

김무림(1992).『국어음운론』. 한신문화사.

김미령(1997). "국어의 주어인상구문에 대한 연구." 고려대 석사논문.

김미령(2004). "격교체 양상에 따른 동사 분류에 대한 연구."『한국어학』 25.

김미형(1995).『한국어 대명사』. 한신문화사.

김민수 편(1997).『우리말 어원사전』. 태학사.

김민수 편(1997).『우리말 어원사전』. 태학사.

김민수(1954). "국어문법의 유형."『국어국문학』 10.

김민수(1960).『국어문법론 연구』. 통문관.

김민수(1971).『국어문법론』. 일조각.

김민수(1973).『국어정책론』. 탑출판사.

김민수(1983).『(전정판)신국어학』. 일조각.

김민수(1986). "학교문법론."『서정범박사 화갑기념논문집』. 집문당.

김민수(2003). "우리말의 규범생성문법에 대하여."『한국어학』 19.

김민수・전수태・최호철・이윤표・이준석・최경봉・김수아(2004).『우리말의 규범생성
　　　　문법 규칙(안)』. 월인.

김봉모(1992).『국어매김말의 문법』. 태학사.

김봉순(2002).『국어교육과 텍스트구조』. 서울대학교 출판부.

김석득(1992).『우리말의 형태론 : 말본론』. 탑출판사.

김선희(1985). "체언 수식 부사의 의미분석."『한글』 187.

김선희(1987). "현대 국어의 시간어 연구." 연세대 박사논문.

김선희(2002). "부정 양태 부사의 통사・의미적 특성."『한글』 257.

김선희(2003). "특수 의문문에서의 양태 의문사에 관한 연구."『한글』 259.

김수태(2001). "'-고 하-'의 생략과 씨끝의 융합."『한글』254.

김수태(2002). "융합씨끝 '-다지, -으라지'에 대하여."『한글』258.

김수태(2004). "종결어미 '-니'의 기능과 의미."『우리말연구』15.

김승곤 엮음(1998).『한국어 토씨와 씨끝의 연구사』. 박이정.

김승곤(1992).『국어 토씨 연구』. 서광학술자료사.

김승곤(1998).『현대국어통어론』. 박이정.

김승렬(1988).『국어어순연구』. 한신문화사.

김양진(1999). "국어 형태 정보 연구." 고려대 박사논문.

김양진(2002). "한국어 호격명사구와 종결어미에 대하여."『한국어학』16.

김영욱(2003). "역사형태론의 전망과 과제."『한국어 문법론의 연구 형황과 과제』. 박이정.

김영주(2002). "제7차 문법 과목 교육 과정의 교과서 실현양상." 홍익대 석사논문.

김영희(1978). "겹주어론."『한글』162.

김영희(1984).『한국어 셈숱화 구문의 통사론』. 탑출판사.

김영희(1988). "등위 접속문의 통사 특성."『한글』201·202.

김영희(1999). "사격 표지와 후치사."『국어학』34.

김영희(2000). "보족절의 투명성과 불투명성."『한글』250.

김영희(2001). "이른바 대립 접속문의 구조적 유형."『한글』253.

김영희(2003). "내포 접속문."『한글』261.

김완진(1970). "문접속의 '와'와 구접속의 '와'."『어학연구』6-2.

김용경(1994).『국어의 때매김법 연구』. 서광학술자료사.

김용구(1989).『조선어문법』. 사회과학출판사.

김원호(1998). "수동태 : 형태와 기능."『한국어학』8.

김유범(2001ㄱ). "15세기 국어 문법형태소의 이형태 형성에 대한 일고찰."『한국어학』13.

김유범(2001ㄴ). "15세기 국어 문법형태소의 형태론과 음운론." 고려대 박사논문.

김유정(1999). "한국어 능력 평가 연구." 고려대 박사논문.

김윤신(2012). "국어 사동문에 나타난 사동 행위의 직·간접성 -사동문의 논항 구조와 사건 구조를 중심으로."『우리말연구』30.

김응모(1989). "국어평행이동자동사 낱말밭." 고려대 박사논문.

김응모(2002).『한국어 인지심리 자동사 낱말밭』. 세종출판사.

김의수(2002). "국어의 격 허가 기제 연구."『국어학』39.

김의수(2003). "국어의 격과 의미역 연구." 고려대 박사논문.

김인균(2003). "관형 명사구의 구조와 의미 관계."『국어학』41.

김인숙(1998). "한국어 부정에 관한 연구."『국어 문법의 탐구Ⅳ』. 태학사.

김인택(1992). "국어 이름마디 연구." 부산대 박사논문.

김일웅(1978). "타동-사역 형식소 {이}에 대하여."『한글』161.

김일웅(1982). "우리말 대용어 연구." 부산대 박사논문.

김일웅(1984). "풀이말의 결합가와 격."『한글』186.

김일환(2000). "어근적 단어의 형태·통사론."『한국어학』11.

김일환(2002). "형태 분석 말모둠과 명사류의 처리 문제."『한국어학』17.

김일환·박종원(2003). "국어의 명사화 어미의 분포에 대한 계량적 연구."『국어학』42.

김재욱(2000). "격조사의 기능에 관한 인지의미론적 연구." 한국외대 박사논문.

김정대(1993). "한국어 비교구문의 통사론." 계명대 박사논문.

김정아(2001). "'이-'의 문법적 특성에 대한 통시적 고찰."『국어학』37.

김종현(2000). "'어떠하-', '어찌하-'의 공시태와 통시태."『국어학』36.

김지은(1996). "우리말 양태 용언 구문에 대한 연구." 연세대 박사논문.

김진수(1987).『국어 접속조사와 어미 연구』. 탑출판사.

김진우(1971). "소위 변격용언의 비변격성에 대하여."『한국언어문학』8·9.

김진우(1985).『언어』. 탑출판사.

김진해(2000ㄱ). "국어 연어 연구." 경희대 박사논문.

김진해(2000ㄴ). "연어의 계열 관계 연구."『국어학』35.

김진해(2003). "상징부사의 비서술성에 대한 연구."『한국어학』19.

김진호(2000).『국어 특수조사의 통사·의미 연구』. 역락.

김차균(1980). "국어의 사역과 수동의 의미."『한글』168.

김차균(1990ㄱ).『우리말 시제와 상의 연구』. 태학사.

김차균(1990ㄴ). "시제."『국어연구 어디까지 왔나』. 동아출판사.

김창섭(1990). "복합어."『국어연구 어디까지 왔나』. 동아출판사.

김창섭(1996).『국어의 단어형성과 단어구조 연구』. 태학사.

김창섭(1998). "복합어."『문법 연구와 자료』. 태학사.

김창섭(2001). "한자어 형성과 고유어 문법의 제약."『국어학』37.

김충회(1990). "겸양법."『국어연구 어디까지 왔나』. 동아출판사.

김태엽(2001).『국어 종결어미의 문법』. 국학자료원.

김형배(1997).『국어의 사동사 연구』. 박이정.

김혜숙(2000).『현대 국어의 사회적 모습과 쓰임』. 월인.

김혜숙(2001). "광고 언어의 국어 교육적 수용 방안과 실제."『국어교육』105.

김홍범(1995). "한국어의 상징어 연구."『한글』228.

김홍규·이관규·심상인(2002).『고등학교 국어생활』. (주)천재교육.

김흥수(1989).『현대국어 심리동사 구문 연구』. 탑출판사.

김흥수(1990). "심리동사."『국어연구 어디까지 왔나』. 동아출판사.

김홍수(1998). "피동과 사동." 『문법 연구와 자료』. 태학사.
나은미(2004). "의미를 고려한 접미사의 결합 관계." 『한국어학』 23.
나찬연(1997). "우리말 의미중복표현의 통어·의미 연구." 부산대 박사논문.
나찬연(2004). 『우리말 잉여표현 연구』. 월인.
남기심 엮음(1996). 『국어 문법의 탐구 Ⅲ』. 태학사.
남기심(1973). 『국어완형보문법연구』. 탑출판사.
남기심(1978). 『국어문법의 시제문제에 대한 연구』. 탑출판사.
남기심(1985ㄱ). "학교문법에 나타나는 문법단위 '어절'에 대하여." 『연세교육과학』 26.
남기심(1985ㄴ). "접속어미와 부사형 어미." 『말』 10.
남기심(1986). "'-이다' 구분의 통사적 분석." 『한불연구』 7. 연세대학교.
남기심(1993). 『국어 조사의 용법』. 박이정.
남기심(2001). 『국어 통사론』. 탑출판사.
남기심·고영근(1993). 『(수정판) 표준 국어문법론』. 탑출판사.
남기심·이정민·이홍배(1980). 『언어학개론』. 탑출판사.
남길임(2001). "'이다' 구문 연구." 연세대 박사논문.
남길임(2003). "'이다' 구문의 한 유형." 『한글』 259.
남길임(2004). "'-ㄹ 예정이다'류 구문 연구." 『한국어학』 22.
남윤진(1996). "현대국어 조사 기술의 몇 문제." 『이기문교수 정년퇴임기념논총』. 신구
　　　문화사.
남지순(2001). "명사 전자사전 어휘부 구성을 위한 어기, 접사, <X-적(的)>의 연구." 『한
　　　국어학』 13.
노명완(1988). 『국어교육론』. 한샘출판사.
노명희(1998ㄱ). "현대국어 한자어 단어구조 연구." 서울대 박사논문.
노명희(1998ㄴ). "한자어." 『문법 연구와 자료』. 태학사.
노은희(1999). "대화 지도를 위한 반복표현의 기능 연구." 서울대 박사논문.
도수희(1965). "{그러나, 그러고, …, 그러니, 그러면} 등 어사고." 『한국언어문학』 3.
도원영(2002). "국어 형용성 동사 연구." 고려대 박사논문.
류구상·성광수·이윤표·이관규·유형선·한정한·시정곤·김양진·김원경·고광주
　　　(2001). 『한국어의 목적어』. 월인.
류성기(2001). 『초등 국어지식 교육론』. 박이정.
류시종(1995). "한국어 보조용언 범주 연구." 서울대 박사논문.
리의도(2003). "한글 낱자에 관한 통시적 고찰." 『한글』 259.
목정수(2003). "한정조사 {(이)나}의 통사론과 서법 제약." 『한글』 260.
목정수·연재훈(2000). "상징부사(의성·의태어)의 서술성과 기능동사." 『한국어학』 12.
문금현(1999). 『국어의 관용 표현 연구』. 태학사.

민현식(1990). "명사화."『국어연구 어디까지 왔나』. 동아출판사.

민현식(1991ㄱ).『국어의 시상과 시간부사』. 개문사.

민현식(1991ㄴ). "학교문법의 불규칙활용 교육에 대하여."『선청어문』19.

민현식(1998). "의존명사."『문법 연구와 자료』. 태학사.

민현식(1999ㄱ).『국어교육을 위한 응용국어학 연구』. 서울대 출판부.

민현식(1999ㄴ).『국어 정서법 연구』. 태학사.

민현식(2000).『국어 문법 연구』. 역락.

민현식(2002). "국어 지식의 위계화 방안 연구."『국어교육』108.

민현식(2003ㄱ). "국어 문법과 한국어 문법의 상관성."『한국어 교육』14-2.

민현식(2003ㄴ). "국어문화사의 내용 체계화에 대한 연구."『국어교육』110.

민현식(2004). "국어의 부사화."『새국어생활』14-4.

박경래(2003). "충청북도 방언의 연구와 특징."『한국어학』21.

박덕유(1999). "학교 문법에 나타난 상의 문제점과 그 해결 방안 연구."『국어교육』
     100.

박덕유(2002).『문법교육의 탐구』. 한국문화사.

박동근(2000). "'웃음표현 흉내말'의 의미 기술."『한글』247.

박삼서(2003).『국어교육과 생활 · 문화 · 철학』. 국학자료원.

박선자(1996).『한국어 어찌말의 통어의미론』. 세종출판사.

박소영(2013). "한국어 사동문의 의미 해석과 통사 구조."『한국어학』59.

박순함(1970). "격문법에 입각한 '겹주어'에 대한 고찰."『어학연구』6-2.

박승빈(1935).『조선어학』. 조선어학연구회.

박양규(1978). "사동과 피동."『국어학』7.

박양규(1990). "피동법."『국어연구 어디까지 왔나』. 동아출판사.

박영목 · 한철우 · 윤희원(2003).『(제2판)국어교육학원론』. 박이정.

박영순(1976). "국어 경어법의 사회언어학적 연구."『국어국문학』72 · 73.

박영순(1993).『현대 한국어 통사론』. 집문당.

박영순(1994). "접속문의 성립조건과 접속성의 정도에 대하여."『언어』19-2.

박영순(1998).『한국어 문법 교육론』. 박이정.

박영순(2001).『한국어 문장의미론』. 박이정.

박영순(2004).『한국어 담화 · 텍스트론』. 한국문화사.

박영준(1994).『명령문의 국어사적 연구』. 국학자료원.

박영준(1998). "형태소 '-었-'의 통시적 변천."『한국어학』8.

박재연(1999). "국어 양태 범주의 확립과 어미의 의미 기술."『국어학』34.

박재현(2003). "국어 양태의 화 · 청자 지향성과 주어 지향성."『국어학』41.

박정규(1996).『국어 부정문 연구』. 보고사.

박종갑(2000). "접속문 어미 '-고'의 의미 기능 연구(3)."『국어학』35.

박진호(1998). "보조용언."『문법 연구와 자료』. 태학사.

박진호(2003). "관용표현의 통사론과 의미론."『국어학』41.

박한기(2001). "주격 교체 구문의 의미."『한글』251.

박한기(2002). "'경험자' 의미역의 통시적 구현."『한글』258.

박형익(2003). "국어 사전에서의 한자어 접미사와 혼종어 접미사."『한국어학』21.

박형익(2004).『한국의 사전과 사전학』. 월인.

방성원(2001). "국어 보문 연구." 경희대 박사논문.

방성원(2001). "국어 보문 연구." 경희대 박사논문.

배주채(2003). "'물론'의 품사와 구문."『국어학』42.

배해수(1982). "현대국어 생명종식어에 대한 연구." 고려대 박사논문.

배희임(1988).『국어 피동 연구』. 고려대 민족문화연구소.

백낙천(2001). "동사구 구성 통합형 접속어미의 형태론적 해석."『한국어학』13.

백낙천(2003).『국어의 통합형 접속어미』. 월인.

변정민(2001). "국어의 인지(認知) 동사 연구." 고려대 박사논문.

변정민(2002). "인지 동사의 범주."『한국어학』16.

북한언어연구회 편저(1989).『북한의 어학혁명』. 백의.

서덕현(1996).『경어법과 국어교육 연구』. 국학자료원.

서상규(1984). "부사의 통사적 기능과 부정의 범위."『한글』186.

서상규(2005). "부사와 관형사."『새국어생활』15-1.

서상규·한영균(1999).『국어정보학 입문』. 태학사.

서원임(1974). "사동법 기술 시안."『문법연구』1.

서은아(2002). "풀이씨 이름법 씨끝 '-기'의 통시적 연구."『한글』256.

서은아(2004). "구어와 문어의 문형 연구."『한국어학』24.

서은아·남길임·서상규(2004). "구어 말뭉치에 나타난 조각문 유형 연구."『한글』264.

서정목(1987).『국어 의문문 연구』. 탑출판사.

서정목(1990). "의문법."『국어연구 어디까지 왔나』. 동아출판사.

서정섭(1991).『국어 양보문 연구』. 한신문화사.

서정수(1971). "국어의 이중 주어 문제."『국어국문학』52.

서정수(1975).『동사 '하-'의 문법』. 형설출판사.

서정수(1984).『존대법의 연구』. 한신문화사.

서정수(1989). "분석 체계와 종합적 설명법의 재검토."『주시경학보』4.

서정수(1994).『국어 문법』. 뿌리깊은나무.

서태길(1989). "한정조사 '-서'의 연구." 고려대 석사논문.

서태룡(1985). "정동사어미의 형태론."『진단학보』60.

서태룡(1988). 『국어 활용어미의 형태와 의미』. 탑출판사.

서태룡(1990). "활용어미." 『국어연구 어디까지 왔나』. 동아출판사.

서태룡(1998). "접속어미의 형태." 『문법 연구와 자료』. 태학사.

서태룡(2000). "국어 형태론에 기초한 통사론을 위하여." 『국어학』 35.

성광수(1972). "국어 소형문에 대한 검토." 『한글』 150.

성광수(1974). "국어 주어 및 목적어의 중출 현상에 대하여." 『문법연구』 1.

성광수(1979). 『국어 조사의 연구』. 형설출판사.

성광수(1999ㄱ). 『격표현과 조사의 의미』. 월인.

성광수(1999ㄴ). 『한국어 문장표현의 양상』. 월인.

성광수(2001). 『국어의 단어형성과 의미해석』. 월인.

성기철(1970). "국어 대우법 연구." 『논문집』(충북대) 4.

성기철(1984). "현대 국어 주체 대우 연구." 『한글』 184.

성기철(1990). "공손법." 『국어연구 어디까지 왔나』. 동아출판사.

성기철(2002). "국어학과 국어 교육." 『국어교육』 108.

성숙자(2002). 『고등 학교 교과 어휘연구』. 세종출판사.

손남익(1995). "국어 부사 연구." 고려대 박사논문.

손남익(1999). "국어 부사어와 공기어 제약." 『한국어학』 9.

손남익(2015). 『부사사전』. 역락.

손세모돌(1993, 1996). 『국어 보조용언 연구』. 한국문화사.

송석중(1978). "사동문의 두 형식." 『언어』 3-2.

송원용(2003). "인지형태론의 과제와 전망." 『한국어 문법론의 연구 현황과 과제』. 박
　　　이정.

송재목(2003). "형용사 반복구성." 『국어학』 42.

송창선(1997). "'-(아/어)뜨리-'의 기원." 『문학과 언어』 18. 문학과언어연구회.

송철의(1992). 『국어의 파생어형성 연구』. 태학사.

송철의(1998). "파생어." 『문법 연구와 자료』. 태학사.

송철의(2000). "형태론과 음운론." 『국어학』 35.

송향근(1996). "한국어와 핀란드어의 격체계 대조 분석." 『이중언어학회지』 13.

시정곤(1992). "'-이다'의 '-이-'가 접사인 몇 가지 이유." 『주시경학보』 11.

시정곤(1994). 『국어의 단어형성 원리』. 국학자료원.

시정곤(1997). "국어의 부정극어 허가조건." 『언어』 22-3.

시정곤(1998). "선어말어미의 형태-통사론." 『한국어학』 8.

시정곤(1999). "명사성 불구어근의 형태 · 통사론적 연구." 『한국어학』 14.

시정곤(2001). "단어를 바라보는 눈." 『문법과 텍스트』. 서울대학교 출판부.

시정곤(2003). "현대형태론의 과제와 전망." 『한국어 문법론의 연구 현황과 과제』. 박

이정.

신명선(2000). "광고 텍스트의 문화적 의미와 국어 교육."『국어교육』103.

신선경(2001). "문법 기술의 위한 시점 연구."『문법과 텍스트』. 서울대학교 출판부.

신선경(2002).『'있다'의 어휘 의미와 통사』. 태학사.

신수송·최석문(2002). "국어의 진행상과 결과상 표현에 대하여."『국어학』39.

신승용(1999). "'-으X ~ -X'계 어미의 기저구조."『국어학』34.

신지연(1988). "국어 간투사의 위상 연구."『국어연구』83.

신지연(1998). "대용어."『문법 연구와 자료』. 태학사.

신지영(2014).『한국어의 말소리』. 박이정.

신지영(2015).『한국어 문법 여행』. 미다스북스.

신지영·정명숙·황화상·도원영·김원경·한정한·김의수·변정민·유혜원·최경봉·이동혁·김혜영·차준경·차재은·김서형·김지혜·최석재·박병선·이봉원(2012).『쉽게 읽는 한국어학의 이해』. 지식과교양.

신지영·차재은(2003).『우리말 소리의 체계 : 국어 음운론 연구의 기초를 위하여』. 한국문화사.

신창순(1998). "복합어의 맞춤법과 국문법."『한국어학』8.

신창순(2003).『국어근대표기법의 전개』. 태학사.

신현숙(1986). "흉내 표현 형식의 의미분석."『의미분석의 방법과 실제』. 한신문화사.

신현숙(1999). "중학교 <국어> 교과서를 통해 본 학교문법."『선청어문』27.

신호철(2000). "형태소 분석기를 이용한 자동 띄어쓰기 시스템 구축에 대한 연구."『한국어학』12.

심영택(1995). "언어 지식 내용의 조직 방식에 대한 국제 비교 연구."『국어교육연구』2.

심영택(2002). "국어직 지식의 교수학적 변환 연구."『국어교육』108.

심재기(1979). "관형화의 의미 기능."『어학연구』15-2.

안명철(1985). "보조조사 '-서'의 의미."『국어학』14.

안명철(1990). "보조동사."『국어연구 어디까지 왔나』. 동아출판사.

안명철(1992). "현대국어의 보문 연구." 서울대 박사논문.

안명철(1998ㄱ). "동사구 내포문."『문법 연구와 자료』. 태학사.

안명철(1999). "보문의 개념과 체계."『국어학』33.

안상철(1998).『형태론』. 민음사.

안주호(1997).『한국어 명사의 문법화 현상 연구』. 한국문화사.

안주호(2000). "'그러-' 계열 접속사의 형성과정과 문법화."『국어학』35.

안주호(2003).『국어교육을 위한 문법탐구』. 한국문화사.

안효경(2001).『현대국어 의존명사 연구』. 역락.

양명희(1998).『현대국어 대용어에 대한 연구』. 태학사.

양영희(2002). "'시'의 존대 대상에 대하여."『한국어학』15.

양영희(2004). "15세기 국어 존대법의 특징 고찰."『한국어학』23.

양정석(1995).『국어동사의 의미 분석과 연결이론』. 박이정.

양정석(1996). "'이다' 구문과 재구조화."『한글』232.

양정석(2001). "'이다'의 문법범주와 의미."『국어학』37.

양정석(2002).『시상성과 논항연결』. 태학사.

어문연구회(1984). "특집, 학교 문법과 교과서."『어문연구』42 · 43.

엄정호(1990). "종결 어미와 보조 동사의 통합 구문에 대한 연구." 성균관대 박사논문.

엄정호(1999). "동사구 보문의 범위와 범주."『국어학』33.

엄정호(2003). "'-고 싶다' 구문의 격 교체."『국어학』41.

연세대학교 언어정보개발연구원(1998).『연세한국어사전』. 두산동아.

연재훈(2001). "사동문 피사역주의 격표지 중첩에 관한 문제."『문법과 텍스트』. 서울대
　　　　학교 출판부.

오승신(2005). "감탄사."『새국어생활』15-2.

오충연(2001).『주제구조론』. 월인.

오충연(2003). "보충어의 격과 상."『한국어학』20.

왕문용(1990). "의존명사."『국어연구 어디까지 왔나』. 동아출판사.

왕문용(1997). "대등접속문은 국어에 과연 있는가."『어문학보』20. 강원대 국어교육과.

왕문용(2003). "의존명사의 신생과 소멸."『국어교육』112.

왕문용 · 민현식(1993).『국어 문법론의 이해』. 개문사.

우인혜(1997).『우리말 피동 연구』. 한국문화사.

우창현(2003). "문장 차원에서의 상 해석과 상 해석 규칙."『국어학』41.

우형식(1986). "국어 대용어에 관한 연구." 연세대 석사논문.

우형식(1998).『국어 동사 구문의 분석』. 태학사.

우형식(2000). "한국어 분류사의 기능과 범위."『한글』248.

우형식(2001).『한국어 분류사의 범주와 기능 연구』. 박이정.

우형식(2003).『학습 활동을 겸한 한국어 문법론』. 부산외대 출판부.

유동석(1990). "조사생략."『국어연구 어디까지 왔나』. 동아출판사.

유동석(1993). "국어의 매개변인 문법." 서울대 박사논문.

유동석(1998). "주제어와 주격중출문."『문법 연구와 자료』. 태학사.

유명희(1982). "타동 접미형과 '-게'형의 의비 비교." 연세대 석사논문.

유목상(1985).『연결서술어미 연구』. 집문당.

유송영(1990). "목적격 조사 '을/를' 연구." 고려대 석사논문.

유송영(2002). "'호칭 · 지칭어와 2인칭 대명사'의 사용과 '화자-청자'의 관계."『한국어
　　　　학』15.

유송영(2004). "2인칭 대명사 '당신, 자네, 너'의 사용." 『한국어학』 23.

유승국(2001). "현대국어의 문형에 관한 연구." 중앙대 박사논문.

유승섭(2002). "국어 내포 보문의 논항 구조." 『한글』 256.

유승섭(2004). "국어 겹목적어 구문의 격 점검 현상." 『한글』 263.

유재원(2003). "하향 분석 방법에 의한 한국어 구문 분석기." 『한국어학』 19.

유현경(1986). "국어 접속문의 통사적 특질에 대하여." 『한글』 191.

유현경(1998). 『국어 형용사 연구』. 한국문화사.

유현경(2000). "국어 형용사의 유형에 대한 연구." 『국어학』 36.

유현경(2001ㄱ). "조사 '하고'의 의미와 기능." 『한글』 251.

유현경(2001ㄴ). "간접인용절에 대한 연구." 『국어문법의 탐구Ⅴ』. 태학사.

유현경(2002ㄱ). "부사형 어미와 접속어미." 『한국어학』 16.

유현경(2002ㄴ). "어미 '-다고'의 의미와 용법." 『배달말』 31.

유현경(2003ㄱ). "'주다' 구문에 나타나는 조사 '에게'와 '에'." 『한국어학』 20.

유현경(2003ㄴ). "연결어미의 종결어미적 쓰임에 대하여." 『한글』 261.

유현경(2004). "국어 소절(Small Clause) 구성의 복합소절 분석." 『국어학』 44.

유현경(2005). "부사절을 필수적으로 요구하는 구문에 대한 연구." 『한국어학』 29.

유형선(1995). "국어의 주격 중출 구문에 대한 통사·의미론적 연구." 고려대 박사논문.

유형선(1996). "주어와 주제 구문의 유형에 대한 고찰." 『한국어학』 3.

유혜원(2001). "'와/과' 구문의 자질연산." 『한국어학』 13.

유혜원(2002). "국어의 격 교체 구문의 연구." 고려대 박사논문.

유혜원(2004). "'N-로'를 필수 논항으로 취하는 타동사 연구." 『한국어학』 24.

윤석민(1998). "문장종결법." 『문법 연구와 자료』. 태학사.

윤평현(2001). "국어의 부가 관계 접속어미에 대한 연구." 『한글』 253.

윤평현(2002). "한국어 접속어미의 의미." 『한국어학』 17.

윤평현(2003). "국어 소형문의 발화 행위에 대한 고찰." 『한글』 259.

이경우(1983). "부정소 '아니'와 '못'의 의미." 『국어교육』 44·45.

이경우(1990). "파생법." 『국어연구 어디까지 왔나』. 동아출판사.

이경우(2003). "국어 경어법 변화에 대한 연구." 『국어교육』 110.

이관규(1986). "국어 보조동사 연구." 고려대 석사논문.

이관규(1989). "국어 접두사 재고." 『어문논집』 28.

이관규(1991). "국어 대등 구성애 대한 연구." 고려대 박사논문.

이관규(1992ㄱ). "서술어와 서술 관계." 『주시경학보』 10.

이관규(1992ㄴ). 『국어 대등구성 연구』. 서광학술자료사.

이관규(1994). "합성 동사의 구성에 대한 고찰." 『한국어학』 1.

이관규(1998). "보조 동사의 논항 구조." 『국어교육』 96.

이관규(1999ㄱ). 『학교 문법론』. 월인.

이관규(1999ㄴ). "북한 학교 문법의 체계와 내용." 『화법연구』 1.

이관규(1999ㄷ). "조사의 통사론적 연구." 『국어의 격과 조사』. 월인.

이관규(2000). "학교 문법 교육의 현황." 『새국어생활』 10-2.

이관규(2001). "학교 문법 교육에 있어서 탐구 학습의 효율성과 한계점에 대한 실증적 연구." 『국어교육』 106.

이관규(2002ㄱ). 『(개정판) 학교 문법론』. 월인.

이관규(2002ㄴ). "국어의 문장 구성에 대한 연구와 전망." 『한국어학』 16.

이관규(2002ㄷ). "국어 지식 영역의 연구 경향과 과제." 『21세기 국어교육학의 현황과 과제』. 한국문화사.

이관규(2004ㄱ). "국어 지식 영역의 교수 학습에 있어서 평가 방법에 대한 체계적 및 실제적 연구." 『한국어학』 22.

이관규(2004ㄴ). "중등 학교 문법 교육의 현황과 과제." 『새국어생활』 14-3. 한국문화사.

이관규(2004ㄷ). "문법 교과서의 변천." 『문법 교육』 창간호.

이관규(2005ㄱ). "문법 교육 연구사." 『국어교육론』 2.

이관규(2005ㄴ). "문장 성분과 호응." 『새국어생활』 15-4.

이관규(2005ㄷ). 『국어 교육을 위한 국어 문법론(1판)』. 집문당.

이관규(2006ㄱ), "문법 연구와 문법 교육의 상관관계 -문법 교육의 내용 선정 원리와 관련하여-." 『한국어학』 33.

이관규(2006ㄴ). "세계의 자국어 교육 과정에 대한 연구- 내용 영역을 중심으로." 『새국어교육』 72.

이관규(2007ㄱ), "관형사형 어미 '다는'에 대한 고찰." 『새국어교육』 77.

이관규(2007ㄴ). "2007년 국어과 문법 교육과정의 개정 특징과 문법 교육의 방향." 『청람어문교육』 36.

이관규(2007ㄷ). "문법 교육 연구의 현황과 새로운 방향." 『국어교육』 123.

이관규(2008, 2013). 『학교 문법 교육론』. 고려대 민족문화연구원.

이관규(2009). "통합적 문법 교육의 의의와 방법." 『문법 교육』 11.

이관규(2010). "학교 문법과 한국어 문법의 성격과 내용 체계." 『문법 교육』 13.

이관규(2011ㄱ). "문법 교육과 어휘 교육." 『국어교육학연구』 40.

이관규(2011ㄴ), "통합적 국어교육의 가치와 '독서와 문법'." 『국어교과교육연구』 18.

이관규(2011ㄷ). "2011 국어과 교육과정의 실제와 과제." 『국어교과교육연구』 19.

이관규(2012ㄱ). "문법 교육의 인식 변화와 문법 교재의 양상." 『새국어교육』 89.

이관규(2012ㄴ). "학교 문법에서 '-기 때문에' 구문은 부사절인가?" 『국어교육학연구』 45.

이관규(2012ㄷ). "한글 맞춤법의 성격과 원리." 『한말연구』 30.

이관규(2013ㄱ). "한국과 미국과 중국의 자국어 교육과정 연구." 『한글』 300.

이관규(2013ㄴ). "문장 부호와 국어 교육."『한국어학』 61.

이관규(2014ㄱ). "외솔 문법과 학교 문법."『한글』 304.

이관규(2014ㄴ). "교육 문법에서 조사의 담화 문법적 연구."『문법 교육』 20.

이관규・김라연・윤정민・김지연・서수현 옮김(2005).『문법을 어떻게 가르칠 것인가』. 한국문화사.

이관규・김라연・윤정민・서수현・김지연 옮김(2004).『문법을 어떻게 가르칠 것인가?』. 한국문화사.

이관규・류보라・박경희・박정진・신명선・신호철・하성욱(2014). 『고등학교 독서와 문법』. 비상교육.

이관규・신호철・오현진・백혜선・장봉기 옮김(2008).『국어 수업을 위한 언어 인식과 탐구』. 박이정.

이관규・신호철・이영호・박보현・유미향 옮김(2015).『교사를 위한 문법 이야기』. 사회평론.

이관규・허재영・김유범・주세형・신호철・이영호(2012).『차곡차곡 익히는 우리말 우리글 1, 2』. 박이정.

이광정(1987).『국어품사분류의 역사적 발전에 관한 연구』. 한신문화사.

이광정(1994). ""이다" 연구의 사적 고찰."『주시경학보』 13.

이광정(2003).『국어문법연구 Ⅰ,Ⅱ』. 역락.

이광호(1988).『국어 격조사 「을/를」의 연구』. 탑출판사.

이광호(1990). "목적어."『국어연구 어디까지 왔나』. 동아출판사.

이광호(2001).『국어문법의 이해 1, 2』. 태학사.

이근수(1997).『훈민정음 신연구(개정판)』. 보고사.

이기갑(2001). "사태의 연속성을 강조하는 '는'과 '을랑'."『국어학』 37.

이기동(2000). "동사 '가다'의 의미."『한글』 247.

이기용(1979). "두 가지 부정문의 동의성 여부에 대하여."『국어학』 8.

이남덕(1963). "국어문법의 단위문제."『국어국문학』 26.

이남순(1988).『국어의 부정격과 격표지 생략』. 탑출판사.

이남순(1990). "상."『국어연구 어디까지 왔나』. 동아출판사.

이남순(1998ㄱ).『격과 격표지』. 월인.

이남순(1998ㄴ).『시제・상・서법』. 월인.

이남순(1998ㄷ). "격조사."『문법 연구와 자료』. 태학사.

이남순(2000). "국어 연구에서의 형태론의 위치."『국어학』 35.

이남호・이관규・김유범・신호철・정경주・조혜숙・남궁민・하성욱・김부연・이수진 (2014).『고등학교 독서와 문법 Ⅰ,Ⅱ』. 비상교육.

이대규(1994). "문법 수업 설계의 방법."『선청어문』 22.

이대규(1995). 『국어 교과의 논리와 교육』. 교육과학사.

이동혁(2004). "의미 관계의 저장과 기능에 대하여." 『한글』 263.

이병규(2001). "국어 술어명사문 연구." 연세대 박사논문.

이병모(2001). "명사의 하위 분류에 대하여." 『한글』 251.

이삼형 외(2003). 『국어교육 연구의 반성과 전망』. 역락.

이상규 · 이준희(2004). "아동의 단어 습득 과정에서 관찰되는 창조적인 단어 산출." 『국
　　　어교육』 115.

이상복(1991). "형태소 복합법에 관련된 몇 가지 문제." 『국어의 이해와 인식』. 한국문
　　　화사.

이상혁(1991). "'-적' 파생어의 형태 · 통사론적 고찰." 고려대 석사논문.

이석주(2001). "합성어의 단일어화 현상." 『국어교육』 104.

이선웅(1995). "현대국어의 보조용언 연구." 『국어연구』 133.

이선웅(2000). "'의문사+(이)-+-ㄴ가' 구성의 부정(不定) 표현에 대하여." 『국어학』 36.

이선희(1999). "조사 {를}의 의미와 그 문법적 실현." 연세대 박사논문.

이성영(1995). 『국어교육의 내용 연구』. 서울대 출판부.

이수련(2002). "소유 도식으로 본 <오다>, <가다>." 『한글』 258.

이숙(2003). "시상 구문 '-고 있다'의 의미적 분석." 『한국어학』 21.

이숙경(2004). "'보다'를 구성 성분으로 하는 복합어의 의미 결합 양상." 『한국어학』 24.

이승명(2003). "국어 'N+없다'의 구조." 『한글』 259.

이승욱(1973). 『국어문법체계의 사적 고찰』. 일조각.

이양혜(2000). 『국어의 파생접사화 연구』. 박이정.

이양혜(2002ㄱ). "한국어 파생명사의 재분류와 목록화." 『한글』 255.

이양혜(2002ㄴ). "'먹다'의 기능과 의미 변화." 『한국어학』 15.

이유기(2001). 『중세국어와 근대국어 문장종결형식의 연구』. 역락.

이윤표(1997). 『한국어 공범주론』. 태학사.

이윤하(1999). "문말 첨사의 통사 · 의미적 특징에 대하여." 『국어학』 34.

이윤하(2001). 『현대 국어의 대우법 연구』. 역락.

이윤하(2004). "효과적인 문법 교육을 위하여." 『국어교육』 115.

이은경(1998). "접속어미의 통사." 『문법 연구와 자료』. 태학사.

이은경(1999). "구어체 텍스트에서의 한국어 연결 어미의 기능." 『국어학』 34.

이은경(2000). 『국어의 연결 어미 연구』. 태학사.

이은섭(2003). "현대 국어 의문사 연구." 서울여대 박사논문.

이은희(1994). "언어 영역의 위상과 내용 선정 방식에 관한 연구." 『선청어문』 22.

이은희(2000). 『텍스트언어학과 국어교육』. 서울대출판부.

이익섭(2000). 『국어학개설』. 학연사.

이익섭(2003). 『국어 부사절의 성립』. 태학사.

이익섭·임홍빈(1983). 『국어문법론』. 학연사.

이익섭·채완(1999). 『국어 문법론 강의』. 학연사.

이재성(2001). 『한국어의 시제와 상』. 국학자료원.

이정민(1977). "부정명령의 분석." 『어학연구』 13-2.

이정복(1998). "상대경어법." 『문법 연구와 자료』. 태학사.

이정복(2000). "머리말 텍스트 속의 감사 표현과 객체 높임법." 『국어학』 36.

이정복(2001). 『국어 경어법 사용의 전략적 특성』. 태학사.

이정복(2002). 『국어 경어법과 사회언어학』. 월인.

이정택(2001ㄱ). "피동성 표현에 고나한 연구 -'되다, 받다, 당하다'를 대상으로." 『한글』 251.

이정택(2001ㄴ). "국어 피동에 관한 역사적 연구." 『한글』 254.

이정택(2002). "문장 성분 분류 시론." 『한국어학』 16.

이정택(2004ㄱ). "피동의 개념과 피동 서술어." 『한국어학』 22.

이정택(2004ㄴ). 『현대 국어 피동 연구』. 박이정.

이종덕(1997). "학교 문법 교육의 방향." 『한글사랑』 봄호.

이종철(1998), 『속담의 형태적 양상과 지도 방법』, 이회.

이종철(2001). "관용적 어휘소의 사용 양상과 지도 방법." 『국어교육』 104.

이종철(2003). "관용적 어휘소의 응결성과 응집성 양상." 『국어교육』 110.

이주행(2000). 『한국어 문법의 이해』. 월인.

이주행(2004). "남한과 북한의 외국인을 위한 문법 교과서 비교 분석." 『국어교육』 115.

이준희(2000). "질문의 적정 조건을 위반하는 질문문의 담화 상황." 『한국어학』 11.

이지양(1990). "서법." 『국어연구 어디까지 왔나』. 동아출판사.

이지양(1998ㄱ). 『국어의 융합현상』. 태학사.

이지양(1998ㄴ). "문법화." 『문법 연구와 자료』. 태학사.

이창호(2004). "말실수와 탐색이론." 『한국어학』 24.

이채연(2001). "인터넷의 매체 언어성과 국어 교재화 탐색." 『국어교육』 104.

이철수·박덕유(1999), 『문법교육론』, 인하대 출판부.

이춘근(2001). "문법 교육의 목적과 내용 체계." 부산대 박사논문.

이춘근(2002). 『문법교육론』. 이회.

이충우(1994), 『한국어 교육용 어휘 연구』, 국학자료원.

이충우(2004). "국어 문법 교육의 개선 방안." 『이중언어학』 26.

이태권(1999). "초등학교 저학년 기본 어휘 선정 연구." 홍익대 석사논문.

이태욱(2001). 『15세기 국어 부정법 연구』. 보고사.

이필영(1990). "관계화." 『국어연구 어디까지 왔나』. 동아출판사.

이필영(1993). "현대국어의 인용구문에 관한 연구." 서울대 박사논문.

이필영(1995). "통사적 구성에서의 축약에 대하여."『국어학』26.

이필영(1998). "명사절과 관형사절."『문법 연구와 자료』. 태학사.

이필영(2001). "관형사형 어미 '-(었)던'의 의미에 대하여."『문법과 텍스트』. 서울대학교 출판부.

이해영(2001). "한국어 교육문법의 구성 방안과 활용."『외국인을 위한 한국어 교육』4.

이현희(1986). "중세 국어 내적 화법의 성격."『한신대논문집』3.

이현희(1990). "보문화."『국어연구 어디까지 왔나』. 동아출판사.

이현희(2004). "'-잖-'은 단지 '-지 않-'의 음운론적 축약형인가?."『한국어학』23.

이호승(2003). "통사적 어근의 성격과 범위."『국어교육』112.

이홍배(1968). "한국어체언형에 관한 변형분석적 연구."『어학연구』4-1.

이홍식(1998). "문장 성분."『문법 연구와 자료』. 태학사.

이홍식(1999). "명사구 보문."『국어학』33. 367~398.

이홍식(2000).『국어 문장의 주성분 연구』. 월인.

이홍식(2003). "교착소의 설정과 관련된 몇 가지 문제."『한국어학』21.

이희승(1955).『국어학개설』. 민중서관.

이희승(1956).『고등 문법』. 일조각.

이희자(1996). "어미 및 어미형태류의 하위 범주 문제."『국어학』28.

이희자・이종희(1997).『사전식 텍스트 분석적 국어 조사의 연구』. 한국문화사.

이희자・이종희(1999).『사전식 텍스트 분석적 국어 어미의 연구』. 한국문화사.

임동훈(1995). "통사론과 통사 단위."『어학연구』31-1.

임동훈(1996). "현대국어 경어법 어미 '-시-'에 대한 연구." 서울대 박사논문.

임동훈(1998). "주체경어법."『문법 연구와 자료』. 태학사.

임동훈(2000).『한국어 어미 '-시-'의 문법』. 국어학회.

임동훈(2001). "'-겠-'의 용법과 그 역사적 해석."『국어학』37.

임동훈(2003). "한국어 조사 연구의 현황과 전망."『한국어 문법론의 연구 형황과 과제』. 박이정.

임동훈(2011). "한국어의 문장 유형과 용법."『국어학』60.

임유종(1999).『한국어 부사 연구』. 한국문화사.

임은하(2003). "현대국어의 인과관계 접속어미 연구." 서울여대 박사논문.

임지룡(1992).『국어 의미론』. 탑출판사.

임지룡(1997). "학교 문법의 새 교과서 내용 검토."『한글사랑』봄호.

임지룡(2015). "학교문법 상대 높임법의 새로운 이해."『한민족어문학』69

임칠성(1991). "현대국어의 시제어미 연구." 전남대 박사논문.

임홍빈(1974). "명사화의 의미특성에 대하여."『국어학』2.

임홍빈(1983). "국어의 피동화의 통사와 의미."『국어의 통사·의미론』. 탑출판사.

임홍빈(1985). "국어의 문법적 특징에 대하여."『국어 생활』 2. 국어연구소.

임홍빈(1987).『국어의 재귀사 연구』. 신구문화사.

임홍빈(1990). "존경법."『국어연구 어디까지 왔나』. 동아출판사.

임홍빈(1998).『국어문법의 심층 1~3』. 태학사.

임홍빈(2000). "학교 문법, 표준 문법, 규범 문법의 개념과 정의."『새국어생활』 10-2.

임홍빈(2002). "한국어 연어의 개념과 그 통사·의미적 성격."『국어학』 39.

임홍빈·이홍식 외(2002).『한국어 구문분석 방법론』. 한국문화사.

임홍빈·장소원(1995).『국어문법론』. 한국방송대학교 출판부.

임환재 역(1984).『언어학사』. 경문사.

장경희(1984).『현대국어의 양태범주연구』. 탑출판사.

장경희(1990). "조응표현."『국어연구 어디까지 왔나』. 동아출판사.

장경희(1998). "서법과 양태."『문법 연구와 자료』. 태학사.

장영준(2003). "생성문법과 한국어 기술."『한국어학』 19.

장윤희(2002).『중세국어 종결어미 연구』. 태학사.

장은하(2004). "현대국어의 <신체>명칭 분절구조에 대한 연구." 고려대 박사논문.

장호종(2003). "'말다'의 의미와 용법."『한국어학』 22.

전병쾌(1984).『한국어 부정 구조의 분석』. 한신문화사.

전수태(2003). "파니니 문법과 우미리말의 규범생성문법."『한국어학』 19.

전은주(1993). "국어 동사결합에 대한 연구." 고려대 석사논문.

정경일·최경봉·김무림·오정란·시정곤·이관규·최호철·조일영·송향근·박영
　　　　준·고창수·이윤표·김동언(1999).『한국어의 탐구와 이해』. 박이정.

정교환(1988). "국어 문장 부사의 연구." 동아대 박사논문.

정동환(1993).『국어 복합어의 의미 연구』. 서광학술자료사.

정렬모(1946).『신편고등국어문법』. 한글문화사.

정명숙·신지영(2000). "한국어의 시간 단위에 관하여."『한국어학』 12.

정언학(2001). "중세 국어 보조 용언 연구." 서강대 박사논문.

정연희(2001). "한국어 연결어미의 문법화." 한국외대 박사논문.

정인상(1990). "주어."『국어연구 어디까지 왔나』. 동아출판사.

정인승(1956).『표준 고등말본』. 신구문화사.

정제한(1998). "단위명사."『문법 연구와 자료』. 태학사.

정주리(1994). "국어 보문동사의 통사·의미론적 연구." 고려대 박사논문.

정주리(2000). "구성문법적 접근에 의한 문장 의미 연구."『한국어학』 12.

정주리(2004).『동사, 구문, 그리고 의미』. 국학자료원.

정현선(2004).『다매체 시대의 국어교육과 문화교육』. 역락.

정호성(2000). "『표준국어대사전』 수록 정보의 통계적 분석."『새국어생활』 10-1.

정희정(2000). 『한국어 명사 연구』. 한국문화사.

정희창(1994). "15세기 언해본의 인용문 형식에 대하여." 성균관대 석사논문.

조경순(2004). "국어 처소교차 구문 연구."『한국어학』 25.

조규태(2002). "현대 국어의 안맺음씨끝 '-니-'에 대하여."『한글』 258.

조민정(2000). "국어의 상에 대한 연구." 연세대 박사논문.

조수경(2004). "유사피동(pseudo-passive) 구문 대조 연구."『한국어학』 25.

조오현(1991). 『국어의 이유구문 연구』. 한신문화사.

조일영(1998). "국어 선어말어미의 양태적 의미 고찰."『한국어학』 8.

조현용(2000). 『한국어 어휘교육 연구』. 박이정.

주경희(2002). "속담의 교훈성에 대하여."『국어교육』 108.

주경희(2004). "'좀' 문법화의 의미 화용론적 연구."『국어교육』 115.

주상대(1996). "의존명사 '것'의 음운현상."『한국어학』 3.

주시경(1910). 『국어문법』. 박문서관.

채　완(1983). "국어 數詞 및 數量詞句의 유형적 고찰."『어학연구』 19-1.

채　완(1986). 『국어 어순의 연구』. 탑출판사.

채　완(1990). "특주조사."『국어연구 어디까지 왔나』. 동아출판사.

채　완(1998). "특수조사."『문법 연구와 자료』. 태학사.

채현식(2001). "형태론에서의 논항 충족과 논항 전수."『문법과 텍스트』. 서울대학교 출판부.

채현식(2003). 『유추에 의한 복합명사 형성 연구』, 태학사.

천소영(1996). 『언어의 이해』. 도서출판 와우.

천소영(2001). "고유지명에서 본 방위개념에 대하여."『한국어학』 14.

천소영(2003). 『한국 지명어 연구』. 이회.

최경봉(1998). 『국어 명사의 의미 연구』. 태학사.

최규련(2000). "국어 제외 표지사 '밖에…'와 제외 초점사."『국어학』 35.

최규련(2004). "국어의 인과문."『한국어학』 24.

최규수(1990). "우리말 주제어 연구." 부산대 박사논문.

최규수(2004). "주제어와 대조초점."『우리말연구』 15.

최규수(2005). "'되다'와 '지다'의 피동성에 관하여."『한글』 269.

최낙복(2001). "주시경 문법의 통어론 연구."『한글』 254.

최낙복(2003). 『주시경 문법의 연구(2)』. 역락.

최동주(1995). "국어 시상체계의 통시적 변화에 관한 연구." 서울대 박사논문.

최동주(1998). "시제와 상."『문법 연구와 자료』. 태학사.

최동주(2000). "'들' 삽입 현상에 대한 고찰."『국어학』 35.

최동주(2001). "'-게 하다' 사동문의 피사동주에 대한 고찰." 『문법과 텍스트』. 서울대학교 출판부.

최동주(2002). "국어 어미 연구의 나아가야 할 방향." 『한국어학』 16.

최동주(2003). "국어 어미 연구의 나아갈 방향." 『한국어 문법론의 연구 현황과 과제』. 박이정.

최영환(1995). "언어 능력 신장의 관점에서 본 언어 지식 영역의 지도 내용." 『국어교육연구』 2.

최웅환(2000). 『국어 문장의 형성 원리 연구』. 역락.

최재희(1991). 『국어의 접속문 연구』. 탑출판사.

최재희(1997). "국어 종속 접속의 통사적 지위." 『한글』 238.

최재희(2000ㄱ). "'-고'에 이끌리는 내포 구문의 의미 해석." 『한글』 248.

최재희(2000ㄴ). "국어 중복 표현의 유형과 의미 구조의 특성." 『국어학』 36.

최재희(2001). 『국어 교육문법론』, 조선대 출판부.

최재희(2004). 『한국어 문법론』, 태학사.

최현배(1937, 1955). 『우리말본』. 정음사.

최현배(1968). 『새로운 말본』. 정음사.

최현섭·최명환·노명완·신헌재·박인기·김창원·최영환(1996). 『국어교육학개론』. 삼지원.

최형용(2000). "단어 형성과 직접 성분 분석." 『국어학』 36.

최형용(2001). "형태소와 어소 재론." 『문법과 텍스트』. 서울대학교 출판부.

최형용(2003). 『국어 단어의 형태와 통사』, 태학사.

최호철(1993). "현대 국어 서술어의 의미 연구." 고려대 박사논문.

최호철(2000ㄱ). "현대 국어 감탄사의 분절 구조 연구." 『한국어 내용론』 7.

최호철(2000ㄴ). "국어의 형태론과 어휘론." 『국어학』 35.

하길종(1997). "현대 한국어 비교구문의 의미연구." 고려대 박사논문.

하치근(2000). "말본 형태소의 공형태소 되기 연구." 『한글』 250.

하치근(2003). "'데' 짜임월의 문법화 과정 연구." 『한글』 261.

한국어학회(1999). 『국어의 격과 조사』. 월인.

한 길(1991). 『국어 종결어미 연구』. 강원대 출판부.

한 길(2002). 『현대 우리말의 높임법 연구』. 역락.

한동완(1986). "과거시제 '엇'의 통시적 고찰." 『국어학』 15.

한동완(1996). 『국어의 시제 연구』. 태학사.

한송화(1998). "불완전 풀이씨에 대한 연구." 『국어 문법의 탐구 Ⅳ』. 태학사.

한송화(2000). 『현대 국어 자동사 연구』. 한국문화사.

한영목(2000). "보조 용언 '-번지다, -쌓다'와 충남 방언." 『한글』 249.

한정한(2000). "'공부를 하다' 구문의 정보구조." 『한국어학』 11.

한정한(2001). "의미역 계층이론과 국어의 주격, 대격." 『한국어학』 13.

한정한(2003). "격조사는 핵이 아니다." 『한글』 260.

한정한(2004). "연결 이론과 연결 규칙." 『한국어학』 23.

허 용(2003). "부사격 조사에 대한 한국어 교육학적 접근." 『이중언어학』 19.

허용·허경행·김재욱·이규호·박기덕·진기호·김천미·진정란·오경진·정연희· 유경민·고명균·박기선·한윤정(2003). 『한국어 교육을 위한 한국어 문법론』. 한국문화사.

허 웅(1961). "서기 15세기 국어의 '존대법'과 그 변천." 『한글』 128.

허 웅(1967). 『표준문법』. 신구문화사.

허 웅(1983). 『국어학』. 샘문화사.

허 웅(1987). 『국어 때매김법의 변천사』. 샘 문화사.

허 웅(1995). 『20세기 우리말의 형태론』. 샘 문화사.

허 웅(1999). 『20세기 우리말의 통어론』. 샘 문화사.

허원욱(2002). "현대 국어 '-게' 어찌마디의 통어적 연구." 『한글』 255.

허원욱(2003). "변형적 간접인용에서의 필수적·수의적 변형." 『한글』 262.

허재영(2002). 『부정문의 통시적 연구』. 역락.

호광수(2003). 『국어 보조용언 구성 연구』. 역락.

홍사만(2002). 『국어 특수조사 신연구』. 역락.

홍상희(2001). "여성 3인칭 대명사 '그녀'에 대한 연구." 홍익대학교 석사논문.

홍윤표(1990). "격조사." 『국어연구 어디까지 왔나』. 동아출판사.

홍재성(1987). 『현대 한국어 동사구문의 연구』. 탑출판사.

홍종선(1986). "국어체언화구문의 연구." 고려대 박사논문.

홍종선(1990). "시간과 시제." 『국어국문학논총 Ⅲ』. 탑출판사.

홍종선(1997). "학교 문법과 문법 교과서." 『한글사랑』 봄호.

홍종선(2003). "언어학 이론의 수용과 국어 통사론 연구의 최근 동향." 『한국어 문법론의 연구 현황과 과제』. 박이정.

홍종선(2008). "국어의 시제 형태소 체계와 그 기능 변이." 『한글』 282.

홍종선·강범모·최호철(2003). 『한국어 연어 관계 연구』. 월인.

홍종선·신지영·정명숙·황화상·김원경·도원영·한정한·김의수·변정민·유혜 원·최경봉·이동혁·김혜영·차준경·차재은·김윤주·김지혜·김서 형·최석재·박병선·이봉원(2015). 『한국어학의 이해』. 한국문화사.

홍종선·최동수·임농훈·이관규·시정곤·송원용·김영욱·구본관(2003). 『한국어 문법론의 연구 현황과 과제』. 박이정.

황국정(2004). "15세기 국어 자동사의 문형 연구." 『한국어학』 24.

황문환(2001). "이인칭대명사 '자네'의 기원."『국어학』 37.

황문환(2002).『16, 17세기 언간의 상대경어법』. 태학사.

황병순(1984). "국어 부사에 대하여."『배달말』 9.

황병순(2000). "상 의미로 본 국어 동사의 갈래."『한글』 250.

황병순(2002). "'있(다)'의 품사론."『한글』 256.

황화상(2000). "국어 형태 구조 연구."『한국어학』 11.

황화상(2001).『국어 형태 단위의 의미와 단어 형성』. 월인.

황화상(2002). "국어 합성 동사의 의미."『한국어학』 15.

황화상(2003). "조사의 작용역과 조사 중첩."『국어학』 42.

황화상·최정혜(2003). "한국어 어절의 형태론적 중의성 연구."『한국어학』 20.

황화상·한정한·임명섭(2004). "자연언어처리를 위한 한국어 명사구의 분석 방법 연구."『한국어학』 24.

森山卓郎 外(1997). "特集：21世紀の學校文法."『日本語學』 4. 明治書院

三上 章(1963).『文法教育の革新』. くろしお出版.

鈴木 重幸(1972).『文法と文法指導』. むぎ書房.

永野 賢(昭和33＝1958초판, 1961＝1986新訂版).『學校文法概說』. 共文社.

Andrew, Larry.(1998). *Language Exploration and Awareness*. Lawrence Erlbaum Associates, Inc.

Chomsky, N.·Halle, M.(1968). *THE SOUND PATTERN OF ENGLISH*. Harper & Row, Publishers.

Goodman, K. S. et. al.(1987). *Language and Thinking in School*. Richard C. Owen Publishers. N.Y.

Hagemann, Julie Ann(2003). *Teaching GRAMMAR*. Pearson Education, Inc.

Hinkel, Eli·Fotos, Sandra eds.(2002). *New Perspectives on Grammar Teaching in Second Language Classrooms*. Lawrence Erlbaum Associates, Publishers MIT, New Jersey.

Kwankyu Lee(2010). "Is 'uy' the Only GCP in Korean?." *HARVARD STUDIES IN KOREAN LINGUISTICS* 13. Harvard-Yenching Institute.

Nunan, David.(1998). *Language Teaching Methodology*. Longman.

Street, J.(1962). Review of N. Poppe's 'Vergleichende Grammatik der altaischen Sprachen'. *Language* 38.

Thornbury, Scott(1999, 2001). *How to Teach Grammar*. England：Pearson Education Limited.

Weaver, Constance.(1996). *Teaching Grammar in Context*. Boynton/Cook Publishers, Inc.

찾아보기

저자 이관규(李寬珪)

충청남도 부여 출생
고려대학교 국어교육과 졸업
동 대학원 국어국문학과 졸업(문학 석사, 문학 박사)
부산여자대학교(현 신라대학교), 홍익대학교 국어교육과 교수 역임
현재 고려대학교 국어교육과 교수

주요 저서

국어 대등구성 연구(1992)
학교 문법론(1999 초판, 2002 개정판)
한국어의 탐구와 이해(공저, 2000)
고등학교 문법(공저, 2002)
문법을 어떻게 가르칠 것인가?(공역, 2004)
국어 교육을 위한 국어 문법론(2005)
국어 수업을 위한 언어 탐구와 인식(공역, 2006)
학교 문법 교육론(2008 초판, 2013 개정판)
중학교 국어·생활국어 1, 2, 3(공저, 2010~2012)
고등학교 독서와 문법 I·II(공저, 2012)
고등학교 독서와 문법(공저, 2014)
교사를 위한 문법 이야기(공역, 2015)

개정판

국어 교육을 위한 국어 문법론

개정판 1쇄 발행 2016년 2월 25일
개정판 2쇄 발행 2017년 8월 31일
개정판 3쇄 발행 2020년 9월 11일

저　자 이관규
펴낸이 이대현
편　집 권분옥

펴낸곳 도서출판 역락
주소 서울시 서초구 동광로 46길 6-6 문창빌딩 2층
전화 02-3409-2058, 2060
팩스 02-3409-2059
등록 1999년 4월 19일 제303-2002-000014호
이메일 youkrack@hanmail.net

값 22,000원
ISBN 979-11-5686-289-5 93710

* 파본은 구입처에서 교환해 드립니다.

이 도서의 국립중앙도서관 출판예정도서목록(CIP)은 서지정보유통지원시스템 홈페이지(http://seoji.nl.go.kr)와 국가자료공동목록시스템(http://www.nl.go.kr/kolisnet)에서 이용하실 수 있습니다.(CIP제어번호: CIP2016004143)